Juridicum – Schriften zum Medien-, Informations- und Datenrecht

Reihe herausgegeben von

Matthias Cornils, Mainz, Deutschland

Louisa Specht-Riemenschneider, Bonn, Deutschland

In der Schriftenreihe erscheinen Forschungsbeiträge zum Kommunikations- und Medienrecht in seiner vollen Breite, vom Äußerungs-, Urheber- und Kunsturheberrecht über das Daten- und Informationsrecht bis zu Fragen öffentlichrechtlicher Medien- oder Intermediärsregulierung, einschließlich ihrer theoretischen Hintergründe. Erfasst sind insbesondere innovative akademische Qualifikationsschriften, aber auch Abhandlungen und Sammelbände von herausragendem wissenschaftlichen Wert.

Nicolas John

Der Schutz der Daten im Netz des Access Providers der Wissenschaft

Zur Anwendbarkeit von Datenschutz- und Telekommunikationsvorgaben auf Forschungsnetzbetreiber

Springer

Nicolas John
Münster, Deutschland

D 6
Zugl.: Münster (Westf.), Univ., Diss. der Rechtswissenschaftlichen Fakultät, 2023

ISSN 2662-9488 ISSN 2662-9496 (electronic)
Juridicum – Schriften zum Medien-, Informations- und Datenrecht
ISBN 978-3-658-45496-8 ISBN 978-3-658-45497-5 (eBook)
https://doi.org/10.1007/978-3-658-45497-5

Die Deutsche Nationalbibliothek verzeichnet diese Publikation in der Deutschen Nationalbibliografie; detaillierte bibliografische Daten sind im Internet über https://portal.dnb.de abrufbar.

Springer ist ein Imprint der eingetragenen Gesellschaft Springer Fachmedien Wiesbaden GmbH und ist ein Teil von Springer Nature.
Die Anschrift der Gesellschaft ist: Abraham-Lincoln-Str. 46, 65189 Wiesbaden, Germany

Meinen Eltern und Großeltern

Vorwort

Die vorliegende Arbeit wurde im Wintersemester 2023/2024 von der Rechtswissenschaftlichen Fakultät der Universität Münster als Dissertation angenommen. Sie entstand während meiner Tätigkeit als wissenschaftlicher Mitarbeiter der zivilrechtlichen Abteilung des Instituts für Informations-, Telekommunikations- und Medienrecht (ITM). Die mündliche Prüfung fand im Dezember 2023 statt. Rechtsprechung und Literatur konnten bis Oktober 2023 berücksichtigt werden.

Mein Dank gilt allen Personen, die mich auf meinem Weg zur Promotion begleitet und unterstützt haben. Ich danke besonders meinem Doktorvater Prof. Dr. Thomas Hoeren für die Betreuung und seinen Anregungen während der Erstellung meiner Arbeit. Außerdem danke ich Prof. Dr. Rüdiger Grimm herzlich für die schnelle Erstellung des Zweitgutachtens. Für die Aufnahme in ihre Schriftenreihe danke ich Prof. Dr. Matthias Cornils und Prof. Dr. Louisa Specht-Riemenschneider.

Ohne meine Kolleg:innen am Institut wäre diese Arbeit sicher nicht das geworden, was sie jetzt ist. Ich danke allen, die mir mit ihrer Freundschaft als auch ihren fachlichen Gesprächen stets zu Seite standen und mich durch alle Phasen der Arbeit begleitet haben. Besonderer Dank gilt an dieser Stelle meinen Kolleg:innen und Freund:innen Tabea Ansorge, Malin Fischer, Dr. Owen Mc Grath, Nele Klostermeyer, Jonas Kuiter, Oliver Lampe, Johanna Voget, Dr. Maximilian Wellmann und Marie Wirtz. Ihre Geduld, Humor und die zahllosen Spieleabende haben mich bis zuletzt immer unterstützt.

Außerdem danke ich Sarah Schulz für die rasche Durchsicht der Arbeit sowie Annette Rülke für die stete Unterstützung bei Fragen zum DFN-Verein.

Der größte Dank gilt jedoch meiner Familie und meiner Partnerin, ohne die weder das Studium noch die Erstellung dieser Arbeit möglich gewesen wären. Zu jedem Zeitpunkt konnte ich mich auf die Unterstützung meiner Eltern, Geschwister und Großeltern verlassen. Außerdem haben mich die liebevolle Geduld, das Vertrauen und der Rückhalt von Larissa nie das Ziel aus den Augen verlieren lassen.

Münster im Februar 2024 Nicolas John

Inhaltsübersicht

Inhaltsverzeichnis

Abkürzungsverzeichnis

AAI	Authentifizierungs- und Autorisierungs-Infrastruktur
ACOnet	Austrian Academic Computer Network (Forschungsnetz in Österreich)
ACOnet-TBPG	ACOnet technische Betriebs- und Planungsgruppe
ARNES	Forschungsnetz in Slowenien
BASNET	Forschungsnetz in Belarus
BeckOK	Beck'scher Online-Kommentar
BeckRS	Beck-Rechtsprechung
BELNET	Forschungsnetz in Belgien
BERNET	Berliner Rechnernetz
BMFT	Bundesministerium für Forschung und Technologie
B-WiN	Breitbandwissenschaftsnetz
CARNet	Forschungsnetz in Kroatien
CESNET	Forschungsnetz in Tschechien
CNRS	Centre national de la recherche scientifique
CPU	Conférence des présidents d'université
CSNET	Computer Science Network
CTIE	Staatlicher IT-Center Luxemburg
CYNET	Forschungsnetz in Zypern
DFN	Deutsches Forschungsnetz
DFN-CERT	Computer Emergency and Response Team für das DFN
DFNconf	Videokonferenzplattform des DFN-Vereins
DFNInternet	Internetdienst des DFN-Vereins
DFN-Verein	Verein zur Förderung eines Deutschen Forschungsnetzes
DFVLR (heute DLR)	Deutsches Zentrum für Luft- und Raumfahrt
DWDM	dense wavelength division multiplexing
EARN	European Academic Research Network
ECLIC	EU and comparative law issues and challenges series
eduGAIN	GÉANT Authorisation INfrastructure for the research and education community
EENet	Forschungsnetz in Estland
EU	European UNIX Network
F&L	Forschung und Lehre
FCCN	Forschungsnetz in Portugal

Forskningsnettet	Forschungsnetz in Dänemark
FUNET	Forschungsnetz in Finnland
GARR	Forschungsnetz in Italien
GÉANT	Gigabit European Advanced Network Technology
GIP RENATER	Groupement d'intérêt public pour le réseau national de communications électroniques pour la technologie, l'enseignement et la recherche
GMD	Gesellschaft für Mathematik und Datenverarbeitung
GRNET	Forschungsnetz in Griechenland
G-WiN	Gigabit-Wissenschaftsnetz
HEAnet	Forschungsnetz in Irland
HMI	Hahn-Meitner-Institut
HMINET II	Rechnernetz des HMI
HUNGARNET	Forschungsnetz in Ungarn
IBM	International Business Machines Corporation
IP	Internet Protokoll
ISTF	Forschungsnetz in Bulgarien
JANET	Forschungsnetz im Vereinten Königreich
JSCC	Forschungsnetz in Russland
LATNET	Forschungsnetz in Lettland
LITNET	Forschungsnetz in Litauen
NREN	Nationale Forschungs- und Bildungsnetzwerke
OSI-Protokoll	Open Systems Interconnection Protokoll
OTT-Dienste	Over-the-Top-Kommunikationsdienste
PIK	Praxis der Informationsverarbeitung und Kommunikation
PIONIER	Forschungsnetz in Polen
RADIUS-Server	Remote Authentication Dial-In User Service Server
RahmenV	Rahmenvertrag
RedIRIS	Forschungsnetz in Spanien
RENAM	Forschungsnetz in Moldawien
RENATER	Reseau National de télécommunications pour la technologie, l'enseignement et la recherche (Forschungsnetz in Frankreich)
RESTENA	Réseau Téléinformatique de l'Education Nationale et de la Recherche (Forschungsnetz in Luxemburg)
RHnet	Forschungsnetz in Island
RoEduNet	Forschungsnetz in Rumanien
RRZE	Regionales Rechenzentrum Erlangen

SAML	Security Assertion Markup Language
SANET	Forschungsnetz in der Slowakei
SSID	Service Set Identifier
StW	Studierendenwerk
SUNET	Forschungsnetz in Schweden
SURFnet	Forschungsnetz in den Niederlanden
SWITCH	Forschungsnetz in der Schweiz
TMG	Telemediengesetz
ULAKNET	Forschungsnetz in der Türkei
UNINETT	Forschungsnetz in Norwegen
URAN	Forschungsnetz in der Ukraine
WAYF	Where Are You From-Server
Web-SSO	Webbasierter Single Sign-On
WiN	Wissenschaftsnetz
X-WiN	Vierte Generation des Wissenschaftsnetzes

Für die übrigen Abkürzungen siehe:

Dudenredaktion, Duden, 28. Auflage Berlin 2020

sowie

Kirchner/Böttcher, Abkürzungsverzeichnis der Rechtssprache, 10. Auflage Berlin u.a. 2021.

Teil 1 Einführung

127.714.000.000.000.000.000 Bytes. Dieses Volumen haben die Internetnutzer in Deutschland zusammengerechnet über ihre Festnetz-[1] und Mobilfunkanschlüsse[2] im Jahr 2022 übertragen. Um diese Zahl zu veranschaulichen: auf DVDs gespeichert würde dies einen Stapel in Höhe von ca. 27.000 m ergeben, also etwa dreimal so hoch wie der Mount Everest.[3] Umso bemerkenswerter ist, dass das Volumen der übertragenen Daten nicht aufhört zu wachsen.[4]

Für die Übertragung dieser Datenmengen zwischen den Nutzern muss der Internetverkehr über verschiedene Internet-Knotenpunkte weltweit ausgetauscht werden. Einer der größten davon ist der *DE-CIX Frankfurt*.[5] Allein an diesem Austauschpunkt können sich über 1.000 verschiedene Netze verbinden, wodurch Informationen weltweit übermittelt werden können.[6]

Doch nicht nur private Internetverbindungen laufen über diese Netzknoten. Auch das *Deutsche Forschungsnetz* (DFN) ist mit dem *DE-CIX Frankfurt* verbunden und sorgt so für die digitale Vernetzung der globalen Wissenschaft und den Anschluss von Hochschulen sowie Forschungseinrichtungen an das allgemeine Internet.[7] Über Verbindungen wie diese realisiert der Forschungsnetzbetreiber den Datenaustausch der Wissenschaft unter enger Zusammenarbeit mit dem europäischen Verbindungsnetz *GÉANT* sowie vielen weiteren Austauschpunkten.[8]

Bei Ausübung dieser Übertragungstätigkeiten sehen sich die Telekommunikationsdienstleister naturgemäß mit einer Vielzahl an Regulierungsvorschriften auf europäischer und nationaler Ebene konfrontiert. Insbesondere das Unionsrecht steckt mit seiner Datenschutz-Grundverordnung (DS-GVO), der ePrivacy-Richtlinie (ePrivacyRL) und dem Europäischen Kodex für die elektronische Kommunikation (E-ECC-RL) sowie weiteren Gesetzesvorhaben der europäischen Datenstrategie einen

---

1 *BNetzA*, Jahresbericht Telekommunikation 2022, Mai 2023, S. 17.

2 *BNetzA*, Jahresbericht Telekommunikation 2022, Mai 2023, S. 23.

3 Wenn davon ausgegangen wird, dass eine DVD 4,7 GB speichern kann und 1 mm hoch ist.

4 So waren es 2021 rund 100 Mrd. GB und 2020 rund 81 Mrd. GB an Datenvolumen über Festnetzanschlüsse: *BNetzA*, Jahresbericht Telekommunikation 2022, Mai 2023, S. 17.

5 *DE-CIX*, Annual Report 2022, S. 44, abrufbar unter: https://de-cix.net/_Resources/Persistent/2/3/b/d/23bd200114907268eb6f761bdfff2d8f8b5d9a5b/DE-CIX%20Annual%20Report%202022.pdf (zuletzt abgerufen am 10.10.2023).

6 *DE-CIX*, Annual Report 2022, S. 44, abrufbar unter: https://de-cix.net/_Resources/Persistent/2/3/b/d/23bd200114907268eb6f761bdfff2d8f8b5d9a5b/DE-CIX%20Annual%20Report%202022.pdf (zuletzt abgerufen am 10.10.2023).

7 *DFN-Verein*, Das Wissenschaftsnetz, abrufbar unter: https://www.dfn.de/netz (zuletzt abgerufen am 10.10.2023).

8 *Kluge/Piger*, DFN Mitteilungen 2019 Heft 95, 26, 31 f.

N. John, *Der Schutz der Daten im Netz des Access Providers der Wissenschaft*,
Juridicum – Schriften zum Medien-, Informations- und Datenrecht,
https://doi.org/10.1007/978-3-658-45497-5_1

großen Teil des rechtlichen Rahmens ab. Die Mitgliedstaaten haben wiederum durch die Umsetzung der Richtlinien ergänzende Vorgaben in Kraft treten lassen. In Deutschland hat das Telekommunikationsmodernisierungsgesetz 2021 (TKMoG) jüngst für eine Novellierung des Datenschutz- und Telekommunikationsrechts gesorgt. Die nun geltenden Vorschriften des Telekommunikations-Telemedien-Datenschutz-Gesetzes (TTDSG) und des Telekommunikationsgesetzes (TKG) ergänzen den rechtlichen Rahmen der europäischen Vorgaben für Telekommunikationsdienstleister.

Dieses komplexe Zusammenspiel aus Datenschutz- und Telekommunikationsrecht ist nicht nur von ‚klassischen' Telekommunikationsdienstleistern zu entwirren, sondern auch von den Forschungsnetzbetreibern der europäischen Mitgliedstaaten als ‚Access Providern der Wissenschaft'. In Deutschland ist der *Verein zur Förderung eines Deutschen Forschungsnetzes* der nationale Forschungsnetzbetreiber, kurz *DFN-Verein*.

A. Gegenstand der Untersuchung

Braucht eine natürliche Person oder ein Unternehmen Zugang zum Internet, wendet sie sich an einen ‚klassischen' Telekommunikationsdienstleister.[9] Doch möchte eine Hochschule oder Forschungseinrichtung ihren angehörigen Nutzern einen Internetzugang anbieten, sind die Interessen und Anforderungen der Einrichtung an den Dienstleister anders gelagert. Nicht nur Bandbreite und Anschlussform an das Netz unterscheiden sich vom privaten Anschluss, sondern eine Vielzahl spezieller Bedürfnisse der Einrichtung sorgen u. a. durch den Bezug zur Forschung und Lehre für ein anderes Verhältnis zwischen der Einrichtung und dem Access Provider.

Während sich die Rechtsprechung zuletzt mit der Einordnung von Diensteanbietern wie *Google*[10] und *Skype*[11] beschäftigt hat und die Literatur insbesondere den Problemkreis des Arbeitgebers als Diensteanbieter analysiert,[12] ist das Verhältnis zwischen Forschungsnetzbetreibern wie dem *DFN-Verein* und den angeschlossenen Einrichtungen sowie ihren Nutzern bislang nicht thematisiert worden.

Die besondere Rolle des Forschungsnetzbetreibers als „*Enabler von netzgestützten Forschungs- und Lehre-Prozessen*"[13] und das komplexe Zusammenspiel der

[9] *Hoeren*, in: Westphalen/Pamp/Thüsing, Rn. 4.
[10] EuGH, Urt. v. 13.6.2019, C-193/18, Gmail, ECLI:EU:C:2019:498.
[11] EuGH, Urt. v. 5.6.2019, C-142/18, SkypeOut, ECLI:EU:C:2019:460.
[12] Statt vieler m. w. N. *Dieckhoff/Assion*, ZD 2023, 371.
[13] *DFN-Verein*, Rahmenprogramm der Entwicklungsaktivitäten des DFN-Vereins, Anhang IV, S. 3.

datenschutz- und telekommunikationsrechtlichen Vorgaben lassen daher folgende Forschungsfragen aufkommen:

Wie passt der Forschungsnetzbetreiber als ‚Access Provider der Wissenschaft' in das Datenschutz- und Telekommunikationsrecht der Europäischen Union? Welcher Schutz wird für die Daten im Netz der Wissenschaft erreicht?

Für die Untersuchung der Fragestellungen spielen die Organisation und der Zugang zum Forschungsnetz eine zentrale Rolle. Denn ‚klassische' Telekommunikationsdienstleister sind üblicherweise als Gesellschaften mit beschränkter Haftung oder Aktiengesellschaften strukturiert. Die Organisation des deutschen Forschungsnetzbetreibers unterscheidet sich dagegen als eingetragener gemeinnütziger Verein hiervon maßgeblich. Dem Verein als Mitglied beitreten können nur jene Einrichtungen, welche der Wissenschaft und Forschung zuzurechnen sind oder zum Erreichen des Vereinszwecks wesentlich beitragen können.[14]

Auch der Zugang zum Forschungsnetz ist, anders als bei ‚klassischen' Telekommunikationsdienstleistern, nur bestimmten Einrichtungen und ihren Nutzern vorbehalten. Dadurch, dass sich der Forschungsnetzbetreiber allein der Wissenschafts- und Forschungsgemeinschaft verpflichtet hat,[15] steht nur jenen Einrichtungen der Zugang zu den Diensten offen.

Aufgrund dieser engen Verbindung zu den wissenschaftlichen Einrichtungen stellt sich neben der Forschungsfrage die flankierende Frage, ob der Forschungsnetzbetreiber ebenfalls von den Wissenschaftsfreiheiten profitieren kann. Indem er als Datenübermittler zwischen den von der Forschungsfreiheit geschützten Forschern und den von der akademischen Freiheit geschützten Lehrkräften sowie ihren Einrichtungen fungiert, ist zu untersuchen, ob dem Forschungsnetzbetreiber als Intermediär der Wissenschaft der Schutzbereich der Wissenschaftsfreiheiten ebenfalls eröffnet ist.

Das Resultat dieser Überlegung hat Auswirkung auf die weiteren Erwägungen der Arbeit. Insbesondere im Hauptteil der rechtlichen Analyse ist zu untersuchen, ob das Forschungsnetz und der Internetdienst des Forschungsnetzbetreibers als öffentlich zugänglich i. S. d. Art. 95 DS-GVO einzuordnen sind. Das Ergebnis bestimmt, ob die Umsetzungsnormen der ePrivacy-Richtlinie vor den Vorgaben der DS-GVO für den Forschungsnetzbetreiber Geltung finden. Hierzu gehört insbesondere das Fernmeldegeheimnis aus § 3 TTDSG welches ‚klassische' Telekommunikationsdienstleister regelmäßig beachten müssen. Aufgrund des umfassenden Anwendungsbereichs des Fernmeldegeheimnisses hat die Einordnung der Zugänglichkeit des Forschungsnetzes weitreichende Folgen auf die rechtlichen Vorgaben des Betriebs eines Forschungsnetzes.

---

14 *DFN-Verein*, Satzung des DFN-Vereins (DFN-Satzung), siehe Anhang I, § 10.

15 § 2 DFN-Satzung.

Der Fokus der Untersuchung soll lediglich auf dem zentralen Internetdienst des Forschungsnetzbetreibers liegen und nicht alle angebotenen Dienste thematisieren. Die Bereitstellung des Internetdienstes stellt den Hauptzweck der Tätigkeit des Betreibers dar und soll aus diesem Grund vollumfänglich beleuchtet werden.

Aufgrund des vorrangig europäisch determinierten Rechts soll im Rahmen der rechtlichen Einordnung des Forschungsnetzbetreibers mit Blick auf die voranschreitende Harmonisierung des Datenrechts der Union besonders auf Vorgaben eingegangen werden, die dem Unionsrecht entspringen. Die europäischen Grundrechte und -freiheiten nehmen daher auf der verfassungsrechtlichen Ebene eine zentrale Rolle bei den vorzunehmenden Abwägungen ein.

B. Gang und Ziel der Untersuchung

Für die Untersuchung gliedert sich die Arbeit in fünf Teile, welche den Aufbau des Forschungsnetzbetreibers und dessen Rolle im geltenden Datenschutz- und Telekommunikationsrecht beleuchten. Aufgrund des Umstandes, dass es je Mitgliedstaat nur einen Forschungsnetzbetreiber gibt, ist die Arbeit eng am Beispiel des deutschen Forschungsnetzbetreibers ausgerichtet.

Aus diesem Grund wird im ersten Teil die Historie und der Aufbau des deutschen Forschungsnetzbetreibers behandelt. Der Fokus soll insbesondere auf die Entstehung und Idee einer Vereinsstruktur gelegt werden. Auch die Rollen der Mitglieder, Teilnehmer und Nutzergruppen werden beleuchtet, um die Besonderheiten des Forschungsnetzbetreibers darzulegen. Außerdem wird der technische Aufbau und der Zugang zum Forschungsnetz und Internetdienst erläutert, bevor die internationale Einbindung des Forschungsnetzbetreibers auf europäischer Ebene thematisiert wird.

Der zweite Teil der Arbeit geht auf die Bedeutung der Wissenschaftsfreiheiten für den Forschungsnetzbetreiber ein. Die Rolle als Intermediär der Wissenschaft, also der des Informationsübermittlers zwischen den Hochschulen und Forschungseinrichtungen, bedarf der Klärung dahingehend, ob der Schutzbereich der Wissenschaftsfreiheiten auch für die Tätigkeiten des Forschungsnetzbetreibers eröffnet ist.

Anschließend wird im dritten Teil auf den aktuellen rechtlichen Rahmen des Datenschutz- sowie Telekommunikationsrechts eingegangen. Insbesondere die Zusammenhänge zwischen den europäischen Vorgaben und den teilweise daraus resultierenden nationalen Gesetzen werden beleuchtet.

Basierend auf den Erkenntnissen der ersten drei Teile widmet sich der vierte Teil der Anwendbarkeit der rechtlichen Vorgaben aus dem Datenschutz- und Telekommunikationsrecht. Der Hauptteil beginnt aufgrund des unionsrechtlichen Vorrangs mit den Vorgaben der DS-GVO und untersucht neben der Rolle der Verantwortlichkeit das Verhältnis zu den Umsetzungsnormen der ePrivacy-Richtlinie. Hierunter fällt insbesondere das Fernmeldegeheimnis. Daran anschließend wird thematisiert, ob sich der Forschungsnetzbetreiber auf die Verarbeitungsprivilegien der DS-GVO im Rahmen seiner Tätigkeiten berufen kann. Im Anschluss wird die Anwendbarkeit des TTDSG und des TKG auf die Übertragungstätigkeiten des Forschungsnetzbetreibers untersucht.

Im letzten Teil der Arbeit wird ein Ausblick auf die zukünftige Gesetzgebung der Union gegeben, vor allem auf die anstehenden Änderungen durch die ePrivacy-Verordnung und ihre Auswirkungen auf den Betrieb eines Forschungsnetzes. Anhand des vorangegangenen Ergebnisses des vierten Teils werden diese abschließend erläutert.

Teil 2 Das Forschungsnetz in Deutschland und Europa

Um die Rolle des Forschungsnetzbetreibers im europäischen Digitalrecht und seine Schutzverpflichtung bezüglich der zu übertragenden Daten verstehen zu können, soll im ersten Teil der Arbeit auf den Forschungsnetzbetreiber in Deutschland eingegangen werden. Insbesondere seine Entstehung und der daraus resultierende Aufbau des *Vereins zur Förderung eines Deutschen Forschungsnetzes e. V.* spielen eine zentrale Rolle in der juristischen Einordnung des Betreibers.

Im Rahmen des Aufbaus soll auch auf die Dienste des Forschungsnetzbetreibers eingegangen und ihre technischen Unterschiede dargelegt werden. Der Fokus wird dabei bei dem zentralen Dienst, dem Internetdienst des Forschungsnetzbetreibers, verbleiben.

Schließlich soll auch die internationale Vernetzung des Forschungsnetzbetreibers betrachtet werden, denn sowohl in Europa als auch weltweit bestehen Forschungsnetze in nahezu allen Ländern. Auch die Anbindung an diese Netze und bestehenden Kooperationen haben Einfluss auf die juristische Bewertung.

A. Deutsches Forschungsnetz

Das *Deutsche Forschungsnetz* stellt einen zentralen Bestandteil des *Europäischen Forschungsnetzes* (GÉANT) dar. In Deutschland versorgt es die Hochschulen und Universitäten mit Hochgeschwindigkeitsinternet, vernetzt die Forschungseinrichtungen untereinander und ist mit seiner Gesamtlänge von rund 10.500 km Glasfaser eines der größten Kommunikationsnetze der Welt.[16]

I. Entstehung des Deutschen Forschungsnetzes

Der Ursprung des Deutschen Forschungsnetzes geht auf verschiedene Ereignisse im Jahr 1981 zurück.[17] Nicht nur die Studie von *Standford Research International* für das *Bundesministerium für Forschung und Technologie* (BMFT) im Mai 1981 und eine Reise deutscher Wissenschaftler in die USA im September 1981 führte zur Errichtung eines Forschungsnetzes.[18] Auch Ideenskizzen der *Gesellschaft für Mathematik und Datenverarbeitung* (GMD) über ein deutsches Forschungs-Verbundnetz und der Vorschlag des *Hahn-Meitner-Instituts* (HMI) im November 1981 zu einem

16 *DFN-Verein*, Das Wissenschaftsnetz, abrufbar unter: https://www.dfn.de/netz (zuletzt abgerufen am 10.10.2023); *Eitner*, DFN Mitteilungen 2016 Heft 90, 8, 10.

17 *Leib/Werle*, in: Werle/Lang, 157, 170; *Zander*, DFN Mitteilungen 1985 Heft 1, 11.

18 *Leib/Werle*, in: Werle/Lang, 157, 170; *Zander*, DFN Mitteilungen 1985 Heft 1, 11.

N. John, *Der Schutz der Daten im Netz des Access Providers der Wissenschaft*,
Juridicum – Schriften zum Medien-, Informations- und Datenrecht,
https://doi.org/10.1007/978-3-658-45497-5_2

‚Norddeutschen Rechnerverbund' ebneten den Weg für ein deutsches Wissenschaftsnetz.[19]

Bedarf für eine Vernetzung der wissenschaftlichen Einrichtungen bestand zu diesem Zeitpunkt schon.[20] In Berlin wurden mit dem BERNET und dem HMINET II schon verschiedene lokale Netze betrieben.[21] Das HMI stellte sich in diesem Kontext vor, die bestehenden Rechner-Netze zwischen den Städten Berlin, Bremen, Hannover und Kiel zu einem überregionalen Verbund zu verbinden.[22] Das BMFT nahm sich unter Eindruck des Gutachtens und der Vorschläge der Idee eines Netzwerkverbunds an und eröffnete erstmals im November 1981 Ideen für ein bundesweites Rechnerverbundnetz unter Einbindung West-Berlins.[23]

In einer mehrjährigen Vorbereitungszeit diskutierten Wissenschaftler von Universitäten und Großforschungseinrichtungen neben der Erstellung eines Projektplans die möglichen Organisationsstrukturen des Projekts.[24] Dadurch, dass schon die Vorschläge und die erforderliche Planung aus den Reihen der Wissenschaftler und den Einrichtungen kamen, lag es nahe, dass diese Benutzergemeinschaft auch Ersteller und Betreiber des Wissenschaftsnetzes werden sollte.[25]

Für die Umsetzung dieser Selbstverwaltung des Forschungsnetzes durch Wissenschaft und Industrie stellte sich heraus, dass die Form eines gemeinnützigen, eingetragenen Vereins als die voraussichtlich flexibelste Form einer Trägerorganisation anzusehen war.[26] So wurde schließlich am 12. Januar 1984 der gemeinnützige *Verein zur Förderung eines Deutschen Forschungsnetzes e. V.* (*DFN-Verein*) gegründet.[27] Zu den Gründungsmitgliedern zählten neben den Universitäten TU Berlin, Hamburg und Karlsruhe die Großforschungseinrichtungen DFVLR (heute DLR), GMD, HMI, die Fraunhofer-Gesellschaft und als Firmen der Datenverarbeitungsbranche IBM, Philips, Nixdorf sowie Siemens.[28]

Der Verein verstand sich als Selbsthilfeorganisation der Wissenschaft für Belange der rechnergestützten Datenkommunikation.[29] Daher wurde der Zweck in § 2 der

19 *Leib/Werle*, in: Werle/Lang, 157, 170; *Zander*, DFN Mitteilungen 1985 Heft 1, 11.

20 *Holleczek*, S. 43.

21 *Holleczek*, S. 43; *Leib/Werle*, in: Werle/Lang, 157, 170.

22 *Leib/Werle*, in: Werle/Lang, 157, 170; *Zander*, DFN Mitteilungen 1985 Heft 1, 11.

23 *Leib/Werle*, in: Werle/Lang, 157, 170; *Zander*, DFN Mitteilungen 1985 Heft 1, 11.

24 *Zander*, DFN Mitteilungen 1985 Heft 1, 11, 12; *Zorn*, Zum 30. Jahrestag der 1. deutschen Internet E-Mail vom 03. August 1984, S. 5, abrufbar unter: https://www.informatik.kit.edu/downloads/zu-30JahreInternet-EMail-V01-28Jul2014.pdf (zuletzt abgerufen am 13.9.2023).

25 *Zander*, DFN Mitteilungen 1985 Heft 1, 11, 12.

26 *Leib/Werle*, in: Werle/Lang, 157, 171; *Zander*, DFN Mitteilungen 1985 Heft 1, 11, 12.

27 *Zander*, DFN Mitteilungen 1985 Heft 1, 11, 13.

28 *Zander*, DFN Mitteilungen 1985 Heft 1, 11, 13.

29 *Leib/Werle*, in: Werle/Lang, 157, 171; bis heute ist dieses Verständnis ein zentrales Merkmal des DFN-Vereins: *DFN-Verein,* Rahmenprogramm, Anhang IV, S. 2.

Satzung des DFN-Vereins (DFN-Satzung)[30] auf „*die Errichtung, den Betrieb und die Nutzung eines rechnergestützten Informations- und Kommunikationssystems für die öffentlich geförderte und die gemeinnützige Forschung*“ in Deutschland festgelegt. Die Rechtsform des eingetragenen Vereins sieht der Verein bis heute als vorteilhafte Organisationsstruktur an, da hierdurch die Mitglieder aktiv am Verwirklichungsprozess des Satzungszwecks mitwirken können.[31] Das Interesse der Wissenschaftsgemeinschaft an einer solchen Einrichtung war groß: Innerhalb kürzester Zeit waren alle Hochschulen in Deutschland als Vereinsmitglieder aufgenommen.[32]

Ziel des Forschungsnetzes war in erster Linie, der wachsenden Nachfrage der Wissenschaftler nach Kommunikation zu entsprechen.[33] Hierfür sollte eine Bandbreite verschiedener Dienstleistungen zur Verfügung gestellt werden, wie z. B. Messenger Systeme für die einfachere Kommunikation zwischen kooperierenden Forschungsgruppen.[34] Dazu sollte bspw. ein ‚File Transfer' die Möglichkeit bieten, Dateien an einen anderen Computer zu senden bzw. von diesem Dateien zu erhalten, welche sich außerhalb der eigenen Institution befinden können.[35] Heutzutage hat sich diese Dienstleistung im weitesten Sinne zur ‚Cloud' weiterentwickelt.[36]

Darüber hinaus sollte das *DFN* Forschern auch die Möglichkeit geben, (Groß-) Computer, andere Forschungsinstrumente, spezielle Software oder Datenbanken nutzen zu können, insbesondere auch dann, wenn sie selbst vor Ort an ihrer Institution oder Einrichtung keinen Zugriff auf diese Spezialsysteme hatten.[37] Im Ergebnis sollte es z. B. möglich sein, bei der Verwendung des ‚Remote Job Entry' einen Verarbeitungsauftrag über das Forschungsnetz an eine Rechenanlage zu senden, welche an einem anderen Ort steht, um anschließend die Ergebnisse zurückzusenden oder an einen dritten Ort zu übermitteln.[38]

In der darauffolgenden Zeit wurden daher verschiedene technische Ansätze diskutiert, wie das Deutsche Forschungsnetz aufgebaut werden sollte.[39] Hintergrund hierzu waren verschiedene schon bestehende Netzwerkstrukturen und –normen wie die vom *DFN-Verein* favorisierten offenen ‚OSI-Protokolle‘, das von der *UNIX-User Group* ins Leben gerufene ‚*EUNET'*, das amerikanische ‚*CSNET*‘ und das von *IBM*

---

30 *DFN-Verein*, Satzung des DFN-Vereins, Anhang I.

31 *DFN-Verein,* Rahmenprogramm, Anhang IV, S. 2; *DFN-Verein*, Der Verein, abrufbar unter: https://www.dfn.de/dfn-verein (zuletzt abgerufen am 10.10.2023).

32 *Held,* Band I, S. 53.

33 *Ullmann*, DFN Mitteilungen 1985 Heft 1, 16.

34 *Ullmann*, DFN Mitteilungen 1985 Heft 1, 16, 17.

35 *Ullmann*, DFN Mitteilungen 1985 Heft 1, 16, 19.

36 Siehe *DFN-Verein*, Cloud, abrufbar unter: https://www.dfn.de/dienste/cloud/ (zuletzt abgerufen am 10.10.2023).

37 *Ullmann*, DFN Mitteilungen 1985 Heft 1, 16, 17.

38 *Ullmann*, DFN Mitteilungen 1985 Heft 1, 16, 19.

39 *Hoelzner*, DFN Mitteilungen 2009 Heft 76, 6, 8.

gesponserte ‚*European Academic Research Network*' (EARN).[40] Innerhalb dieser Ansätze fungierte der *DFN-Verein* zunächst als Vermittler und finanzierte Gateways zwischen den unterschiedlichen Netzen und förderte die Zusammenarbeit der unterschiedlichen Gruppen unter dem Dach des *DFN-Vereins*.[41]

1990 nahm schließlich das sog. *X.25-Wissenschaftsnetz* (WiN) als Teilnetz des Deutschen Forschungsnetzes den Betrieb auf.[42] Dieses verband schon Anfang 1991 ca. 205 wissenschaftliche und 36 kommerzielle Einrichtungen in Deutschland.[43] Betrieben wurde es von der *Deutschen Bundespost Telekom* (DBP), welche das Monopol für die Errichtung und Unterhaltung von Übertragungswegen innehielt.[44] Der *DFN-Verein* fungierte als Mittler zwischen der *DBP* und den am *WiN* angeschlossenen Einrichtungen.[45]

Nachdem der *DFN-Verein* im Anschluss an den Mauerfall auch zahlreiche Hochschulen und Forschungseinrichtungen der neuen Bundesländer angeschlossen hatte, folgte schon 1996 das *Breitbandwissenschaftsnetz* (B-WiN) und löste das *WiN* mit Anschlüssen bis zu 155 Mbit/s ab.[46] Für die Errichtung des *B-WiN* kam dem *DFN-Verein* ein weiterer Umstand zugute, denn das bis dahin geltende Fernmeldemonopol der *DBP*, wurde durch Telekommunikationsgesetz von 1996 aufgelöst.[47] Daher unterzeichnete der *DFN-Verein* gemeinsam mit einer Tochter der *Deutschen Telekom*, der *DeTeSystem*, einen Vertrag zur Errichtung, zum Betrieb und Management des *B-WiN*.[48] Damit einhergehend hatte der *DFN-Verein* die Befugnis erhalten, eigene Übertragungswege zu errichten.[49] Das *B-WiN* stellte nach seiner Inbetriebnahme eines der schnellsten Forschungsnetze der Welt dar.[50]

Doch in Folge des rasanten technischen Fortschritts startete schon vier Jahre später das *Gigabit-Wissenschaftsnetz* (G-WiN),[51] welches im Mai 2006 von der vierten Generation des Wissenschaftsnetzes *X-WiN* abgelöst wurde.[52] In den darauffolgenden Jahren wurde die Netzwerkstruktur aufgrund der Bedürfnisse der angeschlossenen Hochschulen und Forschungseinrichtungen technisch weiter ausgebaut.[53] So wurden

---

40 *Hoelzner*, DFN Mitteilungen 2009 Heft 76, 6, 8.
41 *Braun*, Informatik Spektrum 2010, 201, 205; *Hoelzner*, DFN Mitteilungen 2009 Heft 76, 6, 8.
42 *Hoelzner*, DFN Mitteilungen 2009 Heft 76, 6, 9; *Leib/Werle*, in: Werle/Lang, 157, 176.
43 *Kroß*, RZ-Mitteilungen 1991 Heft 1, 20.
44 *Hegering*, DFN Mitteilungen 2019 Heft 95, 8, 12.
45 *Braun*, Informatik Spektrum 2010, 201, 205; *Kroß*, RZ-Mitteilungen 1991 Heft 1, 20.
46 *Hoelzner*, DFN Mitteilungen 2009 Heft 76, 6, 9.
47 *Röhr*, S. 243.
48 *Hegering*, DFN Mitteilungen 2019 Heft 95, 8, 12.
49 *Hegering*, DFN Mitteilungen 2019 Heft 95, 8, 12.
50 *Hegering*, DFN Mitteilungen 2019 Heft 95, 8, 12; vgl. auch *Hoffmann/Pattloch/Schweizer u. a.*, Informatik Forsch. Entw. 1997, 151, 155 f.
51 *Adler/Kauth*, DFN Mitteilungen 2000 Heft 54, 11.
52 *Juling*, DFN Mitteilungen 2006 Heft 70, 4.
53 *Jessen/Pattloch/Ullmann*, PIK 2005, 21, 23.

bis zum Jahr 2016 über 10.500 km Glasfaserverbindungen gelegt.[54] Die technische Struktur wurde dabei weiterhin den Bedürfnissen der Nutzer angepasst, wodurch heute ein komplexer Aufbau des *X-WiN* entstanden ist.[55]

Parallel zur Entwicklung der Netzstruktur baut der *DFN-Verein* stetig sein Angebot an Kommunikationsdiensten aus. So zählen heute Dienste wie *DFN-CERT* (seit 1993), *DFNInternet* (1994), *DFNconf* (2001), *DFNRoaming/eduroam* (2003), *DFN-VPN* (2005), *DFN-MailSupport* (2011) oder *DFN-Cloud* (2014) neben weiteren Diensten zum breiten Angebot des *DFN-Vereins*.[56]

II. Der Träger: DFN-Verein

Der *DFN-Verein* zählt heute über 365 institutionelle Mitglieder[57] und stellt damit in Deutschland die zentrale Institution im Betrieb des Forschungsnetzes dar. Die Mitglieder des Vereins sind überwiegend Hochschulen und Forschungseinrichtungen sowie forschungsnahe Unternehmen.[58] Die Einwirkungsmöglichkeiten der Mitglieder gestalten sich auf verschiedenen Ebenen, vor allem durch die Organe des Vereins sowie direkte Kooperationen zugunsten des Forschungsnetzes.[59]

1. Der Verein

Der Verein ist beim Amtsgericht Charlottenburg in das Vereinsregister unter der Nummer 7729 eingetragen. Der Zweck des *DFN-Vereins* liegt satzungsgemäß bei der Errichtung und dem Betrieb des Deutschen Forschungsnetzes.[60] Um diesen Zweck zu erreichen, hat der Verein nach der DFN-Satzung Forschungsaufträge zu vergeben und Dienstleistungen zur Nutzung des Deutschen Forschungsnetzes zu organisieren.[61] Dies geschieht unter der Maßgabe der ausschließlichen Gemeinnützigkeit i. S. d. Abgabenordnung.[62]

---

54 *Eitner*, DFN Mitteilungen 2016 Heft 90, 8, 10.

55 *Jessen/Pattloch/Ullmann*, PIK 2005, 21, 23 f.; *Piger*, DFN Mitteilungen 2016 Heft 89, 14, 15.

56 *Hegering*, DFN Mitteilungen 2019 Heft 95, 8, 13.

57 *DFN-Verein*, Mitgliederliste, abrufbar unter: https://www.dfn.de/wp-content/uploads/2023/08/Mitgliederliste_alphabetisch.pdf (zuletzt abgerufen am 10.10.2023).

58 *DFN-Verein*, Unsere Mitglieder, abrufbar unter: https://www.dfn.de/dfn-verein/mitgliedschaft/mitgliederliste/ (zuletzt abgerufen am 10.10.2023).

59 *DFN-Verein*, Rahmenprogramm, Anhang IV, S. 2.

60 § 2 Abs. 1 DFN-Satzung.

61 § 2 Abs. 1 S. 2 DFN-Satzung.

62 § 2 Abs. 2 DFN-Satzung.

Durch die Rechtsform des eingetragenen Vereins sieht der *DFN-Verein* den Vorteil, dass die Mitglieder an der Gestaltung und Organisation des Deutschen Forschungsnetzes durch die Mitgliederversammlung direkt mitwirken können. [63]

Die Struktur des Vereins gliedert sich in drei Hauptorgane: den Verwaltungsrat, den Vorstand und die Mitgliederversammlung.[64]

a) Verwaltungsrat

Im Verwaltungsrat sitzen neun bis dreizehn von der Mitgliederversammlung gewählte Personen, wovon zumindest drei Personen Hochschulen repräsentieren, mindestens eine Person, welche die außeruniversitäre staatlich geförderte Forschung vertritt und mindestens eine Person, die Repräsentant der Wirtschaft ist.[65]

Dem Verwaltungsrat obliegt die Koordination der Arbeiten des Vereins.[66] Dies umfasst Beschlüsse über die Planung der wissenschaftlichen und technischen Aktivitäten, Entscheidungen über den Beginn oder die Beendigung von Projekten oder Projektabschnitten und grundsätzliche Fragen der Finanzplanung.[67] Zudem kann der Verwaltungsrat Ausschüsse einrichten und aufheben.[68]

b) Vorstand und Geschäftsführung

Der Vorstand wird durch die Vorsitzenden des Verwaltungsrates und dessen Stellvertretern gebildet.[69] Dem Vorstand obliegt die Führung der Geschäfte des Vereins.[70] Dazu gehören unter anderem die Vorbereitung und Umsetzung der Beschlüsse des Verwaltungsrates und der Beschlüsse der Mitgliederversammlung.[71] Für die Durchführung der Aufgaben bedient sich der Vorstand einer Geschäftsstelle, welche von der Geschäftsführung geleitet wird und deren Aufgaben sich durch die vom Vorstand erlassene Geschäftsordnung festlegen.[72]

Die Aufgaben der Geschäftsführung umfassen insbesondere die Organisation und Weiterentwicklung der netztechnischen Plattform des *DFN* und seinen Diensten, die Koordination von Projekten, die Beratung und Weiterbildung der Nutzer des *DFN*,

---

63 *DFN-Verein,* Rahmenprogramm, Anhang IV, S. 2; *DFN-Verein*, Der Verein, abrufbar unter: https://www.dfn.de/dfn-verein (zuletzt abgerufen am 10.10.2023).
64 § 3 Abs. 1 DFN-Satzung.
65 § 4 DFN-Satzung.
66 § 5 DFN-Satzung.
67 § 5 DFN-Satzung.
68 § 5 DFN-Satzung.
69 § 6 Abs. 1 DFN-Satzung.
70 § 6 Abs. 2 DFN-Satzung.
71 § 6 Abs. 2 DFN-Satzung.
72 § 6 Abs. 3 DFN-Satzung.

die Koordination der internationalen Zusammenarbeit im europäischen und globalen Verbund der Wissenschaftsnetze sowie die Presse- und Informationsarbeit.[73]

c) Mitgliederversammlung

Die Mitgliederversammlung findet mindestens einmal im Jahr statt,[74] um die Finanzen und Kostenumlagen zu beschließen und um die aktuellen Belange des Vereins zu diskutieren.[75] Die Zuständigkeiten der Mitgliederversammlung umfassen im Detail die Wahl der Mitglieder des Verwaltungsrates und der Prüfer für die Jahresrechnung, die Beschlussfassung über Vorlagen des Vorstandes sowie des Verwaltungsrates, Änderungen der Satzung oder die Auflösung des Vereins, die Festlegung der Mitgliedsbeiträge, die Genehmigung des Jahreswirtschaftsplans, die Entgegennahme und Feststellung des Jahresberichts und der Jahressrechnung und die Entlastung des Vorstands.[76] Beschlüsse werden mit einfacher Mehrheit der anwesenden Mitglieder gefasst.[77]

d) Ausschüsse

Der *DFN-Verein* hat derzeit drei Ausschüsse eingerichtet: den Strategischen Beirat, den Ausschuss für Betriebsangelegenheiten und den Ausschuss für Recht und Sicherheit.[78] Diese beraten den Verein fachspezifisch bei seinen Entscheidungen.[79]

e) Unterstützung von Forschungsprojekten und -gruppen

Darüber hinaus fördert der *DFN-Verein* verschiedene Forschungsprojekte und -gruppen, welche sich mit Thematiken in verschiedenen Bereichen auseinandersetzen.

So forscht z. B. das vom *DFN-Verein* finanzierte Projekt ‚*WiN-Labor*' durch die ‚*Forschungsgruppe Netz*' des *Regionalen Rechenzentrums Erlangen* (RRZE) an der Weiterentwicklung des Forschungsnetzes, um in der Zukunft technisch den Anforderungen der angeschlossenen Einrichtungen entsprechen zu können.[80] Insbesondere

---

73 *DFN-Verein*, Geschäftsstelle des DFN-Vereins, abrufbar unter: https://www.dfn.de/verein/geschaeftsstelle/ (zuletzt abgerufen am 10.10.2023).

74 § 7 Abs. 1 DFN-Satzung.

75 *DFN-Verein*, Der Verein, abrufbar unter: https://www.dfn.de/dfn-verein (zuletzt abgerufen am 10.10.2023).

76 § 8 DFN-Satzung.

77 § 9 Abs. 2 DFN-Satzung.

78 *DFN-Verein*, Governance, abrufbar unter: https://www.dfn.de/verein/governance/ (zuletzt abgerufen am 10.10.2023).

79 *DFN-Verein*, Governance, abrufbar unter: https://www.dfn.de/verein/governance/ (zuletzt abgerufen am 10.10.2023).

80 *WiN-Labor*, WiN-Labor, abrufbar unter: https://www.win-labor.dfn.de (zuletzt abgerufen am 10.10.2023).

die Vorbereitung des *DFN* auf kommende ,Quantennetze' steht derzeit im Fokus dieses Forschungsprojektes.[81] Innerhalb des Projekts werden Forschungsziele in verschiedenen Projekten des Labors durchgeführt.[82] So wurden in der Vergangenheit verschiedene Projekte, z. B. zur Überwachung der Dienstqualität[83], der Optimierung des Netzes[84] oder der Erstellung eines Testbed Services[85], abgeschlossen.

Auch die ,*Forschungsstelle Recht im DFN*' wird vom *DFN-Verein* finanziert und widmet sich an der *Universität Münster* der Unterstützung des *DFN-Vereins* im juristischen Bereich.[86] Die Schwerpunkte des Projekts ,*Unterstützung von Wissenschaft und Forschung in rechtlichen Fragen bei der sicheren Nutzung des Deutschen Forschungsnetzes*' sind rechtliche Themen, welche die Benutzung des *DFN* durch die angeschlossenen Teilnehmer und ihre Nutzergruppen betreffen.[87] Die Inhalte des Projekts umfassen Themen des Datenschutz-[88], Telekommunikations-[89], Urheber-[90] und Hochschulrechts[91].

2. Mitglieder

Mitglied des Vereins können öffentlich- und privatrechtliche Einrichtungen und Organisationen werden, welche wesentlich zum Vereinszweck beitragen können oder welche der durch öffentliche Mittel geförderten Forschung zuzurechnen sind.[92] Der Beitrag des Mitglieds soll zur Verwirklichung des Vereinszwecks durch die Mitarbeit in den DFN-Gremien, der Mitwirkung am DFN-Verbund, der Einhaltung der technischen, betrieblichen, organisatorischen und nutzungsrechtlichen DFN-Regelungen sowie der Förderung der Nutzung von DFN-Entwicklungsergebnissen erfüllt wer-

[81] Siehe z. B. *Schweiger/Seidel*, DFN Mitteilungen 2022 Heft 101, 38.

[82] *WiN-Labor*, Projekte, abrufbar unter: https://www.win-labor.dfn.de/projekte/win-labor-projekte/ (zuletzt abgerufen am 10.10.2023).

[83] *Hanemann/Kraft/Marcu u. a.*, in: Müller/Neumair/Rodosek, 53.

[84] *Kraft/König/Gründl*, in: Müller/Neumair/Rodosek, 117.

[85] *Kaufmann/Naegele-Jackson*, DFN Mitteilungen 2016 Heft 89, 24.

[86] *DFN-Verein*, Recht im DFN, abrufbar unter: https://www.dfn.de/dfn-verein/recht-im-dfn/ (zuletzt abgerufen am 10.10.2023); *Rülke*, DFN Mitteilungen 2018 Heft 94, 44.

[87] *DFN-Verein*, Recht im DFN, abrufbar unter: https://www.dfn.de/dfn-verein/recht-im-dfn/ (zuletzt abgerufen am 10.10.2023).

[88] Siehe z. B. *Mc Grath*, DFN-Infobrief Recht 2022 Heft 2, 10.

[89] Siehe z. B. *John*, DFN-Infobrief Recht 2022 Heft 1, 5.

[90] Siehe z. B. *Wellmann*, DFN-Infobrief Recht 2022 Heft Sonderausgabe Covid-19, 2.

[91] Siehe z. B. *Uphues*, DFN-Infobrief Recht 2021 Heft 12, 5.

[92] § 10 DFN-Satzung; *DFN-Verein*, Mitgliedschaft im DFN-Verein, abrufbar unter: https://www.dfn.de/dfn-verein/mitgliedschaft/ (zuletzt abgerufen am 10.10.2023).

den.[93] Jedes Mitglied hat je nach Art der Einrichtung und Größe einen Mitgliedsbeitrag zu leisten.[94]

3. Teilnehmer

Auch wenn die Mitgliedschaft im Verein ein wesentliches Merkmal des Aufbaus des *DFN-Vereins* ist, so ist sie für den Anschluss an das Forschungsnetz nicht zwingend erforderlich. Stattdessen haben Einrichtungen aus Wissenschaft und Forschung auch ohne Mitgliedschaft die Möglichkeit, Zugang zum Forschungsnetz zu erhalten. Voraussetzung ist weiterhin, dass die Einrichtung i. S. d. Vereinszwecks aus dem Bereich der öffentlich geförderten bzw. der gemeinnützigen Forschung kommt.[95]

Der Begriff des Teilnehmers umfasst dennoch alle am Forschungsnetz angeschlossenen Einrichtungen, auch jene, die gleichzeitig Mitglied des Vereins sind.[96]

4. Angehörige der angeschlossenen Einrichtungen (Nutzergruppen)

Da die Mitglieder und Teilnehmer vorrangig Institutionen aus Forschung und Wissenschaft sind, sind die Angehörigen dieser Einrichtungen in unterschiedliche Nutzergruppen einzuordnen. Sie unterteilen sich regelmäßig in drei verschiedene Gruppen: Die Beschäftigten der Einrichtungen nutzen das *DFN* über die jeweilige Institution. Hierzu gehören neben den Professoren, Dozierenden und dem wissenschaftlichen Personal auch die Angestellten der Einrichtungen, die für das organisatorische Tagesgeschäft verantwortlich sind.

Neben den Beschäftigten der Einrichtungen stellen die eingeschriebenen Studierenden eine weitere Nutzergruppe dar. Diese können im Rahmen der jeweils geltenden Benutzungsordnungen Zugriff auf das *DFN* erhalten, welches ihnen Zugang zu den jeweiligen Webseiten der Einrichtungen, aber auch zum allgemeinen Internet ermöglicht.

Die dritte Nutzergruppe sind die Gäste der Einrichtungen. Hierunter fallen sowohl Gastwissenschaftler sowie Gasthörer der Einrichtung. Darüber hinaus können dieser Benutzergruppe auch externe Dritte zugeordnet werden, z. B. wenn diese im Rahmen einer Tagung Zugang zum Forschungsnetz erhalten.

---

[93] § 11 DFN-Satzung.

[94] *DFN-Verein*, Mitgliedsbeiträge, abrufbar unter: https://www2.dfn.de/verein/mv/beitraege/ (zuletzt abgerufen am 10.10.2023).

[95] § 2 Abs. 1 DFN-Satzung.

[96] Vgl. die Parteibenennung: *DFN-Verein/Universität Münster*, Rahmenvertrag über die Teilnahme am Deutschen Forschungsnetz, 26.5.2009/14.10.2009, Anhang II, S. 1.

III. Dienste des DFN

Der *DFN-Verein* hat im Laufe seiner Entstehung nach und nach verschiedene Kommunikationsdienste ins Leben gerufen. Der *DFN-Verein* untergliedert diese in vier Kategorien: ‚*Network and Communication*', ‚*Security, Trust and Identity*', ‚*Collaboration*' und ‚*Cloud*'.[97]

Der zentrale Dienst *DFNInternet* ordnet sich neben anderen Diensten wie dem Domainmanagement oder dem *DFN-VPN* unter der erstgenannten Kategorie ein.[98]

Auch die zweite Kategorie der Dienste, ‚*Security, Trust and Identity*', beinhaltet wesentliche Angebote des Forschungsnetzbetreibers wie der *DFN.Security*, dem *DFN-Mailsupport*, der *DFN-AAI* oder *eduroam*.[99]

Die Dienste der ‚*Collaboration*' dienen insbesondere dem Austausch der Nutzergruppen untereinander und umfassen Dienste wie den Videokonferenzdienst *DFNconf*, den Telefoniedienst *DFNFernsprechen* oder den *DFNTerminplaner*.[100]

Schließlich bietet der *DFN-Verein* einen Zugang zu Cloud-Dienstleistungen an und berät hierbei die Mitglieder zu dem vorhandenen Cloud-Portfolio.[101]

Die verschiedenen Dienste richten sich an „*alle Einrichtungen aus Wissenschaft und Forschung*"[102], sowie forschungsnahen Wirtschaftsunternehmen und eröffnen ihnen technische Plattformen oder Angebote auf unterschiedlichen Ebenen.[103]

Die vorliegende Arbeit wird aufgrund der zentralen Hauptaufgabe eines Forschungsnetzbetreibers vorrangig den Internetdienst für die Einordnung der Rolle des Betreibers im europäischen Digitalrecht beleuchten. Dies ist demnach in Bezug auf den *DFN-Verein* der Dienst *DFNInternet*.

Soweit die weiteren Dienste technisch und inhaltlich dem Internetdienst gleichen, können die nachfolgenden Überlegungen auch für diese Dienste herangezogen werden.

---

97 *DFN-Verein*, Unsere Dienste, abrufbar unter: https://www.dfn.de/dienste/ (zuletzt abgerufen am 10.10.2023).

98 *DFN-Verein*, Network and Communication, abrufbar unter: https://www.dfn.de/dienste/network-and-communication-services/ (zuletzt abgerufen am 10.10.2023).

99 *DFN-Verein*, Security, Trust & Identity, abrufbar unter: https://www.dfn.de/dienste/security-trust-and-identity-services/ (zuletzt abgerufen am 10.10.2023).

100 *DFN-Verein*, Collaboration, abrufbar unter: https://www.dfn.de/dienste/collaboration-services/ (zuletzt abgerufen am 10.10.2023).

101 *DFN-Verein*, Cloud, abrufbar unter: https://www.dfn.de/dienste/cloud/ (zuletzt abgerufen am 10.10.2023).

102 *DFN-Verein*, Unsere Dienste, abrufbar unter: https://www.dfn.de/dienste/ (zuletzt abgerufen am 10.10.2023).

103 *DFN-Verein*, Unsere Dienste, abrufbar unter: https://www.dfn.de/dienste/ (zuletzt abgerufen am 10.10.2023).

1. Vertragliche Grundlagen

Der Zugang zum *DFNInternet* wird für Mitglieder neben der Vereinssatzung des *DFN-Vereins* auch durch weitere Vertragswerken geregelt. Zentrales Vertragsdokument für eine Vielzahl an Diensten ist der ‚*Rahmenvertrag über die Teilnahme am Deutschen Forschungsnetz*' (DFN-RahmenV)[104], den der *DFN-Verein* mit der jeweiligen anzuschließenden Einrichtung abschließt. Dieser regelt zwischen den Parteien die wesentlichen vertraglichen Grundlagen, insbesondere, dass der Teilnehmer seinen Nutzergruppen aus Wissenschaft und Forschung den Zugang zu den DFN-Diensten ermöglichen darf.[105] Eine über diese Nutzung hinausgehende Weitergabe der Dienste bedarf der schriftlichen Zustimmung des Forschungsnetzbetreibers.[106]

Aus dem Rahmenvertrag ergibt sich des Weiteren, dass die jeweilige Art und Leistung des Umfangs des Dienstes in der dazugehörenden Dienstvereinbarung geregelt wird.[107] So regelt die ‚*Dienstvereinbarung DFNInternet*'[108] einerseits die konkreten Leistungen des *DFN-Vereins*, andererseits die entsprechenden Mitwirkungspflichten des Teilnehmers. Die Kosten für die Inanspruchnahme des Dienstes werden in der einschlägigen Dienstvereinbarung festgehalten, welche sich aus der jeweils gültigen Entgeltordnung[109] ergeben. Maßgeblich sind danach die Art des Anschlusses sowie die benötigte Bandbreite der Teilnehmereinrichtung.[110]

Neben der Erforderlichkeit der Dienstvereinbarung regelt der Rahmenvertrag, dass der Teilnehmer seine Nutzergruppen über die gesetzlichen und vertraglichen Pflichten aufzuklären und diese zu verpflichten hat, missbräuchliche Nutzungen zu unterlassen.[111] Die Teilnehmer erreichen diese Pflicht regelmäßig durch entsprechende Benutzungsordnungen.[112] Der Inhalt dieser Benutzungsordnungen sieht daher

---

104 So z. B. der Rahmenvertrag zwischen dem DFN-Verein und der Universität Münster: *DFN-Verein/Universität Münster*, Rahmenvertrag über die Teilnahme am Deutschen Forschungsnetz, 26.5.2009/14.10.2009, Anhang II.

105 § 1 Abs. 2 DFN-RahmenV.

106 § 1 Abs. 3 DFN-RahmenV.

107 § 2 Abs. 1 DFN-RahmenV.

108 So z. B. die Dienstvereinbarung DFNInternet zwischen dem DFN-Verein und der Hochschule Bremen: *DFN-Verein/Hochschule Bremen*, Dienstvereinbarung DFNInternet, 21.2.2018/14.6.2018, Anhang III.

109 *DFN-Verein*, Entgeltordnung für die Dienste, abrufbar unter: https://www.dfn.de/wp-content/uploads/2022/01/Entgeltordnung-DFNInternet-und-Dienst-Paket-2_0721.pdf (zuletzt abgerufen am 10.10.2023).

110 *DFN-Verein*, Entgeltordnung für die Dienste, S. 4 ff., abrufbar unter: https://www.dfn.de/wp-content/uploads/2022/01/Entgeltordnung-DFNInternet-und-Dienst-Paket-2_0721.pdf (zuletzt abgerufen am 10.10.2023).

111 § 4 Abs. 3 S. 3 DFN-RahmenV.

112 Die Forschungsstelle Recht im DFN hat hierzu eine Musterbenutzungsordnung auf der Webseite des DFN-Vereins veröffentlicht: *DFN-Verein/Forschungsstelle Recht im DFN*, Musterbenutzungsordnung, abrufbar unter: https://www2.dfn.de/fileadmin/3Beratung/Recht/Wissensbasis/Musterbenutzungsordnung_2020.pdf (zuletzt abgerufen am 10.10.2023).

üblicherweise vor, dass die Nutzung des Dienstes nur zu wissenschaftlichen Zwecken in Forschung, Lehre und Studium, sowie der Umsetzung der Aufgaben der Einrichtung genutzt werden darf.[113]

2. Aufbau des Dienstes DFNInternet

Mit dem Dienst *DFNInternet* bietet der Verein den Teilnehmern an, ihren IP-Verkehr in das Wissenschaftsnetz, den globalen Verbund der weltweit kooperierenden nationalen Forschungsnetze sowie allen anderen Teilnetzen des Internets (Transit) zu vermitteln.[114] Der *DFN-Verein* ermöglicht damit eine auf die Wissenschaft und Forschung angepasste Verbindung zwischen den teilnehmenden Einrichtungen und verbindet diese mit dem freien Internet.[115]

a) Anschluss an das Forschungsnetz

Der *DFN-Verein* bietet im Rahmen des *DFNInternet* verschiedene Anschlussmöglichkeiten an das Wissenschaftsnetz.[116] Einerseits kann der Zugang durch die Einrichtung eines sog. Regelanschlusses ermöglicht werden.[117] Dabei organisiert der *DFN-Verein* die Verbindung der Einrichtung an das *DFN* über eine Anbindung mit Haupt- und ggf. Nebenleitung an verschiedene Knotenpunkte des Wissenschaftsnetzes.[118] Der *DFN-Verein* stellt die gewünschte Verbindung bis zum Installationsort her.[119] Am Installationsort muss die Teilnehmereinrichtung die erforderliche Übergabeschnittstelle bereitstellen.[120]

Andererseits ist der Anschluss an das *DFN* über ein Cluster für die Teilnehmer möglich.[121] Bei einem Clusteranschluss schließt sich eine Gruppe von Anwendern über einen gemeinsamen ‚*Cluster-Router*' zusammen.[122] Dieser Router wird an das Wissenschaftsnetz angeschlossen.[123] Für den Betrieb des Cluster-Routers sind die

---

113 Siehe z. B. *DFN-Verein/Forschungsstelle Recht im DFN*, Musterbenutzungsordnung, § 4 Abs. 2, abrufbar unter: https://www2.dfn.de/fileadmin/3Beratung/Recht/Wissensbasis/Musterbenutzungs ordnung_2020.pdf (zuletzt abgerufen am 10.10.2023).

114 *DFN-Verein*, Dienstbeschreibung DFNInternet, Anhang V, S. 1; *DFN-Verein/Hochschule Bremen*, Dienstvereinbarung DFNInternet, 21.2.2018/14.6.2018, Anhang III, S. 1.

115 *DFN-Verein*, Dienstbeschreibung DFNInternet, Anhang V, S. 1.

116 *DFN-Verein*, Dienstbeschreibung DFNInternet, Anhang V, S. 4.

117 *DFN-Verein*, Dienstbeschreibung DFNInternet, Anhang V, S. 4.

118 *DFN-Verein*, Dienstbeschreibung DFNInternet, Anhang V, S. 3.

119 *DFN-Verein*, Dienstbeschreibung eduroam, S. 2 ff., abrufbar unter: https://www2.dfn.de/dienst beschreibungro (zuletzt abgerufen am 10.10.2023).

120 *DFN-Verein*, Dienstbeschreibung DFNInternet, Anhang V, S. 5.

121 *DFN-Verein*, Dienstbeschreibung DFNInternet, Anhang V, S. 4.

122 *DFN-Verein*, Dienstbeschreibung DFNInternet, Anhang V, S. 4.

123 *DFN-Verein*, Dienstbeschreibung DFNInternet, Anhang V, S. 4.

Cluster-Anwender untereinander verantwortlich, der *DFN-Verein* organisiert dagegen den Anschluss des Routers an das Wissenschaftsnetz.[124]

Als weitere Anschlussvariante können sich Teilnehmer im Rahmen eines Versorgeranschlusses zu einer Gruppe zusammenschließen und einen Teilnehmer der Gruppe als Versorger mit einem Vertretungsmandat ausstatten.[125] Dieser stellt die Installationsorte für die Teilnehmeranschlussgeräte bereit, woran der *DFN-Verein* den Anschluss an das *DFN* vornimmt.[126]

b) Übertragung des Datenverkehrs

Unabhängig von der Art des Anschlusses werden anschließend die zu übertragenden Informationen an das *DFN* übergeben.[127] Der von den Benutzergruppen erzeugte Datenverkehr wird über die eingerichteten Leitungen an dem angeschlossenen Kernnetzknotenpunkten in das Forschungsnetz eingespeist.[128] Dort übernimmt der *DFN-Verein* die Signale und sendet sie über die Leitungen des *DFN* zum Knotenpunkt, an welchem der Empfänger des Signals angeschlossen ist oder gibt das Signal an den Schnittstellen an andere internationale Forschungsnetze oder das freie Internet weiter.[129]

c) Zugang zum Dienst

Zum Dienst *DFNInternet* dürfen die Teilnehmer am *DFN* nach den Vorgaben des Rahmenvertrags und der weiteren Vertragswerke nur ihren Mitarbeitern, Studierenden und Gästen aus Wissenschaft und Forschung den Zugang ermöglichen. Die DFN-Satzung stellt klar, dass das Kommunikationsnetz der Wissenschaft nur *„für die öffentlich geförderte und die gemeinnützige Forschung"* errichtet und betrieben werden soll.[130] Diese Beschränkung der Nutzung zieht sich auch durch die weiteren Vertragswerke des *DFN-Vereins*: So weist der DFN-Rahmenvertrag darauf hin, dass die Teilnehmer am *DFN* nur *„Mitarbeitern, Studierenden und Gästen […] aus Wissenschaft und Forschung die Nutzung der DFN-Dienste ermöglichen"* sollen.[131] Auch in der vom *DFN-Verein* bereitgestellten Musterbenutzungsordnung werden Nutzer-

[124] *DFN-Verein*, Dienstbeschreibung DFNInternet, Anhang V, S. 4.
[125] *DFN-Verein*, Dienstbeschreibung DFNInternet, Anhang V, S. 4.
[126] *DFN-Verein*, Dienstbeschreibung DFNInternet, Anhang V, S. 4.
[127] *DFN-Verein*, Dienstbeschreibung DFNInternet, Anhang V, S. 4.
[128] *DFN-Verein*, Dienstbeschreibung DFNInternet, Anhang V, S. 5.
[129] *DFN-Verein*, Network and Communication, abrufbar unter: https://www.dfn.de/dienste/network-and-communication-services/ (zuletzt abgerufen am 10.10.2023).
[130] § 2 Abs. 1 DFN-Satzung.
[131] *DFN-Verein/Universität Münster*, Rahmenvertrag über die Teilnahme am Deutschen Forschungsnetz, 26.5.2009/14.10.2009, Anhang II, § 1 Abs. 2.

gruppen auf diese Einschränkung hingewiesen[132] und selbst die Entgeltordnung des *DFN-Vereins* stellt diese Nutzungsbeschränkung nochmals klar.[133]

Die Ermöglichung dieses Zugangs kann auf unterschiedliche Art erfolgen. Maßgeblich ist dabei ihre Stellung in Bezug auf die Einrichtung des Teilnehmers. Satzungsgemäß handelt es sich bei den Mitgliedern vor allem um Hochschulen und Forschungseinrichtungen, welche ihren Nutzergruppen verschiedene Wege zu Verfügung stellen, um sich im Netzwerk anzumelden und den Nutzern den Zugang zum *DFNInternet* zu ermöglichen.[134]

Die Einwahl geschieht regelmäßig über einen LAN-Anschluss der Einrichtung oder durch zur Verfügung gestelltes WLAN.[135]

An LAN-Anschlüsse werden meist die Desktop-Computer angeschlossen. Seitens der Nutzergruppen betrifft diese Anschlussform vorrangig Beschäftigte der Einrichtung, aber auch feste ‚PC-Stationen' wie bspw. in Bibliotheken, welche den Studierenden zur Verfügung gestellt werden.[136] An den PCs erhalten die Nutzer über die Anmeldung durch ihre von der Einrichtung vergebene Kennung[137] Zugriff auf das Netzwerk.[138]

Neben der Möglichkeit des Einwählens über LAN wird zu weiten Teilen die Verbindung über WLAN benutzt. Über verschiedene WLAN-Netzwerke können sich die Nutzer mit ihren Endgeräten selbst einwählen und das Internet nutzen.[139] Unterschieden wird zwischen dem WLAN des Teilnehmers[140], *eduroam* und dem Gast-

---

132 *DFN-Verein/Forschungsstelle Recht im DFN*, Musterbenutzungsordnung, § 4 Abs. 1, abrufbar unter: https://www2.dfn.de/fileadmin/3Beratung/Recht/Wissensbasis/Musterbenutzungsordnung_2020.pdf (zuletzt abgerufen am 10.10.2023).

133 *DFN-Verein*, Entgeltordnung für die Dienste, S. 8 f., abrufbar unter: https://www.dfn.de/wp-content/uploads/2022/01/Entgeltordnung-DFNInternet-und-Dienst-Paket-2_0721.pdf (zuletzt abgerufen am 10.10.2023).

134 Als Beispiel werden nachfolgend die Zugangsmöglichkeiten an der Universität Münster aufgezeigt: *Universität Münster*, Internet & Kommunikation, abrufbar unter: https://www.uni-muenster.de/IT/services/kommunikation/index.html (zuletzt abgerufen am 10.10.2023).

135 *Universität Münster*, Internet & Kommunikation, abrufbar unter: https://www.uni-muenster.de/IT/services/kommunikation/index.html (zuletzt abgerufen am 10.10.2023).

136 Z. B. *Universität Münster*, LAN, abrufbar unter: https://www.uni-muenster.de/IT/services/kommunikation/lan/index.html (zuletzt abgerufen am 10.10.2023).

137 *Universität Münster*, Uni-Kennung, abrufbar unter: https://www.uni-muenster.de/IT/services/nutzerverwaltung/kennung.html (zuletzt abgerufen am 10.10.2023).

138 *Universität Münster*, Internet & Kommunikation, abrufbar unter: https://www.uni-muenster.de/IT/services/kommunikation/index.html (zuletzt abgerufen am 10.10.2023).

139 *Universität Münster*, WLAN, abrufbar unter: https://www.uni-muenster.de/IT/services/kommunikation/wlan/ (zuletzt abgerufen am 10.10.2023).

140 Bei der Universität Münster ist das das WLAN mit der SSID ‚uni-ms': *Universität Münster*, WLAN, abrufbar unter: https://www.uni-muenster.de/IT/services/kommunikation/wlan/ (zuletzt abgerufen am 10.10.2023).

WLAN[141]. Die verschiedenen WLAN-Netzwerke sind für unterschiedliche Nutzergruppen gedacht und bringen Unterschiede bei der Anmeldung mit sich.[142]

aa) WLAN der Teilnehmereinrichtung

Die meisten Teilnehmer verfügen über ein eigenes WLAN-Netzwerk, welches den Angehörigen der Einrichtung (Beschäftigte und eingeschriebene Studierende) zur Verfügung gestellt wird. Als Beispiel hierfür ist das WLAN mit der SSID ‚uni-ms' an der *Universität Münster* zu nennen.[143] Um einen Zugriff auf das Netzwerk zu erlangen, müssen sich die Beschäftigten oder an der Universität eingeschriebenen Studierenden mit einer Nutzerkennung und einem Passwort anmelden.[144] Diese Nutzerkennung erhalten Beschäftigte mit der Einstellung, Studierende bei der Immatrikulation.[145] Mit der Beendigung des Dienst- bzw. Arbeitsverhältnisses oder der Exmatrikulation wird die Nutzerkennung wieder deaktiviert und Nutzer verlieren die Möglichkeit, auf den Dienst zuzugreifen.[146]

bb) eduroam

eduroam ist ein internationaler Roaming-Dienst, welcher Beteiligten der Forschungs- und Bildungsgemeinschaft die Möglichkeit bietet, weltweit als Gast bei Teilnehmerorganisationen Zugang zum Internet zu finden.[147] Durch *eduroam* ist es für den Nutzer nicht erforderlich, einen Gastzugang zu beantragen, er kann sich vielmehr mit den Zugangsdaten der eigenen Heimorganisation einwählen.[148] Die Verifikation der Zugangsdaten wird von der Heimorganisation durchgeführt.[149] Nach erfolgter Anmeldung wird der Internetverkehr des Nutzers über das Netzwerk der

---

[141] Bei der Universität Münster ist das das WLAN mit der SSID ‚GuestOnCampus': *Universität Münster*, WLAN, abrufbar unter: https://www.uni-muenster.de/IT/services/kommunikation/wlan/ (zuletzt abgerufen am 10.10.2023).

[142] *Universität Münster*, WLAN, abrufbar unter: https://www.uni-muenster.de/IT/services/kommuni kation/wlan/ (zuletzt abgerufen am 10.10.2023).

[143] *Universität Münster*, WLAN, abrufbar unter: https://www.uni-muenster.de/IT/services/kommuni kation/wlan/ (zuletzt abgerufen am 10.10.2023).

[144] *Universität Münster*, WLAN, abrufbar unter: https://www.uni-muenster.de/IT/services/kommuni kation/wlan/ (zuletzt abgerufen am 10.10.2023).

[145] *Universität Münster*, Uni-Kennung, abrufbar unter: https://www.uni-muenster.de/IT/services/nutzerverwaltung/kennung.html (zuletzt abgerufen am 10.10.2023).

[146] *Universität Münster*, Uni-Kennung, abrufbar unter: https://www.uni-muenster.de/IT/services/nutzerverwaltung/kennung.html (zuletzt abgerufen am 10.10.2023).

[147] *DFN-Verein*, Dienstbeschreibung eduroam, abrufbar unter: https://www2.dfn.de/dienst beschreibungro (zuletzt abgerufen am 10.10.2023); *Paffrath*, DFN Mitteilungen 2018 Heft 94, 8 ff.

[148] *Paffrath*, DFN Mitteilungen 2018 Heft 94, 8, 9 ff.

[149] *Milinovic/Winter/RESTENA u. a.*, eduroam Policy Service Definition, § 1, abrufbar unter: https://www.eduroam.org/wp-content/uploads/2016/05/GN3-12-192_eduroam-policy-service-definition_ver28_26072012.pdf (zuletzt abgerufen am 10.10.2023).

Gastinstitution geleitet.[150] Die Netzwerknutzung erfolgt daher unter den Vorgaben und Richtlinien der Gastinstitution.[151]

cc) Gast-WLAN

Einige Einrichtungen stellen auch Gästen, welche nicht Angehörige einer Forschungs- und Bildungseinrichtung sind und daher keinen Zugriff auf das *eduroam*-Netzwerk haben, aber durch Vorträge, Seminare oder Ähnlichem einen Bezug zur Einrichtung aufweisen, ein Gast-WLAN zur Verfügung. Es gibt verschiedene Modelle, wie der Zugriff auf das Gast-WLAN zu erhalten ist.

Einige Einrichtungen lassen einen Zugang zum Gast-WLAN nur unter vorheriger Einrichtung eines temporären Gast-Accounts zu.[152] Dieser Gast-Account kann nur von der für die Verteilung der Nutzerkennung zuständigen Abteilung eingerichtet und freigegeben werden oder der Gastgeber, z. B. ein Fakultätsmitglied, kann ggf. selbst eine Nutzerkennung für den Gast beantragen. Hierdurch wird sichergestellt, dass nur Gäste mit Bezug zur Hochschule oder Forschungseinrichtung Zugriff auf das Netzwerk haben.

Davon abzugrenzen sind Gast-WLANs, welche von unabhängigen Betreibern angeboten werden. Bei diesem Modell des Gast-WLAN wird von dem Teilnehmer ein Dritter beauftragt, ein (meist) frei zugängliches WLAN einzurichten. So ist bspw. in den Gebäuden der *Universität Münster* ein WLAN mit der SSID ‚*GuestOnCampus*' verfügbar, welches von der Firma *hotsplots* eingerichtet und betrieben wird.[153] Eine Anmeldung erfolgt ohne Zugangsdaten, lediglich die Nutzungsbedingungen der hotsplots GmbH müssen akzeptiert werden. Gast-WLANs in dieser Form nutzen nicht die Netzwerkleitungen des *DFN* und sind daher getrennt vom Dienst *DFNInternet* zu betrachten.

---

150 *Milinovic/Winter/RESTENA u. a.*, eduroam Policy Service Definition, § 1, abrufbar unter: https://www.eduroam.org/wp-content/uploads/2016/05/GN3-12-192_eduroam-policy-service-definition_ver28_26072012.pdf (zuletzt abgerufen am 10.10.2023).

151 *National Research and Educational Network Policy Committee*, eduroam Compliance Statement, S. 3, abrufbar unter: https://www.eduroam.org/wp-content/uploads/2016/05/eduroam_Compliance_Statement_v1_0.pdf (zuletzt abgerufen am 10.10.2023).

152 Bspw. *Universität Bielefeld*, Persönlicher Account, abrufbar unter: https://www.uni-bielefeld.de/einrichtungen/bits/services/aus/account/index.xml (zuletzt abgerufen am 10.10.2023); *Goethe Universität Frankfurt am Main*, Gast-Zugang, abrufbar unter: https://www.rz.uni-frankfurt.de/51153904/WLAN___Gast_Zugang (zuletzt abgerufen am 10.10.2023).

153 Einsehbar unter: *hotsplots*, Hotspot-Karte, abrufbar unter: http://www.hotsplots.de/hotspot-karte.html (zuletzt abgerufen am 10.10.2023).

d) Weitere Dienstleistungen im DFNInternet

Der Anschluss der Einrichtungen an das Wissenschaftsnetz bringt noch weitere Aufgaben mit sich, die der *DFN-Verein* in zusätzlichen Dienstleistungen vornimmt. So kann der Anwender den *DFN-Verein* zur Anmeldung einer Top-Level-Domain beauftragen.[154] Ebenso unterstützt der *DFN-Verein* den Anwender bei der Beantragung von IPv4- und IPv6-Adressräumen.

3. Überschneidung mit anderen Diensten

Durch seine zentrale Rolle in der Vernetzung der Wissenschaftseinrichtungen und Hochschulen sind auch die weiteren Dienstleistungen eng mit dem Dienst *DFN-Internet* verknüpft. Durch die Aufgabe des *DFNInternet*, sämtliche im Forschungsnetz anfallenden Daten zu übertragen, kommt es regelmäßig zu Überschneidungen mit anderen Diensten. Um zu verstehen, welche Arten von Daten über das *DFNInternet* gesendet werden, soll kurz auch auf diese Dienste eingegangen werden.

a) DFN-AAI

Hervorzuheben ist insbesondere der Dienst ‚*DFN-AAI*' (Infrastruktur zur Authentifizierung und Autorisierung). Denn mit diesem Dienst bietet der *DFN-Verein* den Anwendern die Möglichkeit, sich mit dem Konto der Heimorganisation (Identity Provider) auf verschiedenen Plattformen wie z. B. Lernplattformen für Studierende anzumelden, mit welchen der *DFN-Verein* (als Föderationsbetreiber) vertraglich verbunden ist und stellt damit eine Art des webbasierten *Single Sign-On* (Web-SSO) dar.[155]

Durch dieses System werden die Authentifizierung (Identitätsprüfung) und Autorisierung (Prüfung des Zugriffsrechts) zu einer geschützten Ressource getrennt vorgenommen.[156] Durch die Trennung können Anbieter von Ressourcen (Service Provider) diese weiterhin schützen und nur berechtigte Zugriffe autorisieren.[157] Die Anwenderorganisationen als Identity Provider können dagegen mit geringem Aufwand ihre Nutzer identifizieren.[158] Die Nutzer können wiederum ortsunabhängig mit den

---

154 *DFN-Verein*, Network and Communication, abrufbar unter: https://www.dfn.de/dienste/network-and-communication-services/ (zuletzt abgerufen am 10.10.2023).

155 *Hofmann/Pempe*, DFN Mitteilungen 2018 Heft 94, 38.

156 *Kähler*, DFN Mitteilungen 2006 Heft 70, 10; *DFN-Verein*, Dokumentation DFN-AAI - Einführung, abrufbar unter: https://doku.tid.dfn.de/de:aai:about (zuletzt abgerufen am 10.10.2023).

157 *Kähler*, DFN Mitteilungen 2006 Heft 70, 10 f.; *DFN-Verein*, Dokumentation DFN-AAI - Einführung, abrufbar unter: https://doku.tid.dfn.de/de:aai:about (zuletzt abgerufen am 10.10.2023).

158 *Kähler*, DFN Mitteilungen 2006 Heft 70, 10 f.; *DFN-Verein*, Dokumentation DFN-AAI - Einführung, abrufbar unter: https://doku.tid.dfn.de/de:aai:about (zuletzt abgerufen am 10.10.2023).

Zugangsdaten der Heimateinrichtung auf Ressourcen verschiedener interner und externer Service Provider zugreifen.[159]

Für den Zugriff auf eine geschützte Ressource wird die Anfrage des Nutzers über den Lokalisierungsdienst des *DFN-Vereins*, einer Auswahlmaske zwischen den teilnehmenden Einrichtungen, zunächst an seine Heimatorganisation umgeleitet, um sich dort mithilfe von Nutzer-ID und Passwort, Key-Karte oder Token zu identifizieren.[160] Soweit die Authentifizierung erfolgreich ist, meldet die Heimatorganisation entsprechende Metadaten an den Service Provider.[161] Daneben kann der Service Provider auch externe Attribute von sog. Attribute Authorities abrufen, um bspw. projektspezifische Nutzerdaten abzurufen, welche nicht von der Heimateinrichtung gepflegt werden.[162] Hierbei handelt es sich um Kontaktdaten, Organisationsinformationen, Service Endpunkte, Zertifikate, etc.[163] Diese Metadaten zur Autorisierung werden zwischen dem *DFN-Verein* und dem Service Provider über die sog. *SAML* (Security Assertion Markup Language) ausgetauscht.[164] Je nach Art des Zugriffs reichen diese Informationen schon aus, um autorisiert zu werden.[165]

Darüber hinaus kann der Service Provider anschließend weitere Informationen vom Nutzer anfragen (z. B. Status der Personengruppe), um eine spezifischere Identifikation vorzunehmen und ggf. die entsprechenden (Teil-) Bereiche seines Angebots freizugeben.[166] Der Service Provider gewährt daher je nach vertraglicher Vereinbarung zwischen dem *DFN-Verein*, der Heimateinrichtung und dem Service Provider den Zugriff im vertraglich bestimmten Umfang.[167]

Eine Verarbeitung personenbezogener Daten findet durch den Identity Provider bei der Authentifizierung der Nutzer (Benutzername und Passwort) sowie ggf. bei der Attributfreigabe an den anfragenden Service Provider statt.[168]

---

159 *Kähler*, DFN Mitteilungen 2006 Heft 70, 10 f.; *DFN-Verein*, Dokumentation DFN-AAI - Einführung, abrufbar unter: https://doku.tid.dfn.de/de:aai:about (zuletzt abgerufen am 10.10.2023).

160 *Köcher*, DFN Mitteilungen 2007 Heft 72, 12, 13.

161 *Köcher*, DFN Mitteilungen 2007 Heft 72, 12, 13.

162 *Pempe*, DFN Mitteilungen 2017 Heft 91, 42, 43.

163 *Hofmann/Pempe*, DFN Mitteilungen 2018 Heft 94, 38.

164 *Hofmann/Pempe*, DFN Mitteilungen 2018 Heft 94, 38 f.; *DFN-Verein*, Dokumentation DFN-AAI - Einführung, abrufbar unter: https://doku.tid.dfn.de/de:aai:about (zuletzt abgerufen am 10.10.2023).

165 *Köcher*, DFN Mitteilungen 2007 Heft 72, 12, 13.

166 *Köcher*, DFN Mitteilungen 2007 Heft 72, 12, 13.

167 *Kähler*, DFN Mitteilungen 2006 Heft 70, 10, 11; *DFN-Verein*, Dokumentation DFN-AAI - Einführung, abrufbar unter: https://doku.tid.dfn.de/de:aai:about (zuletzt abgerufen am 10.10.2023).

168 *Pempe*, Datenschutz-Erfahrungsaustausch II, HÜF 09.002, 6.6.2019, S. 18, abrufbar unter: https://download.aai.dfn.de/praesentationen/hagen_2019-06-06/dfn-aai_datenschutz.pdf (zuletzt abgerufen am 10.10.2023).

Es ist möglich, bei der Autorisierung keine personenbezogenen Daten zu übertragen, es reicht ein sog. *Entitlement* und eine Information über den Status des Nutzers.[169] Doch häufig verlangen Forschungsinfrastrukturen personenbezogene Daten in den Attributen wie z. B. Personennamen, die Heimateinrichtung sowie E-Mail-Adresse und einen global gültigen und eindeutigen Identifier, um das Mapping zwischen den (internationalen) Föderationen sicherzustellen und eine erhöhte Überprüfbarkeit zu ermöglichen.[170] Eine Weiterleitung der Authentifizierungsdaten der Heimateinrichtung (Nutzername und Passwort) findet i. d. R. nicht statt.[171]

Zentraler Vertragspartner gegenüber allen Beteiligten ist der *DFN-Verein* als Föderationsbetreiber.[172] Dieser schließt einerseits mit den Service Providern die entsprechenden (Lizenz-) Verträge, wodurch die Anwenderorganisationen mit dem Abschluss des Vertrages für das *DFN-AAI* Zugriff auf eine Vielzahl von Anwendungen haben können, z. B. Datenbanken, E-Learning Plattformen oder Dienste wie dem Videokonferenzservice *DFNconf*.[173] Ebenso übernimmt in diesem Rahmen der *DFN-Verein* zahlreiche betriebliche Aufgaben, wie die Verwaltung der Metadaten der Organisationen und Service Provider, den Betrieb des Lokalisierungsdienstes (*Where Are You From-Server* – WAYF) oder Schulungen und Beratungen.[174]

Für Einrichtungen, welchen die Ressourcen für die Rolle des Identity Providers fehlen, hostet der *DFN-Verein* selbst die notwendigen Server. In diesem Fall greift der *DFN-Verein* auf die Nutzungsverzeichnisse der jeweiligen Einrichtung zu, um die Authentifizierung auf virtuellen Maschinen vom *DFN-Verein* durchzuführen.[175]

Über *eduGAIN* ist eine internationale Nutzung des *DFN-AAI* föderationsübergreifend zwischen den Teilnehmern möglich.[176]

b) Weitere Dienste

Neben dem zentralen Authentifizierungsdienst nutzen auch weitere Dienste des *DFN-Vereins* die Übertragungsfunktionen des *DFNInternet*.

---

169 *Köcher*, DFN Mitteilungen 2007 Heft 72, 12, 13.

170 *Pempe*, DFN Mitteilungen 2019 Heft 96, 13, 14; *Pempe*, DFN Mitteilungen 2017 Heft 91, 42, 46.

171 *Pempe*, Datenschutz-Erfahrungsaustausch II, HÜF 09.002, 6.6.2019, S. 8, abrufbar unter: https://download.aai.dfn.de/praesentationen/hagen_2019-06-06/dfn-aai_datenschutz.pdf (zuletzt abgerufen am 10.10.2023).

172 *Pempe*, Datenschutz-Erfahrungsaustausch II, HÜF 09.002, 6.6.2019, S. 14, abrufbar unter: https://download.aai.dfn.de/praesentationen/hagen_2019-06-06/dfn-aai_datenschutz.pdf (zuletzt abgerufen am 10.10.2023).

173 *DFN-Verein*, Dokumentation DFN-AAI - Einführung, abrufbar unter: https://doku.tid.dfn.de/de:aai:about (zuletzt abgerufen am 10.10.2023).

174 *Kähler*, DFN Mitteilungen 2006 Heft 70, 10, 12.

175 *Pempe*, DFN Mitteilungen 2017 Heft 91, 42, 44.

176 *Pempe*, DFN Mitteilungen 2017 Heft 91, 42, 44.

DFN-VPN ermöglicht den Teilnehmerorganisationen, über ein Virtual Private Network Daten für z. B. Großprojekte oder zur Datensicherung auszutauschen.[177] Der Dienst läuft, wie das *DFNInternet*, auch über die technische Plattform *X-WiN*.[178]

Über *DFNconf*, einer Videokonferenzplattform, können digitale Konferenzen durchgeführt werden.[179] Die Funktionen der Plattform orientieren sich speziell an den Bedürfnissen der Forschungs- und Lehrgemeinschaft um den *DFN-Verein*.[180]

4. Zwischenergebnis

Durch diese beispielhaft aufgezeigten Beschreibungen der Dienste zeigt sich, dass der Basisdienst *DFNInternet* des Forschungsnetzbetreibers sowohl vom Betreiber als auch von den Teilnehmereinrichtungen auf vielfältige Weise genutzt werden kann. Die über das *DFNInternet* gesendeten Informationen umfassen daher sowohl personenbezogene Daten natürlicher und juristischer Personen sowie Daten mit reinem Sachbezug.

IV. Technische Plattform des DFN

Nicht nur der Aufbau und Inhalt der angebotenen Dienste ist für die Einordnung der Rolle des Forschungsnetzbetreibers von Bedeutung. Auch die technische Basis ist in der vorliegenden Arbeit von Relevanz.

Die nationale Plattform (das sog. ‚*Backbone*') des *DFN* stellt das Wissenschaftsnetz *X-WiN* dar.[181] Dieses verbindet mit einem bundesweiten Netz von ca. 10.500 km Glasfasern mehr als 785 Universitäten, Hochschulen und andere Wissenschaftseinrichtungen untereinander, mit anderen Forschungsnetzen und mit dem freien Internet.[182] Die Glasfaserleitungen sind in mehreren verbundenen Ringen angeordnet, sodass jede angeschlossene Einrichtung über mindestens zwei unabhängige Wege

---

177 *DFN-Verein*, Network and Communication, abrufbar unter: https://www.dfn.de/dienste/network-and-communication-services/ (zuletzt abgerufen am 10.10.2023).

178 *Adler/Eitner/Waibel u. a.*, Die Netzinfrastruktur X-WiN des Deutschen Forschungsnetzes, S. 2, abrufbar unter: https://www.mr.mpg.de/38539/X-WiN-Broschuere_deutsch.pdf (zuletzt abgerufen am 10.10.2023).

179 *DFN-Verein*, Überblick: Was bietet der neue Konferenzdienst DFNconf?, abrufbar unter: https://www.conf.dfn.de/fileadmin/dokumente/DFNConf/Flyer_DFNconf.pdf (zuletzt abgerufen am 10.10.2023).

180 *DFN-Verein*, Überblick: Was bietet der neue Konferenzdienst DFNconf?, abrufbar unter: https://www.conf.dfn.de/fileadmin/dokumente/DFNConf/Flyer_DFNconf.pdf (zuletzt abgerufen am 10.10.2023).

181 *Grimm/Schweizer-Jäckle/Piger*, in: Müller/Neumair/Rodosek, 137, 139.

182 *Eitner*, DFN Mitteilungen 2016 Heft 90, 8, 10; *DFN-Verein*, Aufbau des X-WiN: die Plattformen, abrufbar unter: https://www.dfn.de/netz/aufbau/ (zuletzt abgerufen am 10.10.2023).

erreichbar ist.[183] Hierdurch wird das Ausfallrisiko minimiert.[184] Dabei bilden die Knotenpunkte Frankfurt/Main, Erlangen, Hannover, Berlin, Hamburg, Leipzig, Garching und Duisburg durch das Zusammenlaufen von mehreren Fasern und Wellenlängen den sog. *X-WiN SuperCore*.[185]

Die Verbindung des *X-WiN* wird durch Router und deren Verbindungen untereinander aufgebaut.[186] Die einzelnen Router werden dabei von einem SuperCore Knotenpunkt ausgehend in einer Kettenformation hintereinandergeschaltet und schließen sich an einem anderen SuperCore Knotenpunkt an, wodurch ein Verbindungskreis entsteht.[187] Dadurch wird im Falle der Unterbrechung einer Leitung zwischen den Routern sichergestellt, dass keine Einrichtung abgeschnitten wird.[188] Zudem ermöglicht dieser Aufbau eine schnelle Verbindung zwischen benachbarten Forschungseinrichtungen.[189]

Die Übertragung der Signale findet unter Verwendung der DWDM Technik (dense wavelength division multiplexing), einer Lichtwellentechnik, statt.[190] Damit ist es möglich, mit höchsten Übertragungsraten das *X-WiN* für den Dienst *DFNInternet*, aber auch *DFN-VPN* oder andere verbindungsorientierte Dienste flexibel zu nutzen.[191]

---

183 *Adler/Eitner/Waibel u. a.*, Die Netzinfrastruktur X-WiN des Deutschen Forschungsnetzes, S. 2 ff., abrufbar unter: https://www.mr.mpg.de/38539/X-WiN-Broschuere_deutsch.pdf (zuletzt abgerufen am 10.10.2023).

184 *Adler/Eitner/Waibel u. a.*, Die Netzinfrastruktur X-WiN des Deutschen Forschungsnetzes, S. 2 ff., abrufbar unter: https://www.mr.mpg.de/38539/X-WiN-Broschuere_deutsch.pdf (zuletzt abgerufen am 10.10.2023).

185 *Piger*, DFN Mitteilungen 2016 Heft 89, 14, 16.

186 *Adler/Eitner/Waibel u. a.*, Die Netzinfrastruktur X-WiN des Deutschen Forschungsnetzes, S. 3, abrufbar unter: https://www.mr.mpg.de/38539/X-WiN-Broschuere_deutsch.pdf (zuletzt abgerufen am 10.10.2023).

187 *Adler/Eitner/Waibel u. a.*, Die Netzinfrastruktur X-WiN des Deutschen Forschungsnetzes, S. 4 f., abrufbar unter: https://www.mr.mpg.de/38539/X-WiN-Broschuere_deutsch.pdf (zuletzt abgerufen am 10.10.2023); siehe Abb. 1: *Piger*, DFN Mitteilungen 2016 Heft 89, 14, 16.

188 *Adler/Eitner/Waibel u. a.*, Die Netzinfrastruktur X-WiN des Deutschen Forschungsnetzes, S. 4, abrufbar unter: https://www.mr.mpg.de/38539/X-WiN-Broschuere_deutsch.pdf (zuletzt abgerufen am 10.10.2023).

189 *Adler/Eitner/Waibel u. a.*, Die Netzinfrastruktur X-WiN des Deutschen Forschungsnetzes, S. 4, abrufbar unter: https://www.mr.mpg.de/38539/X-WiN-Broschuere_deutsch.pdf (zuletzt abgerufen am 10.10.2023).

190 *Adler/Eitner/Waibel u. a.*, Die Netzinfrastruktur X-WiN des Deutschen Forschungsnetzes, S. 2, abrufbar unter: https://www.mr.mpg.de/38539/X-WiN-Broschuere_deutsch.pdf (zuletzt abgerufen am 10.10.2023).

191 *Adler/Eitner/Waibel u. a.*, Die Netzinfrastruktur X-WiN des Deutschen Forschungsnetzes, S. 2, abrufbar unter: https://www.mr.mpg.de/38539/X-WiN-Broschuere_deutsch.pdf (zuletzt abgerufen am 10.10.2023).

V. Zwischenergebnis

Die Idee des *DFN* als durch die Wissenschaft selbstorganisiertes Netz zieht sich nicht nur von Anfang an durch die Geschichte des *DFN-Vereins* als anfänglicher Vermittler und anschließender Betreiber, sondern spiegelt sich auch im heutigen Aufbau und seiner Organisation wider. Der Aufbau als Verein schützt einerseits die Interessengemeinschaft der wissenschaftlichen Kommunikation und bietet andererseits die Möglichkeit, die Dienste auf die konkreten Bedürfnisse der Wissenschaft anzupassen.

B. Das Europäische Forschungsnetz

In Europa steht das *DFN* allerdings nicht allein da. Nahezu jedes Land kann ein eigenes Forschungsnetz aufweisen.[192] Um mit diesen Netzen kommunizieren zu können, ist das *DFN* daher an verschiedenen Knotenpunkten über Deutschland hinaus mit anderen Forschungsnetzen verbunden.[193] In Europa sind die Forschungsnetze über die *GÉANT Association* organisiert.

Für die Einordnung der Rolle des Forschungsnetzbetreibers sind diese Verbindungen zu den weiteren Forschungsnetzen auf verschiedenen Ebenen ebenfalls relevant. Einerseits bedeuten diese, dass es sich bei den Nutzern des *DFN* nicht nur um Angehörige deutscher Nutzergruppen handelt. Denn durch die Verbindungen nutzen auch Gäste aus dem Ausland oder Forschungsgroßprojekte mit länderübergreifenden Standorten erzeugen Datenverkehr im *DFN*. Dabei spielen auch die Verträge zum Umgang mit der Nutzung der Netze und Dienste zwischen dem *DFN-Verein* und der *GÉANT Association* eine Rolle.

Andererseits zeigt der Blick auf weitere, insbesondere europäische Forschungsnetze, dass der organisatorische Aufbau des *DFN-Vereins* nicht einzigartig ist. Insoweit können Erwägungen mit europarechtlichem Bezug im Ergebnis nicht nur für den deutschen Forschungsnetzbetreiber von Relevanz sein, sondern können ebenfalls auf andere Forschungsnetzbetreiber übertragen werden.

---

192 Belarus: BASNET, Belgien: BELNET, Bulgarien: ISTF, Dänemark: Forskningsnettet, Deutschland: X-WiN, Estland: EENet, Finnland: FUNET, Frankreich: RENATER, Griechenland: GRNET, Irland: HEAnet, Island: RHnet, Italien: GARR, Kroatien: CARNet, Lettland: LATNET, Litauen: LITNET, Luxemburg: RESTENA, Moldawien: RENAM, Niederlande: SURFnet, Norwegen: UNINETT, Österreich: ACOnet, Ukraine: URAN, Polen: PIONIER, Portugal: FCCN, Rumänien: RoEduNet, Russland: JSCC, Schweden: SUNET, Schweiz: SWITCH, Slowakei: SANET, Slowenien: ARNES, Spanien: RedIRIS, Tschechien: CESNET, Türkei: ULAKNET, Ungarn: HUNGARNET, Vereinigtes Königreich: JANET, Zypern: CYNET.

193 Die Übergangspunkte zu GÉANT sind in Frankfurt/Main und Hamburg lokalisiert: *Eitner*, DFN Mitteilungen 2016 Heft 90, 8, 10; *Kluge/Piger*, DFN Mitteilungen 2019 Heft 95, 26, 31.

I. GÉANT

Die *GÉANT Association* verbindet mit ihrem pan-europäischen Netzwerk ‚*Gigabit European Advanced Network Technology*'[194] (*GÉANT*) über 43 verschiedene nationale Forschungs- und Bildungsnetzwerke (NRENs)[195], wie bspw. das *DFN* oder das österreichische *ACOnet* und verbindet damit über 10.000 Institutionen in Europa.[196]

Es sorgt über Europa hinaus für Querverbindungen zu anderen großen Forschungsnetzwerken in Afrika, Nord- sowie Lateinamerika, Asien und Australien.[197]

1. Ziele von GÉANT

Zu den Zielen des Vereins gehören gemäß der GÉANT-Vereinssatzung (GÉANT-Satzung)[198] insbesondere die Entwicklung und Bereitstellung moderner Netzwerk-, Informations- und elektronischer Infrastruktur für seine Mitglieder.[199] Diese Entwicklung und Bereitstellung der Dienste findet für die Forschungs- und Bildungsgemeinschaft in Europa statt.[200] Dabei stehen ebenso die Innovationsförderung von Projekten sowie die Koordinierung von Kooperationsprojekten zwischen den Mitgliedern und anderen Organisationen des Forschungs- und Bildungsbereichs im Fokus des Vereins.[201] Darüber hinaus sieht sich die *GÉANT Association* sowohl als Mittler zwischen ihren Mitgliedern als auch als Vertreter der Vereinsinteressen gegenüber der *Europäischen Kommission* und anderen Interessengruppen.[202]

Jedes teilnehmende Land stellt ein nationales Mitglied, dessen Hauptzweck nicht in einer industriellen oder kommerziellen Tätigkeit besteht („*that the entity does not*

---

[194] *Grimm*, DFN Mitteilungen 2023 Heft 103, 20, 22.

[195] Davon sind 38 Teil der GN4-n Projekte, die übrigen NRENs haben einen eigenen Zusammenschluss geformt, welcher Teil von GÈANT ist: *GÉANT Association*, Compendium 2022 of National Research and Education Networks in Europe, S. 12 Fn. 2, abrufbar unter: https://resources.geant.org/wp-content/uploads/2023/07/Compendium-2022-2023-IX.pdf (zuletzt abgerufen am 10.10.2023).

[196] *GÉANT Association*, Compendium 2022 of National Research and Education Networks in Europe, S. 12, abrufbar unter: https://resources.geant.org/wp-content/uploads/2023/07/Compendium-2022-2023-IX.pdf (zuletzt abgerufen am 10.10.2023); *Grimm*, DFN Mitteilungen 2023 Heft 103, 20, 23.

[197] *GÉANT Association*, Compendium 2022 of National Research and Education Networks in Europe, S. 12 f., abrufbar unter: https://resources.geant.org/wp-content/uploads/2023/07/Compendium-2022-2023-IX.pdf (zuletzt abgerufen am 10.10.2023).

[198] *GÉANT Association*, Deed of Amendment of the Articles of Association GÉANT Vereniging, abrufbar unter: https://about.geant.org/wp-content/uploads/2021/01/Certified-copy-of-Deed-of-Amendment-of-the-Articles-of-Association.pdf (zuletzt abgerufen am 10.10.2023).

[199] Art. 3 Abs. 1 GÉANT-Satzung.

[200] Art. 3 Abs. 1 lit. b GÉANT-Satzung.

[201] Art. 3 Abs. 1 lit. c und d GÉANT-Satzung.

[202] Art. 3 Abs. 1 lit. f. und g GÉANT-Satzung

have among its principal objectives activities of an industrial or commercial nature“[203]). In Deutschland ist dies der *DFN-Verein* mit dem *DFN*.[204] Zudem ist es auch für kommerzielle Anbieter möglich, das *GÉANT* zu unterstützen und Partner zu werden, wenn ein wesentlicher Teil seiner Arbeit auf dem Gebiet der Forschung oder Bildung liegt, ohne dabei Stimmrechte zu erhalten.[205]

Ähnlich der Satzung des *DFN-Vereins* haben die der *GÉANT Association* beigetretenen NRENs auf den Mitgliederversammlungen Einfluss auf die Entscheidungen der *Association*.[206] Darüber hinaus kann ähnlich der deutschen DFN-Satzung die Mitgliedschaft eines NRENs von der *GÉANT Association* aufgehoben werden, wenn das Mitglied der GÉANT-Satzung, der Geschäftsordnung[207] oder den Entscheidungen des Vereins[208] zuwiderhandelt.[209]

2. Projekte

Die *GÉANT Association* organsiert mit ihrer in Europa gut vernetzten Struktur verschiedene Projekte, welche die einzelnen Forschungsnetzbetreiber für die Zwecke der Wissenschaftseinrichtungen nutzen können. Diese Projekte und Dienste haben auch Auswirkungen auf die zu übertragenden Informationen im Forschungsnetz, welche bei der Einordnung des *DFN-Vereins* von Relevanz sind.

a) eduroam

Wie schon thematisiert, bietet der *DFN-Verein* den Dienst *eduroam* an, mit welchem die Nutzergruppen weltweit mit den von ihrer Heimatorganisation erteilten Zugangsdaten Zugang zum Netzwerk erhalten können. Dieser Dienst findet seine Organisation unter dem Dach der *GÉANT Association* und wird von dem *National Research and Educational Network Policy Committee* betrieben.[210] Der Dienst richtet

203 Art. 4 Abs. 2 Hs. 2 GÉANT-Satzung.
204 Art. 4 GÉANT-Satzung.
205 Art. 7 GÉANT-Satzung.
206 Art. 14 ff. GÉANT-Satzung.
207 *GÉANT Association*, The GÉANT Association Bylaws, abrufbar unter: https://about.geant.org/wp-content/uploads/2021/01/GA15034r2-Bylaws-20160418.pdf (zuletzt abgerufen am 10.10.2023).
208 Z. B. *GÉANT Association*, GÉANT Association Strategy 2021–26, abrufbar unter: https://resources.geant.org/wp-content/uploads/2022/02/GEANT_Association_Strategy_2021-2026.pdf (zuletzt abgerufen am 10.10.2023).
209 Art. 6 Abs. 4 GÉANT-Satzung.
210 *Milinovic/Winter/RESTENA u. a.*, eduroam Policy Service Definition, § 4, abrufbar unter: https://www.eduroam.org/wp-content/uploads/2016/05/GN3-12-192_eduroam-policy-service-definition_ver28_26072012.pdf (zuletzt abgerufen am 10.10.2023).

sich ausschließlich an die Benutzergruppen der Forschungsnetzbetreiber und deren nationale Nutzungsbestimmungen.[211]

Der Dienst ist der Idee des *DFN-AAI* in seiner Wirkung ähnlich, beschränkt sich aber lediglich auf den Netzzugang. Er sorgt dafür, dass die Nutzer Zugang zum Forschungsnetz erhalten, ohne dass die Gasteinrichtung die Zugangsdaten wie das Passwort des Nutzers erfahren muss. Als Authentifizierungsmethode verwendet *eduroam* IEEE 802.1X und findet über eine hierarchische Anordnung an sog. *Remote Authentication Dial-In User Service Servern* (RADIUS-Servern) statt.[212] Wenn sich ein Nutzer in einer Gastinstitution in das WLAN einer teilnehmenden Einrichtung einloggt, dann wird seine Nutzerkennung an den RADIUS-Server der Gastinstitution gesendet.[213] Soweit diese anhand der Endung der Kennung feststellt, dass es sich um einen Gastnutzer handelt (z. B. ein Nutzer mit einer @uni-muenster.de-Kennung an der Universität Brüssel), übermittelt sie die Kennung mit dem verschlüsselten Passwort an den nationalen RADIUS-Server, der bei einem ausländischen Bezug wiederum die Kennung an den RADIUS-Server der obersten Ebene weiterleitet.[214] Dieser Server gibt die Nutzerdaten zur Authentifizierung an den Server der Heimatinstitution.[215] Die Heimateinrichtung prüft die Anmeldedaten und meldet der Gastinstitution anschließend lediglich, ob eine Zugangserlaubnis besteht oder nicht.[216]

Nach erfolgreicher Anmeldung des Nutzers wird der Internetverkehr des Nutzers über die Leitungen der Gastinstitution geleitet.[217] Daher erfolgt die Internetnutzung gemäß des ‚*Compliance Statements*' unter den Vorgaben der Gastinstitution.[218]

Der Dienst steht mittlerweile an Institutionen in über 100 Ländern zur Verfügung[219] und wird in Deutschland vom *DFN-Verein* als Partner angeboten und aufgebaut.[220] Für diesen Dienst betreibt der *DFN-Verein* die *eduroam* Föderationsserver,

---

211 *GÉANT Association*, European eduroam Confederation Policy, § 1.1, abrufbar unter: https://eduroam.org/wp-content/uploads/2020/02/GN3-12-194_eduroam-policy-for-signing_ver2-4_1_18052012.pdf (zuletzt abgerufen am 10.10.2023).

212 *Wierenga/Winter/Wolniewicz*, Request for Comments 2015 7593, 6 f.

213 *Wierenga/Winter/Wolniewicz*, Request for Comments 2015 7593, 11.

214 *Wierenga/Winter/Wolniewicz*, Request for Comments 2015 7593, 11.

215 *Wierenga/Winter/Wolniewicz*, Request for Comments 2015 7593, 6 ff.; *Milinovic/Winter/RESTENA u. a.*, eduroam Policy Service Definition, § 2, abrufbar unter: https://www.eduroam.org/wp-content/uploads/2016/05/GN3-12-192_eduroam-policy-service-definition_ver28_26072012.pdf (zuletzt abgerufen am 10.10.2023).

216 *Wierenga/Winter/Wolniewicz*, Request for Comments 2015 7593, 11.

217 https://wiki.geant.org/pages/viewpage.action?pageId=121346286.

218 *National Research and Educational Network Policy Committee*, eduroam Compliance Statement, S. 3, abrufbar unter: https://www.eduroam.org/wp-content/uploads/2016/05/eduroam_Compliance_Statement_v1_0.pdf (zuletzt abgerufen am 10.10.2023).

219 *GÉANT Association*, What is eduroam?, abrufbar unter: https://www.eduroam.org/what-is-eduroam/ (zuletzt abgerufen am 10.10.2023).

220 *DFN-Verein*, eduroam, abrufbar unter: https://www2.dfn.de/dienstleistungen/eduroam/ (zuletzt abgerufen am 10.10.2023).

zertifiziert und registriert die RADIUS-Server in Deutschland, ermöglicht Zugang zu einem Administratoren-Tool zu Testzwecken und koordiniert die Integration des Dienstes in internationale Strukturen.[221]

Die angeschlossene Einrichtung muss für das Angebot von *eduroam* ein dienstkonformes WLAN eingerichtet haben, über welches den registrierten Nutzer der Zugang zum Wissenschaftsnetz ermöglicht wird.[222] Zudem trägt die teilnehmende Einrichtung die Verantwortung über die Einrichtung und den Betrieb des RADIUS Clients/Servers und muss den Access Point entsprechend einrichten.[223] Im Übrigen obliegt ihr die Betreuung ihrer registrierten Nutzer in allen Belangen hinsichtlich der Nutzung von *eduroam*.[224]

b) Weitere Projekte

Auch die *GÉANT Association* hat ein großes Portfolio an weiteren Dienstleistungen. Diese überschneiden sich wie auch beim *DFN-Verein* mit den Übertragungsdiensten der Forschungsnetzbetreiber. So wird z. B. der schon beschriebene Dienst *DFN-AAI* mit *eduGAIN* international von der *GÉANT Association* ergänzt.[225] *eduGAIN* dient wie *DFN-AAI* dazu, dass sich die Nutzer mit den von der Heimatorganisation vergebenen Zugangsdaten für eine Vielzahl von Diensten anmelden können.[226] Während *DFN-AAI* nur bundesweit die Authentifizierungen vornimmt, sorgt *eduGAIN* für die internationale Verknüpfung des Authentifizierungsmechanismus.[227]

3. Zwischenergebnis

Die Idee des *DFN-Vereins* endet nicht an der deutschen Grenze. Für die internationale Einbindung sorgt die *GÉANT Association* für die erforderliche Koordination der Zusammenarbeit. Dadurch, dass auf europäischer Ebene die Interessen der natio-

---

221 *DFN-Verein*, Dienstbeschreibung eduroam, abrufbar unter: https://www2.dfn.de/dienstbeschreibungro (zuletzt abgerufen am 10.10.2023).

222 *National Research and Educational Network Policy Committee*, eduroam Compliance Statement, S. 3, abrufbar unter: https://www.eduroam.org/wp-content/uploads/2016/05/eduroam_Compliance_Statement_v1_0.pdf (zuletzt abgerufen am 10.10.2023).

223 *National Research and Educational Network Policy Committee*, eduroam Compliance Statement, S. 3, abrufbar unter: https://www.eduroam.org/wp-content/uploads/2016/05/eduroam_Compliance_Statement_v1_0.pdf (zuletzt abgerufen am 10.10.2023).

224 *National Research and Educational Network Policy Committee*, eduroam Compliance Statement, S. 3, abrufbar unter: https://www.eduroam.org/wp-content/uploads/2016/05/eduroam_Compliance_Statement_v1_0.pdf (zuletzt abgerufen am 10.10.2023).

225 *DFN-Verein*, FAQ Erasmus+ und eduGAIN, abrufbar unter: https://doku.tid.dfn.de/de:aai:erasmus_faq (zuletzt abgerufen am 10.10.2023).

226 *DFN-Verein*, FAQ Erasmus+ und eduGAIN, abrufbar unter: https://doku.tid.dfn.de/de:aai:erasmus_faq (zuletzt abgerufen am 10.10.2023).

227 *DFN-Verein*, FAQ Erasmus+ und eduGAIN, abrufbar unter: https://doku.tid.dfn.de/de:aai:erasmus_faq (zuletzt abgerufen am 10.10.2023).

nalen Forschungsnetzbetreiber ebenfalls in einer Vereinsstruktur vertreten werden, wird die Idee der Selbstverwaltung des *DFN-Vereins* auch international umgesetzt. Dieser Einfluss wirkt sich daher auch auf den Betrieb der internationalen Dienste wie *eduroam* aus.

II. Weitere Forschungsnetze in Europa

Um international mit den Netzen verbunden zu sein, übergibt der *DFN-Verein* seine Signale an zwei Knotenpunkten in Frankfurt a. M. sowie Hamburg[228] über den Verbund des *GÉANT* an 15 weitere Staaten.[229] Darüber hinaus sind alle teilnehmenden europäischen NRENs über *GÉANT* direkt oder indirekt miteinander verbunden.[230]

Durch diese Verbindungen und den europäischen Geltungsbereich der DS-GVO ist es daher auch von Interesse, über die deutschen Grenzen hinaus mit dem *DFN-Verein* vergleichbare Einrichtungen und deren Forschungsnetze in Blick zu nehmen. Hierzu sollen die Forschungsnetze aus Österreich, Frankreich und Luxemburg veranschaulichen, dass der Aufbau und die Organisation eines Forschungsnetzes durch die wissenschaftlichen Einrichtungen keinen Einzelfall darstellen.

In Österreich wird das nationale Forschungsnetz *Austrian Academic Computer Network* (ACOnet) von der Universität Wien durch ihren Zentralen Informatikdienst betrieben.[231] Die *ACOnet technische Betriebs- und Planungsgruppe* (ACOnet-TBPG) stellt den technischen Benutzerbeirat dar und wird aus Experten der Teilnehmerorganisationen am *ACOnet* gebildet.[232] Der 1986 gegründete *Verein zur Förderung eines österreichischen wissenschaftlichen Datennetzes* (ACONET Verein) hält die Funktion eines Benutzerbeirats, welcher bei strategischen Fragen in die Entscheidungsprozesse beim Betrieb des Forschungsnetzes eingebunden wird.[233] Gemäß der ACOnet-

---

228 *Kluge/Piger*, DFN Mitteilungen 2019 Heft 95, 26, 31 f.

229 *GÉANT Association*, GÉANT Connectivity Map, abrufbar unter: https://map.geant.org/ (zuletzt abgerufen am 10.10.2023).

230 *GÉANT Association*, European topology map, abrufbar unter: https://resources.geant.org/wp-content/uploads/2023/07/GN4-3N_Topology_Map_july2023.pdf (zuletzt abgerufen am 10.10.2023).

231 *ACONET Verein*, ACOnet MoU, S. 1, abrufbar unter: https://www.aco.net/index.php?eID=tx_securedownloads&u=0&g=0&t=1697016959&hash=6855113bcc5b2e030749d6be339b3e694747914d&file=fileadmin/verein/ACOnet_MoU_201012.pdf (zuletzt abgerufen am 10.10.2023).

232 *ACONET Verein*, ACOnet MoU, S. 1, abrufbar unter: https://www.aco.net/index.php?eID=tx_securedownloads&u=0&g=0&t=1697016959&hash=6855113bcc5b2e030749d6be339b3e694747914d&file=fileadmin/verein/ACOnet_MoU_201012.pdf (zuletzt abgerufen am 10.10.2023).

233 *ACONET Verein*, ACOnet MoU, S. 1, abrufbar unter: https://www.aco.net/index.php?eID=tx_securedownloads&u=0&g=0&t=1697016959&hash=6855113bcc5b2e030749d6be339b3e694747914d&file=fileadmin/verein/ACOnet_MoU_201012.pdf (zuletzt abgerufen am 10.10.2023).

Vereinsstatuten[234] ist der Zweck des Vereins ähnlich des *DFN-Vereins* die Förderung des *ACOnets*.[235] Die Mitgliedschaft im Verein ist freiwillig und stellt keine Voraussetzung für die Teilnahme am *ACOnet* dar.[236] Ordentliche Mitglieder mit Stimmrecht können gemäß der Vereinsstatuten nur juristische Personen sein, welche am *ACOnet* teilnehmen.[237] Daher stellen die meisten Mitglieder des *ACONET Vereins* wie beim *DFN-Verein* Universitäten, Fachhochschulen und andere Forschungseinrichtungen dar.[238]

Mit über 15.000 km an Glasfaserleitungen[239] betreibt in Frankreich die *Groupement d'intérêt public pour le réseau national de communications électroniques pour la technologie, l'enseignement et la recherche* (GIP RENATER, übersetzt: ‚Öffentliche Interessenvereinigung für das nationale elektronische Kommunikationsnetz für Technologie, Bildung und Forschung') ein etwas größeres Forschungsnetz als der *DFN-Verein*. Das Forschungsnetz *Reseau National de télécommunications pour la technologie, l'enseignement et la recherche* (RENATER) verbindet in Frankreich nicht nur die Forschungseinrichtungen in Frankreich, sondern auch die IXPs der Übersee-Départements, z. B. in La Réunion oder Mayotte.[240] Mitglieder der *GIP RENATER* sind neben dem Ministerium für Bildung, Hochschulbildung und Forschung verschiedene Vertreter aus dem Bereich der Wissenschaft wie z. B. die *Conférence des présidents d'université* (CPU), das *Centre national de la recherche scientifique* (CNRS) oder verschiedene nationale Institute unterschiedlicher Forschungsnutzbereiche.[241] Der Aufbau als juristische Person des öffentlichen Rechts unterscheidet sich zwar von dem Vereinsaufbau des *DFN-Vereins* oder des *ACONET Vereins*, doch aufgrund des Wissenschaftsbezugs der Mitglieder der Interessenvereinigung werden auch in dieser Form der Organisation die Interessen der Wissen-

---

234 *ACONET Verein*, Statuten des Vereins zur Förderung eines österreichischen, wissenschaftlichen Datennetzes (ACONET Verein), abrufbar unter: https://www.aco.net/index.php?eID=tx_securedownloads&u=0&g=0&t=1697016959&hash=045bde5f3dccfdbf95b95a49a12e48c36a2b0fd2&file=fileadmin/verein/ACONET_Vereinsstatuten_2023.pdf (zuletzt abgerufen am 10.10.2023).

235 § 2 ACONET-Vereinsstatuten.

236 *ACONET Verein*, ACOnet MoU, S. 1, abrufbar unter: https://www.aco.net/index.php?eID=tx_securedownloads&u=0&g=0&t=1697016959&hash=6855113bcc5b2e030749d6be339b3e694747914d&file=fileadmin/verein/ACOnet_MoU_201012.pdf (zuletzt abgerufen am 10.10.2023).

237 § 4 ACONET-Vereinsstatuten.

238 *ACONET Verein*, ACONET-Teilnehmer, abrufbar unter: https://www.aco.net/teilnehmer.html (zuletzt abgerufen am 10.10.2023).

239 *RENATER*, The French NREN, S. 10, abrufbar unter: https://indico.wacren.net/event/17/contributions/102/attachments/61/78/renater_presentation_TANDEM.pdf (zuletzt abgerufen am 10.10.2023).

240 *RENATER*, The French NREN, S. 10, abrufbar unter: https://indico.wacren.net/event/17/contributions/102/attachments/61/78/renater_presentation_TANDEM.pdf (zuletzt abgerufen am 10.10.2023); *RENATER*, Service Portfolio 2022, Februar 2022, S. 3.

241 *RENATER*, Convention constitutive RENATER, S. 2, abrufbar unter: https://www.renater.fr/wp-content/uploads/2022/02/convention-constitutive-renater-2015-2030.pdf (zuletzt abgerufen am 10.10.2023).

schaftsgemeinschaft in Frankreich beim Betrieb des *RENATER* durchgesetzt. Insbesondere durch Stimmrechte der Mitglieder in der Generalversammlung[242] sowie im Verwaltungsrat[243] und durch die Möglichkeit der Einrichtung von Ausschüssen[244] unterscheidet sich die Organisation von *RENATER* nicht wesentlich von der des *DFN*.

Die Ziele der Interessenvereinigung sind daher mit denen des *DFN-Vereins* vergleichbar. Darunter fallen insbesondere das Bereitstellen der Mittel für eine digitale Hochgeschwindigkeitskommunikation sowie der Betrieb des hierfür erforderlichen Netzes, der Infrastrukturen und der Dienste sowie die internationale Anbindung des Forschungsnetzes an andere Netze.[245] Darüber hinaus sieht die *Convention constitutive RENATER* vor, dass die RENATER-Dienste nur für Zwecke in Anspruch genommen werden können, die einen Forschungsbezug oder zu Ausbildungszwecken dienen.[246]

In Luxemburg ist die *Restena Foundation* mit dem Betrieb des nationalen Forschungsnetzes *Réseau Téléinformatique de l'Education Nationale et de la Recherche* (RESTENA, ‚Computer-Kommunikations-Netzwerk des nationalen Schulwesens und der Forschung') betraut.[247] Die Stiftung ist wie auch der *DFN-Verein* mit dem Zweck entstanden, der Netzbetreiber für die Wissenschaftsgemeinschaft in Luxemburg zu sein.[248] Zwar entspricht auch in Luxemburg der organisatorische Aufbau nicht dem eines Vereins, doch die Stiftung wird von verschiedenen Instituten aus der Wissenschaft, dem Ministerium für Bildung, Kinder und Jugend, dem Ministerium für Hochschulwesen und Forschung, dem Finanzministerium, dem staatlichen IT-Center (CTIE) und der Abteilung für Medien, Konnektivität und digitale Politik geleitet.[249] Hierdurch ergibt sich wie auch bei der *GIP RENATER* festgestellt eine ähnliche Interessenlage wie beim *DFN-Verein*.

C. Zusammenfassung und Schlussfolgerungen

Schon in der Entstehungsgeschichte des deutschen Forschungsnetzbetreibers zeigt sich, dass der Betrieb und die Verwaltung möglichst schlank gestaltet sein

---

[242] Art. 6 Convention constitutive RENATER.
[243] Art. 8 Convention constitutive RENATER.
[244] Art. 11 Convention constitutive RENATER.
[245] Art. 2 Convention constitutive RENATER.
[246] Art. 5.1 Convention constitutive RENATER.
[247] *Restena Foundation*, Network, abrufbar unter: https://www.restena.lu/en/network (zuletzt abgerufen am 10.10.2023).
[248] *Restena Foundation*, About Restena, abrufbar unter: https://www.restena.lu/en/presentation (zuletzt abgerufen am 10.10.2023).
[249] *Restena Foundation*, About Restena, abrufbar unter: https://www.restena.lu/en/presentation (zuletzt abgerufen am 10.10.2023).

soll.[250] Die Diskussionen um den technischen Aufbau wurden von dem Einfluss der wissenschaftlichen Einrichtungen geprägt.[251] Daher überrascht es nicht, dass die Selbstverwaltung des Forschungsnetzes durch die Einrichtungen der Wissenschaft bei den Überlegungen zur juristischen Struktur von Anfang an im Vordergrund stand.[252] Auf diese Art stellt sie mit dem gegründeten *DFN-Verein* bis heute sicher, dass die Wissenschaft selbst das Forschungsnetz entsprechend ihren Bedürfnissen entwickeln kann.[253] Mitglied im Verein können nur öffentlich- und privatrechtliche Einrichtungen und Organisationen werden, welche wesentlich zum Vereinszweck beitragen können oder welche der durch öffentliche Mittel geförderten Forschung zuzurechnen sind.[254]

Auf der technischen Ebene überträgt der *DFN-Verein* die Informationen zwischen den Hochschulen und Forschungseinrichtungen über das bundesweite Glasfasernetz des *X-WiN* durch Router und deren Verbindungen untereinander.[255]

Zugang zum Forschungsnetz und den Diensten des *DFN-Vereins* erhalten nur Personen mit Bezug zu Bildung und Wissenschaft. Dies zieht sich durch alle wichtigen Vertragswerke des *DFN-Vereins*: Sowohl die DFN-Satzung, der DFN-Rahmenvertrag, die Musterbenutzungsordnung und die Entgeltordnung betonen die Beschränkung des Zugangs.

Diese Beschränkungen werden nicht durch die Verbindungen mit *GÉANT* und anderen Forschungsnetzen aufgehoben. Auch die *GÉANT Association* unterstützt die Förderung der Forschungsnetze nur für die Forschungs- und Bildungsgemeinschaft in Europa.[256] Auch die mit den Kooperationen einhergehenden Dienste wie *eduroam* beschränken sich auf diesen Adressatenkreis.[257] Dies hat auch der Blick auf die europäischen Forschungsnetzbetreiber in Österreich, Frankreich und Luxemburg gezeigt.

Mit diesen Eigenschaften hebt sich der Forschungsnetzbetreiber von den ‚klassischen', kommerziellen Telekommunikationsdienstleistern ab.[258] Denn während Verbraucher und Unternehmen ohne Forschungsbezug keinen Zugang zum Forschungs-

---

250 *Leib/Werle*, in: Werle/Lang, 157, 171.

251 *Leib/Werle*, in: Werle/Lang, 157, 170 f.

252 *Leib/Werle*, in: Werle/Lang, 157, 170 f.

253 *Jessen/Pattloch/Ullmann*, PIK 2005, 21; *Leib/Werle*, in: Werle/Lang, 157, 171.

254 § 10 DFN-Satzung; *DFN-Verein*, Mitgliedschaft im DFN-Verein, abrufbar unter: https://www.dfn.de/dfn-verein/mitgliedschaft/ (zuletzt abgerufen am 10.10.2023).

255 *Adler/Eitner/Waibel u. a.*, Die Netzinfrastruktur X-WiN des Deutschen Forschungsnetzes, S. 3, abrufbar unter: https://www.mr.mpg.de/38539/X-WiN-Broschuere_deutsch.pdf (zuletzt abgerufen am 10.10.2023).

256 Art. 3 Abs. 1 lit. b GÉANT-Satzung.

257 *GÉANT Association*, European eduroam Confederation Policy, § 1.1, abrufbar unter: https://eduroam.org/wp-content/uploads/2020/02/GN3-12-194_eduroam-policy-for-signing_ver2-4_1_18052012.pdf (zuletzt abgerufen am 10.10.2023).

258 In Bezug auf das Schweizer Forschungsnetz ‚SWITCH' feststellend: *Schnyder*, S. 27.

netz erhalten, können sie Internetzugangsdienstleistungsverträge bei den ‚klassischen' Telekommunikationsdienstleistern abschließen. Diese sehen regelmäßig keine Zugangsbeschränkungen vor.

Neben dem Merkmal der Zugangsbeschränkung tritt auch eine weitere Besonderheit des Forschungsnetzbetreibers im Vergleich zu ‚klassischen' Telekommunikationsdienstleistern auf: Während ‚klassische' Telekommunikationsdienstleister als private Unternehmen mit Gewinnabsichten aufgebaut sind, zeigt sich beim Forschungsnetzbetreiber seine Gemeinnützigkeit nicht nur in seiner Satzung, sondern auch im Aufbau als Verein. Hierdurch haben die Mitglieder des Vereins direkte Einwirkungsmöglichkeiten auf die Entscheidungen des Vereins und damit auf den Aufbau und die Bereitstellung ‚ihres eigenen' Netzes. Bei ‚klassischen' Telekommunikationsdienstleistern haben die Kunden regelmäßig keinen Einfluss auf die Entscheidungen des Anbieters, sondern nur die Wahl zwischen verschiedenen Angeboten.

Teil 3 Die Bedeutung der Wissenschaftsfreiheit für Forschungsnetzbetreiber

Der Forschungsnetzbetreiber dient den Hochschulen und Forschungseinrichtungen mit seinen Diensten im alltäglichen Wissenschafts- und Lehrbetrieb. Dies zeigt schon die Historie des *DFN*, welches ursprünglich dazu diente, lokale Forschungsnetze der einzelnen Städte zu einem großen Netz zusammenzuschließen und damit den wissenschaftlichen Austausch der Einrichtungen zu vereinfachen.[259] Heute ist das Netz um ein Vielfaches gewachsen und durch die Bereitstellung des Forschungsnetzes erhalten die teilnehmenden Einrichtungen Zugriff auf das weltweite Internet. Hierdurch können sie ihre Forschungsarbeiten auf wesentlich umfangreicheren sowie komplexeren Plattformen betreiben. Dazu gehört nicht nur die Ermöglichung einer digitalen Recherche und der Abruf fremder Forschungsergebnisse, sondern auch die Möglichkeit, einrichtungsübergreifend wissenschaftliche Projekte mit Hilfe eines auf die Wissenschaft speziell angepassten Netzes durchzuführen.[260]

Dieser Beitrag des Forschungsnetzbetreibers ist daher von elementarer Bedeutung für die Durchführung der wissenschaftlichen Projekte in den Einrichtungen. Während die Forscher und ihre Einrichtungen durch Art. 13 der Charta der Grundrechte der Europäischen Union (GRCh) in ihrer Tätigkeit durch die Wissenschaftsfreiheit vor unverhältnismäßigen Eingriffen des Staates geschützt sind, ist dieser Umstand bei Forschungsnetzbetreibern in ihrer Rolle als Dienstleister der Wissenschaft nicht so offensichtlich gegeben. Doch staatliche Eingriffe in die Tätigkeiten des Forschungsnetzbetreibers wirken sich nicht nur auf den Betreiber aus. Die Position des Forschungsnetzbetreibers als Intermediär zwischen den Wissenschaftseinrichtungen sorgt bei staatlichen Eingriffen ebenfalls für eine Betroffenheit der geschützten Wissenschaftler. Trotz dieser Bedeutung für die Wissenschaft ist offen, ob sich der verfassungsrechtliche Schutz der Wissenschaftsfreiheit auch auf die ‚Access Provider der Wissenschaft' erstreckt.

Gerade durch das Datenschutz- und Telekommunikationsrecht kann die Tätigkeit des Forschungsnetzbetreibers an vielzähligen Stellen eingeschränkt werden. Daher sind zunächst für die vorzunehmenden Abwägungen die grundrechtlichen Positionen des Forschungsnetzbetreibers zu erörtern, bevor im weiteren Verlauf der Arbeit auf die konkreten Abwägungen zwischen den Interessen der beteiligten Akteure eingegangen werden kann.

---

259 *Leib/Werle*, in: Werle/Lang, 157, 170 f.; *Zander*, DFN Mitteilungen 1985 Heft 1, 11.

260 *Ullmann*, DFN Mitteilungen 1985 Heft 1, 16 f.; *Ullmann*, in: Encarnação, 75 f.

N. John, *Der Schutz der Daten im Netz des Access Providers der Wissenschaft*,
Juridicum – Schriften zum Medien-, Informations- und Datenrecht,
https://doi.org/10.1007/978-3-658-45497-5_3

A. Rechtsquellen der Wissenschaftsfreiheit

Die Wissenschaftsfreiheit findet in verschiedenen Rechtsquellen Niederschlag. In Deutschland normiert Art. 5 Abs. 3 S. 1 GG die Freiheit von Wissenschaft, Forschung und Lehre. Im europäischen Primärrecht wird die Wissenschaftsfreiheit in Art. 13 GRCh festgelegt. Und im Völkerrecht findet sich die Freiheit der Wissenschaft als Teil der Meinungsfreiheit vor allem in Art. 10 Abs. 1 S. 1 der Europäische Konvention zum Schutz der Menschenrechte und Grundfreiheiten (EMRK) wieder.

Im Kontext der weitgehend europäischen Harmonisierung des Datenschutz- und Telekommunikationsrechts schränken die DS-GVO und die einhergehenden Richtlinien[261] die Tätigkeiten der Datenverarbeiter an vielen Stellen ein. Maßstab für diese Einschränkungen ist daher in erster Linie das europäische Recht. Aus diesem Grund ist auch für die Feststellung des Schutzbereiches der Wissenschaftsfreiheiten die Charta der Grundrechte als europäischer Grundrechtekatalog vorrangig in den Blick zu fassen. Bezüglich der Durchführung des Unionsrechts durch die Mitgliedstaaten schreibt Art. 51 Abs. 1 S. 1 GRCh vor, dass die Mitgliedstaaten an die Grundrechte der Charta gebunden sind. Ob Unionsrecht durchgeführt wird, ist nach Auffassung des *EuGH* davon abhängig, „*ob mit der fraglichen nationalen Regelung die Durchführung einer Bestimmung des Unionsrechts bezweckt wird, welchen Charakter diese Regelung hat und ob mit ihr andere als die unter das Unionsrecht fallenden Ziele verfolgt werden, selbst wenn sie das Unionsrecht mittelbar beeinflussen kann, sowie ferner, ob es eine Regelung des Unionsrechts gibt, die für diesen Bereich spezifisch ist oder ihn beeinflussen kann.*“[262]

Die DS-GVO stellt als europäische Verordnung den Kern des Datenschutzrechtes in der Union dar und lässt den Mitgliedstaaten durch die unmittelbare Anwendbarkeit keinen Umsetzungsspielraum.[263] Sie genießt daher Anwendungsvorrang vor dem deutschen Recht.[264] Soweit demnach Datenschutznormen der DS-GVO zur Anwendung kommen, wird das Recht der Union durchgeführt. Für die Auslegung und Abwägung der Rechte und Pflichten aus der DS-GVO sind daher insbesondere die Bestimmungen der Charta der Grundrechte maßgeblich.

Eine andere Bewertung bezüglich des Grundrechtsschutzes kann allerdings im Rahmen von national erlassenen Vorgaben entstehen, wenn Mitgliedstaaten Richtlinien umsetzen oder Gebrauch von einer Öffnungsklausel machen. Im Rahmen der

---

261 Z. B. die ePrivacy-Richtlinie oder die EECC-Richtlinie.

262 EuGH, Urt. v. 22.1.2020, C-177/18, Martín, ECLI:EU:C:2020:26, Rn. 59; EuGH, Urt. v. 10.7.2014, C-198/13, Hernández, ECLI:EU:C:2014:2055, Rn. 37.

263 Art. 288 AEUV.

264 EuGH, Urt. v. 15.7.1964, C-6/64, Costa/ENEL, ECLI:EU:C:1964:66, Sgl. 1964, 1259, 1269 f.; EuGH, Urt. v. 9.3.1978, C-106/77, Simmenthal II, ECLI:EU:C:1978:49, Rn. 17; *Kühling/Martini/Heberlein u. a.*, S. 3; *Lauber-Rönsberg*, in: Specht-Riemenschneider/Mantz, § 4 Rn. 3; *Ruffert*, in: Calliess/Ruffert, AEUV Art. 288 Rn. 21.

DS-GVO sind besonders die Öffnungsklauseln für die mitgliedstaatlichen Gesetzgeber von Bedeutung.

Es ist hinsichtlich des Grundrechtsschutzes zwischen den Öffnungsklauseln an sich und den nationalen Umsetzungsakten zu unterscheiden: Die Öffnungsklauseln selbst messen sich als Unionsrecht allein am unionsrechtlichen Grundrechtsschutz.[265] Auch Öffnungsklauseln, welche dem nationalen Gesetzgeber keinen Umsetzungsspielraum lassen, sind allein am unionsrechtlichen Grundrechtskatalog zu messen.[266]

Im Gegensatz hierzu kann es bei Öffnungsklauseln, welche das Handeln des nationalen Gesetzgeber nicht vollständig bestimmen, also bei Vorliegen eines gesetzgeberischen Spielraums, zur „*Verdopplung des Grundrechtsschutzes*"[267] kommen.[268] Denn nationale Umsetzungsakte messen sich zunächst als Recht der Mitgliedstaaten an den nationalen Grundrechten.[269] Doch durch die Anwendung der Öffnungsklausel wird auch Unionsrecht durchgeführt. Daher ist in diesem Fall in konsequenter Anwendung der Rechtsprechung des *EuGH* der nationale Umsetzungsakt auch an den Unionsgrundrechten zu messen.[270]

Als Folge kann es zur Kollision zwischen nationalen und unionsrechtlichen Grundrechten bei der Anwendung entsprechender Öffnungsklauseln kommen.[271] Für die Wissenschaftsfreiheit kann Art. 5 Abs. 3 S. 1 GG daher dann herangezogen werden, wenn dem Gesetzgeber im Rahmen einer nationalen Umsetzungsnorm ein entsprechender Spielraum verbleibt.[272] Soweit es zu einer Divergenzlage zwischen den einschlägigen Grundrechten kommt, muss diese entsprechend der Unionsvorgaben und nationalen Grundrechte aufgelöst werden.[273]

Auch im Rahmen der Umsetzung von Richtlinien wird Unionsrecht durchgeführt.[274] Die obigen Erwägungen zu den Öffnungsklauseln finden daher auch Geltung für die Umsetzung von Richtlinien.[275]

---

265 *Lindner*, EuZW 2007, 71, 73.

266 Zu den Öffnungsklauseln in der DS-GVO: *Müller*, S. 116.

267 *Szczekalla*, NVwZ 2006, 1019, 1021.

268 EuGH, Urt. v. 26.2.2013, C-617/10, Fransson, ECLI:EU:C:2013:105, Rn. 29; EuGH, Urt. v. 26.2.2013, C-399/11, Melloni, ECLI:EU:C:2013:107, Rn. 60; „bedingte Doppelgeltung": *Thym*, DÖV 2014, 941, 942; *Müller*, S. 116; *Szczekalla*, NVwZ 2006, 1019, 1021.

269 *Lindner*, EuZW 2007, 71, 73.

270 *Lindner*, EuZW 2007, 71, 73.

271 *Lindner*, EuZW 2007, 71, 73 ff.; zu den Öffnungsklauseln in der DS-GVO: *Müller*, S. 115 ff.

272 *Lindner*, EuZW 2007, 71, 73.

273 Systematische Darstellung der Auflösung siehe *Lindner*, EuZW 2007, 71, 73 ff.

274 *Jarass*, in: Jarass, EU-GRCh Art. 51 Rn. 20; *Pache*, in: Frankfurter Kommentar, GRC Art. 51 Rn. 20; *Schorkopf*, in: GHN, EUV Art. 6 Rn. 30b; *Ohler*, NVwZ 2013, 1433.

275 *Pache*, in: Frankfurter Kommentar, GRC Art. 51 Rn. 20; *Szczekalla*, NVwZ 2006, 1019, 1021.

B. Schutzbereich der Wissenschaftsfreiheit

Aufgrund des festgestellten grundrechtlichen Maßstabes sind vor allem die Grundrechte und -freiheiten der Charta der Grundrechte der Europäischen Union heranzuziehen. Auf das deutsche Grundrecht der Wissenschaftsfreiheit soll nur eingegangen werden, soweit eine Umsetzung im deutschen Recht vorliegt.

Die europäische Wissenschaftsfreiheit wird in Art. 13 GRCh neben der Freiheit der Kunst statuiert.[276] Dort heißt es „*Kunst und Forschung sind frei. Die akademische Freiheit wird geachtet.*"

I. Sachlicher Schutzbereich der europäischen Wissenschaftsfreiheit

Bei der Bestimmung der Reichweite der Freiheiten aus der Charta der Grundrechte ist ein rein unionsrechtlicher Maßstab anzulegen.[277] Maßgeblich ist daher zunächst Art. 52 GRCh für die Bestimmung des Schutzbereichs. Dieser regelt die „*Tragweite und Auslegung der Rechte und Grundsätze*" der in der „*Charta anerkannten Rechte und Freiheiten*". Art. 52 Abs. 2 GRCh verlangt, dass die „*Ausübung der durch [...] [die] Charta anerkannten Rechte, die in den Verträgen geregelt sind, [...] im Rahmen der in den Verträgen festgelegten Bedingungen und Grenzen*" erfolgen soll. Art. 52 Abs. 3 GRCh statuiert zudem, dass soweit Rechte der EMRK den Rechten der Charta entsprechen, die Rechte der Charta die gleiche Bedeutung und Tragweite wie die der Konvention haben. Darüber hinaus sind bei der Auslegung der Charta die Erläuterungen zur Charta der Grundrechte heranzuziehen, welche nach Art. 52 Abs. 7 GRCh und Art. 6 Abs. 1 (3) EUV bei der Auslegung der Charta der Grundrechte zu berücksichtigen sind.

Mangels einer eigenen Wissenschaftsfreiheit in den Verträgen ist Art. 52 Abs. 2 GRCh für die Bestimmung des Schutzbereichs nicht einschlägig.[278]

Auch in der EMRK findet sich kein ausdrücklicher Artikel zur Wissenschaftsfreiheit. Doch die Freiheiten des Art. 13 GRCh leiten sich gemäß den Erläuterungen zur Charta aus der Gedankenfreiheit und der Freiheit der Meinungsäußerung ab.[279] Es findet sich zwar keine entsprechende Grundfreiheit in Form einer Wissenschaftsfreiheit i. S. d. Art. 52 Abs. 3 GRCh in der EMRK. Doch führt die enge Verknüpfung des Art. 13 GRCh mit der Gedanken-, Gewissens- und Religionsfreiheit aus Art. 10 Abs. 1 GRCh und der Freiheit der Meinungsäußerung und Informationsfreiheit aus

---

[276] *Jarass*, in: Jarass, EU-GRCh Art. 13 Rn. 1; *Kröll*, in: Holoubek/Lienbacher, GRC Art. 13 Rn. 5; *Ruffert*, in: Calliess/Ruffert, EU-GRCharta Art. 13 Rn. 1.

[277] *Ehlers*, in: Ehlers, 513, § 14 Rn. 53.

[278] *Wissenschaftlicher Dienst des Bundestages*, Die Wissenschaftsfreiheit im Grundgesetz und in der Charta der Grundrechte der Europäischen Union, 29.4.2010, WD 3 – 3000 – 149/10, S. 7.

[279] Erläuterungen zur Charta der Grundrechte, ABl. C 303/17, S. 22.

Art. 11 GRCh[280] zum umfassenden Schutz der wissenschaftlichen Kommunikation.[281] Das zu Art. 11 GRCh entsprechende Recht findet sich nach den Erläuterungen zur Charta in Art. 10 EMRK wieder.[282] Daraus resultiert, dass die Wissenschaftsfreiheit auch den in der Freiheit der Meinungsäußerung aus Art. 10 EMRK gestatteten Einschränkungen unterworfen werden kann.[283]

Die europäische Freiheit der Wissenschaft unterteilt sich in die Forschungsfreiheit (Art. 13 S. 1 GRCh) und die Akademische Freiheit (Art. 13 S. 2 GRCh). Der Begriff der Wissenschaftsfreiheit selbst stellt somit den Oberbegriff der beiden Freiheiten dar.[284]

1. Forschungsfreiheit

Eine Definition des Forschungsbegriffs findet sich in der Charta der Grundrechte nicht. Zwar wurde in den Beratungen des Grundrechtekonvents über die Abgrenzung der Begrifflichkeiten der ,Wissenschaft' und ,Forschung' diskutiert,[285] doch hat dies nicht zu einer Legaldefinition des Forschungsbegriffs geführt.

Doch der europäische Gesetzgeber hat in der RL (EU) 2016/801[286] den Begriff der Forschung definiert. Diese Richtlinie regelt die Bedingungen für die Einreise und den Aufenthalt von Drittstaatsangehörigen unter anderem zu Forschungs- oder Studienzwecken. Nach Art. 3 Nr. 9 RL (EU) 2016/802 ist Forschung „*systematisch betriebene, schöpferische Arbeit mit dem Zweck der Erweiterung des Wissensstands, einschließlich der Erkenntnisse über den Menschen, die Kultur und die Gesellschaft, sowie der Einsatz dieses Wissens mit dem Ziel, neue Anwendungsmöglichkeiten zu finden*“.

In der Rechtsprechung des *EuGH* hat die Freiheit der Forschung dagegen bislang keinen Einzug halten können. Zwar thematisiert der *EuGH* Art. 13 GRCh in der Rechtssache *Europäische Kommission/Ungarn* im Wissenschaftskontext, behandelt im Rahmen des Urteils aber nicht den Schutzbereich der Forschungsfreiheit, sondern

---

280 *Bernsdorff*, in: Meyer/Hölscheidt GRCh, GRCh Art. 13 Rn. 11.

281 *Wissenschaftlicher Dienst des Bundestages*, Die Wissenschaftsfreiheit im Grundgesetz und in der Charta der Grundrechte der Europäischen Union, 29.4.2010, WD 3 – 3000 – 149/10, S. 7.

282 Erläuterungen zur Charta der Grundrechte, ABl. C 303/17, S. 22.

283 Erläuterungen zur Charta der Grundrechte, ABl. C 303/17, S. 22.

284 *Bernsdorff*, in: Meyer/Hölscheidt GRCh, GRCh Art. 13 Rn. 14; *Jarass*, in: Jarass, EU-GRCh Art. 13 S. 7; übernimmt das deutsche Begriffsverständnis: *Ruffert*, in: Calliess/Ruffert, EU-GRCharta Art. 13 Rn. 5

285 *Bernsdorff*, in: Meyer/Hölscheidt GRCh, GRCh Art. 13 Rn. 6.

286 Richtlinie (EU) 2016/801 des Europäischen Parlaments und des Europäischen Rates vom 11. Mai 2016 über die Bedingungen für die Einreise und den Aufenthalt von Drittstaatsangehörigen zu Forschungs- oder Studienzwecken, zur Absolvierung eines Praktikums, zur Teilnahme an einem Freiwilligendienst, Schüleraustauschprogrammen oder Bildungsvorhaben und zur Ausübung einer Au-pair-Tätigkeit, ABl. L 132/21 vom 21.5.2016.

lediglich den der akademischen Freiheit nach Satz 2.[287] Das Urteil ändert daher nichts an der Auffassung, dass der europäischen Freiheit des Art. 13 GRCh bislang „*der Erfahrungsspeicher*“[288] fehle, um die Reichweite der Garantie zu bestimmen.

Auch das Heranziehen der Rechtsprechung des *Europäischen Gerichthofs für Menschenrechte* (EGMR) in Bezug auf Art. 10 EMRK bringt kaum weitere Erkenntnisse. Denn der *EGMR* nimmt bislang ebenfalls keine umfangreiche Einordnung des Schutzbereichs der Forschungsfreiheit vor.[289] Grund hierfür ist der weite Schutzbereich der Meinungsfreiheit aus Art. 10 EMRK. So genügt es dem *EGMR*, Sachverhalte mit Forschungsbezug generell unter den Begriff der Meinungsfreiheit einzuordnen, ohne dabei explizit die Grenzen der Wissenschaftsfreiheit erörtern zu müssen.[290] Der Umfang der Forschungsfreiheit zeigt sich am Urteil in der Rechtssache *Hertel/Schweiz*, indem der *EGMR* die Veröffentlichung eines wissenschaftlichen Beitrags in einer Zeitschrift unter den Schutzbereich des Art. 10 EMRK subsumiert.[291]

In der übrigen Rechtsprechung des *EGMR* wird durch die Verwendung des Begriffs des „*academic freedom*“[292] zunächst aus dem Wortlaut nicht klar, ob der Gerichtshof hierbei allgemein auf die Wissenschaftsfreiheit Bezug nimmt oder er sich allein auf die akademische Freiheit entsprechend der akademischen Freiheit des Art. 13 S. 2 GRCh beschränkt. Legt man die Sachverhalte zugrunde, so scheint es, dass sich der *EGMR* bei der Verwendung des ‚*academic freedom*‘ ausschließlich auf die akademische Freiheit bezieht.

In der Rechtssache *Sorguç/Türkei*[293] hatte ein Universitätsprofessor das Beförderungssystem der Universität kritisiert und war daraufhin von einem Assistenzprofessor verklagt worden, den er in seiner Äußerung aber namentlich nicht nannte. Daraufhin wurde er zum Schadensersatz verurteilt. Gegen dieses Urteil wehrte sich der Universitätsprofessor vor dem *EGMR* und machte eine Verletzung von Art. 10 EMRK geltend. In diesem Zusammenhang stellte der *EGMR* die Bedeutung der ‚*academic freedom*‘ heraus, welcher die Freiheit der Akademiker umfasse, ihre Meinung über die Institution oder das System, in dem sie arbeiten, frei zu äußern und

---

287 EuGH, Urteil v. 6.10.2020, C-66/18, Europäische Kommission/Ungarn, ECLI:EU:C:2020:792, Rn. 224 ff.; *Sayers*, in: Peers/Hervey/Kenner u. a., EUCFR Art. 13 Rn. 13.58.

288 *Pöschl*, in: Spiel/Neck/Schmidinger, 159, 169.

289 *Mensching*, in: Karpenstein/Mayer, EMRK Art. 10 Rn. 24.

290 EGMR, Urt. v. 25.8.1998, Nr. 25181/94, Hertel/Schweiz, ECLI:CE:ECHR:1998:0825JUD00251 8194, Rn. 30 ff. = GRUR Int 1999, 156, 157 ff.

291 EGMR, Urt. v. 25.8.1998, Nr. 25181/94, Hertel/Schweiz, ECLI:CE:ECHR:1998:0825JUD00251 8194, Rn. 31 = GRUR Int 1999, 156, 157; *Thiele*, in: Frankfurter Kommentar, GRC Art. 13 Rn. 12.

292 Z. B. EGMR, Urt. v. 23.6.2009, Nr. 17089/03, Sorguç/Türkei, ECLI:CE:ECHR:2009:0623JUD0 01708903, Rn. 35; EGMR, Urt. v. 15.4.2014, Nr. 40877/07, Yazici/Türkei, ECLI:CE:ECHR: 2014:0415JUD004087707, Rn. 55 = NJW 2015, 759, 761.

293 EGMR, Urt. v. 23.6.2009, Nr. 17089/03, Sorguç/Türkei, ECLI:CE:ECHR:2009:0623JUD001708 903.

ebenso die Freiheit beinhalte, Wissen und Wahrheit ohne Einschränkung zu verbreiten.[294]

Auch im Verfahren *Hasan Yazici/Türkei*[295] wehrte sich der Kläger, ein Akademiker, gegen eine Verurteilung, welche daher rührte, dass der Kläger auf einen Vorwurf aufmerksam gemacht hatte, dass ein Professor ein Plagiat begangen hätte. Das türkische Gericht verurteilte den Kläger zu Schadensersatz. Der *EGMR* stellt die akademische Position des Klägers besonders heraus und unterstreicht auch hier unter Bezugnahme auf den Rechtsstreit *Sorguç/Türkei* die Bedeutung der ‚*academic freedom*', dass dieser dazu diene, die Meinung frei äußern und dieses Wissen verbreiten zu dürfen.[296] Das Gericht stellte aufgrund der Einschränkung des ‚*academic freedom*' eine Verletzung von Art. 10 EMRK fest.[297]

Die Sachverhalte gehen demnach nicht weiter auf die jeweilige Forschungstätigkeit der Kläger ein, sondern thematisieren vorrangig deren Meinungsäußerung in Bezug auf ihre wissenschaftlichen Tätigkeiten.[298]

Doch zeigt sich durch einen Verweis des *EGMR*[299] auf die Empfehlung des Europarates[300], dass der Begriff des ‚*academic freedom*' nicht allein im Sinne der akademischen Freiheit entsprechend Art. 13 S. 2 GRCh verwendet werden soll. Denn die Empfehlung verwendet den Begriff des ‚*academic freedom*' in einem weiteren Verständnis und umfasst danach neben der Freiheit der Informationsverbreitung auch die Freiheit der Forschung.[301] Es ist daher davon auszugehen, dass sich die Rechtsprechung des *EGMR* nicht allein auf die akademische Freiheit entsprechend des Art. 13 S. 2 GRCh beschränkt, sondern auch für die weite Auslegung der Forschungsfreiheit herangezogen werden kann.[302] Ein scharfer Schutzbereich der Forschungsfreiheit i. S. d. Art. 13 S. 1 GRCh kann sich allein hieraus aber noch nicht ergeben.[303]

---

294 EGMR, Urt. v. 23.6.2009, Nr. 17089/03, Sorguç/Türkei, ECLI:CE:ECHR:2009:0623JUD001708903, Rn. 35.

295 EGMR, Urt. v. 15.4.2014, Nr. 40877/07, Yazici/Türkei, ECLI:CE:ECHR:2014:0415JUD004087707 = NJW 2015, 759.

296 EGMR, Urt. v. 15.4.2014, Nr. 40877/07, Yazici/Türkei, ECLI:CE:ECHR:2014:0415JUD004087707, Rn. 55 = NJW 2015, 759, 761.

297 EGMR, Urt. v. 15.4.2014, Nr. 40877/07, Yazici/Türkei, ECLI:CE:ECHR:2014:0415JUD004087707, Rn. 69 = NJW 2015, 759, 762.

298 *Cornils*, in: BeckOK InfoMedienR, EMRK Art. 10 Rn. 32.

299 EGMR, Urt. v. 23.6.2009, Nr. 17089/03, Sorguç/Türkei, ECLI:CE:ECHR:2009:0623JUD001708903, Rn. 35.

300 *Europarat*, Empfehlung 1762 (2006), 10.11.2006, BT-Drs. 16/3400.

301 *Europarat*, Empfehlung 1762 (2006), 10.11.2006, BT-Drs. 16/3400, S. 74.

302 *Cornils*, in: BeckOK InfoMedienR, EMRK Art. 10 Rn. 32; *Ruffert*, in: Calliess/Ruffert, EU-GRCharta Art. 13 Rn. 7; *Thiele*, in: Frankfurter Kommentar, GRC Art. 13 Rn. 12.

303 *Cornils*, in: BeckOK InfoMedienR, EMRK Art. 10 Rn. 32 f.; *Mensching*, in: Karpenstein/Mayer, EMRK Art. 10 Rn. 24; als „unvollständig" bezeichnend: *Ruffert*, in: Calliess/Ruffert, EU-GRCharta Art. 13 S. 7.

Die *Kommission* nimmt in einer Empfehlung zum Begriff des Forschers Bezug auf die Definition des Frascati-Handbuchs 2002 der *OECD.*[304] Danach sind Forscher *„all persons employed directly on R&D [...], as well as those providing direct services such as R&D managers, administrators, and clerical staff.*"[305] R&D wird definiert als *„Research and experimental development"*[306] und umfasst *„creative work undertaken on a systematic basis in order to increase the stock of knowledge, including knowledge of man, culture and society, and the use of this stock of knowledge to devise new applications.*"[307] Die *Kommission* übernimmt diese Erkenntnisse teilweise und definiert Forscher als *„Spezialisten, die mit der Planung oder der Schaffung von neuem Wissen, Produkten, Verfahren, Methoden und Systemen sowie mit dem Management diesbezüglicher Projekte betraut sind*".[308] Auch in der neuen Fassung des Frascati-Handbuchs 2015 findet sich eine ähnliche Definition des Begriffs der Forschung und experimenteller Entwicklung wieder und umfasst Aktivitäten, die *„neuartig, schöpferisch, ungewiss in Bezug auf das Endergebnis, systematisch, übertragbar und/oder reproduzierbar*" sind.[309]

Auch wenn für die Bestimmung des Schutzbereichs der Forschungsfreiheit allein ein europarechtlicher Maßstab anzulegen ist, so können Parallelen zum nationalen Recht ebenfalls Aufschluss über die Begriffsbestimmung geben. Gerade Art. 13 GRCh gilt als stark an den deutschen Grundrechtsschutz des Art. 5 Abs. 3 S. 1 GG angelehnt.[310] Dies ergibt sich aus dem Gesetzgebungsprozess der Charta: Zunächst wurde die Wissenschaftsfreiheit in den ersten Entwürfen der Lehrfreiheit und später dem Recht auf Bildung zugeordnet.[311] Nachdem beim nächsten Entwurf die Wissenschaftsfreiheit wiederum der Meinungsfreiheit zugeordnet wurde, benannte das Präsidium die Freiheit im nachfolgenden Entwurf nicht mehr im Wortlaut, sondern griff stattdessen auf den Wortlaut der Meinungsfreiheit der EMRK zurück.[312] Hiergegen wehrten sich insbesondere die deutschen Delegierten, welche auf die ausdrückliche Aufnahme der Wissenschaftsfreiheit drängten.[313] Der von ihnen vorgebrachte Vorschlag entsprach daraufhin dem Wortlaut des deutschen Grundrechts aus Art. 5 Abs. 3 S. 1 GG.[314] Daraufhin wurde die Forschungsfreiheit in einem neuen Art. 13

304 Empfehlung der Kommission über die Europäische Charta für Forscher und einen Verhaltenskodex für die Einstellung von Forschern, ABl. 2005 L 75/67 vom 22.3.2005, S. 77.

305 *OECD,* Frascati manual 2002, S. 92.

306 *OECD,* Frascati manual 2002, S. 30.

307 *OECD,* Frascati manual 2002, S. 30.

308 Empfehlung der Kommission über die Europäische Charta für Forscher und einen Verhaltenskodex für die Einstellung von Forschern, ABl. 2005 L 75/67 vom 22.3.2005, S. 77; *Thiele*, in: Frankfurter Kommentar, GRC Art. 13 Rn. 12.

309 *OECD,* Frascati-Handbuch 2015, S. 47.

310 *Ruffert*, in: Calliess/Ruffert, EU-GRCharta Art. 13 Rn. 1; *Coelln*, in: Stern/Sodan/Möstl, § 124 Rn. 147; *Mohr*, S. 185.

311 *Mohr*, S. 183 f.

312 Charte 4284/00 Convent 28, S. 16; *Mohr*, S. 184.

313 Charte 4332/00 Convent 35, S. 361; *Mohr*, S. 185.

314 Charte 4332/00 Convent 35, S. 361.

GRCh-E in die Charta aufgenommen.[315] In seiner finalen Version hat sich der Wortlaut nur dahingehend verändert, dass neben der Forschungsfreiheit auch die Kunstfreiheit und die Lehre (in Form der akademischen Freiheit in Satz 2) Einzug gefunden haben.[316] Der Einfluss des deutschen Verständnisses ist Art. 13 GRCh als eigenständige Freiheit demnach bis heute immanent.[317] Aus diesen Gründen kann bei der Auslegung des Grundrechts auf die Rechtsprechung des *Bundesverfassungsgerichts* (BVerfG) zwar nicht unmittelbar, aber zumindest als Orientierung zurückgegriffen werden.[318]

Das *BVerfG* definiert Forschung unter Rückgriff der Auffassung der *Bundesregierung* als *„geistige Tätigkeit mit dem Ziele, in methodischer, systematischer und nachprüfbarer Weise neue Erkenntnisse zu gewinnen“*[319].[320] Damit deckt sich die Auffassung des *BVerfG* mit dem Begriffsverständnis des *OECD*. Auch die Literatur wendet die Definition auf den Forschungsbegriff aus Art. 13 GRCh an.[321] Diese Erkenntnisse spiegeln sich in der Definition der RL (EU) 2016/802 ebenso wider.

Der Begriff muss somit weit ausgelegt werden und alle Tätigkeiten der Forschung umfassen, also dem methodischen Prozess der Suche nach neuen Erkenntnissen[322] und der hieraus entstehenden Gestaltung der Wirklichkeit.[323] Geschützt wird auch die private Forschung wie auch vorbereitende und unterstützende Aktivitäten.[324]

---

315 *Mohr*, S. 186.

316 *Mohr*, S. 186.

317 *Coelln*, in: Stern/Sodan/Möstl, § 124 Rn. 147; *Ruffert*, in: Calliess/Ruffert, EU-GRCharta Art. 13 Rn. 1.

318 *Roßnagel*, ZD 2019, 157, 158.

319 BVerfG, Urt. v. 29.5.1973, 1 BvR 424/70, 325/72, Hochschulurteil, BVerfGE 35, 79, 113 = NJW 1973, 1176.

320 BVerfG, Urt. v. 29.5.1973, 1 BvR 424/70, 325/72, Hochschulurteil, BVerfGE 35, 79, 113 = NJW 1973, 1176; *Bundesregierung*, Bundesbericht Forschung III, BT-Drs. V/4335, S. 4

321 *Augsberg*, in: Groeben/Schwarze/Hatje, GRC Art. 13 Rn. 5; *Jarass*, in: Jarass, EU-GRCh Art. 13 Rn. 8; *Ruffert*, in: Calliess/Ruffert, EU-GRCharta Art. 13 Rn. 6; *Thiele*, in: Frankfurter Kommentar, GRC Art. 13 Rn. 12.

322 *Wissenschaftlicher Dienst des Bundestages*, Die Wissenschaftsfreiheit im Grundgesetz und in der Charta der Grundrechte der Europäischen Union, 29.4.2010, WD 3 – 3000 – 149/10, S. 8; *Bernsdorff*, in: Meyer/Hölscheidt GRCh, GRCh Art. 13 Rn. 14; *Coelln*, in: Stern/Sodan/Möstl, § 124 Rn. 147; *Jarass*, in: Jarass, EU-GRCh Art. 13 Rn. 8; *Ruffert*, in: Calliess/Ruffert, EU-GRCharta Art. 13 Rn. 8; *Thiele*, in: Frankfurter Kommentar, GRC Art. 13 Rn. 12.

323 „Einsatz des Wissens“, Art. 3 Nr. 9 RL (EU) 2016/802; *Kleindiek*, S. 129.

324 *Wissenschaftlicher Dienst des Bundestages*, Die Wissenschaftsfreiheit im Grundgesetz und in der Charta der Grundrechte der Europäischen Union, 29.4.2010, WD 3 – 3000 – 149/10, S. 8; *Bernsdorff*, in: Meyer/Hölscheidt GRCh, GRCh Art. 13 Rn. 14; *Coelln*, in: Stern/Sodan/Möstl, § 124 Rn. 147; *Jarass*, in: Jarass, EU-GRCh Art. 13 Rn. 8; *Kröll*, in: Holoubek/Lienbacher, GRC Art. 13 Rn. 18; *Ruffert*, in: Calliess/Ruffert, EU-GRCharta Art. 13 Rn. 8; *Thiele*, in: Frankfurter Kommentar, GRC Art. 13 Rn. 12; *Frenz*, Rn. 2338.

Wie die Urteile des *EGMR* zeigen, unterfällt damit auch die Publikation oder Verwertung der erzeugten Erkenntnisse der Forschungsfreiheit.[325]

2. Akademische Freiheit

Der Begriff der akademischen Freiheit aus Art. 13 S. 2 GRCh wird nicht legal definiert. Nach der Ansicht des *EuGH*[326] und den schon erörterten Urteilen des *EGMR*[327] ist der Begriff ebenfalls weit zu fassen. Verstanden wird hierunter insbesondere die Freiheit der wissenschaftlichen Lehre.[328] Die Lehre zeichnet sich – unter Zuhilfenahme der Auffassung des *BVerfG* – durch die „*Übermittlung der durch die Forschung gewonnen Erkenntnisse*“[329] aus.[330] Auch private Übermittlungsvorgänge fallen unter den Schutzbereich des Art. 13 S. 2 GRCh.[331]

Darüber hinaus beinhaltet Satz 2 auch einen organisationsrechtlichen Schutzgehalt.[332] Dieser war bis zur Entscheidung des *EuGH* in der Rechtssache *Europäische Kommission/Ungarn* umstritten[333], wurde aber nun in der Entscheidung angenommen.[334] Die „*institutionelle und organisatorische Dimension*“ der akademischen Freiheit sei nach Auffassung des *EuGH* im Einklang zu der Auffassung des *Europarats* eine „*wesentliche Voraussetzung*“ zur effektiven Durchsetzung der Wissen-

---

325 EGMR, Urt. v. 15.4.2014, Nr. 40877/07, Yazici/Türkei, ECLI:CE:ECHR:2014:0415JUD004087707 = NJW 2015, 759; EGMR, Urt. v. 23.6.2009, Nr. 17089/03, Sorguç/Türkei, ECLI:CE:ECHR:2009:0623JUD001708903; EGMR, Urt. v. 25.8.1998, Nr. 25181/94, Hertel/Schweiz, ECLI:CE:ECHR:1998:0825JUD002518194 = GRUR Int 1999, 156; *Ruffert*, in: Calliess/Ruffert, EU-GRCharta Art. 13 Rn. 8; *Ruffert*, in: Sommermann/Huster/Schulte u. a., 148, 187 f.

326 EuGH, Urteil v. 6.10.2020, C-66/18, Europäische Kommission/Ungarn, ECLI:EU:C:2020:792, Rn. 226.

327 EGMR, Urt. v. 15.4.2014, Nr. 40877/07, Yazici/Türkei, ECLI:CE:ECHR:2014:0415JUD004087707 = NJW 2015, 759; EGMR, Urt. v. 23.6.2009, Nr. 17089/03, Sorguç/Türkei, ECLI:CE:ECHR:2009:0623JUD001708903; EGMR, Urt. v. 25.8.1998, Nr. 25181/94, Hertel/Schweiz, ECLI:CE:ECHR:1998:0825JUD002518194 = GRUR Int 1999, 156.

328 *Ruffert*, in: Calliess/Ruffert, EU-GRCharta Art. 13 Rn. 9; *Jarass*, in: Jarass, EU-GRCh Art. 13 Rn. 9; *Bernsdorff/Borowsky*, S. 363 f.; *Mohr*, S. 186; *Pünder*, in: Ehlers EuGR, 668, 674.

329 BVerfG, Urt. v. 29.5.1973, 1 BvR 424/70, 325/72, Hochschulurteil, BVerfGE 35, 79, 113 = NJW 1973, 1176.

330 BVerfG, Urt. v. 29.5.1973, 1 BvR 424/70, 325/72, Hochschulurteil, BVerfGE 35, 79, 113 = NJW 1973, 1176; vgl. *Bernsdorff/Borowsky*, S. 363 f.; *Pünder*, in: Ehlers EuGR, 668, 674.

331 *Pünder*, in: Ehlers EuGR, 668, 674.

332 EuGH, Urteil v. 6.10.2020, C-66/18, Europäische Kommission/Ungarn, ECLI:EU:C:2020:792, Rn. 227; *Kempen*, in: Stern/Sachs, GRCh Art. 13 Rn. 17; *Ruffert*, in: Calliess/Ruffert, EU-GRCharta Art. 13 Rn. 9.

333 *Fink*, EuGRZ 2001, 193, 197 ff.

334 EuGH, Urteil v. 6.10.2020, C-66/18, Europäische Kommission/Ungarn, ECLI:EU:C:2020:792.

schaftsfreiheit.[335] Insbesondere das Erfordernis einer eigenen, unabhängigen Infrastruktur für die Erfüllung universitärer Aufgaben wird vom *EuGH* betont.[336] Dabei wird von der Charta der Grundrechte die Form der Institution für die Umsetzung der organisatorischen Maßnahmen nicht festgelegt.[337]

II. Grundrechtsträger

Der persönliche Schutzbereich eröffnet sich in erster Linie allen natürlichen und juristischen Personen, die wissenschaftlich tätig sind oder tätig werden wollen.[338] Maßgeblich ist allein die konkrete Tätigkeit, nicht die Zugehörigkeit der forschenden Person zu einer Institution.[339]

Als ‚klassische' Grundrechtsträger sind daher natürliche, forschende Personen wie Professoren, wissenschaftliches Personal, Doktoranden, aber auch Forscher in der Wirtschaft einzuordnen. Neben natürlichen Personen können sich auch juristische Personen und Personenvereinigungen auf die Wissenschaftsfreiheit berufen.[340]

Bei juristischen Personen des öffentlichen Rechts gilt zunächst wie im deutschen Recht das Konfusionsargument: Grundrechtsverpflichtete können nicht zeitgleich Grundrechtsberechtigte sein.[341] Doch ist im Gemeinschaftsrecht hiervon eine Ausnahme zu machen: Soweit eine juristische Person des öffentlichen Rechts die Grundrechtspositionen vieler natürlicher Personen zugleich einheitlich wahrnimmt und sich in einer vergleichbaren Gefährdungslage bzgl. möglicher Grundrechtsverstöße befindet, kann sie sich ebenfalls auf diese Grundfreiheiten berufen.[342] Hierzu gehören

---

335 EuGH, Urteil v. 6.10.2020, C-66/18, Europäische Kommission/Ungarn, ECLI:EU:C:2020:792, Rn. 227; *Europarat*, Empfehlung 1762 (2006), 10.11.2006, BT-Drs. 16/3400, S. 74; *Ruffert*, in: Calliess/Ruffert, EU-GRCharta Art. 13 S. 9.

336 EuGH, Urteil v. 6.10.2020, C-66/18, Europäische Kommission/Ungarn, ECLI:EU:C:2020:792, Rn. 228.

337 *Ruffert*, in: Calliess/Ruffert, EU-GRCharta Art. 13 Rn. 9.

338 *Jarass*, in: Jarass, EU-GRCh Art. 13 Rn. 10; *Ruffert*, in: Calliess/Ruffert, EU-GRCharta Art. 13 Rn. 8; *Thiele*, in: Frankfurter Kommentar, GRC Art. 13 Rn. 8; *Pünder*, in: Ehlers EuGR, 668, 674.

339 *Augsberg*, in: Groeben/Schwarze/Hatje, GRC Art. 13 Rn. 7; *Jarass*, in: Jarass, EU-GRCh Art. 13 Rn. 10.

340 *Augsberg*, in: Groeben/Schwarze/Hatje, GRC Art. 13 Rn. 7; *Jarass*, in: Jarass, EU-GRCh Art. 13 Rn. 10.

341 BVerfG, Beschl. v. 7.6.1977, 1 BvR 108/73, u. a., BVerfGE, 63, 78 = NJW 1977, 1960, 1962; BVerfG, Beschl. v. 9.4.1975, 2 BvR 879/73, BVerfGE 39, 302, 313 f. = BeckRS 1975, 105598; BVerfG, Beschl. v. 2.5.1967, BvR 578/63, BVerfGE 21, 362, 372 = NJW 1967, 1411, 1413; *Rengeling/Szczekalla*, § 5 Rn. 392.

342 *Rengeling/Szczekalla*, § 4 Rn. 362, § 5 Rn. 394.

insbesondere Universitäten und Hochschulen, wenn sie öffentlich-rechtlich organisiert sind.[343]

C. Schutzbereichseröffnung bei Nutzung und Betrieb eines Forschungsnetzes

Unter Zugrundelegung der weiten Fassung des Schutzbereichs von Art. 13 GRCh erscheint die Öffnung des Schutzbereichs für die Tätigkeiten der Benutzergruppen der Teilnehmer wie den Professoren oder dem wissenschaftlichen Personal naheliegend. Untersucht wird daher, inwieweit die Tätigkeiten der Teilnehmer und des Forschungsnetzbetreibers unter den sachlichen Schutzbereich des Art. 13 GRCh fallen.

I. Tätigkeiten der Teilnehmer und Nutzergruppen

Aufgrund ihrer Tätigkeiten ist daher zunächst davon auszugehen, dass den teilnehmenden Einrichtungen des Forschungsnetzes der Schutzbereich unabhängig von ihrer juristischen Organisationsstruktur als privatrechtliche oder öffentlich-rechtliche Einrichtung eröffnet. Dabei unterfallen sie sowohl der Forschungsfreiheit des Art. 13 S. 1 GRCh, soweit entsprechende Forschungstätigkeiten innerhalb der Einrichtung vorgenommen werden, als auch der akademischen Freiheit nach Satz 2, soweit wissenschaftliche Lehre an der jeweiligen Einrichtung durchgeführt wird.

Dadurch, dass satzungsgemäß[344] und nach den Rahmenverträgen[345] nur Angehörige der Forschungsgemeinschaft das Forschungsnetz nutzen dürfen, unterfallen die Haupttätigkeiten der teilnehmenden Institutionen und ihrer Nutzergruppen als ‚klassische' Forschungstätigkeiten dem Schutzbereich der Forschungsfreiheit. Insbesondere die Tätigkeiten der Professoren und des wissenschaftlichen Personals der Hochschulen und Forschungseinrichtungen dürften zumeist die Voraussetzungen des Forschungsbegriffs des Art. 13 S. 1 GRCh erfüllen. Eine detaillierte Abgrenzung im Einzelfall ist nur anhand der oben festgestellten Kriterien möglich. Aber auch die Organisation der Einrichtung unterfällt regelmäßig als unterstützende Tätigkeit dem Schutzbereich des Art. 13 GRCh, denn ohne die Bereitstellung der jeweils benötigten Umgebung wäre die Durchführung der Forschungstätigkeiten nicht umsetzbar.

Das Forschungsnetz unterstützt die Tätigkeiten der jeweiligen Personen dabei durch die Möglichkeit, standortübergreifende Forschung zu betreiben. Dies kann sowohl dadurch der Fall sein, dass die Gerätschaften der Institutionen über das For-

---

343 *Rengeling/Szczekalla*, § 4 Rn. 362, § 5 Rn. 394; *Jarass*, in: Jarass, EU-GRCh Art. 13 Rn. 10; *Ruffert*, in: Calliess/Ruffert, EU-GRCharta Art. 13 Rn. 8; *Thiele*, in: Frankfurter Kommentar, GRC Art. 13 Rn. 8; so auch für Art. 5 GG: *Lindner*, JURA 2018, 240, 242 f.

344 § 2 Abs. 1 DFN-Satzung.

345 § 1 Abs. 2 DFN-RahmenV.

schungsnetz einrichtungsübergreifend Daten übermitteln können, als auch durch die Kommunikation verschiedener Mitglieder unterschiedlicher Forschungsgruppen, um gemeinsam die Tätigkeiten durchführen zu können. Auch Publikationstätigkeiten der Benutzergruppen über das Forschungsnetz unterfallen dem Schutzbereich des Art. 13 GRCh.

Neben den durch die Forschungsfreiheit geschützten Tätigkeiten fallen auch wissenschaftliche Lehrveranstaltungen wie Vorlesungen oder Seminare regelmäßig unter den Schutzbereich der akademischen Lehre aus Satz 2. Das Forschungsnetz kann dabei insbesondere bei digitalen Veranstaltungen eine zentrale Rolle spielen, um die Studierenden zu erreichen. Im Übrigen eröffnet sich der Schutzbereich des Art. 13 S. 2 GRCh für die teilnehmenden Institutionen auch durch das organisationsrechtliche Element der akademischen Freiheit.

II. Tätigkeiten des Forschungsnetzbetreibers

Ob die Tätigkeiten eines Forschungsnetzbetreibers unter den Begriff der Forschung i. S. d. Art. 13 S. 1 GRCh bzw. unter den der akademischen Freiheit i. S. d. Satz 2 fallen, ist entgegen der Einordnung der Tätigkeiten der Benutzergruppen fraglich.

1. Grundrechtsträgerschaft für Inhaltsüberbinger?

Der Forschungsnetzbetreiber ist im Gegensatz zu Hochschulen und ‚klassischen' Forschungseinrichtungen nicht unmittelbar an der universitären Forschung oder Lehre beteiligt, sondern dient vorrangig der Unterstützung dieser Tätigkeiten. Hierzu zählt insbesondere die Bereitstellung des Forschungsnetzes zu Zwecken der Kommunikation und der Verbreitung der Forschungsarbeiten und ihrer Ergebnisse.

Zwar sind die Mitglieder des *DFN-Vereins* vor allem Hochschulen und Forschungseinrichtungen, doch steht der Forschungsnetzbetreiber als eigene Rechtsperson da, welche organisationsübergreifend das Forschungsnetz zur Verfügung stellt. Der Grundrechtsschutz der unmittelbar geschützten Hochschulen oder Forschungseinrichtungen kann sich nicht ohne weiteres auf den *DFN-Verein* erstrecken.

Auch die Einordnung des *DFN-Vereins* als geschützte außeruniversitäre Forschungseinrichtung ist nur möglich, wenn der Forschungsnetzbetreiber eigene Forschung betreibt. Dies könnte zwar vereinzelt mit den verschiedenen Forschungsprojekten bzw. -stellen der Fall sein, z. B. mit dem *WiN-Labor* oder der *Forschungsstelle Recht im DFN*. Doch bilden diese Forschungsprojekte nicht den Schwerpunkt der Tätigkeiten des Forschungsnetzbetreibers. Vielmehr sehen die Satzungszwecke des

Vereins vorrangig die Errichtung und den Betrieb des Deutschen Forschungsnetzes vor, nicht die Vornahme eigener Forschung.[346]

Dennoch sprechen verschiedene Gründe für die Eröffnung des Schutzbereichs der Wissenschaftsfreiheit für Forschungsnetzbetreiber.

a) Sonderstellung des Forschungsnetzbetreibers

Bevor in die rechtliche Diskussion eingestiegen werden kann, ist auf die Sonderstellung eines Forschungsnetzbetreibers im Vergleich zu ‚klassischen' Telekommunikationsdienstleistern einzugehen. Denn der Forschungsnetzbetreiber weist Unterschiede zu kommerziellen Internetzugangsdienstleistern auf.

aa) Zugangsbeschränkungen

Das Angebot eines herkömmlichen Telekommunikationsdienstleisters richtet sich meist an Jedermann, ohne dass die berufliche Tätigkeit eine Rolle spielt. Das bedeutet, dass jede natürliche oder juristische Person Vertragspartner werden und seinen Internetzugang hierdurch bereitgestellt bekommen kann.

Beim Forschungsnetzbetreiber sieht die Satzung dagegen Beschränkungen vor.[347] Zugang zum *DFN* können satzungsgemäß nur solche der Forschungsgemeinschaft erhalten.[348] Unerheblich ist, ob sie öffentlich gefördert oder gewerblich in der Wirtschaft tätig sind, zentrales Erfordernis ist der Bezug zu Wissenschaft und Forschung.[349] Damit unterfallen die Mitglieder des Vereins und Teilnehmer sowie ihre Benutzergruppen am Kommunikationsnetz wie schon festgestellt unmittelbar dem Schutz der Wissenschaftsfreiheiten aus Art. 13 GRCh.

bb) Mitwirkungspflichten zur Erreichung des Vereinszwecks

Bei der Nutzung des Forschungsnetzes ergeben sich verschiedene Mitwirkungspflichten zur Erreichung des Vereinszwecks: Die Mitglieder verpflichten sich über die Zahlung eines entsprechenden Mitgliedbeitrags und Nutzungsentgelts[350] hinaus, den Forschungsnetzbetreiber mit ihrer Mitgliedschaft in der Verwirklichung des Vereinszwecks zu unterstützen.[351] Dies wird auf verschiedenen Wegen erreicht: Einerseits hat der Teilnehmer ähnlich dem ‚klassischen' Kunden allgemeine vertragliche Pflichten zu erfüllen, d. h. die Schaffung der notwendigen Installationsvoraus-

---

346 § 2 Abs. 1 DFN-Satzung.
347 § 10 DFN-Satzung.
348 § 10 DFN-Satzung.
349 § 10 DFN-Satzung.
350 § 11 Abs. 2 DFN-Satzung; § 6 DFN-RahmenV.
351 § 11 DFN-Satzung.

setzungen, die Mitteilung der erforderlichen Kontaktdaten oder die Unterstützung der Aufklärungsarbeiten bei Missbrauch des Netzwerks.[352] Andererseits ist er auch vertraglich verpflichtet, den Betrieb der Dienste des Forschungsnetzbetreibers „*im Rahmen seiner Möglichkeiten*“ zu unterstützen und „*über Vorkommnisse in seinem Betriebsbereich*“ zu informieren.[353]

Darüber hinaus ist der Teilnehmer am Forschungsnetz durch seine Mitgliedschaft im Verein angehalten, sich aktiv an der Bereitstellung und Entwicklung des Forschungsnetzes zu beteiligen.[354] Diese Verwaltungs- und Organisationstätigkeiten werden durch die Mitarbeit in den Vereinsgremien umgesetzt.[355] Zumindest in der Mitgliederversammlung kann und soll jedes Mitglied ein entsprechendes Stimmrecht wahrnehmen, um die Tätigkeiten des Vereins zu beeinflussen und damit die Entwicklung des *DFN* zu unterstützen.[356]

Die Mitwirkung im DFN-Verbund soll neben der Arbeit in den Gremien von den Mitgliedern nach der DFN-Satzung unterstützt werden.[357] Hierzu gehört die Bereitstellung entsprechender Infrastruktur und die Einhaltung technischer, betrieblicher, organisatorischer und nutzungsrechtlicher DFN-Regelungen.[358]

Diese umfangreichen Verpflichtungen binden die Mitglieder und Teilnehmer im Vergleich zu ‚klassischen' Internetkunden weitaus mehr in den strukturellen Aufbau des Forschungsnetzbetreibers und den Betrieb seines Netzes ein, als dies bei ‚klassischen' Telekommunikationsdienstleistern der Fall ist. Bei diesen müssen private und geschäftliche Kunden lediglich das vereinbarte Nutzungsentgelt zahlen, um ihren Internetanschluss nutzen zu können. Außer den üblichen vertraglichen Mitwirkungspflichten, welche die Durchführung des Internetzugangsvertrages betreffen wie z. B. Mitteilungspflichten über die Änderung der persönlichen Daten, der Geheimhaltung von Zugangsdaten, der Ermöglichung des Zugangs zu den Gebäuden oder die Ermöglichung von Instandsetzungs- und Änderungsarbeiten am Anschluss, haben private Kunden eines ‚klassischen' Telekommunikationsdienstleisters keine weitergehenden Pflichten zu erfüllen.[359] Auch bei Geschäftskunden ergeben sich keine

---

352 § 4 DFN-RahmenV.

353 § 4 Abs. 5 DFN-RahmenV.

354 § 11 Abs. 1 DFN-Satzung.

355 § 11 Abs. 1 DFN-Satzung.

356 § 11 Abs. 1 DFN-Satzung.

357 § 11 Abs. 1 DFN-Satzung.

358 § 4 DFN-RahmenV.

359 Siehe z. B. *Telekom Deutschland*, Allgemeine Geschäftsbedingungen, §§ 4 f., abrufbar unter: https://www.telekom.de/dlp/agb/pdf/49963.pdf? (zuletzt abgerufen am 10.10.2023); *Telefónica Germany*, Allgemeine Geschäftsbedingungen, § 4, abrufbar unter: https://static2.o9.de/resource/blob/59390/1757b754d20ad47fd9376133baf3e625/agb-vertragskunden-festnetz-download-data.pdf (zuletzt abgerufen am 10.10.2023); *Vodafone*, Allgemeine Geschäftsbedingungen, § 6, abrufbar unter: https://www.vodafone.de/media/downloads/pdf/900271_KA_21677_screen.pdf (zuletzt abgerufen am 10.10.2023).

weiteren besonderen Mitwirkungspflichten, die über die Erreichung des Vertragszwecks, also der Bereitstellung des Internetanschlusses, hinaus gehen.[360] Für die Einrichtung des Anschlusses ist der Telekommunikationsdienstleister zuständig. Aus diesem Grund hat sich der ‚klassische' Telekommunikationsdienstleister um die erforderlichen technische Umschaltungen, den korrekten Hausanschluss, o. ä. zu kümmern.

Diese Unterschiede zeigen, dass die Teilnehmer am *DFN* eine weitaus engere Bindung an den Forschungsnetzbetreiber aufweisen, als dies bei ‚klassischen' Internetkunden der Fall ist.

cc) Verpflichtungen des Forschungsnetzbetreibers gegenüber seinen Mitgliedern

Des Weiteren sind auch die Verpflichtungen des Forschungsnetzbetreibers zu den Interessen seiner Mitglieder ein Wesensmerkmal der Organisation eines Forschungsnetzes.

Klassische Telekommunikationsdienstleister sind ihren Kunden soweit verpflichtet, wie es die vereinbarten vertraglichen Bestimmungen zwischen den Parteien festlegen. Der ‚klassische' Telekommunikationsdienstleister kann sich daher ohne Beschränkungen in anderen Geschäftsfeldern betätigen, z. B. bei Streaming-Angeboten oder Hardware-Verkäufen.

Der Forschungsnetzbetreiber ist durch seine Vereinsstruktur und durch die gegebene Satzung auch den Interessen seiner Mitglieder und der Teilnehmer am Forschungsnetz verpflichtet.[361] Durch diesen Umstand ist er – anders als ein kommerzieller Telekommunikationsdienstleister – seinerseits in seinen potenziellen Tätigkeitsfeldern beschränkt.[362] Der als Verein organisierte Forschungsnetzbetreiber kann daher nur im Rahmen seines Satzungszwecks tätig werden.[363] Sofern er hiervon abweichen möchte, ist dies nur durch eine entsprechende Satzungsänderung unter

---

[360] Siehe z. B. *Telefónica Germany*, Allgemeine Geschäftsbedingungen (Geschäftskunden), § 4, abrufbar unter: https://www.o2business.de/content/dam/b2bchannels/de/pdfs-o2-business/agb/agb-business-festnetz.pdf (zuletzt abgerufen am 10.10.2023); *Telekom Deutschland*, Allgemeine Geschäftsbedingungen (Geschäftskunden), § 5, abrufbar unter: https://www.telekom.de/dlp/agb/pdf/49938.pdf? (zuletzt abgerufen am 10.10.2023); *Vodafone*, Allgemeine Geschäftsbedingungen (Geschäftskunden), § 7, abrufbar unter: https://www.vodafone.de/media/downloads/pdf/EECC_AGB_Telekommunikation.pdf (zuletzt abgerufen am 10.10.2023).

[361] So auch *DFN-Verein,* Rahmenprogramm, Anhang IV, S. 4.

[362] Z. B. §§ 2 Abs. 2, 16 DFN-Satzung: Die Einkünfte des Vereins können nur für satzungsgemäße Zwecke verwendet werden.

[363] § 2 DFN-Satzung.

Einbeziehung der Mitglieder möglich.[364] Auf diese Art wird die Einhaltung der Interessen der Forschungsgemeinschaft beim Forschungsnetzbetreiber sichergestellt.

dd) Zwischenergebnis

Die verschiedenen Aspekte zeigen auf, dass die Funktion des Forschungsnetzbetreibers im Verhältnis zu den angeschlossenen Einrichtungen und Nutzern über die eines ‚klassischen' Telekommunikationsdienstleisters hinausgeht. Der Forschungsnetzbetreiber sieht seine Rolle daher folgerichtig als *„Selbsthilfeorganisation von Hochschulen, außeruniversitären Forschungseinrichtungen und forschungsnahen Wirtschaftsunternehmen"*[365], welche als *„Enabler von netzgestützten F&L-Prozessen"*[366] fungiert, also die Ermöglichung von netzgestützten Arbeitsabläufen in Forschung und Lehre (F&L) organisiert und hierzu die Interessen der Mitglieder national und international vertritt und koordiniert.[367]

Während Kunden bei ‚klassischen' Telekommunikationsdienstleistern lediglich eine Auswahl von verschiedenen Tarifen haben und zwischen diesen wählen können, ohne Mitspracherechte in der technischen oder organisatorischen Umsetzung zu erlangen, haben die Mitglieder des Forschungsnetzbetreibers eben jene anteiligen Mitsprache- und Organisationsrechte sowie -pflichten bei der Gestaltung und Umsetzung des Forschungsnetzes.

Durch diese enge Verbindung zur Forschung und ihren Einrichtungen erscheint es naheliegend, dass nicht nur die Mitglieder und Teilnehmereinrichtungen des Forschungsnetzbetreibers dem Schutzbereich des Art. 13 GRCh unterfallen, sondern auch der Forschungsnetzbetreiber selbst in den Genuss des Schutzes des Art. 13 GRCh kommen muss. Auf diese Weise könnten die Mitglieder des *DFN-Vereins* möglichen Einschränkungen des Kommunikationswesens direkt als Netz-Verbund gegenübertreten. Es ist nicht ersichtlich, weshalb der Forschungsnetzbetreiber als Mittler mit ausschließlich grundrechtsberechtigten Mitgliedern und Nutzergruppen aus ebendieser Sphäre zwischen den Grundrechtsberechtigten nicht in den Schutzbereich fallen sollte.

Aufgrund seiner Mittlereigenschaft Forschungsnetzbetreiber kann allerdings nicht ohne Weiteres dem Schutzbereich der Wissenschaftsfreiheit zugerechnet werden, denn die Hauptaufgabe des Forschungsnetzbetreibers liegt im Betrieb des Forschungsnetzes und nicht in der Forschung und Lehre. Doch die enge Verknüpfung des Betreibers mit den Tätigkeiten der Forschungsgemeinschaft kann zu einer

---

[364] §§ 19 f. DFN-Satzung.

[365] *DFN-Verein,* Rahmenprogramm, Anhang IV, S. 2.

[366] *DFN-Verein,* Rahmenprogramm, Anhang IV, S. 3.

[367] *DFN-Verein,* Rahmenprogramm, Anhang IV, S. 3 f.

Schutzwürdigkeit führen. Für diese Auffassung sprechen mehrere, nachfolgend zu erörternde Argumente.

b) Grundrechtlicher Schutz von Fördereinrichtungen

Im Kontext des deutschen Art. 5 Abs. 3 GG ist anerkannt, dass Fördereinrichtungen dem Schutz der Forschungsfreiheit unterfallen, wenn diese als *„verlängerter Arm der Gemeinschaft der Wissenschaftler“*[368] agieren.[369]

Nach Ansicht der Literatur unterfällt bspw. die *Deutsche Forschungsgemeinschaft* (DFG) der Forschungsfreiheit, soweit dies für den Schutz der autonomen Entscheidung, also ohne staatlichen Einfluss, darüber, unter welchen wissenschaftsbasierten Kriterien gefördert werden soll, erforderlich ist.[370]

Das zentrale Merkmal für die Schutzfähigkeit der *DFG* ist die *„Selbststeuerung der Wissenschaft“*[371]. Denn nur, wenn die Selbststeuerung sichergestellt ist, kann sich die Forschungsgemeinschaft frei entwickeln.[372] Um diese Freiheit zu erlangen, ist die Finanzierung der wissenschaftlichen Projekte der wesentliche Dreh- und Angelpunkt.[373] Daher darf sich der staatliche Einfluss nicht auf die Vergabe der Finanzierungen von Forschungsprojekten erstrecken.[374] Voraussetzungen, unter welchen ein Forschungsvorhaben finanziert werden soll, müssen allein im Interesse der Forschungsgemeinschaft festgelegt werden können.[375]

Die *DFG* erfüllt nach ihrer Satzung (DFG-Satzung)[376] ebendiese Aufgabe. Sie stellt die Vergabekriterien auf und sichert auf diese Weise die unabhängige Entwicklung und Steuerung der Wissenschaft.[377] Damit die *DFG* diese Aufgabe entsprechend erfüllen kann, muss die Gemeinschaft in ihren Entscheidungen die Sicherheit haben, vor staatlichen Eingriffen geschützt zu sein.[378] Aus diesem Grund ist nach Ansicht der Literatur die *DFG* bei ihren Tätigkeiten im Kontext der Bildung von Finanzierungskriterien von der Forschungsfreiheit mit umfasst.[379]

---

368 *Fehling*, in: Bonner Kommentar, GG Art. 5 Abs. 3 Rn. 141.

369 *Trute*, S. 690 ff.

370 *Meusel*, in: HdbdWR Bd. II, 1281 ff.; *Trute*, S. 690 ff.; *Schmidt-Aßmann*, in: FS Thieme, 679, 711.

371 *Meusel*, in: HdbdWR Bd. II, 1281, 1289 f.; *Trute*, S. 691.

372 *Trute*, S. 691.

373 *Trute*, S. 691.

374 *Trute*, S. 691.

375 *Trute*, S. 691.

376 *DFG*, Satzung der Deutschen Forschungsgemeinschaft, abrufbar unter: https://www.dfg.de/download/pdf/dfg_im_profil/satzung/dfg_satzung_de.pdf (zuletzt abgerufen am 10.10.2023).

377 § 1 DFG-Satzung.

378 *Trute*, S. 691.

379 *Trute*, S. 691.

Dieser Gedanke kann inhaltlich auch auf die europäische Wissenschaftsfreiheit übertragen werden. Auch wenn die Grundrechtsgehälter von Art. 13 GRCh und Art. 5 Abs. 3 GG nicht vollumfänglich deckungsgleich sind, so ist die Interessenlage im europäischen Recht im Kern die gleiche. Im Zentrum der Wissenschaftsfreiheiten steht stets die Unabhängigkeit der Wissenschaft und Lehre von staatlichen Einflüssen.[380]

Aus diesem Grund stellt auch im europäischen Kontext die Frage der Ausgestaltung von Vergabeverfahren einen zentralen Diskussionspunkt für den Schutz der Wissenschaftsfreiheit dar.[381] Das Spannungsverhältnis zwischen der Forschungsförderung und der Wissenschaftsfreiheit entsteht unter anderem durch die Kompetenzen der EU: Die Bedingungen der Forschungsförderung können von der EU inhaltlich ausgestaltet werden.[382] Soweit die Vorgaben für eine Wissenschaftsförderung die Forschungstätigkeiten der Grundrechtsberechtigten übermäßig einschränken, sind hier die Wissenschaftsfreiheiten heranzuziehen und in Ausgleich zu bringen.[383]

Aus diesen Gründen können die Erwägungen zum deutschen Grundrecht der Wissenschaftsfreiheit ebenfalls für den Geltungsbereich der europäischen Wissenschaftsfreiheiten herangezogen werden.

Zwar ist ein Forschungsnetzbetreiber keine finanzielle Fördereinrichtung wie die *DFG*. Doch ist die Lage vergleichbar: Neben der ähnlichen Aufgabe als Verein, der Beschränkung der Mitglieder auf Institutionen der Wissenschaft[384] und der Idee einer „*Selbsthilfeorganisation der Hochschulen*“[385] liegt die Hauptaufgabe der *DFG* nicht in der Forschung, sondern in der Forschungsförderung.[386] Die Forschungsförderung unterfällt dabei nicht unmittelbar dem Schutzbereich der Forschungsfreiheit.[387] Vielmehr ist an den Schutz der Autonomie anzuknüpfen, denn die Finanzierung stellt der Wissenschaft ihre freie Durchführbarkeit sicher.[388]

Ebenso verhält es sich mit dem Betrieb eines Forschungsnetzes: Zum Kern der Forschung und Lehre gehört der Austausch und die Kommunikation zwischen den

---

380 *Jarass*, in: Jarass, EU-GRCh Art. 13 Rn. 11; *Thiele*, in: Frankfurter Kommentar, GRC Art. 13 Rn. 15.

381 *Bernsdorff*, in: Meyer/Hölscheidt GRCh, GRCh Art. 13 Rn. 14; *Kempen*, in: Stern/Sachs, GRCh Art. 13 Rn. 22; *Ruffert*, in: Calliess/Ruffert, EU-GRCharta Art. 13 Rn. 12; *Lindner*, S. 90 ff.; *Pünder*, in: Ehlers EuGR, 668, 676.

382 *Bernsdorff*, in: Meyer/Hölscheidt GRCh, GRCh Art. 13 Rn. 14; *Pünder*, in: Ehlers EuGR, 668, 676.

383 *Ruffert*, in: Calliess/Ruffert, EU-GRCharta Art. 13 Rn. 12; *Pünder*, in: Ehlers EuGR, 668, 676.

384 § 3 DFG-Satzung.

385 *DFN-Verein,* Rahmenprogramm, Anhang IV, S. 2.

386 § 1 DFG-Satzung.

387 *Trute*, S. 691.

388 *Kempen*, in: Stern/Sachs, GRCh Art. 13 Rn. 17; *Trute*, S. 691.

Forschern.[389] Moderne Forschungsvorhaben basieren auf hochkomplexen Maschinen, welche sich meist nicht mehr ausschließlich an einem physischen Ort befinden.[390] Aber auch der direkte und schnelle Austausch der Wissenschaftler ist für die Forschungsgemeinschaft ein zentraler Baustein im Hinblick auf die freie Entfaltung der Projekte.[391]

Die Möglichkeiten und die Bedingungen, unter welchen die Kommunikation zwischen verschiedenen Forschungsstätten stattfinden kann, entscheidet damit genauso wie die Finanzierung über die Ermöglichung der modernen freien Wissenschaft oder ihre Unterbindung. Der Betrieb des Forschungsnetzes dient somit „*unmittelbar der autonomen Ausführung individualer Wissenschaftsfreiheiten*"[392]. Selbst bei Forschungsvorhaben, welche keine organisationsübergreifende Kommunikation benötigen, spielt der Zugang zum digitalisierten Wissen eine elementare Rolle.

Einschränkungen des Betriebs eines Forschungsnetzes beschneiden daher ebenso die autonomen Tätigkeiten der Forschungseinrichtungen. Der Schutz der europäischen Wissenschaftsfreiheiten des Art. 13 GRCh ist daher schon aus diesem Grund auf die Tätigkeiten des Forschungsnetzbetreibers zu erstrecken, welche einen Forschungs- bzw. einen Lehrbezug aufweisen.

c) Rechtsprechung und Literatur zu Intermediären im Kontext der Meinungs- und Pressefreiheit

Nicht nur die Vergleichbarkeit des Forschungsnetzbetreibers zu Fördereinrichtungen legt die Eröffnung des Schutzbereichs aus Art. 13 GRCh nahe. Auch die Rechtsprechung des *BVerfG* zu Intermediären in der Presse und die Ausführungen in der Literatur zu Intermediären im Internet stützen diese Annahme. Aufgrund des Einflusses des deutschen Verständnisses auf Art. 13 GRCh kann auch an dieser Stelle die Rechtsprechung des *BVerfG* als Orientierung dienen.[393]

aa) Presse-Grosso-Entscheidung des BVerfG

Das *BVerfG* erkennt im Rahmen der Meinungsfreiheit an, dass der Schutzbereich der Pressefreiheit für alle Tätigkeiten von der Beschaffung der Information bis zur Verbreitung der Nachricht eröffnet ist.[394] Der Schutzbereich der Pressefreiheit beschränke sich nicht nur auf unmittelbar inhaltsbezogene Pressetätigkeiten, sondern

---

389 *Wissenschaftlicher Dienst des Bundestages*, Die Wissenschaftsfreiheit im Grundgesetz und in der Charta der Grundrechte der Europäischen Union, 29.4.2010, WD 3 – 3000 – 149/10, S. 7.

390 *DFN-Verein,* Rahmenprogramm, Anhang IV, S. 6 f.

391 *DFN-Verein,* Rahmenprogramm, Anhang IV, S. 8.

392 *Meusel*, in: HdbdWR Bd. II, 1281, 1289 f.

393 *Coelln*, in: Stern/Sodan/Möstl, § 124 Rn. 147; *Ruffert*, in: Calliess/Ruffert, EU-GRCharta Art. 13 Rn. 1; *Roßnagel*, ZD 2019, 157, 158.

394 BVerfG, Beschl. v. 6.10.1959, 1 BvL 118/53, BVerfGE 10, 118, 121.

erfasse auch inhaltsferne Hilfsfunktionen von Presseunternehmen zum Zwecke der ungehinderten Meinungsverbreitung.[395] Zwar könne sich der Schutzbereich nur auf Tätigkeiten erstrecken, welche einen „*ausreichenden Inhaltsbezug*“ aufweisen.[396] Dieser sei bei presseinternen Hilfstätigkeiten aber regelmäßig gegeben.[397] Externe Hilfstätigkeiten unterfielen zunächst nur dem Schutz des Art. 12 Abs. 1 GG, doch könne sich der Grundrechtsschutz des Art. 5 Abs. 1 S. 2 GG auf eine Tätigkeit erstrecken, „*wenn eine selbständig ausgeübte, nicht die Herstellung von Presseerzeugnissen betreffende Hilfstätigkeit typischerweise pressebezogen ist, in enger organisatorischer Bindung an die Presse erfolgt, für das Funktionieren einer freien Presse notwendig ist und wenn sich die staatliche Regulierung dieser Tätigkeit zugleich einschränkend auf die Meinungsverbreitung auswirkt*“.[398] Bei der wirtschaftlichen Verwaltung eines Presseunternehmens[399] oder einem Presse-Grossisten[400], einem Zwischenhändler für Presse-Erzeugnisse, sei dies der Fall.

In der Literatur wird die Zuordnung des Presse-Grossisten unter den Schutzbereich der Pressefreiheit weitgehend geteilt.[401] Teilweise wird die Auffassung des *BVerfG* sogar als zu eng angesehen.[402] Denn ob der Vertrieb der Presse von dem Verlag selbst oder von einem extern organisierten Grossisten ohne enge organisatorische Anbindung vorgenommen wird, darf keinen Unterschied machen.[403] Sollte die organisatorische Anbindung erforderlich sein, würde auf diese Weise kleinen, finanzschwächeren Verlagen, welche auf die Vertriebswege eines Grossisten angewiesen sind, für einen Teil der Tätigkeit der Schutzbereich entzogen werden, während große Verlage mit eigenem Vertrieb weiterhin dem Schutz des Art. 5 Abs. 1 S. 2 GG unterfallen.[404]

---

[395] BVerfG, Beschl. v. 13.1.1988, 1 BvR 1548/82, Presse-Grossist, BVerfGE 77, 346, 354; BVerfG, Beschl. v. 11.3.1969, 1 BvR 665/62, 152/69, Buchhaltung, BVerfGE 25, 296, 304.

[396] BVerfG, Beschl. v. 13.1.1988, 1 BvR 1548/82, Presse-Grossist, BVerfGE 77, 346, 354.

[397] BVerfG, Beschl. v. 13.1.1988, 1 BvR 1548/82, Presse-Grossist, BVerfGE 77, 346, 354.

[398] BVerfG, Beschl. v. 13.1.1988, 1 BvR 1548/82, Presse-Grossist, BVerfGE 77, 346, 354.

[399] BVerfG, Beschl. v. 11.3.1969, 1 BvR 665/62, 152/69, Buchhaltung, BVerfGE 25, 296, 304.

[400] BVerfG, Beschl. v. 13.1.1988, 1 BvR 1548/82, Presse-Grossist, BVerfGE 77, 346, 354.

[401] *Bullinger*, in: HStR VI, § 163 Rn. 16 ff.; *Degenhardt*, in: Bonner Kommentar, GG Art. 5 Abs. 1 und 2 Rn. 240 ff.; *Grabenwarter*, in: Dürig/Herzog/Scholz, GG Art. 5 Abs. 1, Abs. 2 Rn. 221; *Kaiser*, in: Dreier GG, GG Art. 5 I, II Rn. 90; *Schemmer*, in: BeckOK GG, GG Art. 5 Rn. 40.1; *Starck/Paulus*, in: Mangoldt/Klein/Starck, GG Art. 5 Rn. 135; *Schmidt*, in: ErfK, GG Art. 5 Rn. 59; *Wendt*, in: Münch/Kunig, GG Art. 5 Rn. 63; *Kloepfer*, S. 48 f.; *Kloepfer/Kutzschbach*, AfP 1999, 1, 3; *Schulz*, CR 2008, 470 f.

[402] *Bullinger*, in: HStR VI, § 163 S. 16; *Starck/Paulus*, in: Mangoldt/Klein/Starck, GG Art. 5 Rn. 135; *Wendt*, in: Münch/Kunig, GG Art. 5 Rn. 63; *Kloepfer*, S. 48 f.; *Kloepfer/Kutzschbach*, AfP 1999, 1, 3.

[403] *Kloepfer/Kutzschbach*, AfP 1999, 1, 3.

[404] *Kloepfer/Kutzschbach*, AfP 1999, 1, 3.

bb) Grundrechtlicher Schutz von Intermediären im Internet

Doch nicht nur im Rahmen der Pressefreiheit stellt sich die Frage nach den Grenzen des Schutzbereiches. Die Literatur thematisiert auch die Frage bei Dienstleistungen im Internet und ob die jeweiligen Anbieter den Medienfreiheiten bzw. der Meinungsfreiheit unterfallen oder lediglich der Schutzbereich anderer Grundrechte wie Art. 12 Abs. 1 GG eröffnet ist.

Für die Erörterung werden die Erfordernisse der Rechtsprechung zur Pressefreiheit herangezogen und auf die Meinungs-[405] sowie Rundfunkfreiheit[406] oder generell die Medienfreiheit[407] übertragen und schließlich im Bereich der Internetdienstleistungen kontrovers diskutiert.

Intermediäre werden in diesem Diskurs in Internetzugangsdienstleister (Access Providern) und Internetdienstleister (Service Providern) unterschieden.[408] Grund hierfür sind die Möglichkeiten der Einflussnahme auf die Inhalte.[409] Während Internetdienstleister wie soziale Netzwerke oder Internetsuchmaschinen Einfluss darauf nehmen können, welche Inhalte auf welche Weise verbreitet werden, ist dies bei reinen Access-Providern nicht der Fall.[410]

Mit dieser Unterscheidung gelangt die Debatte um die Einbeziehung der Intermediäre in den jeweiligen Schutzbereich dazu, dass für Service Provider die Eröffnung des Schutzbereichs praktisch einhellig als gegeben angesehen wird,[411] während dies bei Access Providern weitaus kontroverser diskutiert wird.[412]

Das umstrittene Merkmal ist vor allem der „*ausreichende Inhaltsbezug*“, den das *BVerfG* bei der Pressefreiheit fordert.[413] Der Inhaltsbezug wird von der Literatur auf

---

405 *Grote*, KritV 1999, 27, 41 f.; *Schulz*, CR 2008, 470 f.

406 *Jarass*, AfP 1998, 133, 139; *Schulz*, CR 2008, 470, 471 ff.

407 *Hoffmann-Riem*, in: Ladeur, 53, 65; *Gersdorf*, MMR 2017, 439, 444.

408 Z. B. bei *Grote/Wenzel*, in: EMRK/GG Konkordanzkommentar, Kap. 18 Rn. 43; ausführlich hierzu *Schnyder*, S. 27 ff.; *Grote*, KritV 1999, 27, 41 f.; *Hoeren*, in: Tamm/Tonner/Brönneke u. a., § 15c Rn. 3 ff.

409 Hierzu z. B. *Grabenwarter*, in: Dürig/Herzog/Scholz, GG Art. 5 Abs. 1, Abs. 2 Rn. 683.

410 *Grabenwarter*, in: Dürig/Herzog/Scholz, GG Art. 5 Abs. 1, Abs. 2 Rn. 683; *Grote/Wenzel*, in: EMRK/GG Konkordanzkommentar, Kap. 18 Rn. 43; *Kaiser*, in: Dreier GG, GG Art. 5 I, II Rn. 105; *Grote*, KritV 1999, 27, 42; *Hain*, K&R 2012, 98, 101; *Holznagel*, AfP 2011, 532, 535.

411 *Grabenwarter*, in: Dürig/Herzog/Scholz, GG Art. 5 Abs. 1, Abs. 2 Rn. 683; *Grote/Wenzel*, in: EMRK/GG Konkordanzkommentar, Kap. 18 Rn. 43; *Kaiser*, in: Dreier GG, GG Art. 5 I, II Rn. 97; *Grote*, KritV 1999, 27, 42; *Michel*, ZUM 2018, 839, 842 f.; *Reimer*, Freiheit der Meinungsäußerung, Oktober 2019, S. 19.

412 Zusammenfassend: *Schulz*, CR 2008, 470, 471.

413 BVerfG, Beschl. v. 13.1.1988, 1 BvR 1548/82, Presse-Grossist, BVerfGE 77, 346, 354.

die Medientätigkeiten im Internet übertragen und ebenfalls als Voraussetzung für den Grundrechtsschutz des Intermediären verlangt.[414]

So schaffen Service Provider mit ihrem Angebot die technischen Voraussetzungen, dass Nutzer ihre geschützten Inhalte im Internet kommunizieren können.[415] Als „*Träger einer Informationsquelle*" speichern sie die geschützten Inhalte und vermitteln die von den Nutzern produzierte Kommunikation.[416] Sie gehen dabei über eine reine Übertragungstätigkeit hinaus und bleiben nicht inhaltsneutral, sondern redigieren (ggf. durch Algorithmen) den dargestellten Inhalt der Nutzer und beeinflussen den Kommunikationsprozess.[417] Aus diesem Grund soll Service Providern der jeweilige Schutzbereich der Meinungsfreiheit oder des Medienrechts eröffnet sein.[418]

Für Access Provider, deren einzige Dienstleistung es ist, den Nutzern Zugang ins Internet zur Verfügung zu stellen,[419] ist der Inhaltsbezug zum geschützten Nutzer fraglich. Die Auffassungen der Literatur gehen hierzu auseinander.

Einerseits hat der Access Provider nach der wohl überwiegenden Ansicht der Literatur keinen Einfluss auf die Inhalte, die übertragen werden. Der nach der Presse-Grosso-Entscheidung erforderliche ‚*ausreichende Inhaltsbezug*' zum Endnutzer vermag daher bei der reinen Übertragung der Kommunikationen nicht zu erkennen sein.[420] Andererseits ist ohne die Tätigkeit von Access Providern die grundrechtlich geschützte Verbreitung der Inhalte gar nicht erst möglich.[421] Die Einbeziehung der Access Provider in den Schutzbereich ist demnach für diese weite Auffassung konsequent.[422]

d) Schutzbereichseröffnung für Forschungsnetzbetreiber

Die Argumente zur Eröffnung des Schutzbereichs der Presse- und Meinungsfreiheiten lassen sich auf die europäische Wissenschaftsfreiheit übertragen. So erwächst die Wissenschaftsfreiheit aus dem Grundrecht der Kommunikationsfreiheiten und ist

---

414 *Jarass*, in: Jarass/Pieroth, GG Art. 5 Rn. 111; *Gersdorf*, MMR 2017, 439, 443; *Jarass*, AfP 1998, 133, 139; *Schulz*, CR 2008, 470, 471.

415 *Gersdorf*, BayVBl. 2015, 625, 630; *Grote*, KritV 1999, 27, 42.

416 *Grote*, KritV 1999, 27, 42.

417 *Gersdorf*, MMR 2017, 439, 444; *Gersdorf*, BayVBl. 2015, 625, 629 f.

418 *Grote/Wenzel*, in: EMRK/GG Konkordanzkommentar, Kap. 18 Rn. 43; *Gersdorf*, MMR 2017, 439, 444; *Grote*, KritV 1999, 27, 42; *Jarass*, AfP 1998, 133, 139.

419 *Schnyder*, S. 41 ff.

420 *Jarass*, in: Jarass/Pieroth, GG Art. 5 Rn. 111; *Gersdorf*, MMR 2017, 439, 443; *Grote*, KritV 1999, 27, 42; *Holznagel*, ZUM 2000, 1007, 1016; *Jarass*, AfP 1998, 133, 139; *Schulz*, CR 2008, 470, 471.

421 *Hoffmann-Riem*, in: Ladeur, 53, 65.

422 Noch bis zur 5. Aufl.: *Starck*, in: Mangoldt/Klein/Starck 5. Aufl., GG Art. 5 Abs. 1, 2 Rn. 107; *Hoffmann-Riem*, in: Ladeur, 53, 65

lex specialis.[423] Darüber hinaus prägt die Kommunikation die wissenschaftliche Betätigung.[424]Auch in der Charta der Grundrechte leitet sich die Wissenschaftsfreiheit aus der Gedankenfreiheit und der Freiheit der Meinungsäußerung ab.[425] Diese gemeinsame Basis erlaubt die Heranziehung der Rechtsprechung des *BVerfG* und der Literatur zur Meinungs- und Pressefreiheit auf die Wissenschaftsfreiheit.

Unter Berücksichtigung der Unterschiede in der technischen Umsetzung ist die Lage eines Presse-Grossisten mit der eines Forschungsnetzbetreibers vergleichbar: Während der Grossist zwischen dem Verlag und dem Einzelhändler als Vermittler fungiert, um die Presseerzeugnisse zu vertreiben, geschieht dies, wenn auch digital, ebenso im Forschungsnetz. Der Betreiber des Forschungsnetzes nimmt die (digitalen) Informationen der Forschungseinrichtungen entgegen und vermittelt diese (über die Leitungen des Forschungsnetzes) an die gewünschten Teilnehmereinrichtungen und Plattformen zur Weiterverarbeitung in Projekten oder zur Veröffentlichung der Forschungsergebnisse. Auch im Falle von Online-Vorlesungen dient die Übertragung einer Betätigung, die der akademischen Freiheit unterliegt.

Das bedeutet: der Forschungsnetzbetreiber kann mangels eigener Forschung oder Lehre zwar nicht unmittelbar unter den Schutzbereich des Art. 13 GRCh fallen, doch stellt er mit seinem Internetdienst den grundrechtsberechtigten Hochschulen und Forschungseinrichtungen eine externe Hilfstätigkeit zur Verfügung. Diese wird durch den Forschungsnetzbetreiber selbstständig ausgeübt und ist unmittelbar forschungsbezogen. Sichergestellt ist dies durch den ausschließlichen Forschungsbezug der Mitglieder im Verein, deren Mitbestimmungsrechte und den Inhalt der Vereinssatzung und der anderen Vertragswerke. Der Betrieb des Forschungsnetzes dient ausschließlich den Teilnehmern zu Forschungs- und Lehrzwecken und nicht allein, wie dies bei ‚klassischen' Access Providern der Fall ist, dem allgemeinen Zugang zum Internet.

Unabhängig von der Ansicht, ob die organisatorische Bindung an die Forschungseinrichtungen erforderlich ist, liegt diese bei einem Forschungsnetzbetreiber vor. Denn durch die Einflussnahme und Beschränkung der Nutzung des Netzwerks zu Forschungs- und Lehrzwecken liegt eine enge organisatorische Bindung an die Grundrechtsberechtigten vor. Jedes Mitglied verfügt – im Gegensatz zu ‚klassischen' Internetzugangsdienstleistern – über Einflussmöglichkeiten auf Entscheidungsprozesse bezüglich des Betriebs des Forschungsnetzes. Die Struktur des Vereins erlaubt jedem Mitglied bspw. im Rahmen der Mitgliederversammlung zugunsten der Forschungsgemeinde entsprechende Maßnahmen im Forschungsnetz umzusetzen. Damit erschöpft sich die Tätigkeit des Forschungsnetzbetreibers nicht allein im Anschließen

423 BVerfG, Beschl. v. 24.2.1971, 1 BvR 435/68, BVerfGE 30, 173, 191; *Jarass*, in: Jarass/Pieroth, GG Art. 5 Rn. 135.

424 *Ruffert*, in: Sommermann/Huster/Schulte u. a., 148, 184.

425 Erläuterungen zur Charta der Grundrechte, ABl. C 303/17, S. 22; *Thiele*, in: Frankfurter Kommentar, GRC Art. 13 Rn. 2.

der Einrichtungen an das Internet, sondern ist durch die Tätigkeit darüber hinaus mit den jeweiligen Forschungsprojekten unmittelbar verknüpft.

Dieses Verhältnis des Forschungsnetzbetreibers zu seinen Mitgliedern führt daher dazu, dass die Argumentation, dass Access Provider mit ihrer Tätigkeit keinen Inhaltsbezug aufweisen[426], nicht in Bezug auf einen Forschungsnetzbetreiber herangezogen werden kann. Während die Auffassung bei einem ‚klassischen' Access Provider diskutabel erscheint, ist die Situation bei dem Forschungsnetzbetreiber eine andere. Durch die direkte Einbindung der Teilnehmer, also der Hochschulen und Forschungseinrichtungen, handelt der Forschungsnetzbetreiber stets im konkreten Kontext der Tätigkeiten ihrer Benutzergruppen.

So mag zwar die Tätigkeit des Forschungsnetzbetreibers aus technischer Sicht dieselbe sein, die ein ‚klassischer' Telekommunikationsdienstleister vornimmt, nämlich die Bereitstellung eines Zugangs zum Netz und dem Internet. Doch während die Kunden eines ‚klassischen' Access Providers keinen Einfluss auf die Ausgestaltung des konkreten Angebots haben, können die Mitglieder des Forschungsnetzbetreibers die Tätigkeiten unmittelbar beeinflussen. Der Inhaltsbezug ergibt sich somit aus der direkten Verknüpfung des als Verein organisierten Forschungsnetzbetreibers zu seinen in der Forschung und Lehre tätigen Mitgliedern und ihren Benutzergruppen.

Neben diesen Faktoren ist die Tätigkeit des Forschungsnetzbetreibers ebenfalls für das Funktionieren der Forschung und Lehre an den Hochschulen und Forschungseinrichtungen zwingend erforderlich. Ohne die Vernetzung und den Anschluss der Einrichtungen an das Internet ist eine moderne Forschung nicht mehr vorstellbar. Die zunehmende Digitalisierung der Quellen, der beschleunigte Austausch der Informationen und die fortschreitende Technologie in den Forschungsgebieten machen eine umfassende Vernetzung notwendig. Zwar könnte die Anbindung der Hochschulen und Forschungseinrichtungen auch unter Zuhilfenahme eines privaten, ‚klassischen' Telekommunikationsdienstleister geschehen. Doch die speziellen Anforderungen der Forschungsgemeinschaft wären von einem privaten Anbieter schon aus finanziellen Gründen nicht umsetzbar. Denn anders als private Betreiber sorgt die Gemeinnützigkeit[427] des als Verein organisierten Forschungsnetzbetreibers für eine kostengünstige Bereitstellung des Internetdienstes.[428] Dass die Hochschulen und Forschungseinrichtungen als Verein ein eigenes Netz betreiben, dient neben der reinen Bereitstellung des Internets und des Datenaustausches nicht nur den technischen, sondern auch organisatorischen Anforderungen der Forschungsgemeinschaft. Auf diese Art kann jede Forschungseinrichtung ihren Anschluss an das Forschungs-

[426] *Grote*, KritV 1999, 27, 42.

[427] § 2 Abs. 2 DFN-Satzung.

[428] Siehe Prinzipien der Entgeltordnung: *DFN-Verein*, Entgeltordnung für die Dienste, S. 2, abrufbar unter: https://www.dfn.de/wp-content/uploads/2022/01/Entgeltordnung-DFNInternet-und-Dienst-Paket-2_0721.pdf (zuletzt abgerufen am 10.10.2023); so auch immer von den Mitgliedern des Vereins gefordert: *Held,* Band II, S. 24.

netz selbstständig anpassen und konfigurieren, wodurch der Bedarf individuell gedeckt werden kann. Durch diese Form der Umsetzung bleibt die finanzielle Belastung der Mitglieder möglichst gering, ohne aber technische Einschränkungen hinnehmen zu müssen.

Schlussendlich wirken sich Einschränkungen des Staates auf die Tätigkeit des Forschungsnetzbetreibers auch unmittelbar beschränkend auf die von den Wissenschaftsfreiheiten geschützten Tätigkeiten der Benutzergruppen der Teilnehmer aus. Denn mit einschränkenden Vorgaben bezüglich der Arbeitsweise des Forschungsnetzbetreibers sind zumeist auch Forschungs- und Lehrtätigkeiten der Teilnehmer des Forschungsnetzes betroffen. Insbesondere Vorgaben zum Datenschutz und Fernmeldegeheimnis, aber auch Melde- oder Offenlegungspflichten sind hierbei umfasst. Gesetzliche Regelungen bezüglich der Tätigkeit des Forschungsnetzbetreibers wirken sich somit beschränkend auf die Tätigkeit der Forschungsgemeinschaft insgesamt aus.

Zusammen mit der Feststellung, dass die Tätigkeiten des Forschungsnetzbetreibers die Autonomie der Wissenschaft ähnlich den Tätigkeiten der *DFG* sicherstellen[429] ist es aus diesen Gründen geboten, den Schutzbereich des Art. 13 GRCh nicht nur auf die wissenschaftlich tätigen Einrichtungen zu beschränken, sondern auch auf die Tätigkeiten des Forschungsnetzbetreibers zu erstrecken.

e) Beschränkte Eröffnung des Schutzbereichs

Der Schutzbereich von Art. 13 GRCh kann sich nicht vorbehaltlos auf sämtliche Tätigkeiten des Forschungsnetzbetreibers erstrecken. Dadurch, dass die Übertragungen des Forschungsnetzbetreibers die Durchführbarkeit der geschützten Haupttätigkeiten der Benutzergruppen sicherstellen sollen, kann sich der Schutz des Forschungsnetzbetreibers nur auf die Übertragung im Rahmen jener Tätigkeiten erstrecken, die selbst dem Schutz des Art. 13 GRCh unterliegen.

Art. 13 GRCh umfasst (neben der Kunstfreiheit) lediglich den Schutz der Forschung und akademischen Freiheit. Maßstab ist demnach die Gewährleistung dieser Rechte. Insoweit kann der Schutzbereich nur für Tätigkeiten eröffnet sein, welche für die Wahrnehmung der Forschung und akademischen Freiheit erforderlich sind, nämlich forschungs- bzw. lehrbezogene Tätigkeiten.[430] Nichts anderes kann für die Tätigkeiten des Forschungsnetzbetreibers gelten.

Diese Einschränkung wird auch bei Fördereinrichtungen wie der *DFG* angenommen.[431] Die Fördereinrichtung kann sich nur auf den Schutz der Wissenschafts-

---

[429] Siehe Teil 3 C. II. b).

[430] *Jarass*, in: Jarass, EU-GRCh Art. 13 Rn. 8 f.; *Ruffert*, in: Calliess/Ruffert, EU-GRCharta Art. 13 Rn. 8 f.

[431] *Trute*, S. 691.

freiheiten berufen, soweit ein unmittelbarer Bezug zu geschützten Forschungstätigkeiten vorliegt.[432] Auch bei Intermediären wie sozialen Netzen wird eine solche Beschränkung angenommen. So bestimmt sich der grundrechtliche Schutz des Intermediären nach dem Schutz der Informationen, die vermittelt werden.[433]

Auf den Schutz des Forschungsnetzbetreibers sind diese Gedanken genauso übertragbar. Soweit die Teilnehmer am Forschungsnetz Tätigkeiten vornehmen, welche dem Schutz des Art. 13 GRCh unterfallen und zu diesem Zweck den Internetdienst des Forschungsnetzbetreibers in Anspruch nehmen, eröffnet sich für die hierfür erforderlichen Tätigkeiten des Forschungsnetzbetreibers ebenfalls der Schutzbereich des Art. 13 GRCh.

Hierunter fallen bspw. Übertragungen von Bilddateien einer Kamera zu einem Computer innerhalb eines Forschungsprojekts durch beschäftigte Forscher einer teilnehmenden Einrichtung über das Forschungsnetz. In einem solchen Fall ist die Übertragungstätigkeit des Forschungsnetzbetreibers unter den Schutzbereich des Art. 13 GRCh zu subsumieren. Auch die Nutzung des Forschungsnetzes durch einen Promovenden für seine Recherchen oder einen Professor zum Halten seiner digitalen Vorlesung fallen unter den Schutz der Forschungs- bzw. akademischen Freiheit. Die hierfür erforderlichen Tätigkeiten des Forschungsnetzbetreibers fallen daher ebenfalls unter den Schutzbereich des Art. 13 GRCh.

Dagegen können Tätigkeiten der Nutzergruppen der Teilnehmer, welche nicht dem Schutzbereich der Wissenschaftsfreiheiten unterfallen, auch nicht den Schutz für hierfür erforderliche Tätigkeiten des Forschungsnetzbetreibers begründen. Streamt ein Student bspw. über das Forschungsnetz zu Unterhaltungszwecken ein Fußballspiel, so ist diese Tätigkeit nicht von Art. 13 GRCh umfasst. Die hierfür erforderliche Tätigkeit des Forschungsnetzbetreibers kann daher auch nicht unter den Schutz der Wissenschaftsfreiheit fallen. Es ist daher stets auf den Einzelfall abzustellen, ob die Tätigkeit des Nutzers vom Schutzbereich erfasst ist oder nicht.

Soweit dies nicht der Fall ist, kann dennoch der Schutzbereich anderer Freiheiten wie z. B. der Berufsfreiheit nach Art. 15 GRCh oder der unternehmerischen Freiheit nach Art. 16 GRCh einschlägig sein.

2. Nebentätigkeiten des Forschungsnetzbetreibers

Neben der Übertragungstätigkeit betätigt sich der Forschungsnetzbetreiber zugunsten seines Internetdienstes in weiteren Projekten. Mit diesen Forschungsprojekten, wie sie der *DFN-Verein* z. B. mit dem *WiN-Labor* oder der *Forschungsstelle Recht im DFN* vorweisen kann, verfolgt der Forschungsnetzbetreiber das Ziel, neue

432 *Trute*, S. 691.
433 *Gersdorf*, MMR 2017, 439, 443.

Erkenntnisse für den Betrieb des Forschungsnetzes und damit einhergehenden Bereichen zu erlangen. So ist die Aufgabe des *WiN-Labors*, das Übertragungsnetz weiterzuentwickeln, um Übertragung auf Basis des aktuellen Standes der Technik anbieten zu können. Für diesen Zweck arbeitet das Labor in seinen Projekten methodengeleitet und in nachvollziehbarer Weise i. S. d. Forschungsfreiheit, um auf diese Art neue Erkenntnisse z. B. in der Grundlagenforschung des Netzaufbaus zu erlangen und später gezielt im Netzaufbau des Forschungsnetzes einzusetzen.

Auch die *Forschungsstelle Recht im DFN* liefert mit ihren Tätigkeiten neue rechtliche Erkenntnisse zu aktuellen Sachverhalten, welche unmittelbar das Forschungsnetz und seine Teilnehmer betreffen. Die juristischen Fragestellungen werden durch die Forschungsstelle in umfassenden wissenschaftlichen Gutachten aufbereitet und die Ergebnisse mit den Mitgliedern des *DFN-Vereins* geteilt. Die regelmäßig erscheinenden Infobriefe erfüllen zumeist in ihrer Form den Forschungsbegriff. Durch die juristische Analyse der jeweiligen Thematik und anschließenden Übernahme der Erkenntnisse auf Sachverhalte der Hochschulen und Forschungseinrichtungen liefern auch diese Beiträge nicht nur Erkenntnisse i. S. d. Art. 13 S. 1 GRCh, sondern erfüllen mit ihrer Wissensübermittlung an die Teilnehmer auch den akademischen Lehrbegriff des Satzes 2.

In diesen Fällen ist der Forschungsnetzbetreiber nicht mehr als Intermediär der Wissenschaft tätig, sondern leitet selbst geschützte Tätigkeiten der in den Projekten angestellten Personen an. Diese Tätigkeiten unterfallen unmittelbar dem Schutzbereich des Art. 13 GRCh.

III. Zwischenergebnis

Das Erfordernis der Eröffnung des Schutzbereichs aus Art. 13 GRCh ergibt sich wie festgestellt aus verschiedenen Gründen.

Schon der Vergleich der Tätigkeiten des Forschungsnetzbetreibers mit der grundrechtlichen Stellung der *DFG* zeigt, dass der Forschungsnetzbetreiber auch dem Schutz der Wissenschaftsfreiheiten unterfallen muss. Nicht nur, dass der strukturelle Aufbau der *DFG* und des Forschungsnetzbetreibers als Verein nahezu identisch sind und die Mitglieder bei beiden Organisationen Institutionen aus der Wissenschaft und Forschung sind, sondern auch die Mittlerrolle der Vereine ist vergleichbar. Die Tätigkeit der *DFG* beschränkt sich auf die Forschungsförderung – eine eigene Forschungstätigkeit, welche unmittelbar vom Schutzbereich der Forschungsfreiheit erfasst wird, wird von der *DFG* nicht vorgenommen. Stattdessen ist an den Schutz der Autonomie der Forschungsgemeinschaft anzuknüpfen.[434] Denn durch die Finan-

[434] So auch hinsichtlich des Schutzes von Hochschulen siehe *Kalberg*, S. 38.

zierung der *DFG* wird die Durchführung der Forschungstätigkeiten der Forschungsgemeinschaft sichergestellt.[435]

Die Tätigkeiten des Forschungsnetzbetreibers erfüllen denselben Zweck: Zwar unterfällt die Übertragung von Informationen zu Forschungszwecken nicht unmittelbar den Wissenschaftsfreiheiten, doch Einschränkungen, welche den Betrieb eines Forschungsnetzes beeinträchtigen, beschneiden ebenso die autonomen Tätigkeiten der Forschungseinrichtungen. Der Schutz der Übertragungstätigkeiten des Forschungsnetzbetreibers ist daher für die Sicherstellung der Autonomie der Forschungsgemeinschaft wie auch für den Schutz der Forschungsförderung erforderlich.

Darüber hinaus zeigt auch der Blick auf die presse- und medienrechtliche Rechtsprechung sowie Literatur, dass Intermediäre dann dem Schutzbereich unterfallen, wenn sie einen ausreichenden Inhaltsbezug zur geschützten Haupttätigkeit aufweisen können. Während ‚klassische' Telekommunikationsdienstleister als reine Access Provider von der Literatur mehrheitlich nicht unter den Schutz der Medienfreiheiten mangels Inhaltsbezugs fallen sollen, ergibt sich beim Blick auf den Forschungsnetzbetreiber im Kontext der Wissenschaftsfreiheiten ein anderes Bild.

Durch den Aufbau als Verein pflegt der Forschungsnetzbetreiber ein enges Verhältnis zu den angeschlossenen Einrichtungen. Nicht nur, dass die Zugangsmöglichkeiten zum Internetdienst nur bestimmten Einrichtungen vorbehalten ist und Mitglieder über die Mitgliederversammlung unmittelbar Einfluss auf die Tätigkeiten des Forschungsnetzbetreibers haben. Sondern auch der Umstand, dass der Betrieb des Forschungsnetzes durch den Forschungsnetzbetreiber aufgrund der spezifischen technischen Anpassungsmöglichkeiten bei geringstmöglichen Kosten erfolgt, macht die Tätigkeit für die von Art. 13 GRCh geschützte Forschungsgemeinschaft unerlässlich für den funktionierenden Betrieb.

Die Einrichtung und der Betrieb des Forschungsnetzes und die Nähe des Betreibers zu den teilnehmenden Einrichtungen weist damit den vom *BVerfG* im Presserecht verlangten und vergleichbar herzuziehenden ausreichenden Inhaltsbezug zur Tätigkeit der grundrechtlich geschützten Forscher und Forschungseinrichtungen auf, um unter den Schutzbereich der Wissenschaftsfreiheiten zu fallen.

Der Schutzbereich kann sich aber nur auf Sachverhalte und Tätigkeiten beziehen, welche einen unmittelbaren Forschungsbezug aufweisen. Tätigkeiten, welche forschungsferne Aktivitäten unterstützen, können nicht unter den Schutz der Wissenschaftsfreiheiten fallen.

---

[435] *Trute*, S. 691.

D. Schranken der Wissenschaftsfreiheiten

Die Wissenschaftsfreiheiten werden nicht schrankenlos gewährt. Eingriffe, welche die Ausübung der Forschungsfreiheit oder akademischen Freiheit einschränken oder gänzlich unterbinden, können trotz der Garantie der Grundfreiheiten gerechtfertigt sein.

Die allgemeingültige, geschriebene Schranke der Charta der Grundrechte findet sich in Art. 52 Abs. 1 GRCh.[436] Danach muss „*jede Einschränkung der Ausübung der in dieser Charta anerkannten Rechte und Freiheiten [...] gesetzlich vorgesehen sein und den Wesensgehalt dieser Rechte und Freiheiten achten.*" Darüber hinaus müssen nach Satz 2 Einschränkungen erforderlich sein, den Grundsatz der Verhältnismäßigkeit beachten und dem Gemeinwohl entsprechend der Ziele der Union bzw. dem Schutz der Rechte und Freiheiten anderer dienen.

Bei Rechten der Charta, welche den Rechten der EMRK entsprechen, bestimmt Art. 52 Abs. 3 GRCh die gleiche Bedeutung und Reichweite der Charta-Rechte, wie sie den entsprechenden Rechten in der Konvention verliehen werden. Absatz 3 erfasst dabei nicht nur den Schutzumfang der Rechte, sondern auch die Schrankenebene.[437]

Wie schon festgestellt, ist in Bezug auf die Wissenschaftsfreiheiten aus Art. 13 GRCh Art. 10 EMRK das entsprechende Recht in der Konvention.[438] Unklar ist im Rahmen der Schrankenregelungen, inwiefern die Vorgaben des Art. 10 Abs. 2 EMRK auf die Freiheiten des Art. 13 GRCh anwendbar sind.[439] Die Auffassungen der Literatur divergieren hierzu.

Der Konvent unterwirft in den Erläuterungen zur Charta die Ausübung der Freiheiten aus Art. 13 GRCh den Einschränkungen aus Art. 10 EMRK.[440] Trotz dieses Hinweises in den Erläuterungen wenden Teile der Literatur ausschließlich Art. 52 Abs. 1 GRCh als einheitliche Schranke an.[441] Die Regelungen des Art. 10 Abs. 2 EMRK bleiben demnach bei der Bestimmung der Schranken unbeachtet. Eine andere Auffassung kommt zu einer parallelen Anwendbarkeit der Schrankenregelungen:

---

436 *Ruffert*, in: Calliess/Ruffert, EU-GRCharta Art. 13 Rn. 11.

437 *Dorf*, JZ 2005, 126, 128; *Grabenwarter*, DVBl. 2001, 1, 2.

438 *Bernsdorff*, in: Meyer/Hölscheidt GRCh, GRCh Art. 13 Rn. 1.

439 Erläuterungen zur Charta der Grundrechte, ABl. C 303/17, S. 22; *Bernsdorff*, in: Meyer/Hölscheidt GRCh, GRCh Art. 13 Rn. 12; *Jarass*, in: Jarass, EU-GRCh Art. 13 Rn. 13; *Ruffert*, in: Calliess/Ruffert, EU-GRCharta Art. 13 Rn. 11; *Thiele*, in: Frankfurter Kommentar, GRC Art. 13 Rn. 16; *Pünder*, in: Ehlers EuGR, 668, 676.

440 Erläuterungen zur Charta der Grundrechte, ABl. C 303/17, S. 22.

441 *Kempen*, in: Stern/Sachs, GRCh Art. 13 Rn. 22; *Ruffert*, in: Calliess/Ruffert, EU-GRCharta Art. 13 Rn. 11; *Roßnagel*, ZD 2019, 157, 159.

Demnach gelten neben der allgemeinen Schranke die Vorgaben des Art. 10 Abs. 2 EMRK i. V. m. Art. 52 Abs. 3 GRCh.[442]

Die herrschende Meinung geht dagegen von einer Anwendbarkeit des Art. 10 Abs. 2 EMRK durch Art. 52 Abs. 3 GRCh aus, sodass dieser zunächst als alleinige Schrankenregelung anzuwenden sei, soweit sich die Inhalte der Grundfreiheiten aus der Charta und der EMRK überschneiden.[443] Nur soweit die Garantien der Charta über die der EMRK hinausgehen, soll die allgemeine Schranke des Art. 52 Abs. 1 GRCh anwendbar sein.[444]

Art. 52 Abs. 3 GRCh i. V. m. Art. 10 Abs. 2 EMRK verlangt für die Rechtmäßigkeit des Eingriffs in den Schutzbereich der Wissenschaftsfreiheiten eine gesetzliche Grundlage, einen legitimen Zweck i. S. d. Art. 10 Abs. 2 EMRK und die Verhältnismäßigkeit des Eingriffs. Unter die legitimen Zwecke fallen demnach Zwecke, welche „*notwendig sind für die nationale Sicherheit, die territoriale Unversehrtheit oder die öffentliche Sicherheit, zur Aufrechterhaltung der Ordnung oder zur Verhütung von Straftaten, zum Schutz der Gesundheit oder der Moral, zum Schutz des guten Rufes oder der Rechte anderer, zur Verhinderung der Verbreitung vertraulicher Informationen oder zur Wahrung der Autorität und der Unparteilichkeit der Rechtsprechung*“. Aufgrund der weiten Auslegung des *EGMR* der Schranke der EMRK stellt diese Anwendung der Vorgaben keine besonders starke Einschränkung im Vergleich zur Anwendung des Art. 52 Abs. 1 GRCh dar.[445] Denn der *EuGH* rechnet den ‚*Rechten anderer*‘ auch die Rechte von Unionseinrichtungen zu, da Unionsbürger „*auf deren ordnungsgemäße Erfüllung [...] [der im Allgemeininteresse liegenden Aufgaben] zählen können müssen*“[446]. Mit dieser weiten Auslegung des Art. 10 Abs. 2 EMRK können damit nahezu sämtliche Rechte Dritter erfasst werden.[447] Einschränkungen aufgrund des Rechts auf Datenschutz können daher auch den Zwecken des Art. 10 Abs. 2 EMRK unterfallen.

Soweit der Schutzbereich des Art. 13 GRCh über den des Art. 10 EMRK hinausgeht, macht Art. 52 Abs. 1 GRCh für einen rechtmäßigen Eingriff eine gesetzliche Grundlage und die Achtung des Wesensgehalts der Wissenschaftsfreiheiten zur Vo-

442 *Jarass*, in: Jarass, EU-GRCh Art. 13 Rn. 13.

443 *Bernsdorff*, in: Meyer/Hölscheidt GRCh, GRCh Art. 13 Rn. 12; *Thiele*, in: Frankfurter Kommentar, GRC Art. 13 Rn. 16; *Krausnick*, S. 278; *Pünder*, in: Ehlers EuGR, 668, 676.

444 *Bernsdorff*, in: Meyer/Hölscheidt GRCh, GRCh Art. 13 Rn. 12; *Thiele*, in: Frankfurter Kommentar, GRC Art. 13 Rn. 16; *Pünder*, in: Ehlers EuGR, 668, 676.

445 In Bezug auf die Kunstfreiheit siehe *Britz*, EuR 2004, 1, 7; *Jarass*, in: Jarass, EU-GRCh Art. 13 Rn. 14.

446 EuGH, Urt. v. 6.3.2001, C-274/99 P, Connolly, ECLI:EU:C:2001:127, Rn. 46.

447 *Jarass*, in: Becker/Weber, 181, 188.

raussetzung und verlangt die Erforderlichkeit des Eingriffs für den Schutz der Rechte und Freiheiten anderer unter dem Vorbehalt der Verhältnismäßigkeit. [448]

E. Zusammenfassung und Schlussfolgerungen

Es zeigt sich, dass aufgrund des vorrangig unionsrechtlich geprägten Datenschutz- und Telekommunikationsrecht die europäischen Wissenschaftsfreiheiten aus Art. 13 GRCh als Maßstab für Einschränkungen heranzuziehen sind.

Ein Forschungsnetzbetreiber kann sich neben seinen Mitgliedern selbst auf das Recht der Forschungsfreiheit sowie der akademischen Freiheit aus Art. 13 GRCh berufen. Dies ist insbesondere durch seine Sonderstellung als ‚Access Provider der Wissenschaft' begründet, indem er die Forschungstätigkeiten der Teilnehmer am Forschungsnetz zu weiten Teilen überhaupt ermöglicht. Während ‚klassische' Telekommunikationsdienstleister zunächst mit jeder beliebigen Person einen Vertrag schließen und diese den Zugang zum Netz erhalten kann, liegt die Besonderheit des Forschungsnetzbetreibers in seiner Organisation als Verein. Hieraus ergeben sich unter Heranziehung des anerkannten grundrechtlichen Schutzes der *DFG* und der presse- und medienrechtlichen Rechtsprechung sowie Literatur folgende Feststellungen:

Einerseits erfüllt der Forschungsnetzbetreiber wie die *DFG* den Zweck, die Autonomie der Wissenschaft zu sichern. Denn ohne die Bereitstellung und Durchführung der wissenschaftsbezogenen Übertragungen des Forschungsnetzbetreibers kann die Unabhängigkeit der Forschungsgemeinschaft nicht mehr sicherstellt werden. Eingriffe in die Tätigkeiten des Forschungsnetzbetreibers hätten unmittelbare Auswirkungen auf den Forschungsbetrieb.

Andererseits bestätigt das Heranziehen der presse- und medienrechtlichen Rechtsprechung sowie Literatur diese Einordnung. Mit der Presse-Grosso-Entscheidung des *BVerfG* erstreckt das Gericht den grundrechtlichen Schutz der Pressefreiheit auch auf Hilfstätigkeiten, welche in einem organisatorischen Zusammenhang mit der Presse stehen.[449] Auch in der sich in der Literatur anschließenden Diskussion um die Einordnung von Service Providern und Access Providern in den Schutzbereich der Medienfreiheiten ist sich die Literatur einig, dass zwar Service Provider dem Schutz der Medienfreiheiten unterfallen sollen, soweit sie einen ausreichenden Inhaltsbezug aufweisen können.[450] Die reine Übertragungstätigkeit eines Access Providers hinge-

---

[448] *Bernsdorff*, in: Meyer/Hölscheidt GRCh, GRCh Art. 13 Rn. 12; *Thiele*, in: Frankfurter Kommentar, GRC Art. 13 Rn. 16; *Pünder*, in: Ehlers EuGR, 668, 676.

[449] BVerfG, Beschl. v. 13.1.1988, 1 BvR 1548/82, Presse-Grossist, BVerfGE 77, 346, 354.

[450] *Grote/Wenzel*, in: EMRK/GG Konkordanzkommentar, Kap. 18 Rn. 43; *Gersdorf*, MMR 2017, 439, 444; *Grote*, KritV 1999, 27, 42; *Jarass*, AfP 1998, 133, 139.

gen wird mehrheitlich unter dem Verweis auf den mangelnden Inhaltsbezug abgelehnt.[451]

Doch anders als bei ‚klassischen' Telekommunikationsdienstleistern muss bei der Einordnung des Forschungsnetzbetreibers sein Aufbau und der damit einhergehende enge Bezug zu seinen angeschlossenen Einrichtungen einbezogen werden. Die Erforderlichkeit der Eröffnung des Schutzbereiches ergibt sich wie gezeigt aus der vorliegenden organisatorischen Anbindung des Forschungsnetzbetreibers zu seinen Mitgliedern: Neben den direkten Einwirkungsmöglichkeiten der Mitglieder auf Mitgliederversammlungen und der damit einhergehenden Einbindung der angeschlossenen Einrichtungen ist die Tätigkeit des Forschungsnetzbetreibers für das Funktionieren der Forschungstätigkeiten unmittelbar erforderlich. Die spezifischen technischen Anpassungsmöglichkeiten sowie die kostengünstige Umsetzung unterscheiden das Verhältnis der Tätigkeiten des Forschungsnetzbetreibers zu seinen Teilnehmern zum Verhältnis des ‚klassischen' Telekommunikationsdienstleisters zu seinen Kunden.

Allerdings kann der Schutzbereich der Wissenschaftsfreiheiten aus Art. 13 GRCh nur auf Tätigkeiten des Forschungsnetzbetreibers erstreckt werden, welche die für die Wahrnehmung der Forschung und akademischen Freiheit erforderlich sind, nämlich forschungs- bzw. lehrbezogene Tätigkeiten.[452] Soweit die Übertragungstätigkeit anderen, nicht von Art. 13 GRCh umfassten Tätigkeiten dient, können für den Forschungsnetzbetreiber lediglich andere Freiheiten wie die Berufsfreiheit oder unternehmerische Freiheit einschlägig sein.

Soweit ein Eingriff von den Grundrechtsadressaten in die Tätigkeiten des Forschungsnetzbetreibers vorgenommen wird, muss dieser gerechtfertigt sein und neben der gesetzlichen Legitimation in einem angemessenen Ausgleich zu den Interessen des Forschungsnetzbetreibers gebracht werden.

---

451 *Jarass*, in: Jarass/Pieroth, GG Art. 5 Rn. 111; *Gersdorf*, MMR 2017, 439, 443; *Grote*, KritV 1999, 27, 42; *Holznagel*, ZUM 2000, 1007, 1016; *Jarass*, AfP 1998, 133, 139; *Schulz*, CR 2008, 470, 471; a. A. *Hoffmann-Riem*, in: Ladeur, 53, 65.

452 *Jarass*, in: Jarass, EU-GRCh Art. 13 Rn. 8 f.; *Ruffert*, in: Calliess/Ruffert, EU-GRCharta Art. 13 Rn. 8 f.

Teil 4 Rechtlicher Rahmen der Datenschutz- und Telekommunikationsvorschriften

Das weltweit erste Datenschutzgesetz verabschiedete Hessen im Jahr 1970,[453] sieben Jahre später trat das erste Bundesdatenschutzgesetz[454] in Kraft.[455] So überschaubar die rechtliche Lage damals war, umso breiter ist heute die Gesetzesfülle geworden. Denn der technische Fortschritt macht auch die stetige Weiterentwicklung des Datenschutzes erforderlich. Dadurch finden viele datenschutzrechtliche Bestimmungen auf unterschiedlichen Ebenen ihren Weg in den Informationsalltag.

Mit dem europäischen Einfluss wird die Gesetzeslage noch komplexer. Bevor auf den Schwerpunkt der Arbeit, die Einordnung des Forschungsnetzbetreibers eingegangen werden kann, ist ein Überblick über die verschiedenen Datenschutz- und Telekommunikationsvorschriften zu schaffen.

A. Unionsrechtliche Grundlagen

Neben dem völkerrechtlichen Einfluss des Art. 8 EMRK stellen die primärrechtlichen Pfeiler für den Datenschutz und das Telekommunikationsrecht Art. 7 und Art. 8 GRCh sowie Art. 16 des Vertrags über die Arbeitsweise der Europäischen Union (AEUV) und Art. 39 des Vertrags über die Europäische Union (EUV) dar.

Sekundärrechtlich sorgt die DS-GVO für einen vollharmonisierten Rahmen des Datenschutzrechts, die ePrivacy-Richtlinie zu weiten Teilen im Bereich des Telekommunikationsrechts. Darüber hinaus werden die Vorgaben durch die EECC-Richtlinie und weitere Richtlinien flankiert.

I. Europäische Menschenrechtskonvention

Die *Europäische Konvention zum Schutz der Menschenrechte und Grundfreiheiten* stellt mit Art. 8 EMRK einen der zentralen europäischen Einflüsse des Grundrechts auf Schutz der personenbezogenen Daten dar.[456] Die EMRK wurde als Konvention Nr. 005 1950 in Rom unterzeichnet und trat am 3. September 1953 in

---

453 Hessisches Datenschutzgesetz vom 7.10.1970, HessGVBl. I 1970, S. 625.

454 Gesetz zum Schutz vor Mißbrauch personenbezogener Daten bei der Datenverarbeitung (Bundesdatenschutzgesetz - BDSG) vom 27.1.1977, BGBl. I vom 1.2.1977, S. 201.

455 *Genz*, S. 9.

456 *Lynskey*, S. 106 ff.

N. John, *Der Schutz der Daten im Netz des Access Providers der Wissenschaft*,
Juridicum – Schriften zum Medien-, Informations- und Datenrecht,
https://doi.org/10.1007/978-3-658-45497-5_4

Kraft.[457] Sie ist damit das älteste Vertragswerk seiner Art des regionalen Menschrechtschutzes.[458] Während die Europäische Union der EMRK bislang noch nicht beigetreten ist, haben die Mitgliedstaaten des Europarates die Ratifizierung vorgenommen.[459] Im Geflecht der unionsrechtlichen Normen stellt sie daher kein EU-Recht dar, sondern es handelt sich um einen gemeinsamen Grundrechtsstandard.[460]

Inhaltlich wird der Datenschutz in Art. 8 Abs. 1 EMRK durch das Recht auf Achtung des Privatlebens und der Korrespondenz geschützt.[461] Zwar benennt Art. 8 EMRK den Datenschutz nicht ausdrücklich, doch entwickelte die *Europäische Menschenrechtskommission* (EKMR) aus dem Schutzbereich des Privatlebens schon früh ein Recht auf informationelle Selbstbestimmung und auf Schutz personenbezogener Daten.[462]

Nach Ansicht des *EGMR* fällt in den Schutzbereich des Privatlebens jede individuelle Kommunikation in jeglicher Form wie Telefongespräche, E-Mails oder Internet-Telefonie.[463] Aufgrund der Möglichkeit des Staates, auf diese gespeicherten Informationen aus dem Privat- und Arbeitsleben zugreifen zu können, war diese Vornahme der Präzisierung des Schutzes auf Privatsphäre erforderlich.[464] Das Recht umfasst den Schutz vor Datenerhebung, -speicherung und -verwertung.[465]

---

457 Europäische Konvention zum Schutze der Menschenrechte und Grundfreiheiten; *Grabenwarter/Pabel*, § 1 Rn. 3.

458 *Grabenwarter/Pabel*, § 1 Rn. 1.

459 *Braasch*, JuS 2013, 602 f.; *Grabenwarter/Pabel*, § 1 Rn. 4.

460 *Streinz*, Rn. 766; *Conrad*, in: Auer-Reinsdorff/Conrad, § 34 Rn. 21.

461 *Sobotta*, in: GHN, AEUV Art. 16 Rn. 5.

462 EGMR, Urt. v. 6.10.1982, No. 9702/82, X/Vereintes Königreich, ECLI:CE:ECHR:1982:1006 DEC000970282, 241 = DR 30 239, 241; *Böhringer/Marauhn*, in: EMRK/GG Konkordanzkommentar, Kap. 16 Rn. 24; *Kühling/Raab*, in: Kühling/Buchner, Einführung Rn. 17; *Paefgen*, S. 101.

463 EGMR, Urt. v. 4.12.2008, Nrn. 30562/04 u. 30566/04, S. and Marper/Vereintes Königreich, ECLI:CE:ECHR:2008:1204JUD003056204, Rn. 67 = NJOZ 2010, 696, 697; EGMR, Urt. v. 16.2.2000, Nr. 27798/95, Amann/Schweiz, ECLI:CE:ECHR:2000:0216JUD002779895, Rn. 80 = BeckRS 2000, 171439; EGMR, Urt. v. 25.6.1997, Nr. 20605/92, Halford/Vereintes Königreich, ECLI:CE:ECHR:1997:0625JUD002060592, Rn. 46 = Reports 1997-III, Rn. 46; EGMR, Urt. v. 2.8.1984, Nr. 8691/71, Malone/Vereintes Königreich, ECLI:CE:ECHR: 1981:0713DEC000869179, Rn. 64 = EGMR-E 2 452, 463; EGMR, Urt. v. 24.4.1990, Nr. 11801/85, Kruslin/Frankreich, ECLI:CE:ECHR:1990:0424JUD001180185, Rn. 26 = Ser. A no. 176-A 564, Rn. 26; EGMR, Urt. v. 26.3.1987, Nr. 9248/81, Leander/Schweden, ECLI:CE: ECHR:1987:0326JUD000924881, Rn. 48 = EGMR-E 3 430, 445; EGMR, Urt. v. 6.9.1978, Nr. 5029/71, Klass u. a./Deutschland, ECLI:CE:ECHR:1978:0906JUD000502971, Rn. 41 = EGMR-E 1 320, 332; *Böhringer/Marauhn*, in: EMRK/GG Konkordanzkommentar, Kap. 16 Rn. 28 f., 62; *Gersdorf*, in: BeckOK InfoMedienR, EMRK Art. 8 Rn. 23; *Kühling/Raab*, in: Kühling/Buchner, Einführung Rn. 18.

464 *Böhringer/Marauhn*, in: EMRK/GG Konkordanzkommentar, Kap. 16 Rn. 29.

465 EGMR, Urt. v. 4.5.2000, Nr. 28341/95, Rotaru/Rumanien, ECLI:CE:ECHR:2000:0504JUD0028 34195, Rn. 43 = BeckRS 2000, 169884, Rn. 43; EGMR, Urt. v. 16.2.2000, Nr. 27798/95,

Die Einhaltung der Vorgaben aus Art. 8 EMRK sind von den Mitgliedstaaten durch Gesetzgebung, Rechtsprechung und Verwaltung umzusetzen.[466] Erwägungen zu Art. 8 EMRK können aufgrund Art. 52 Abs. 3 GRCh für die Anwendung der Rechte der GRCh herangezogen werden, soweit der Artikel den Rechten der Charta entspricht.[467] Hierdurch können sie Einfluss auf die Auslegung des europäischen Datenschutzrechts haben.[468]

II. Charta der Grundrechte der Europäischen Union

Die *Charta der Grundrechte der Europäischen Union* legt die Grund- und Menschenrechte innerhalb der Europäischen Union fest. Das Inkrafttreten des Vertrages von Lissabon am 1. Dezember 2009 verlieh der Charta Rechtskraft und steht gemäß Art. 6 Abs. 1 EUV im Rang des primären Unionsrechts.[469] Die Charta gilt für die Organe, Einrichtungen und sonstige Stellen der Union und, wie schon im Rahmen von Teil 3 festgestellt, für die Mitgliedstaaten bei der Durchführung des Rechts der Union (Art. 51 Abs. 1 GRCh). Eine weitergehende Konkretisierung oder Umsetzung der Grundrechte auf nationaler Basis ist für die Anwendung nicht erforderlich.[470]

Hinsichtlich des Datenschutzes eröffnet die Charta sowohl in Art. 7 GRCh als auch in Art. 8 Abs. 1 GRCh für das Datenschutz- und Telekommunikationsrecht relevante Schutzbereiche.

1. Recht auf Achtung des Privatlebens und der Kommunikation

Art. 7 GRCh eröffnet den Schutzbereich der Achtung auf Privatleben und der Kommunikation. Der Artikel entspricht damit nahezu dem Wortlaut von Art. 8 EMRK. Lediglich der Begriff der '*Korrespondenz*' wurde im Hinblick auf die tech-

---

Amann/Schweiz, ECLI:CE:ECHR:2000:0216JUD002779895, Rn. 44 f. = BeckRS 2000, 171439, Rn. 44 f.; EGMR, Urt. v. 24.4.1990, Nr. 11801/85, Kruslin/Frankreich, ECLI:CE:ECHR:1990:0424JUD001180185, Rn. 26 = Ser. A no. 176-A 564, Rn. 26; EGMR, Urt. v. 25.3.1998, Nr. 23224/94, Kopp/Schweiz, ECLI:CE:ECHR:1998:0325JUD002322494, Rn. 51 ff. = Reports 1998-II, Rn. 53; *Böhringer/Marauhn*, in: EMRK/GG Konkordanzkommentar, Kap. 16 Rn. 28; *Kühling/Raab*, in: Kühling/Buchner, Einführung Rn. 19; *Pätzold*, in: Karpenstein/Mayer, EMRK Art. 8 Rn. 28.

466 EGMR, Urt. v. 4.12.2008, Nrn. 30562/04 u. 30566/04, S. and Marper/Vereintes Königreich, ECLI:CE:ECHR:2008:1204JUD003056204, Rn. 99 = NJOZ 2010, 696, 700; *Holznagel/Felber*, in: Schulze/Kadelbach/Janssen u. a., § 38 Rn. 2.

467 EuGH, Urt. v. 9.11.2010, C-92 u. 93/09, Schecke u. Eifert, ECLI:EU:C:2009:284, Rn. 51.

468 *Kelleher/Murray*, S. 37.

469 EuGH, Urt. v. 23.10.2013, C-276/12, Sabou, ECLI:EU:C:2013:678, Rn. 25; *Nowak*, in: Frankfurter Kommentar, GRC Präambel Rn. 5; *Streinz*, in: Streinz EUV/AEUV, GR-Charta Vorbemerkungen 6; *Welfare/Carey*, in: Carey, 2, 4.

470 *Jarass*, in: Jarass, Einleitung Rn. 9.

nische Entwicklung angepasst.[471] In den Erläuterungen der Charta stellt das Präsidium des Grundrechtekonvents hierzu klar, dass die Rechte des Art. 7 GRCh den aus Art. 8 EMRK garantierten Rechten entsprechen und die gleiche Bedeutung und Tragweite im Sinne des Art. 52 Abs. 3 GRCh haben.[472] Dies hat zur Folge, dass die Rechtsprechung des *EGMR* zu Art. 8 EMRK zur Auslegung herangezogen werden kann, soweit sie diese Rechte betrifft.[473]

Der Schutzbereich umfasst wie Art. 8 EMRK jegliche private Kommunikation, insbesondere auch die Kommunikation unter Abwesenden.[474] Damit unterfallen dem Schutzbereich das Brief-, Post- und Fernmeldegeheimnis, aber ebenso moderne Kommunikationsformen wie E-Mail, SMS oder WhatsApp.[475]

Grundrechtsträger sind alle natürlichen Personen. Auch juristische Personen können berechtigt sein, soweit das Grundrecht wesensmäßig auf sie anwendbar ist.[476] Dies ist nach dem *EuGH* insbesondere der Fall, wenn der Name der Firma Rückschlüsse auf eine natürliche Person zulässt.[477]

2. Recht auf Schutz personenbezogener Daten

Art. 8 GRCh ist in Bezug auf personenbezogene Daten *lex specialis* zu Art. 7 GRCh.[478] Während Art. 7 GRCh das Privatleben und die Kommunikation schützt, normiert Art. 8 das primärrechtliche Datenschutzgrundrecht. Es findet seine Ermächtigungsgrundlage im europäischen Rechtssystem in Art. 16 AEUV und Art. 39 EUV.[479]

---

[471] *Charta-Erläuterungen*, ABl 2007 C303/20, Erläuterungen zu Artikel 7; *Bernsdorff*, in: Meyer/Hölscheidt GRCh, GRCh Art. 7 Rn. 20.

[472] *Charta-Erläuterungen*, ABl 2007 C303/20, Erläuterungen zu Artikel 7.

[473] EuGH, Urt. v. 15.11.2011, C-256/11, Dereci, ECLI:EU:C:2011:734, Rn. 70; EuGH, Urt. v. 9.11.2010, C-92/09 u. C-93/09, Veröffentlichung von Agrarbeihilfen, ECLI:EU:C:2010:662, Rn. 52; EuGH, Urt. v. 5.10.2010, C-400/10, McB., ECLI:EU:C:2010:582, Rn. 53; *Streinz/Michl*, in: Streinz EUV/AEUV, GR-Charta Art. 51 Rn. 30.

[474] *Bernsdorff*, in: Meyer/Hölscheidt GRCh, GRCh Art. 7 Rn. 20; *Frenz*, Rn. 1241.

[475] *Bernsdorff*, in: Meyer/Hölscheidt GRCh, GRCh Art. 7 Rn. 20; *Jarass*, in: Jarass, EU-GRCh Art. 7 Rn. 25; *Kingreen*, in: Calliess/Ruffert, EU-GRCharta Art. 7 Rn. 10; *Kugelmann*, EuGRZ 2003, 16, 22.

[476] Vgl. EuGH, Urt. v. 9.11.2010, C-92/09 u. C-93/09, Veröffentlichung von Agrarbeihilfen, E-CLI:EU:C:2010:662, Rn. 53; *Kingreen*, in: Calliess/Ruffert, EU-GRCharta Art. 7 Rn. 11; *Wolff*, in: Frankfurter Kommentar, GRCh Art. 7 Rn. 12.

[477] EuGH, Urt. v. 9.11.2010, C-92/09 u. C-93/09, Veröffentlichung von Agrarbeihilfen, E-CLI:EU:C:2010:662, Rn. 53.

[478] Str.: *Bernsdorff*, in: Meyer/Hölscheidt GRCh, GRCh Art. 8 Rn. 13; *Wolff*, in: Frankfurter Kommentar, GRCh Art. 8 Rn. 3; Versuch einer Einordnung: *Michl*, DuD 2017, 349, 353; Idealkonkurrenz annehmend *Kingreen*, in: Calliess/Ruffert, EU-GRCharta Art. 8 Rn. 2.

[479] Erläuterungen zur Charta der Grundrechte, ABl. C 303/17, S. 20.

Der sachliche Anwendungsbereich erstreckt sich nach seinem Wortlaut auf *‚personenbezogene Daten'*. Unter personenbezogenen Daten sind alle Informationen über eine bestimmte oder bestimmbare Person zu verstehen.[480] Unerheblich ist, ob es sich bei den Daten bspw. um solche des Privatlebens handelt, diese sensibel sind oder im Zusammenhang mit der beruflichen Tätigkeit stehen.[481]

Ein Eingriff liegt mit jeder *‚Verarbeitung'* der personenbezogenen Daten vor.[482] Der Begriff umfasst alle Schritte von der Erhebung bis zur Löschung, bspw. auch die Weitergabe oder Nutzung.[483] Die Rechtfertigung eines Eingriffs muss sich nach Absatz 2 auf eine normierte Rechtsgrundlage stützen. Der allgemeine Gesetzesvorbehalt des Art. 52 Abs. 1 GRCh wird damit durch Art. 8 Abs. 2 S. 1 Hs. 2 GRCh konkretisiert.[484] Eine Einschränkung des Grundrechts muss daher den Wesensgehalt des Grundrechts achten, einen legitimen Zweck verfolgen und verhältnismäßig sein.[485] Daraus folgt, dass die Grundlage klar und präzise festzulegen hat, in welchem Umfang der Eingriff stattfinden darf und welche Möglichkeiten der Grundrechtsträger hat, um gegen einen unberechtigten Eingriff vorgehen zu können.[486] Darüber hinaus sieht Art. 8 Abs. 2 S. 1 GRCh als mögliche Grundlage für die Rechtfertigung eines Eingriffs den Rückgriff auf die Einwilligung des Grundrechtsträgers vor.

Der persönliche Schutzbereich ist gleich Art. 7 GRCh bei allen natürlichen Personen eröffnet, sowie für juristische Personen, soweit die Daten der juristischen Person Rückschlüsse auf eine natürliche Person zulassen.[487]

III. Datenschutz-Grundverordnung

Das zentrale und detaillierte Regulierungswerk in Bezug auf die Verarbeitung personenbezogener Daten in Europa stellt seit Mai 2018 die *„Verordnung (EU) 2016/679 des Europäischen Parlaments und des Rates zum Schutz natürliche Personen bei der Verarbeitung personenbezogener Daten, zum freien Datenverkehr und zur Aufhebung der Richtlinie 95/46/EG"*[488] – kurz Datenschutz-Grundverordnung –

---

480 *Kingreen*, in: Calliess/Ruffert, EU-GRCharta Art. 8 Rn. 10.

481 *Bernsdorff*, in: Meyer/Hölscheidt GRCh, GRCh Art. 8 Rn. 20.

482 EuGH, Urt. v. 8.4.2014, C–293/12 und 594/12, Digital Rights Ireland, ECLI:EU:C:2014:238, Rn. 36; EuGH, Urt. v. 9.11.2010, C-92 u. 93/09, Schecke u. Eifert, ECLI:EU:C:2009:284, Rn. 60.

483 *Wolff*, in: Frankfurter Kommentar, GRCh Art. 8 Rn. 19.

484 *Jarass*, in: Jarass, EU-GRCh Art. 8 Rn. 14; *Kingreen*, in: Calliess/Ruffert, EU-GRCharta Art. 8 Rn. 15.

485 EuGH, Urt. v. 8.4.2014, C–293/12 und 594/12, Digital Rights Ireland, ECLI:EU:C:2014:238, Rn. 38.

486 *Kühling/Raab*, in: Kühling/Buchner, Einführung Rn. 29.

487 EuGH, Urt. v. 9.11.2010, C-92/09 u. C-93/09, Veröffentlichung von Agrarbeihilfen, E-CLI:EU:C:2010:662, Rn. 53.

488 Verordnung (EU) 2016/679 des Europäischen Parlaments und des Rates vom 27. April 2016 zum Schutz natürlicher Personen bei der Verarbeitung personenbezogener Daten, zum freien Da-

dar. Diese stützt sich unmittelbar auf Art. 8 GRCh und Art. 16 AEUV[489] und trat am 25. Mai 2016 in Kraft.[490] Gemäß Art. 99 Abs. 2 DS-GVO entfaltet sie seit dem 25. Mai 2018 Wirkung und ersetzt nach Art. 94 DS-GVO die zuvor geltende *Datenschutzrichtlinie* RL 95/46/EG (DSRL).

Die Kompetenz für den Verordnungserlass resultiert für die Europäische Union aus Art. 16 AEUV, welcher keine bestimmte Erlassform für die Umsetzung des Grundrechts auf Schutz personenbezogener Daten vorsieht.[491] Die von dem europäischen Gesetzgeber gewählte Form der Verordnung i. S. d. Art. 288 Abs. 2 AEUV gilt unmittelbar in jedem Mitgliedstaat. Ziel des europäischen Gesetzgebers war es, mit der DS-GVO als „*Magna Charta des Datenschutzrechts*"[492] eine europaweite Vollharmonisierung zu erreichen.[493]

Doch im Wissen, dass die DS-GVO auf detailliert geregelte Datenschutzlandschaften auf nationaler Ebene trifft, gesteht sie trotz ihrer unmittelbaren Geltung durch eine Vielzahl an Öffnungsklauseln den nationalen Gesetzgebern verschiedene Gesetzgebungs-, Umsetzungs-, und Konkretisierungsmöglichkeiten zu.[494] Hierdurch ergibt sich trotz des Harmonisierungsgedankens eine Vielzahl an weiteren Regelungen, die neben oder anstelle der DS-GVO anwendbar sind.

Anknüpfungspunkt für die Anwendbarkeit der DS-GVO ist gemäß Art. 2 Abs. 1 DS-GVO die Verarbeitung personenbezogener Daten.

IV. ePrivacy-Richtlinie

Die sog. ePrivacy-Richtlinie[495] enthält Sondervorschriften für Dienste der elektronischen Kommunikation und ist *lex specialis* zu den Vorschriften der als *lex generalis* geltenden DS-GVO, soweit die Voraussetzungen des Art. 95 DS-GVO vorlie-

---

tenverkehr und zur Aufhebung der Richtlinie 95/46/EG (Datenschutz-Grundverordnung), ABl. L 119/1 vom 4.5.2016.

489 ErwG 1 DS-GVO.

490 Art. 99 Abs. 1 DS-GVO.

491 *Sydow*, in: Sydow/Marsch/Bienemann u. a., Einleitung Rn. 21.

492 *Kühling/Martini*, EuZW 2016, 448, 449; kritisch *Caspar*, vorgänge. Zeitschrift für Bürgerrechte und Gesellschaftspolitik 2020 Nr. 231/232, 99, 100.

493 ErwG 7, 10 DS-GVO; *Hornung/Spiecker gen. Döhmann*, in: Simitis/Hornung/Spiecker gen. Döhmann, DSGVO Art. 1 Rn. 17; *Kühling/Martini*, EuZW 2016, 448, 449.

494 *Sydow*, in: Sydow/Marsch/Bienemann u. a., Einleitung Rn. 38; *Kühling/Martini*, EuZW 2016, 448; *Laue*, ZD 2016, 463 f.

495 Richtlinie 2002/58/EG des Europäischen Parlaments und des Rates vom 12. Juli 2002 über die Verarbeitung personenbezogener Daten und den Schutz der Privatsphäre in der elektronischen Kommunikation (Datenschutzrichtlinie für elektronische Kommunikation), ABl. L 201/37 vom 31.07.2002.

gen.[496] Bis heute wurde sie mehrfach ergänzt, zuletzt mit der sog. Cookie-Richtlinie[497] im Jahr 2009.[498]

Anknüpfungspunkt für die Anwendbarkeit der ePrivacy-Richtlinie ist die Datenverarbeitung in Verbindung mit der Bereitstellung von öffentlich zugänglichen elektronischen Kommunikationsdiensten.[499] Sofern eine solche Verarbeitung vorliegt, stellt Art. 95 DS-GVO klar, dass Vorschriften der DS-GVO insoweit unanwendbar sind, wie die ePrivacy-Richtlinie Regelungen trifft, welche dasselbe Ziel wie die DS-GVO verfolgen.[500] Neben Vorgaben zum Fernmeldegeheimnis[501] verfolgt die Richtlinie den Schutz besonders schutzwürdiger Daten wie Verkehrs- und Standortdaten,[502] aber auch die Regulierung der Speicherung bzw. des Zugriffs von Informationen auf Endgeräten.[503]

Als Richtlinie findet die ePrivacy-Richtlinie keine unmittelbare Anwendung, sondern es gelten die mitgliedstaatlichen Normen, die aus der Umsetzung der Richtlinie resultieren.[504] Die Umsetzung der Richtlinie hat in Deutschland zu weiten Teilen im TTDSG Niederschlag gefunden.

V. ePrivacy-Verordnung

Doch die ePrivacy-Richtlinie steht vor ihrem zeitlichen Ende. Schon mit der Annahme der DS-GVO gab sich der europäische Gesetzgeber die Aufgabe, auch die ePrivacy-Richtlinie zu überprüfen und mit den Bestimmungen der DS-GVO in Einklang zu bringen.[505] Die *Kommission* schlug aufgrund dieser Überprüfung eine ePri-

---

496 Vgl. ErwG 173 DS-GVO; *Golland*, in: Taeger/Gabel, DS-GVO Art. 95 Rn. 5; *Klabunde/Selmayr*, in: Ehmann/Selmayr, DS-GVO Art. 95 Rn. 9; *Kühling/Raab*, in: Kühling/Buchner, DS-GVO Art. 95 Rn. 1; *Oliveira*, in: Kuner/Bygrave/Docksey u. a., GDPR Art. 95 S. 1297 f.; *Papakōnstantinu/Hert*, in: Spiecker gen. Döhmann/Papakōnstantinu/Hornung u. a., GDPR Art. 95 Rn. 1; *Trzaskowski/Sørensen*, S. 41; *Albrecht*, CR 2016, 88, 90; *Kiparski/Sassenberg*, CR 2018, 324.

497 Richtlinie 2009/136/EG des Europäischen Parlaments und des Rates zur Änderung der Richtlinie 2002/22/EG über den Universaldienst und Nutzerrechte bei elektronischen Kommunikationsnetzen und -diensten, der Richtlinie 2002/58/EG über die Verarbeitung personenbezogener Daten und den Schutz der Privatsphäre in der elektronischen Kommunikation und der Verordnung (EG) Nr. 2006/2004 über die Zusammenarbeit im Verbraucherschutz, ABl. L 337/11 vom 18.12.2009.

498 Soweit im Nachfolgenden auf die ePrivacy-Richtlinie Bezug genommen wird, ist damit die aktuelle Fassung der Cookie-Richtlinie gemeint.

499 Art. 3 ePrivacyRL; *Golland*, in: Taeger/Gabel, DS-GVO Art. 95 Rn. 7; *Kühling/Raab*, in: Kühling/Buchner, DS-GVO Art. 95 Rn. 2.

500 *Golland*, in: Taeger/Gabel, DS-GVO Art. 95 Rn. 9.

501 Art. 5 Abs. 1 ePrivacyRL.

502 Art. 6 ff. ePrivacyRL.

503 Art. 5 Abs. 3 ePrivacyRL.

504 Art. 288 Abs. 3 AEUV.

505 ErwG 173 S. 3 DS-GVO.

vacy-Verordnung (ePrivacyVO-KomE)[506] vor. Dem Vorschlag nach sollte sie mit der DS-GVO zusammen in Kraft treten.[507] Doch die Mitgliedstaaten konnten sich nicht rechtzeitig auf einen gemeinsamen Gesetzestext einigen. Die Verhandlungen dauern bis heute an.[508] 2021 konnte sich der Rat schließlich auf eine Fassung einigen (ePrivacyVO-RatE)[509]. Wann die ePrivacy-Verordnung allerdings tatsächlich in Kraft treten kann, ist derzeit noch offen.

Unterschiede zur Richtlinie werden vor allem in der Ausweitung des Anwendungsbereichs auf Over-the-Top-Kommunikationsdienste (OTT-Dienste, z. B. Messenger oder Videotelefoniedienste), dem Schutzniveau für Kommunikationsinhalte und -metadaten, Trackingregelungen, Pflichten für Softwareanbieter und Bußgelderhöhungen liegen.[510]

VI. EECC-Richtlinie

Die EECC-Richtlinie[511] stellt seit dem 20. Dezember 2018 den *Europäischen Kodex für die elektronische Kommunikation* dar und regelt nun den rechtlichen Rahmen für elektronische Kommunikationsnetze und -dienste neu.

Vorgänger der EECC-Richtlinie war die europäische *Kommunikations-Rahmenrichtlinie*[512], welche einen harmonisierenden Rahmen für die Regulierung elektronischer Kommunikationsdienste, elektronischer Kommunikationsnetze, zugehöriger Einrichtungen und zugehöriger Dienste errichtete. Die Richtlinie war bis zum 20. Dezember 2020 wirksam und wurde durch Art. 125 Abs. 1 EECC-RL aufgeho-

---

506 Vorschlag für eine Verordnung des Europäischen Parlaments und des Rates über die Achtung des Privatlebens und den Schutz personenbezogener Daten in der elektronischen Kommunikation und zur Aufhebung der Richtlinie 2002/58/EG (Verordnung über Privatsphäre und elektronische Kommunikation), COM/2017/010 final - 2017/03 (COD).

507 Art. 29 Abs. 2 ePrivacyVO-KomE.

508 Der aktuelle Stand der Verhandlung findet sich hier: *EUR-Lex*, Procedure 2017/0003/COD, abrufbar unter: https://eur-lex.europa.eu/legal-content/DE/HIS/?uri=CELEX:52017PC0010 (zuletzt abgerufen am 10.10.2023).

509 Proposal for a Regulation of the European Parliament and of the Council concerning the respect for private life and the protection of personal data in electronic communications and repealing Directive 2002/58/EC (Regulation on Privacy and Electronic Communications), ST 6087 2021 INIT.

510 *Conrad/Hausen*, in: Auer-Reinsdorff/Conrad, § 36 Rn. 32 ff.; *Given/Carey*, in: Carey, 184, 186.

511 Richtlinie (EU) 2018/1972 des Europäischen Parlaments und des Rates vom 11. Dezember 2018 über den europäischen Kodex für die elektronische Kommunikation, ABl. L 321/61 vom 17.12.2018.

512 Richtlinie 2002/21/EG des Europäischen Parlaments und des Rates vom 7. März 2002 über einen gemeinsamen Rechtsrahmen für elektronische Kommunikationsnetze und -dienste (Rahmenrichtlinie), ABl. L 108/33 vom 24.4.2002.

ben. Aufgrund seiner Bedeutung für die Rechtsprechung kann die Rahmenrichtlinie für Auslegung nachfolgender Vorgaben weiterhin von Relevanz sein.[513]

Durch die nun geltende EECC-Richtlinie wurden neben der Rahmenrichtlinie auch die Genehmigungsrichtlinie[514], die Zugangsrichtlinie[515] und die Universaldienstrichtlinie[516] aufgehoben (Art. 125 Abs. 1 EECC-RL). Verweise auf die aufgehobenen Richtlinien gelten gemäß Art. 125 Abs. 3 EECC-RL als Bezugnahme auf die EECC-Richtlinie und sind entsprechend anzuwenden. In Deutschland hat die Umsetzung mit dem TKMoG stattgefunden, um das TKG an die Vorgaben der EECC-Richtlinie anzupassen.

---

513 So z. B. bei EuGH, Urt. v. 13.6.2019, C-193/18, Gmail, ECLI:EU:C:2019:498; EuGH, Urt. v. 5.6.2019, C-142/18, SkypeOut, ECLI:EU:C:2019:460.

514 Richtlinie 2002/20/EG des Europäischen Parlaments und des Rates vom 7. März 2002 über die Genehmigung elektronischer Kommunikationsnetze und -dienste (Genehmigungsrichtlinie), ABl. L 108/37 vom 24.4.2002.

515 Richtlinie 2002/19/EG des Europäischen Parlaments und des Rates über den Zugang zu elektronischen Kommunikationsnetzen und zugehörigen Einrichtungen sowie deren Zusammenschaltung (Zugangsrichtlinie), ABl. L 108/7 vom 24.4.2002.

516 Richtlinie 2002/22/EG des Europäischen Parlaments und des Rates vom 7. März 2002 über den Universaldienst und Nutzerrechte bei elektronischen Kommunikationsnetzen und -diensten (Universaldienstrichtlinie), ABl. L 108/51 vom 24.4.2002.

B. Nationalrechtliche Grundlagen

I. Grundgesetz

Grundrechtlich wird das Recht auf Datenschutz nicht im Wortlaut erwähnt. Doch stellt das allgemeine Persönlichkeitsrecht aus Art. 2 Abs. 1 i. V. m. Art. 1 Abs. 1 GG seit dem Volkszählungsurteil des *BVerfG*[517] das Fundament für das hieraus resultierende Recht auf informationelle Selbstbestimmung und das Datenschutzrecht dar.[518] Nach dem Urteil muss es für jeden Einzelnen gewährleistet sein, grundsätzlich über die Verarbeitung seiner persönlichen Daten zu bestimmen.[519] Doch ist dieses Recht nicht unbeschränkt, da der Rechts- und Sozialstaat personenbezogene Daten benötigt, um seine Aufgaben erfüllen zu können.[520] Eine Einschränkung darf aber nur im überwiegenden Allgemeininteresse geschehen, die auf einer gesetzlichen Grundlage unter Einhaltung des Verhältnismäßigkeitsgrundsatzes basiert.[521] Hierdurch machte das *BVerfG* den Standpunkt klar, dass es bereichsspezifische Regelungen braucht, um die Gefahren bei der Verwendung personenbezogener Daten abwehren zu können.[522]

Als spezielleres[523] Grundrecht schützt Art. 10 GG das Brief-, Post- und Fernmeldegeheimnis. Art. 10 GG schützt damit den Informationsaustausch durch Kommunikationsmittel über gewisse Entfernungen.[524] Die Norm erfasst mit dem Begriff des Fernmeldegeheimnisses alle technisch verfügbaren Mittel der unkörperlichen Kommunikation[525] und begründet ein Abwehrrecht gegen die Kenntnisnahme des Inhalts und der näheren Umstände der Telekommunikation durch den Staat.[526]

---

517 BVerfG, Urt. v. 15.12.1983, 1 BvR 209783 u. a., Volkszählung, BVerfGE 65, 1.

518 BVerfG, Urt. v. 15.12.1983, 1 BvR 209783 u. a., Volkszählung, BVerfGE 65, 1, 43.

519 BVerfG, Urt. v. 15.12.1983, 1 BvR 209783 u. a., Volkszählung, BVerfGE 65, 1, 43.

520 BVerfG, Urt. v. 15.12.1983, 1 BvR 209783 u. a., Volkszählung, BVerfGE 65, 1, 43 f.

521 BVerfG, Urt. v. 15.12.1983, 1 BvR 209783 u. a., Volkszählung, BVerfGE 65, 1, 43 f.; zum TKG a. F. *Büttgen*, in: Scheurle/Mayen, TKG § 91 Rn. 4.

522 BVerfG, Urt. v. 15.12.1983, 1 BvR 209783 u. a., Volkszählung, BVerfGE 65, 1, 44 ff.; *Simitis/Hornung/Spiecker gen. Döhmann*, in: Simitis/Hornung/Spiecker gen. Döhmann, Einleitung Rn. 33.

523 BVerfG, Urt. v. 27.7.2005, 1 BvR 668/04, BVerfGE 113, 348, 364; BVerfG, Beschl. v. 3.3.2004, 1 BvF 3/92, BVerfGE 110, 33, 53; BVerfG, Urt. v. 14.7.1999, 1 BvR 2226/94, u. a., BVerfGE 100, 313, 358; BVerfG, Beschl. v. 20.6.1984, 1 BvR 1494/78, BVerfGE 67, 157, 171.

524 *Durner*, in: Dürig/Herzog/Scholz, Art. 10 Rn. 62.

525 *Durner*, in: Dürig/Herzog/Scholz, Art. 10 Rn. 107.

526 BVerfG, Beschl. v. 9.10.2002, 1 BvR 1611/96 u. a., BVerfGE 106, 28, 37.

II. Bundesdatenschutzgesetz

Das *Bundesdatenschutzgesetz* (BDSG) stellt neben der DS-GVO auf nationaler Ebene den „*zweiten großen Baustein des [...] Datenschutzrechts*“[527] dar. Mit dem Inkrafttreten der DS-GVO war der deutsche Gesetzgeber gezwungen, ebenfalls aktiv zu werden und das BDSG a. F. rundum zu erneuern.[528] Doch während das BDSG a. F. vor der Wirksamkeit der DS-GVO das zentrale Datenschutzgesetz darstellte und die DSRL ergänzend heranzuziehen war, ist nun das BDSG als Ergänzung der DS-GVO anzusehen.[529]

§ 1 Abs. 5 BDSG stellt den Anwendungsvorrang der DS-GVO nochmals klar. Nur soweit die DS-GVO den Anwendungsbereich nicht eröffnet oder Öffnungsklauseln in der DS-GVO einen nationalen Regelungsbereich zulassen, ist das BDSG anwendbar.[530] Doch dürfen die Normen des BDSG auch bei einer Anwendbarkeit nicht den Normen der DS-GVO über den Bereich der Öffnungsklausel hinaus widersprechen. In einem solchen Fall bleibt die nationale Regelung unangewendet.[531]

Durch Rückverweise des BDSG auf die DS-GVO sind die Normen des BDSG stets im Kontext der DS-GVO zu erfassen.[532]

Darüber hinaus ist das BDSG gemäß § 1 Abs. 2 S. 1 BDSG subsidiär zu den Vorschriften des bereichsspezifischen deutschen Datenschutzrechts anzuwenden, aber bei Vorliegen eines nicht abschließend geregelten Falles das Auffanggesetz, § 1 Abs. 2 S. 2 BDSG.[533]

Das BDSG gilt für alle öffentlichen Stellen des Bundes. Öffentliche Stellen der Länder unterliegen vorrangig den Landesvorschriften, § 1 Abs. 1 S. 1 Nr. 2 BDSG. Für nichtöffentliche Stellen ist das BDSG nur anwendbar, wenn eine ganz oder teilweise automatisierte Verarbeitung personenbezogener Daten vorliegt oder die Daten bei einer nichtautomatisierten Verarbeitung in einem Datensystem gespeichert werden, § 1 Abs. 1 S. 2 BDSG.

In den persönlichen Anwendungsbereich des BDSG fallen gemäß § 1 Abs. 1 S. 2 BDSG auch die Tätigkeiten von Vereinen.[534] Soweit die DS-GVO durch Öffnungsklauseln Vorgaben das BDSG als anwendbar erklärt, können die Verarbeitungstätigkeiten des Forschungsnetzbetreibers an diesen zu messen sein.

---

527 *Paal/Pauly*, in: Paal/Pauly, Einleitung Rn. 3.

528 *Kühling/Martini*, EuZW 2016, 448, 449 f.

529 *Kühling/Raab*, in: Kühling/Buchner, Einführung Rn. 128.

530 *Böken*, in: Sydow/Marsch/Bienemann u. a., BDSG § 1 Rn. 46.

531 EuGH, Urt. v. 9.3.1978, C-106/77, Simmenthal II, ECLI:EU:C:1978:49, Rn. 21/23; *Plath*, in: Plath, BDSG § 1 Rn. 47.

532 *Plath*, in: Plath, BDSG § 1 Rn. 1.

533 *Gola/Reif*, in: Gola/Heckmann, BDSG § 1 Rn. 10; *Plath*, in: Plath, BDSG § 1 Rn. 13 f.

534 *Plath*, in: Plath, BDSG § 1 Rn. 10.

III. Landesdatenschutzgesetze

Für Landesbehörden und Kommunalverwaltungen gilt anstelle des BDSG das jeweilige *Landesdatenschutzgesetz* (LDSG), § 1 S. 1 Nr. 2 BDSG. Insbesondere bei Datenverarbeitungen durch Hochschulen als Landesbehörden kann daher die Anwendbarkeit des jeweiligen LDSG im Falle der Einschlägigkeit einer Öffnungsklausel der DS-GVO gegeben sein.

IV. Telekommunikationsgesetz

Das *Telekommunikationsgesetz* dient vorrangig der Regulierung des Wettbewerbs im Bereich der Telekommunikation.[535] Bis zur Telekommunikationsnovelle 2021 durch das TKMoG sah das TKG a. F. wesentliche Vorschriften zum Fernmeldegeheimnis (§ 88 TKG a. F.) sowie zum Datenschutz (§§ 91 ff. TKG a. F.) vor. Mit der Novelle wurden diese Vorschriften in das neue TTDSG verschoben und das TKG statuiert in § 2 Abs. 2 Nr. 3 TKG als Ziel die Wahrung der Nutzer- und insbesondere der Verbraucherinteressen auf dem Gebiet der Telekommunikation.

Das TKG verliert durch diese Neuordnung für die vorliegende Arbeit nicht an Bedeutung. Als Netzbetreiber kann der Forschungsnetzbetreiber ebenfalls den Vorgaben des TKG unterfallen. Außerdem verweisen andere Gesetze für Begriffsbestimmungen weiterhin auf die Legaldefinitionen des § 3 TKG.

Darüber hinaus beziehen sich aufgrund der vormals im TKG verankerten Vorschriften zum Fernmeldegeheimnis und Datenschutz ein Großteil der telekommunikations- und datenschutzrechtlichen Rechtsprechung sowie Literatur auf Normen des TKG in seiner alten Fassung. Soweit übernommene Normen in ihrem Wortlaut und ihrer Funktion denen des TKG a. F. entsprechen, ist die Rechtsprechung hierzu beachtenswert und in die Erwägungen mit einzubeziehen.

V. Telemediengesetz

Das *Telemediengesetz* (TMG) regelt die Sachverhalte für Telemedien und stellt vorrangig die Umsetzung der E-Commerce-Richtlinie[536] dar. Es wurde ebenfalls innerhalb der Telekommunikationsnovelle 2021 durch das TKMoG überarbeitet. Abgegrenzt wird der Anwendungsbereich zum TKG durch die Negativdefinition des § 1 Abs. 1 S. 1 TMG, wonach Telemedien alle Informations- und Kommunikationsdienste sind, die keine Telekommunikationsdienste (§ 3 Nr. 61 TKG), telekommunikationsgestützten Dienste (§ 3 Nr. 63 TKG) oder Rundfunk (§ 2 Abs. 1 S. 1 MStV)

---

535 *Cornils*, in: Geppert/Schütz, TKG Einleitung A Rn. 1 ff.

536 Richtlinie 2000/31/EG des Europäischen Parlaments und des Rates vom 8. Juni 2000 über bestimmte rechtliche Aspekte der Dienste der Informationsgesellschaft, insbesondere des elektronischen Geschäftsverkehrs, im Binnenmarkt („Richtlinie über den elektronischen Geschäftsverkehr"), ABl. L 178/1 vom 17.7.2000.

sind. Durch diesen umfassenden Anwendungsbereich erhält das TMG einen subsidiären Status zum Telekommunikationsrecht.[537]

Durch die in der alten Fassung des TMG a. F. vorhandenen datenschutzrechtlichen Vorgaben kann auf die Rechtsprechung und Literatur zu diesen Normen, soweit sie in Nachfolgenormen übernommen wurden, Bezug genommen werden.[538]

VI. Telekommunikations-Telemedien-Datenschutzgesetz

Das *Telekommunikations-Telemedien-Datenschutzgesetz* ist als Teil des TKMoG zum 1. Dezember 2021 in Kraft getreten und ersetzt die bisherigen Bestimmungen zum Schutz des Fernmeldegeheimnisses und des Datenschutzes aus dem TKG a. F. sowie TMG a. F. Ziel des TTDSG war einerseits die Anpassung der deutschen Datenschutzvorschriften an die Vorgaben der DS-GVO und der ePrivacy-Richtlinie.[539] Zum anderen sollte das Gesetz für mehr Klarheit und Überblick im nationalen Datenschutzrecht sorgen.[540]

Im Kern der Änderungen stehen vor allem die Regelungen zum Fernmeldegeheimnis in §§ 3 ff. TTDSG, welches zuvor in § 88 TKG a. F. geregelt war, die teilweise Übernahme der Datenschutzbestimmungen aus §§ 96 TKG a. F. in §§ 9 ff. TTDSG sowie die Regelungen zu Telemediendiensten in §§ 19 ff. TTDSG, welche zuvor in den §§ 13 ff. TMG a. F. geregelt waren. Innerhalb der Neuregelung wurden die Normen an die Bestimmungen der DS-GVO und ePrivacy-Richtlinie im Sinne der aktuellen Rechtsprechung des *BGH* angepasst.

Ausweislich der Begründung des Regierungsentwurfes soll durch die Übernahme der Vorschriften nur eine Anpassung der Datenschutzbestimmungen und des Fernmeldegeheimnisses erfolgen.[541] Insbesondere die aktuelle Rechtsprechung des *EuGH* sollte in der Umsetzung des TTDSG berücksichtigt werden.[542] Der Gesetzgeber beabsichtigte somit keine komplette Neuregelung der Rechtsmaterie, sondern lediglich die Aktualisierung der Normen an die geltende Rechtsprechung.[543] Dies zeigt sich z. B. in der Gesetzesbegründung zu § 3 TTDSG, welcher in Absatz 2 zwar differenzierter zwischen den Adressaten unterscheidet, sich jedoch „*inhaltlich*" an die

---

537 RegE TMG, BT-Drs. 16/3078, S. 13; *Marx*, in: jurisPK-Internetrecht, Kap. 1.2 Rn. 126; *Spindler*, in: Spindler/Schmitz, TMG § 1 Rn. 8.

538 Insbesondere die Rechtsprechung um die richtlinienkonforme Auslegung von § 15 Abs. 3 TMG a. F.: EuGH, Urt. v. 1.10.2019, C-673/17, Planet49, ECLI:EU:C:2019:801; BGH, Urt. v. 28.5.2020, I ZR 7/16, Cookie-Einwilligung II, ECLI:DE:BGH:2020:280520UIZR7.16.0 = MMR 2020, 609 m. Anm. Gierschmann.

539 Regierungsentwurf TTDSG, BT-Drs. 19/27441, S. 2.

540 Regierungsentwurf TTDSG, BT-Drs. 19/27441, S. 1.

541 Regierungsentwurf TTDSG, BT-Drs. 19/27441, S. 2.

542 Regierungsentwurf TTDSG, BT-Drs. 19/27441, S. 1.

543 Regierungsentwurf TTDSG, BT-Drs. 19/27441, S. 34.

Regelung des § 88 TKG a. F. anlehnt und dessen Ergänzungen „*klarstellend*“ sein sollen.[544] Durch die Gebundenheit an die Vorgaben der ePrivacy-Richtlinie[545] war der Gesetzgeber darüber hinaus auch nicht in der Lage, eine völlige Neuregelung vorzunehmen.

Insoweit stellt § 3 TTDSG die einfachgesetzliche Ausprägung[546] des Fernmeldegeheimnisses des Art. 10 GG[547] sowie des Art. 7 Abs. 1 GRCh[548] dar. Hierdurch können auch nicht unmittelbar grundrechtsverpflichtete private Anbieter an das Fernmeldegeheimnis gebunden werden.[549] Durch den konkreten Bezug zu den Grundrechten ist bei der Auslegung des § 3 TTDSG ebenso der Rückgriff auf den verfassungsrechtlichen Schutzbereich und der Rechtsprechung hierzu möglich.[550]

544 Regierungsentwurf TTDSG, BT-Drs. 19/27441, S. 34.

545 So z. B. bei § 3 TTDSG Regierungsentwurf TTDSG, BT-Drs. 19/27441, S. 34.

546 Regierungsentwurf TTDSG, BT-Drs. 19/27441, S. 34; *Munz*, in: Taeger/Gabel, TTDSG § 3 Rn. 1.

547 Noch zu § 88 TKG a. F.: *Mayen*, in: Scheurle/Mayen, TKG § 88 Rn. 1; *Munz*, in: Taeger/Gabel, TTDSG § 3 Rn. 1.

548 *Munz*, in: Taeger/Gabel, TTDSG § 3 Rn. 3.

549 Noch zu § 88 TKG a. F.: *Mayen*, in: Scheurle/Mayen, TKG § 88 Rn. 1.

550 Noch zu § 88 TKG a. F.: *Mayen*, in: Scheurle/Mayen, TKG § 88 Rn. 15.

C. Zusammenfassung und Schlussfolgerungen

Dass der Einfluss und die Fülle der unionsrechtlichen Vorgaben im Bereich des Datenschutz- und Telekommunikationsrechts umfangreich sind, überrascht angesichts der rasanten Entwicklung der Informationstechnologie nicht. Allein die rechtlichen Entwicklungen der letzten zwei Jahrzehnte zeigen, dass die europäischen Vorgaben das mitgliedstaatliche Recht stark regulieren und hierdurch die Verzahnung der Vorgaben immer enger wird.

Aufgrund dieser Vielzahl an Vorgaben besteht im Bereich der Telekommunikation regelmäßig Uneinigkeit darüber, welche Vorgaben für Telekommunikationsbetreiber gelten. Insbesondere das Nebeneinander der Datenschutzvorschriften aus der DS-GVO und den hiermit überschneidenden Vorgaben der ePrivacy-Richtlinie ist oftmals nicht zufriedenstellend geklärt. Exemplarisch hierfür sei der seit Jahren andauernde Streit zu nennen, inwieweit Arbeitgeber an das Fernmeldegeheimnis gebunden sind, wenn sie die Privatnutzung des betrieblichen Netzes am Arbeitsplatz zulassen.[551]

Der Überblick der verschiedenen Rechtsquellen zeigt außerdem, dass dem europäischen Sekundärrecht sowie den mitgliedstaatlichen Umsetzungsnormen stets die Grundrechte der Charta zugrunde liegen und für die Auslegung der einzelnen Rechte und Pflichten heranzuziehen sind. Insbesondere im Rahmen eines rechtlichen Spielraums von Kollisionsnormen oder Öffnungsklauseln der DS-GVO müssen diese grundrechtlichen Wertungen einbezogen und vollumfänglich mit anderen betroffenen Grundrechtspositionen in Ausgleich gebracht werden.[552]

551 Siehe u. a. *Aufhäuser*, PinG 2021, 188; *Brühl/Sepperer*, ZD 2015, 415; *Dieckhoff/Assion*, ZD 2023, 371; *Fischer*, ZD 2012, 265; *Fokken*, NZA 2020, 629; *Fülbier/Splittgerber*, NJW 2012, 1995; *Neumann*, K&R 2014, 320; *Rossow*, DuD 2022, 93; *Sander*, K&R 2022, 662; *Schuster*, CR 2014, 21; *Voigt*, in: FS Taeger, 511; *Wünschelbaum*, NJW 2022, 1561.

552 *Kühling/Raab*, in: Kühling/Buchner, Einführung Rn. 32.

Teil 5 Die Anwendbarkeit der Datenschutz- und Telekommunikationsvorschriften auf Internetdienste des Forschungsnetzbetreibers

Die Wissenschaft lebt von der Auswertung von Daten.[553] Es liegt in ihrer Natur, Sachverhalte zu untersuchen und die hierbei erhobenen Daten zu analysieren, zu speichern oder zu übertragen. Das Forschungsnetz dient ebendieser Übertragung der Forschungsdaten und unterstützt die Forscher in der Durchführung ihrer Projekte.[554]

Da die Forschungsdaten oftmals personenbezogene Daten beinhalten,[555] prallen durch die Verarbeitung dieser Daten durch den Forschungsnetzbetreiber verschiedene Interessen der jeweiligen Parteien aufeinander: Einerseits wollen die betroffenen Personen ihr Recht auf Privatheit aus Art. 7 GRCh sowie ihr Recht auf Datenschutz aus Art. 8 GRCh geschützt wissen. Auf der anderen Seite möchte der Forschungsnetzbetreiber im Interesse seiner Mitglieder, Teilnehmer und der Forschungsgemeinschaft sein Recht auf Forschungsfreiheit und akademischer Freiheit wahrnehmen und die Daten der betroffenen Personen auf die jeweils benötigten Arten zugunsten wissenschaftlicher Arbeiten übertragen und verarbeiten. Darüber hinaus nimmt der Forschungsnetzbetreiber auch seine unternehmerische Freiheit aus Art. 16 GRCh sowie seine Berufsfreiheit aus Art. 15 GRCh wahr.

Diese widerstreitenden Interessen spiegeln sich in sämtlichen Verarbeitungssituationen wider. Die DS-GVO sieht daher eine Vielzahl von Privilegierungen für die Forschung vor, fordert aber im Gegenzug hierzu entsprechende Garantien für den Schutz der personenbezogenen Daten. Ob diese Privilegierungen nun aber auch für Forschungsnetzbetreiber als Telekommunikationsbetreiber herangezogen werden können, ist fraglich. Denn für Betreiber öffentlicher Kommunikationsnetze sieht die ePrivacy-Richtlinie eigene, speziellere Vorgaben vor. Insbesondere das hiervon umfasste Fernmeldegeheimnis, umgesetzt in § 3 TTDSG, ginge im Falle einer Anwendbarkeit aufgrund des in Art. 95 DS-GVO normierten Vorrangs den Vorgaben der DS-GVO vor.

Daher ist zu Beginn dieses Teils der Untersuchung die Frage zu klären, ob der Anwendungsbereich der DS-GVO auf die Tätigkeiten des Forschungsnetzbetreibers eröffnet und anwendbar ist, oder ob die Vorgaben der nationalen Umsetzungsgesetze der ePrivacy-Richtlinie, wie die des TTDSG oder TKG vorrangig zu beachten sind.

---

553 Z. B. im Bereich der Klimaforschung: *North*, S. 284; oder im Bereich der KI-Forschung: *Szalay*, in: Choudhary/Fox/Hey, 29.

554 Der Forschungsnetzbetreiber als „Enabler von netzgestützten F&L-Prozessen": *DFN-Verein*, Rahmenprogramm, Anhang IV, S. 3.

555 *Roßnagel*, ZD 2019, 157, 158.

N. John, *Der Schutz der Daten im Netz des Access Providers der Wissenschaft*,
Juridicum – Schriften zum Medien-, Informations- und Datenrecht,
https://doi.org/10.1007/978-3-658-45497-5_5

Soweit eine Anwendbarkeit der DS-GVO angenommen werden muss, ist anschließend zu untersuchen, ob Öffnungsklauseln für die Verarbeitungstätigkeiten einschlägig sind und ggf. auf das nationale Datenschutz- oder Telekommunikationsrecht verweisen. Daran schließt sich die Frage an, wie sich die Wissenschaftsprivilegien der DS-GVO auf die Tätigkeiten des Forschungsnetzbetreibers auswirken.

A. Anwendbarkeit der Datenschutz-Grundverordnung

Mit dem Betrieb eines Forschungsnetzes für Hochschulen und Forschungseinrichtungen liegt die Hauptaufgabe eines Forschungsnetzbetreibers in der Übertragung sämtlicher Informationen der angeschlossenen Einrichtungen. Durch ihre Stellung als europäische Verordnung ist daher für die Untersuchung zuerst auf die Vorgaben der DS-GVO einzugehen.

Maßgeblich für die Einordnung der Tätigkeiten des Forschungsnetzbetreibers ist der dieser Untersuchung zugrundeliegende zentrale Internetdienst. Dieser bietet Zugang zum Forschungsnetz, die Verbindung zu anderen Forschungsnetzen und dem allgemeinen Internet. Im Falle des deutschen Forschungsnetzbetreibers wird dieser Dienst mit dem *DFNInternet* bereitgestellt. Hierdurch werden die Teilnehmer am *DFN* an das Deutsche Forschungsnetz, die globalen Forschungsnetze weltweit sowie das Internet angeschlossen.

Bedeutend für die Einordnung in den Anwendungsbereich der DS-GVO sind an dieser Stelle die verschiedenen Teile des Netzwerks: Einerseits verwalten die Teilnehmereinrichtungen ihre lokalen Netzwerke selbst. Andererseits übernimmt der Forschungsnetzbetreiber ab dem Übergabepunkt an das Forschungsnetz die Verwaltung der Signalübertragung.

Neben dem Internetdienst des Forschungsnetzbetreibers bietet dieser seinen Mitgliedern und den Teilnehmern, wie in Teil 2 beschrieben, weitere Dienste an. Die Bestimmung der verantwortlichen Person ist aufgrund der unterschiedlichen Aufbauweisen der Dienste einzelfallabhängig für jeden Dienst zu klären. Insoweit ist die vorliegende Untersuchung des Internetdienstes des Forschungsnetzbetreibers nicht zwingend Maßstab für alle weiteren Dienste eines Forschungsnetzbetreibers.

I. Verarbeitung personenbezogener Daten im Forschungsnetz

Die für die Eröffnung des sachlichen Anwendungsbereichs der DS-GVO erforderliche Verarbeitung personenbezogener Daten i. S. d. Art. 2 Abs. 1 DS-GVO ist bei vielen Übertragungsvorgängen innerhalb des Forschungsnetzes aufgrund des weiten Anwendungsbereichs der DS-GVO[556] anzunehmen.

1. Personenbezogenes Datum

Gemäß Art. 4 Nr. 1 DS-GVO sind „*personenbezogene Daten alle Informationen, die sich auf eine identifizierte oder identifizierbare natürliche Person [...] beziehen; als identifizierbar wird eine natürliche Person angesehen, die direkt oder indirekt, insbesondere mittels Zuordnung zu einer Kennung wie einem Namen, zu einer Kennnummer, zu Standortdaten, zu einer Online-Kennung oder zu einem oder mehreren besonderen Merkmalen identifiziert werden kann, die Ausdruck der physischen, physiologischen, genetischen, psychischen, wirtschaftlichen, kulturellen oder sozialen Identität dieser natürlichen Person sind*".

Auch auf pseudonymisierte Daten ist die DS-GVO anwendbar.[557] Eine solche liegt gemäß Art. 4 Nr. 5 DS-GVO vor, wenn eine Identifizierung der Person unter Hinzuziehung zusätzlicher Informationen weiterhin möglich ist.

Kein Personenbezug liegt dagegen vor, wenn die Daten anonymisiert worden sind. Dies ist der Fall, wenn die personenbezogenen Daten so verändert worden sind, dass die hinter diesen Daten stehende Einzelperson nicht bzw. nicht mehr identifiziert werden kann.[558]

Im Rahmen des Internetdienstes des Forschungsnetzbetreibers werden sämtliche anfallenden Daten der angeschlossenen Einrichtungen erfasst und übertragen. Dabei stellt der größte Anteil der Übertragungen der Datenverkehr von den Einrichtungen der Teilnehmer dar. Indem sie den Nutzerkreisen den Dienst zur Verfügung stellen, werden die zu übertragenden Daten dieser Nutzer in das Forschungsnetz gespeist. Ebenso sorgen Beschäftigte der Teilnehmer und des Forschungsnetzbetreibers für Datenflüsse.

Da die Informationen, welche im Rahmen des Forschungsnetzbetriebs anfallen, allumfassend übertragen werden, weisen sie eine große Bandbreite an Inhalten auf. Hiervon lassen eine Vielzahl der anfallenden Daten eine Identifizierung der dahinterstehenden natürlichen Person zu.

Eines der Kerndaten im digitalen Kommunikationsverkehr stellt regelmäßig die IP-Adresse dar. Bezüglich dynamischer IP-Adressen hatte der *EuGH* in der Vergangenheit schon Stellung genommen und entschieden, dass diese einen Personenbezug

---

556 *Roßnagel*, in: Simitis/Hornung/Spiecker gen. Döhmann, DSGVO Art. 2 Rn. 13.

557 ErwG 26 DS-GVO.

558 *Ernst*, in: Paal/Pauly, DS-GVO Art. 4 Rn. 48; *Rücker*, in: Rücker/Kugler, B. Rn. 97.

aufweisen.[559] So hatte der *EuGH* in der Sache *Scarlet Extended* festgestellt, dass dynamische IPv4-Adressen einen Personenbezug aufweisen, wenn die Datenverarbeitung durch den Internetzugangsanbieter erfolgt, welcher auch die Zuweisung der IPv4-Adresse vornimmt.[560] In der Rechtssache *Breyer* entschied der *EuGH* darüber hinaus, dass auch für andere Datenverarbeiter, welche dynamische IP-Adressen verarbeiten, die IP-Adresse ein personenbezogenes Datum darstellt.[561] Der Verarbeiter habe prinzipiell die Möglichkeit, durch Heranziehen von Zusatzinformationen des Internetzugangsanbieters die natürliche Person hinter der IP-Adresse zu bestimmen.[562]

In Bezug auf den Internetdienst nimmt der Forschungsnetzbetreiber als Access Provider die Zuteilung der IP-Adressen selbst vor.[563] In diesem Fall ist der Personenbezug anzunehmen.[564] Doch selbst, wenn die Zuordnung durch eine andere Stelle vorgenommen wird, stellt die verarbeitete IP-Adresse der Teilnehmereinrichtungen bzw. des Nutzers ein personenbezogenes Datum dar, wenn die Identifizierung der betroffenen Person für den Forschungsnetzbetreiber möglich ist.[565] Daher ist für den Forschungsnetzbetreiber die IP-Adresse der Nutzer ein personenbezogenes Datum i. S. d. Art. 4 Nr. 1 DS-GVO. Dennoch ist der Personenbezug im Einzelfall nur im oben genannten Rahmen zu bejahen. Soweit der Forschungsnetzbetreiber keine Möglichkeit hat, die hinter der IP-Adresse stehende Person zu identifizieren, kann diese kein personenbezogenes Datum darstellen.[566]

Neben der IP-Adresse finden sich viele weitere personenbezogenen Daten in den zu übertragenden Informationen. Insoweit lässt sich die Argumentation des *EuGH* auch auf andere im Forschungsnetz zu verarbeitende Daten übertragen.[567] So enthalten Anmeldedaten z. B. häufig eine E-Mail-Adresse. Diese lässt eine Identifizierung des Nutzers zwar nur dann unmittelbar zu, wenn der Echtname der dahinterstehenden Person in der E-Mail-Adresse verwendet wird. Doch entsprechend der Argumentation des *EuGH* in der Sache *Breyer*[568] lässt sich auch bei anderslautenden E-Mail-

[559] EuGH, Urt. v. 19.10.2016, C-582/14, Breyer, ECLI:EU:C:2016:779; EuGH, Urt. v. 24.11.2011, C-70/10, Scarlet Extended, ECLI:EU:C:2011:771.

[560] EuGH, Urt. v. 24.11.2011, C-70/10, Scarlet Extended, ECLI:EU:C:2011:771, Rn. 51.

[561] EuGH, Urt. v. 19.10.2016, C-582/14, Breyer, ECLI:EU:C:2016:779, Rn. 49.

[562] EuGH, Urt. v. 19.10.2016, C-582/14, Breyer, ECLI:EU:C:2016:779, Rn. 49; so schon auch *Artikel-29-Datenschutzgruppe,* WP 136, S. 19 f.

[563] *DFN-Verein*, Dienstbeschreibung DFNInternet, Anhang V, S. 1.

[564] EuGH, Urt. v. 24.11.2011, C-70/10, Scarlet Extended, ECLI:EU:C:2011:771, Rn. 51; als „Online-Kennung" stets erfassend *Forgó/Hawellek*, in: Forgó/Helfrich/Schneider, Teil VIII. Kap. 2, Rn. 52; *Hoeren*, Rn. 13.

[565] EuGH, Urt. v. 19.10.2016, C-582/14, Breyer, ECLI:EU:C:2016:779, Rn. 49.

[566] *Baumgartner*, ZD 2023, 125, 126; *Trzaskowski/Sørensen*, S. 74 Fn. 19; *Kazemi*, S. 196 f.

[567] *Schmitz*, in: Hoeren/Sieber/Holznagel MultimediaR-Hdb, Teil 16.2, Rn. 75.

[568] EuGH, Urt. v. 19.10.2016, C-582/14, Breyer, ECLI:EU:C:2016:779.

Adressen durch eine Anfrage beim Inhaber oder durch Suchdienste der Personenbezug herstellen.[569]

Auch Sitzungsmetadaten bzw. Verkehrsdaten können Personenbezug aufweisen.[570] Diese Daten sind in Bezug auf die Nutzung eines Forschungsnetzes vor allem Daten über die Umstände der Verbindung eines Nutzers zum Netzwerk. So können z. B. die Informationen über den Ort, die Zeit und weitere Daten über das Endgerät wie z. B. Modell des Geräts, Betriebssystem, Aufrufe der Webseiten usw. die eindeutige Bestimmung des Nutzers ermöglichen. Soweit die Identifizierung möglich ist, sind die Verkehrs- und Sitzungsmetadaten von dem Forschungsnetzbetreiber ebenfalls als personenbezogene Daten zu behandeln.

Schließlich können auch die zu übertragenden Inhaltsdaten naturgemäß jede denkbare Art von personenbezogenen Daten enthalten. Lichtbilder,[571] Videos,[572] Stimmaufnahmen, Textinformationen, usw. sind regelmäßig Teil der zu übertragenden Inhaltsdaten und als personenbezogene Daten einzuordnen. Darüber hinaus können nach Ansicht des *EuGH* die Antworten einer schriftlichen Prüfung Personenbezug aufweisen.[573] Dies kann im Falle der Durchführung von Online-Klausuren auch für den Forschungsnetzbetreiber von Bedeutung sein.

Schließlich weisen neben den Inhalts- sowie Verkehrsdaten auch Bestandsdaten, also die für den Betrieb erforderlichen Daten[574] wie z. B. die für die Rahmenverträge sowie weiteren Dienstvereinbarungen usw. erforderlichen Daten einen Personenbezug auf. Die DS-GVO unterscheidet nicht zwischen Verkehrs- und Bestandsdaten, daher unterfallen auch diese Daten dem Begriff des personenbezogenen Datums.[575]

Soweit die zu verarbeitenden Daten keinen Personenbezug aufweisen, ist der Anwendungsbereich der DS-GVO dagegen nicht eröffnet.

2. Ganz bzw. teilweise automatisierte Verarbeitung

Die Verarbeitung der personenbezogenen Daten liegt gemäß Art. 4 Nr. 2 DS-GVO bei "*jeden mit oder ohne Hilfe automatisierter Verfahren ausgeführten Vorgang oder jede solche Vorgangsreihe im Zusammenhang mit personenbezogenen Daten*" vor. Als Beispiele hierzu zählt Art. 4 Nr. 2 DS-GVO „*das Erheben, das Erfassen, die Organisation, das Ordnen, die Speicherung, die Anpassung oder Verän-*

[569] *Klar/Kühling*, in: Kühling/Buchner, DS-GVO Art. 4 Nr. 1 Rn. 39; *Schmitz*, in: Hoeren/Sieber/Holznagel MultimediaR-Hdb, Teil 16.2, Rn. 75.
[570] *Broy*, in: Weth/Herberger/Wächter u. a., Teil B XI. Rn. 13 f.
[571] ErwG 51 DS-GVO.
[572] EuGH, Urt. v. 11.12.2014, C-212/13, Ryneš, ECLI:EU:C:2014:2428, Rn. 22.
[573] EuGH, Urt. v. 20.12.2017, C-434/16, Nowak, ECLI:EU:C:2017:994, Rn. 62.
[574] Siehe § 2 Abs. 2 Nr. 2 TTDSG.
[575] *Schmitz*, in: Hoeren/Sieber/Holznagel MultimediaR-Hdb, Teil 16.2, Rn. 317.

derung, das Auslesen, das Abfragen, die Verwendung, die Offenlegung durch Übermittlung, Verbreitung oder eine andere Form der Bereitstellung, den Abgleich oder die Verknüpfung, die Einschränkung, das Löschen oder die Vernichtung“ auf.

Automatisiert ist die Verarbeitung, wenn Datenverarbeitungsanlagen für die Verarbeitung verwendet werden.[576] Der Begriff der Datenverarbeitungsanlage ist aufgrund der Technologieneutralität der DS-GVO weit zu fassen.[577]

In Bezug auf die Verarbeitung im Forschungsnetz liegt diese regelmäßig an verschiedenen Stellen vor. Die Verarbeitung der Daten kann bspw. durch die erstmalige Erhebung durch die Mitgliedsinstitutionen des Forschungsnetzes vorliegen, aber auch durch die weitere Speicherung auf den Servern des Forschungsnetzbetreibers, durch das Übermitteln der Daten an weitere Punkte des Forschungsnetzes, bzw. des Internets oder durch die Löschung der Nutzerdaten regelmäßig bei der Nutzung des Internetdienstes erfüllt sein.

Da der Forschungsnetzbetreiber die Datenverarbeitungen überwiegend unter Zuhilfenahme von Computeranlagen, Servern, usw. vornimmt, liegt die automatisierte Verarbeitung im Kontext des Forschungsnetzbetriebs regelmäßig vor. Auch im Falle der nicht automatisierten, also einer manuellen Verarbeitung, bleibt der Anwendungsbereich der DS-GVO eröffnet, wenn die personenbezogenen Daten in einem Dateisystem gespeichert werden.[578] Ein solches ist nach Art. 4 Nr. 6 DS-GVO „*jede strukturierte Sammlung personenbezogener Daten, die nach bestimmten Kriterien zugänglich sind, unabhängig davon, ob diese Sammlung zentral, dezentral oder nach funktionalen oder geografischen Gesichtspunkten geordnet geführt wird*“. Entscheidend ist in diesem Fall die Strukturiertheit der Sammlung.[579] Aufgrund des digitalen Aufbaus des Forschungsnetzbetriebs dürfte die manuelle Datenverarbeitung für den Forschungsnetzbetreiber in nur wenigen Randbereichen einschlägig sein. Dies ist z. B. bei Datenverarbeitungen in der Verwaltung denkbar, etwa mit analogen Einstellungsunterlagen oder papiergeführten Akten.

Der sachliche Anwendungsbereich der DS-GVO ist damit hinsichtlich der Datenverarbeitungen von personenbezogenen Daten eröffnet (Art. 2 Abs. 1 DS-GVO). Für die Verarbeitung nicht personenbezogener Daten natürlicher Personen ist der Anwendungsbereich dagegen nicht eröffnet.

---

576 *Ernst*, in: Paal/Pauly, DS-GVO Art. 2 Rn. 5; *Kühling/Raab*, in: Kühling/Buchner, DS-GVO Art. 2 Rn. 15.
577 ErwG 15; *Kühling/Raab*, in: Kühling/Buchner, DS-GVO Art. 2 Rn. 15.
578 ErwG 15 DS-GVO.
579 *Kühling/Raab*, in: Kühling/Buchner, DS-GVO Art. 2 Rn. 18.

II. Verantwortlichkeit

Die DS-GVO adressiert keinen bestimmten Kreis im Sinne eines persönlichen Anwendungsbereichs, sondern erfasst jede Person, welche personenbezogene Daten natürlicher Personen verarbeitet.[580] Die Bestimmung des Verantwortlichen ist daher für die Anwendbarkeit der Vorgaben aus der DS-GVO von zentraler Bedeutung. Unerheblich ist, ob der Datenverarbeiter eine natürliche oder juristische Person ist oder ob dieser dem öffentlichen Bereich zuzuordnen ist.[581]

Verantwortlicher i. S. d. Art. 4 Nr. 7 DS-GVO ist „*die natürliche oder juristische Person, Behörde, Einrichtung oder andere Stelle, die allein oder gemeinsam mit anderen über die Zwecke und Mittel der Verarbeitung von personenbezogenen Daten entscheidet*". Die *Artikel-29-Datenschutzgruppe* stellt die drei erforderlichen Eigenschaften heraus, anhand welcher der Verantwortliche bestimmt werden kann: Den personenbezogenen Aspekt („*natürliche oder juristische Person, Behörde, Einrichtung oder jede andere Stelle*"), das alleinige oder gemeinsame Agieren und die Entscheidung über die Zwecke und Mittel der Datenverarbeitungen.[582] Innerhalb einer Organisationsstruktur ist das Handeln der natürliche Personen der Organisation zuzurechnen, soweit die Person für die Organisation handelt.[583] Eine Unterscheidung zwischen privater und öffentlicher Organisation ist für die Frage des Verantwortlichen nicht relevant.[584]

Im Rahmen des Betriebs eines Forschungsnetzes kommen für die Bestimmung des Verantwortlichen verschiedene Personen in Betracht. Dadurch, dass am Betrieb nicht nur der Forschungsnetzbetreiber allein, sondern auch Akteure wie die Teilnehmereinrichtungen und private Unternehmen an der Erbringung des Internetdienstes beteiligt sind, kommen auch diese Akteure als Verantwortliche oder zumindest als Auftragsverarbeiter in Betracht. Darüber hinaus sind auch ihre Beziehungen zueinander von Relevanz, insbesondere die Vereinsstruktur des deutschen Forschungsnetzbetreibers ist in die Einordnung einzubeziehen.

Die Einordnung eines Forschungsnetzbetreibers als eingetragener, rechtsfähiger Verein ist daher als Verantwortlicher möglich, wenn er über die Zwecke und Mittel der Verarbeitung entscheidet. Sollte die Entscheidungsgewalt dagegen über die Zwecke und Mittel bei einem einzelnen Vereins-Mitglied liegen, so kommt auch bei diesem die Rolle des Verantwortlichen in Betracht. Die Mitglieder als teils öffentliche Einrichtungen (z. B. öffentliche Universitäten oder Hochschulen, Institute, öf-

---

[580] *Kühling/Raab*, in: Kühling/Buchner, DS-GVO Art. 2 Rn. 12.

[581] Art. 4 Nr. 7 DS-GVO; *Schmidt*, in: Taeger/Gabel, DS-GVO Art. 2 Rn. 6; *Zerdick*, in: Ehmann/Selmayr, DS-GVO Art. 2 Rn. 3.

[582] *Artikel-29-Datenschutzgruppe,* WP 169, S. 10; so auch *EDSB*, Guidelines on the concepts of controller, processor and joint controllership under Regulation (EU) 2018/1725, 7.11.2019, S. 7 ff.

[583] *Artikel-29-Datenschutzgruppe,* WP 169, S. 19.

[584] *Petri*, in: Simitis/Hornung/Spiecker gen. Döhmann, DSGVO Art. 4 Nr. 7 Rn. 17.

fentliche Forschungseinrichtungen oder Behörden) oder teils private Einrichtungen, bspw. Unternehmen (z. B. *Cisco Systems GmbH*) oder private Hochschulen (z. B. die *Private Hochschule für Wirtschaft und Technik in Niedersachsen*), können somit möglicherweise ebenfalls als Verantwortliche eingeordnet werden.

Vom Verantwortlichen abzugrenzen ist der Auftragsverarbeiter nach Art. 4 Nr. 8 DS-GVO. Dieser ist jede „*natürliche oder juristische Person, Behörde, Einrichtung oder andere Stelle, die personenbezogene Daten im Auftrag des Verantwortlichen verarbeitet*“. Merkmal ist die rechtlich eigenständige Verantwortlichkeit und die mit dem Auftrag einhergehende Weisungsgebundenheit an die Vorgaben des Verantwortlichen.[585]

Für die Bestimmung des Verantwortlichen im Kontext des Betriebs eines Forschungsnetzes ist damit die Entscheidung über die Zwecke und Mittel der Datenverarbeitungen von zentraler Bedeutung.[586] Dadurch, dass das Forschungsnetz in Deutschland und auch weiteren europäischen Mitgliedstaaten in einer Vereinsstruktur aufgebaut ist und verschiedene technische Ebenen bei der Übertragung der Inhalte im Forschungsnetz bestehen, muss differenziert werden, welche Einrichtung an welchem Datenverarbeitungsschritt tatsächlich über die Zwecke und Mittel der Datenverarbeitungen entscheidet.

Ob und inwieweit der Forschungsnetzbetreiber oder seine Mitglieder als einzelne oder gemeinsame Verantwortliche oder als Auftragsverarbeiter einzuordnen sind, ist daher vom Aufbau des Internetdienstes abhängig. Je nach konkreter Verteilung der Entscheidungsgewalt über die Zwecke und Mittel der Verarbeitung kann der Forschungsnetzbetreiber, das Mitglied, beide gemeinsam oder Dritte außerhalb der Vereinsstrukturen Verantwortliche und/oder Auftragsverarbeiter sein.

1. Bundesweite Netzinfrastruktur

Im Rahmen des Internetdienstes erhalten die Hochschulen und Forschungseinrichtungen durch den Abschluss des Rahmenvertrages mit dem Forschungsnetzbetreiber einen Netzanschluss an das Forschungsnetz. Bis zu diesem Übergabepunkt, der je nach Vertragsgestaltung als Übergabepunkt in den Betriebsräumen der teilnehmenden Organisation, an einem Kernknotenpunkt des Forschungsnetzes oder einem Cluster-Router sein kann,[587] betreibt und unterhält der Forschungsnetzbetreiber die bundesweite Netzinfrastruktur des Forschungsnetzes und vermittelt den IP-

[585] *Artikel-29-Datenschutzgruppe,* WP 169, S. 30 f.; *Spoerr*, in: BeckOK DatenschutzR, DS-GVO Art. 28 Rn. 18; *Dibble*, Solicitors Journal 2020, 40, 42.

[586] Die Artikel-29-Datenschutzgruppe sieht auch das Entscheidungselement als grundlegendes Abgrenzungsmerkmal zu anderen Akteuren, *Artikel-29-Datenschutzgruppe,* WP 169, S. 10.

[587] *DFN-Verein*, Dienstbeschreibung DFNInternet, Anhang V, S. 4.

Verkehr zwischen den Teilnehmereinrichtungen, den globalen Forschungsnetzen sowie anderen Teilnetzen des Internets.[588]

Inwieweit die verschiedenen Akteure, also Forschungsnetzbetreiber und die jeweilige Teilnehmereinrichtung als Verantwortliche angesehen werden können, muss individuell anhand der konkreten Datenverarbeitungsvorgänge festgestellt werden.[589]

a) Inhalts- und Verkehrsdaten

Im Zentrum der Übertragungstätigkeiten des Forschungsnetzbetreibers stehen die Inhaltsdaten, also die über das Forschungsnetz zu übertragenden Inhalte der Kommunikation. Darüber hinaus umfassen die zu übertragenden Informationen auch die Verkehrsdaten, also die Metadaten der Kommunikation der angeschlossenen Teilnehmereinrichtungen und Nutzergruppen.

Für die Einordnung der Rolle des oder der Verantwortlichen von hoher Relevanz hat aufgrund der faktischen Betrachtungsweise[590] der Aufbau der Verwaltungsstruktur des Forschungsnetzes sowie das enge Verhältnis zwischen dem Forschungsnetzbetreiber und den angeschlossenen Mitgliedern bzw. Teilnehmereinrichtungen. Denn der Forschungsnetzbetreiber ist zwar für den Aufbau und den Betrieb des Forschungsnetzes zuständig,[591] doch haben die Mitglieder aufgrund ihrer Stellung in der Mitgliederversammlung und den Gremien einen großen Einfluss auf die Gestaltung dieser Aufgabe.

Denkbar sind daher verschiedene datenschutzrechtliche Konstellationen der Verantwortlichkeit: Zunächst ist zu untersuchen, ob der Forschungsnetzbetreiber überhaupt als Verantwortlicher für die Inhalts- und Verkehrsdaten in Betracht kommt. Er könnte als alleiniger Verantwortlicher einzuordnen sein, wenn er ohne Einfluss anderer Akteure bestimmt, zu welchen Zwecken und unter welchen Mitteln die Inhalts- und Verkehrsdaten im Forschungsnetz übertragen werden. Im Gegensatz hierzu könnte der Forschungsnetzbetreiber für die Übertragung der Verkehrsdaten auch als Auftragsverarbeiter i. S. d. Art. 4 Nr. 8 DS-GVO auftreten und die jeweiligen Einrichtungen selbst als Verantwortliche hinsichtlich ihrer Übertragungen zu qualifizieren sein. Denkbar ist auch eine gemeinsame Verantwortlichkeit zwischen dem Forschungsnetzbetreiber und der jeweiligen angeschlossenen Einrichtung i. S. d. Art. 26 DS-GVO, wenn diese zusammen mit dem Betreiber die Bedingungen der Übertragung festlegen. Schließlich können auch der Forschungsnetzbetreiber und die angeschlossenen Einrichtungen als eigenständige Verantwortliche eingeordnet werden,

---

[588] *DFN-Verein*, Dienstbeschreibung DFNInternet, Anhang V, S. 2 f.

[589] *Artikel-29-Datenschutzgruppe*, WP 169, S. 11 ff.; *EDSA*, Leitlinien 07/2020, Rn. 21.

[590] *Artikel-29-Datenschutzgruppe*, WP 169, S. 11 ff.; *EDSA*, Leitlinien 07/2020, Rn. 21.

[591] § 2 Nr. 1 DFN-Satzung.

wenn diese unabhängig voneinander die personenbezogenen Daten zu eigenen Zwecken verarbeiten.

Für und gegen diese verschiedenen Konstellationen der Verantwortlichkeit sprechen unterschiedliche Argumente.

aa) Forschungsnetzbetreiber als Alleinverantwortlicher

Für eine Einordnung als Verantwortlicher bereitet der personenbezogene Aspekt[592] beim Forschungsnetzbetreiber keine Schwierigkeiten. Als eingetragener Verein kann der Forschungsnetzbetreiber als juristische Person privaten Rechts als Verantwortlicher i. S. d. Art. 4 Nr. 7 DS-GVO eingeordnet werden.[593]

Bezüglich der Entscheidung über Zwecke und Mittel der Datenübertragungen muss zunächst festgestellt werden, dass der Forschungsnetzbetreiber bei seiner reinen Übertragungstätigkeit nicht zwischen personenbezogenen Daten und sonstigen Informationen unterscheidet. Vielmehr überträgt er sämtlichen Datenverkehr unabhängig von seiner Einordnung im Forschungsnetz. Fraglich ist daher, ob dem Forschungsnetzbetreiber bezüglich der Übertragungstätigkeit überhaupt eine datenschutzrechtliche Verantwortlichkeit zukommen kann.

Vor dem *EuGH* vertrat das Unternehmen *Google* im Verfahren *Google Spain*[594] ebendiese Auffassung: Sie sei nicht Verantwortliche i. S. d. DS-GVO für die Datenverarbeitungen zu Zwecken der Suchfunktionen, da nicht zwischen personenbezogenen Daten und sonstigen Informationen unterschieden werde.[595] Insoweit habe sie weder Kenntnis über diese Daten noch kontrolliere sie die Datenverarbeitungen.[596]

Doch trotz dieses Vorbringens ordnete der *EuGH Google* in seinem Urteil als Verantwortliche ein, denn entscheide die Suchmaschinenbetreiberin über die die Zwecke und Mittel der Suchfunktionen und daher auch über die damit einhergehende Verarbeitung personenbezogener Daten.[597] Zudem spreche das Ziel der Vorgaben der DS-GVO zum Verantwortlichen für eine weite Auslegung, um einen umfassenden Schutz der personenbezogenen Daten der betroffenen Personen gewährleisten zu können.[598] Der Suchmaschinenbetreiber könne nicht von den Vorgaben ausgenommen werden, nur weil er keine Kontrolle über die Daten auf den Webseiten habe.[599] Vielmehr sorge der Betreiber dafür, dass die personenbezogenen Daten sogar besser

---

592 *Artikel-29-Datenschutzgruppe,* WP 169, S. 19; *EDSA,* Leitlinien 07/2020, Rn. 17 ff.
593 *Petri*, in: Simitis/Hornung/Spiecker gen. Döhmann, DSGVO Art. 4 Nr. 7 Rn. 16.
594 EuGH, Urt. v. 13.5.2014, C-131/12, Google Spain, ECLI:EU:C:2014:317.
595 EuGH, Urt. v. 13.5.2014, C-131/12, Google Spain, ECLI:EU:C:2014:317, Rn. 22.
596 EuGH, Urt. v. 13.5.2014, C-131/12, Google Spain, ECLI:EU:C:2014:317, Rn. 22.
597 EuGH, Urt. v. 13.5.2014, C-131/12, Google Spain, ECLI:EU:C:2014:317, Rn. 33.
598 EuGH, Urt. v. 13.5.2014, C-131/12, Google Spain, ECLI:EU:C:2014:317, Rn. 34.
599 EuGH, Urt. v. 13.5.2014, C-131/12, Google Spain, ECLI:EU:C:2014:317, Rn. 34.

gefunden werden können und somit dem Datenverkehr des Internets leichter zugeführt werden.[600] Durch diese Tätigkeit steigere sich die Möglichkeit einer Beeinträchtigung der Rechte auf Schutz der Privatsphäre und des Schutzes personenbezogener Daten.[601]

Entscheidungsmöglichkeiten bezüglich der Zwecke und Mittel stünden dem Suchmaschinenbetreiber entgegen seiner Auffassung sehr wohl zu.[602] Außerdem sei es nicht allein die Aufgabe des Webseitenbetreibers, die Verarbeitung bestimmter Daten auf der Webseite über entsprechende Codes zu verhindern.[603] Vielmehr trete in diesen Situationen der Suchmaschinenbetreiber als Verantwortlicher neben den Webseitenbetreiber und die Entscheidung über das Ob und Wie der Datenverarbeitung werde nach Art. 2 lit. d DSRL „*gemeinsam mit anderen*" getroffen.[604] Daher sei *Google* auch trotz der Verwendungsmöglichkeit entsprechender Codes neben den Webseitenbetreibern als Verantwortliche einzuordnen.[605]

Aufgrund des gleich gebliebenen Wortlauts des Art. 4 Nr. 7 DS-GVO kann die Auffassung des *EuGH* auf die Vorgaben der DS-GVO übertragen werden.[606]

Auch wenn der *EuGH* in seinem Urteil *Google* keinen Spielraum zulässt, um nicht als Verantwortliche eingeordnet zu werden, kann die Auffassung von *Google* für den Forschungsnetzbetreiber von Relevanz sein. Denn anders als der Suchmaschinenbetreiber übermittelt der Forschungsnetzbetreiber die Informationen zunächst nur über das Forschungsnetz und verarbeitet sie im Regelfall nicht für andere, eigene Anwendungen. Seine Aufgabe liegt ausschließlich darin, über das Forschungsnetz die Informationen wie vom Nutzer gewünscht von A nach B zu übermitteln. Das Indexieren, Crawlen oder Bereitstellen der Ergebnisse auf der eigenen Seite findet beim Forschungsnetzbetreiber als Internetdienst im Gegensatz zu einem Suchmaschinenbetreiber gerade nicht statt.

Diese Auffassung spiegelt sich auch in der Stellungnahme der *Artikel-29-Datenschutzgruppe* und den Leitlinien des *EDSA* wider, wonach Telekommunikationsbetreiber nur in Bezug auf die Bestandsdaten Verantwortlicher seien.[607] Für die zu

---

600 EuGH, Urt. v. 13.5.2014, C-131/12, Google Spain, ECLI:EU:C:2014:317, Rn. 36.

601 EuGH, Urt. v. 13.5.2014, C-131/12, Google Spain, ECLI:EU:C:2014:317, Rn. 38.

602 EuGH, Urt. v. 13.5.2014, C-131/12, Google Spain, ECLI:EU:C:2014:317, Rn. 33 ff.

603 EuGH, Urt. v. 13.5.2014, C-131/12, Google Spain, ECLI:EU:C:2014:317, Rn. 40.

604 EuGH, Urt. v. 13.5.2014, C-131/12, Google Spain, ECLI:EU:C:2014:317, Rn. 40.

605 EuGH, Urt. v. 13.5.2014, C-131/12, Google Spain, ECLI:EU:C:2014:317, Rn. 41.

606 So auch der Generalanwalt, Schlussanträge v. 19.12.2018, C-40/17, Fashion ID, ECLI:EU:C:2018:1039, Rn. 87; *EDSA,* Leitlinien 07/2020, Rn. 11; *Gierschmann*, ZD 2020, 69, 70.

607 Unter Bezugnahme auf ErwG 47 DSRL: *Artikel-29-Datenschutzgruppe,* WP 169, S. 13 f.; *EDSA,* Leitlinien 07/2020, Rn. 27.

übertragenden Inhaltsdaten sei dagegen der Absender als Verantwortlicher zu qualifizieren.[608]

Doch im Rahmen des Betriebs eines Forschungsnetzes kann die Rolle des Forschungsnetzbetreibers nicht ohne Weiteres der des ‚klassischen' Telekommunikationsbetreibers gleichgestellt werden. Denn während der ‚klassische' Telekommunikationsbetreiber tatsächlich keine andere Funktion erfüllt als die des Datenübermittlers, gehen die Aufgaben und der faktische Wirkungsbereich des Forschungsnetzbetreibers über diese Tätigkeit hinaus. Zusätzlich sorgt der Aufbau als Verein für eine enge Verknüpfung der angeschlossenen Einrichtungen zum Forschungsnetzbetreiber. In seinem Rahmenprogramm formuliert es der deutsche Forschungsnetzbetreiber treffend mit dem Begriff der „*Selbsthilfeorganisation*"[609].

Die aus der DFN-Satzung, den Dienstvereinbarungen und dem Rahmenprogramm resultierenden Aufgaben und Pflichten des Betreibers machen allerdings einen tiefergehenden Zugriff auf die zu übertragenden Daten erforderlich. Bei einem ‚klassischen' Telekommunikationsbetreiber kommt es nicht auf die Inhalte seiner Kunden an. Hingegen geht es dem Forschungsnetzbetreiber genau darum, möglichst spezifisch auf die einzelnen Bedürfnisse der angeschlossenen Einrichtungen einzugehen.[610] Zwar unterscheidet auch der Forschungsnetzbetreiber nicht bei der Übertragung zwischen personenbezogenen und sonstigen Daten, jedoch ist dieser im Rahmen der Bereitstellung und Weiterentwicklung des Forschungsnetzes regelmäßig darauf angewiesen, von den Übertragungsinhalten Kenntnis zu erlangen, um z. B. die Anschlussbandbreiten und die Leistungsfähigkeit des Forschungsnetzes entsprechend gestalten und anpassen zu können.[611] Seine Einbindung in die wissenschaftlichen Übertragungsvorgänge sorgt für eine bedeutend engere Zusammenarbeit zwischen Forschungsnetzbetreiber und den angeschlossenen Einrichtungen[612] und geht über die reine Übertragungstätigkeit von ‚klassischen' Telekommunikationsbetreibern i. S. d. Erwägungsgrundes 47 DSRL hinaus.[613]

In Bezug auf die Einordnung als Verantwortlicher bedeutet dies, dass der Forschungsnetzbetreiber zwar wie im Verfahren *Google Spain*[614] keine Unterscheidung zwischen personenbezogenen und sonstigen Daten macht. Allerdings erlaubt die enge Einbindung in die Forschungs- und Lehre-Prozesse dem Forschungsnetzbetreiber, durch Zugriff auf die zu übertragenden Inhaltsdaten die erforderlichen Anpassungen des Internetdienstes vorzunehmen. Diese Verarbeitungstätigkeit ist indes

---

608 Unter Bezugnahme auf ErwG 47 DSRL: *Artikel-29-Datenschutzgruppe,* WP 169, S. 13 f.; *EDSA,* Leitlinien 07/2020, Rn. 27.

609 *DFN-Verein,* Rahmenprogramm, Anhang IV, S. 2.

610 *DFN-Verein,* Rahmenprogramm, Anhang IV, S. 3.

611 *DFN-Verein,* Rahmenprogramm, Anhang IV, S. 6 f.

612 *DFN-Verein,* Rahmenprogramm, Anhang IV, S. 8.

613 Siehe Beispiel *Artikel-29-Datenschutzgruppe,* WP 169, S. 13 f.

614 EuGH, Urt. v. 13.5.2014, C-131/12, Google Spain, ECLI:EU:C:2014:317.

nicht mit der Indexierung und dem Crawlen der Nutzerdaten von *Google* gleichzusetzen, dennoch führt sie zu wesentlichen Entscheidungen über die Mittel und Zwecke der einzelnen Datenverarbeitungen. Die Überlegungen des Forschungsnetzbetreibers bzgl. der Hardwareauswahl für den Betrieb des Kommunikationsnetzes, die Softwareentscheidungen, die Auswahl der Verschlüsselungstechnologien oder der Authentifizierungsverfahren und auch der Umfang und die Speicherdauer von Protokollierungen der Verbindungstätigkeiten stellen solche Entscheidungen über die Mittel der Datenverarbeitungen i. S. d. Art. 4 Nr. 7 DS-GVO dar.

Keine Rolle spielt der Umstand, dass teilweise Leitungen, Geräte oder andere Netzwerkkomponenten angemietet sind und nicht im Eigentum des Forschungsnetzbetreibers stehen.[615] Denn trotz dieser Eigentumsverhältnisse entscheidet stets der Forschungsnetzbetreiber über das ‚Ob' und ‚Wie' der Datenübertragung und weist die Datenverarbeitungen, falls erforderlich, die Träger der Leitungen und Gerätschaften entsprechend seiner Entscheidungen an. Möglich ist bei der Durchführung solcher Anweisungen allerdings das Vorliegen einer Auftragsverarbeitung i. S. d. Art. 28 DS-GVO bezüglich der in Anspruch genommenen Dienstleister.[616]

Dennoch kann der Forschungsnetzbetreiber nicht ohne weiteres als Alleinverantwortlicher eingeordnet werden. Denn die Erhebung der Inhaltsdaten findet nicht unmittelbar durch den Forschungsnetzbetreiber, sondern durch die angeschlossenen Teilnehmereinrichtungen bei den Nutzergruppen statt. Erst durch die Übergabe der Daten von der Teilnehmereinrichtung an den Forschungsnetzbetreiber am Übergabepunkt erhält dieser Zugriff auf die personenbezogenen Daten. Vor dieser Übergabe entscheidet die Einrichtung zumindest auch über Zwecke und Mittel der Verarbeitung i. S. d. Art. 4 Nr. 7 DS-GVO. Daher ist die an der Übertragung beteiligten Teilnehmereinrichtung ebenfalls als Verantwortliche in den Blick zu nehmen. Die Folgefrage bleibt, in welchem Verhältnis der Forschungsnetzbetreiber und die jeweils angeschlossene Einrichtung stehen.

Zu untersuchen ist daher, wie in welchem Verhältnis der Forschungsnetzbetreiber zu den angeschlossenen Teilnehmereinrichtungen steht. Möglich ist das Vorliegen einer Auftragsverarbeitung, eine gemeinsame Verantwortlichkeit oder getrennte, eigenständige Verantwortlichkeiten.

bb) Forschungsnetzbetreiber als Auftragsverarbeiter

In Betracht kommt zunächst die Auftragsverarbeitung i. S. d. Art. 28 DS-GVO. Diese liegt dann vor, wenn der Forschungsnetzbetreiber auf Weisung der Teilnehmereinrichtung tätig wird und kein Eigeninteresse an der Datenverarbeitung aufwei-

---

615 *EDSA,* Leitlinien 07/2020, Rn. 73 ff.

616 Siehe Beispiele *EDSA,* Leitlinien 07/2020, Rn. 83 f.

sen kann.[617] Auch hier ist vorrangig auf die faktischen Umstände abzustellen.[618] Besonders die Ausführlichkeit der Weisungen und die Überwachung des Verantwortlichen, die Außenwirkung gegenüber den betroffenen Personen und die Fachkompetenz der beteiligten Parteien sollen nach der *Artikel-29-Datenschutzgruppe* als Kriterien dienlich sein.[619]

Auf den ersten Blick kann das Verhältnis eines Forschungsnetzbetreibers zur Teilnehmereinrichtung wie ein Auftragsverhältnis wirken: Die angeschlossene Teilnehmereinrichtung beauftragt den Forschungsnetzbetreiber, die von den Nutzergruppen entgegengenommenen Verkehrsdaten an das gewünschte Ziel zu übermitteln. Insoweit legt die Teilnehmereinrichtung den Zweck und das Mittel fest. Dass der Forschungsnetzbetreiber einen Entscheidungsspielraum bezüglich der technischen und organisatorischen Mittel zur Umsetzung hat, widerspricht dieser Ansicht nicht.[620] Zudem entscheidet die Teilnehmereinrichtung über die wesentlichen Mittel wie Art der personenbezogenen Daten, Dauer der Verarbeitung, Kategorien der Empfänger und Kategorien betroffener Personen. Die Auswahl der Hard- oder Software durch den Forschungsnetzbetreiber spricht nicht für eine eigenständige Verantwortlichkeit des Betreibers.[621]

Gegen die Auftragsverarbeitung spricht das Eigeninteresse des Forschungsnetzbetreibers an den Übertragungen der personenbezogenen Daten. Der Forschungsnetzbetreiber hat ein ureigenes Interesse daran, die Daten aus Forschung und Wissenschaft zu übertragen, denn allein zu diesem Zweck wurde das Forschungsnetz gegründet.[622] Dies liegt auch am Aufbau als Verein: Die Mitglieder des Forschungsnetzbetreibers sind auch jene Einrichtungen, welche selbst die Übertragung initiieren. Es herrscht demnach eine Art Personenidentität zwischen dem Vereinsmitglied und der jeweils übertragenden Einrichtung. Darüber hinaus verfolgen aufgrund der eigenen Satzung alle Mitglieder des Forschungsnetzbetreibers gemeinsam das Interesse, die eigenen Daten aus Wissenschaft und Forschung zu übertragen.[623] Insbesondere die Eigenschaft des Forschungsnetzbetreibers, als *„Selbsthilfeorganisation“*[624] der Wissenschaft zu agieren, zeichnet das hierfür erforderliche Eigeninteresse an den Tätigkeiten des Vereins aus.

---

617 *Artikel-29-Datenschutzgruppe,* WP 169, S. 30 f.; *EDSA,* Leitlinien 07/2020, Rn. 80 f.; *Veil,* in: Gierschmann/Schlender/Stentzel u. a., DS-GVO Art. 26 Rn. 40; *Lezzi/Oberlin,* ZD 2018, 398, 400.

618 *Artikel-29-Datenschutzgruppe,* WP 169, S. 30; *Hartung,* in: Kühling/Buchner, DS-GVO Art. 4 Nr. 8 Rn. 7.

619 *Artikel-29-Datenschutzgruppe,* WP 169, S. 40.

620 *EDSA,* Leitlinien 07/2020, S. 4.

621 *EDSA,* Leitlinien 07/2020, Rn. 40.

622 Schon der Name des deutschen Forschungsnetzbetreibers lautet *„Verein zur Förderung eines Deutschen Forschungsnetzes e.V. - DFN-Verein -* “; § 2 DFN-Satzung; *DFN-Verein,* Rahmenprogramm, Anhang IV, S. 4.

623 § 2 DFN-Satzung; *DFN-Verein,* Rahmenprogramm, Anhang IV, S. 4.

624 *DFN-Verein,* Rahmenprogramm, Anhang IV, S. 2.

Darüber hinaus kann es bspw. im Rahmen von einzelnen Forschungsvorhaben Fälle geben, in welchen der Forschungsnetzbetreiber die zu übertragenden Daten zu eigenen, weitergehenden Zwecken der Entwicklung und des Betriebs des Forschungsnetzes verarbeitet. Insoweit obliegt die tatsächliche Entscheidung über die Zwecke auch nicht mehr allein der jeweiligen Teilnehmereinrichtung und geht dadurch über das Auftragsverhältnis des Art. 4 Nr. 8 DS-GVO hinaus.[625]

Dennoch können diese Überlegungen nicht pauschal für alle Datenübertragungen Geltung finden. Sowohl der *EuGH*[626], die *Artikel-29-Datenschutzgruppe*[627] als auch der *EDSA*[628] weisen darauf hin, dass für die Feststellung, ob eine Verantwortlichkeit vorliegt oder nicht, jede Datenverarbeitung individuell auf ihre Umstände und ihren Kontext untersucht werden muss.

Daher ist es auch möglich, dass der Forschungsnetzbetreiber in einem Verarbeitungsverhältnis sowohl Verantwortlicher als auch Auftragsverarbeiter sein kann.[629] Maßgeblich sind stets die konkreten Umstände der Datenverarbeitung. Eine Auftragsverarbeitung kann somit vorliegen, wenn die Datenübertragung nicht im Interesse des Forschungsnetzbetreibers liegt und dieser die personenbezogenen Daten auch nicht zu eigenen Zwecken weiterverarbeitet.

Es bleibt festzustellen, dass eine Auftragsverarbeitung i. S. d. Art. 28 DS-GVO zumeist aufgrund der festgestellten Fakten- und Interessenlage ausscheidet.

cc) Gemeinsame Verantwortlichkeit

In Betracht kommt daher für die im Interesse des Forschungsnetzbetreibers liegenden Datenverarbeitungen eine Verarbeitung unter einer gemeinsamen Verantwortlichkeit i. S. d. Art. 26 DS-GVO. Eine solche kann demnach vorliegen, wenn *„zwei oder mehr Verantwortliche gemeinsam die Zwecke der und die Mittel zur Verarbeitung*“ festlegen. Dies ist dann der Fall, wenn der Forschungsnetzbetreiber und die Teilnehmereinrichtung gemeinsam über die Zwecke und Mittel der Datenverarbeitungen entscheiden. Die gemeinsame Verantwortlichkeit ist von der Auftragsverarbeitung abzugrenzen und zeichnet sich vor allem durch das Fehlen von Weisungen

---

625 *Artikel-29-Datenschutzgruppe,* WP 169, S. 30 f.

626 EuGH, Urt. v. 10.7.2018, C-25/17, Zeugen Jehovas, ECLI:EU:C:2018:551, Rn. 66; EuGH, Urt. v. 5.6.2018, C-210/16, Wirtschaftsakademie, ECLI:EU:C:2018:388, Rn. 31; EuGH, Urt. v. 13.5.2014, C-131/12, Google Spain, ECLI:EU:C:2014:317, Rn. 32 f.

627 *Artikel-29-Datenschutzgruppe,* WP 169, S. 33.

628 *EDSA,* Leitlinien 07/2020, Rn. 82.

629 *EDSA,* Leitlinien 07/2020, Rn. 82.

aus.[630] Auch bei dieser Einordnung ist auf die faktischen Umstände und nicht allein auf die formellen Eigenschaften abzustellen.[631]

Die weite Auslegung des Verantwortlichenbegriffs durch den *EuGH* schlägt auch auf die gemeinsame Verantwortlichkeit durch.[632] Der *EuGH* stellte zuletzt in den Urteilen *Wirtschaftsakademie (Fanpages)*[633], *Zeugen Jehovas*[634] und *Fashion ID*[635] die Voraussetzungen zur gemeinsamen Verantwortlichkeit auf. Ob eine gemeinsame Verantwortlichkeit vorliegt, sei danach zu beurteilen, ob die beteiligten Personen einen eigenen Beitrag zur Entscheidung über die Zwecke und Mittel der Verarbeitung erbrächten.[636] Dabei sei es nicht erforderlich, dass alle Beteiligten Zugang zu den personenbezogenen Daten erhalten.[637] Außerdem muss nicht jede an der Datenverarbeitung beteiligte Stelle alle Mittel bestimmen.[638] Es kann daher auch eine gemeinsame Verantwortlichkeit vorliegen, wenn verschiedene Stellen in verschiedenen Phasen der Verarbeitung in unterschiedlich starker Beteiligung eingebunden sind.[639]

Im Rahmen des Internetdienstes hat die angeschlossene Einrichtung keinen unmittelbaren Einfluss auf die Verwaltung der bundesweiten Netzwerkinfrastruktur. Wie schon festgestellt, obliegt die Verwaltung des bundesweiten Netzwerks dem Forschungsnetzbetreiber. Doch auch in diesem Fall muss die besondere Organisation des Forschungsnetzbetreibers als Verein betrachtet werden.

Faktisch haben die Mitglieder des Forschungsnetzbetreibers durch ihre Vereinsmitgliedschaft in Form von Mehrheitsbeschlüssen über die Mitgliederversammlung die Möglichkeit, auf die Tätigkeiten des Forschungsnetzbetreibers Einfluss zu nehmen. Die Stimme des Mitglieds kann Fragen des ‚Obs' und ‚Wies' der Datenverarbeitungen innerhalb des Forschungsnetzes beeinflussen, doch kann es diesen Einfluss nur als Teil der Mitgliederversammlung geltend machen. Satzungsgemäß beschränkt sich die Entscheidungsgewalt der Mitgliederversammlung auf Vorlagen des Vorstandes oder des Verwaltungsrates,[640] eine eigenmächtige Entscheidung über die Maßnahmen ist dem einzelnen Mitglied nicht möglich. Während das alleinige Mitglied demnach keine Entscheidungen über die Art und Zwecke der Verarbeitungen trifft,

---

630 *Kugler*, in: Rücker/Kugler, E. Rn. 967; vgl. auch *Colcelli*, ECLIC 2019, 1030, 1033; *Specht-Riemenschneider/Schneider*, MMR 2019, 503, 504.
631 *EDSA,* Leitlinien 07/2020, Rn. 52.
632 *Folkerts*, ZD 2022, 201, 204; *Gierschmann*, ZD 2020, 69, 70 f.
633 EuGH, Urt. v. 5.6.2018, C-210/16, Wirtschaftsakademie, ECLI:EU:C:2018:388.
634 EuGH, Urt. v. 10.7.2018, C-25/17, Zeugen Jehovas, ECLI:EU:C:2018:551.
635 EuGH, Urt. v. 29.7.2019, C-40/17, Fashion ID, ECLI:EU:C:2019:629.
636 EuGH, Urt. v. 5.6.2018, C-210/16, Wirtschaftsakademie, ECLI:EU:C:2018:388, Rn. 31.
637 EuGH, Urt. v. 5.6.2018, C-210/16, Wirtschaftsakademie, ECLI:EU:C:2018:388, 38; EuGH, Urt. v. 10.7.2018, C-25/17, Zeugen Jehovas, ECLI:EU:C:2018:551, Rn. 69.
638 *EDSA,* Leitlinien 07/2020, Rn. 63.
639 EuGH, Urt. v. 5.6.2018, C-210/16, Wirtschaftsakademie, ECLI:EU:C:2018:388, Rn. 43; *EDSA,* Leitlinien 07/2020, Rn. 63.
640 § 8 DFN-Satzung.

ist die Mitgliederversammlung als Organ dem Forschungsnetzbetreiber in seiner Organisationsstruktur als Verein zuzuordnen. Insoweit bleibt allein der Rechtsträger im Rahmen von Entscheidungen der Mitgliederversammlung Verantwortlicher und nicht das einzelne Mitglied.[641]

Dennoch geht die Mitwirkung der angeschlossenen Teilnehmereinrichtung am Betrieb des Forschungsnetzes über das Maß zwischen einem ‚klassischen' Telekommunikationsdienstleister und seinen Kunden hinaus. Zwar treffen die Kunden von ‚klassischen' Telekommunikationsdienstleistern auch regelmäßig vertragliche Mitwirkungspflichten, wie z. B. die Unterlassung der missbräuchlichen Nutzung des angebotenen Internetzugangsdienstes.[642] Doch entfällt bei diesen Vertragsverhältnissen das zwischen dem Forschungsnetzbetreiber und seinen angeschlossenen Einrichtungen bestehende Näheverhältnis bezüglich der gemeinsamen Entwicklung des Forschungsnetzes.[643] Während ‚klassische' Telekommunikationsdienstleister ihre Übertragungsaufgabe selbstständig ohne die Unterstützung ihrer Kunden wahrnehmen, beteiligen sich die angeschlossenen Einrichtungen im Forschungsnetz im Sinne der Vereinssatzung[644] aktiv an der Errichtung, dem Betrieb und Ausbau des wissenschaftlichen Kommunikationsnetzes.[645] Hierdurch erhalten diese die Möglichkeit, auch auf die Zwecke und Mittel der Datenverarbeitungen im Forschungsnetz Einfluss zu nehmen. Insbesondere im Rahmen von großen Forschungsprojekten ist die gemeinsame Verantwortlichkeit zwischen dem Forschungsnetzbetreiber und der Teilnehmereinrichtung denkbar.

Dieses enge Gemeinschaftsverhältnis zwischen Forschungsnetzbetreiber und Teilnehmereinrichtungen zeigt sich auch in der Historie des Forschungsnetzbetreibers in Deutschland, welcher sich ursprünglich aus der Kooperation verschiedener Universitäten, Forschungseinrichtungen und Unternehmen mit Expertise im Bereich der Datenverarbeitungen gegründet hat.[646] Diese Form der ‚Selbstverwaltung' wurde schon bei der Gründungsveranstaltung betont[647] und wird bis heute vom Forschungs-

---

641 IDSG, Beschl. v. 14.12.2020, IDSG 01/2020, Rn. 39 ff.; *Gola*, in: Gola/Heckmann, DS-GVO Art. 4 Rn. 63.

642 Siehe z. B. *Telefónica Germany*, Allgemeine Geschäftsbedingungen (Geschäftskunden), Nr. 4, abrufbar unter: https://www.o2business.de/content/dam/b2bchannels/de/pdfs-o2-business/agb/agb-business-festnetz.pdf (zuletzt abgerufen am 10.10.2023); *Telekom Deutschland*, Allgemeine Geschäftsbedingungen (Geschäftskunden), Nr. 5, abrufbar unter: https://www.telekom.de/dlp/agb/pdf/49938.pdf? (zuletzt abgerufen am 10.10.2023); *Vodafone*, Allgemeine Geschäftsbedingungen (Geschäftskunden), Nr. 7, abrufbar unter: https://www.vodafone.de/media/downloads/pdf/EECC_AGB_Telekommunikation.pdf (zuletzt abgerufen am 10.10.2023).

643 „Gemeinsam mit seinen Anwendern muss der DFN-Verein seine Tätigkeit ständig wandelnden Anforderungen anpassen", *DFN-Verein,* Rahmenprogramm, Anhang IV, S. 4.

644 § 11 DFN-Satzung.

645 Statt vieler siehe z. B. *Michels/Pempe/Schreiterer*, DFN Mitteilungen 2020 Heft 98, 12 ff.

646 *Zander*, DFN Mitteilungen 1985 Heft 1, 11, 13.

647 So Fischer-Appelt auf der Gründungsveranstaltung, *Zander*, DFN Mitteilungen 1985 Heft 1, 11, 13.

netzbetreiber so vertreten.[648] Parallelen zeigen sich am Beispiel des *EDSA*: Dieser sieht die gemeinsame Verantwortlichkeit zwischen Forschungsinstituten dann als gegeben an, wenn diese die Einrichtung einer Plattform zum Austausch von Forschungsdaten zu Forschungszwecken vornehmen.[649] Soweit die Institute für die Plattform gemeinsam die Zwecke und Mittel festlegen, sind sie nach dem *EDSA* als gemeinsame Verantwortliche zu betrachten.[650]

Daher ist davon auszugehen, dass unter Zugrundelegung der weiten Auslegung des Verantwortlichenbegriffs durch den *EuGH* in vielen Verarbeitungssituationen von einer gemeinsamen Verantwortlichkeit ausgegangen werden muss.

Wie bei der Untersuchung, ob eine Auftragsverarbeitung vorliegt oder nicht, ist stets die jeweilige, individuelle Datenverarbeitung zu betrachten.[651] Ob die angeschlossenen Mitglieder und Teilnehmereinrichtungen mit dem Forschungsnetzbetreiber im Rahmen des wissenschaftlichen Internetdienstes zusammen als gemeinsame Verantwortliche eingeordnet werden müssen, kann daher aufgrund der vielfältigen Verarbeitungssituationen an dieser Stelle nicht abschließend festgestellt werden. Denkbar ist die gemeinsame Verantwortlichkeit beim Betrieb eines Forschungsnetzes in vielen Bereichen, z. B. bei der Übertragung von personenbezogenen Daten im Rahmen von gemeinschaftlich organisierten Forschungsprojekten, bei der Bereitstellung von Knotenpunkten durch die Teilnehmereinrichtungen oder bei der Einbindung von Diensten der angeschlossenen Teilnehmereinrichtungen.

Somit muss bei jeder Datenverarbeitung die gemeinsame Verantwortlichkeit von der Auftragsverarbeitung abgegrenzt werden.[652] Soweit Kooperationen durchgeführt werden, an welchen sowohl der Forschungsnetzbetreiber als auch die Teilnehmereinrichtung gemeinsame Interessen verfolgen, wird die weite Auslegung des gemeinsamen Verantwortlichenbegriffs durch den *EuGH* schnell zur Anwendung kommen.[653] Wenn die Zwecke und Mittel der Verarbeitung gemeinsam festgelegt werden, muss eine gemeinsame Verarbeitung i. S. d. Art. 26 DS-GVO angenommen werden.

dd) Unabhängige Verantwortlichkeit

Schließlich kommt im Verhältnis zwischen den Teilnehmereinrichtungen und dem Forschungsnetzbetreiber auch eine Datenübertragung zwischen voneinander unabhängigen Verantwortlichen in Betracht. Diese kann vorliegen, wenn weder eine Auftragsverarbeitung, noch eine gemeinsame Verantwortlichkeit festgestellt werden

648 *DFN-Verein,* Rahmenprogramm, Anhang IV, S. 2.
649 Beispiel Forschungsprojekt von Instituten, *EDSA,* Leitlinien 07/2020, Rn. 68.
650 Beispiel Forschungsprojekt von Instituten, *EDSA,* Leitlinien 07/2020, Rn. 68.
651 *EDSA,* Leitlinien 07/2020, Rn. 52.
652 *EDSA,* Leitlinien 07/2020, Rn. 82.
653 Siehe hierzu Teil 5 A. II. 1. a) aa).

kann.[654] Der *EuGH* nimmt eine eigenständige Verantwortlichkeit an, wenn es sich um Datenverarbeitungen handelt, die in der Verarbeitungskette vor- oder nachgelagert sind und dabei jeder Datenverarbeiter eigene Zwecke und Interessen verfolgt.[655] Indiz für das Vorliegen unabhängiger Verantwortlicher ist nach Ansicht des *EDSA*, wenn die einzelnen Verarbeitungsschritte der beteiligten Akteure voneinander trennbar sind und jede Verarbeitung ohne die der anderen Akteure vorgenommen werden kann.[656] In dem vorgenannten Beispiel des *EDSA* über die Einrichtung einer Plattform zum Austausch von Forschungsdaten zu Forschungszwecken geht er davon aus, dass darüberhinausgehende, institutsinterne Verarbeitungen zu eigenen Zwecken nicht mehr unter die gemeinsame Verantwortlichkeit fallen, sondern die Institute unabhängig voneinander verantwortlich sind.[657] Es genügt jedoch auch, wenn verschiedene Akteure nacheinander in einer Verarbeitungskette dieselben personenbezogenen Daten mit eigenen, voneinander unabhängigen Zwecken und Mitteln verarbeiten.[658]

Im Rahmen des Forschungsnetzbetreibers ist diese Form der Verantwortlichkeit zwar denkbar, aber wohl nicht der Regelfall. Die Verkettung der Verarbeitung liegt insoweit vor, als dass der Forschungsnetzbetreiber die zu übertragenden Inhaltsdaten in einer Verarbeitungskette nach der Verarbeitung durch die angeschlossene Teilnehmereinrichtung selbst weiterverarbeitet. Doch der Forschungsnetzbetreiber und die Teilnehmereinrichtung verfolgen mit den Verarbeitungen keine unterschiedlichen Zwecke. Hauptzweck ist bei den beteiligten Akteuren die Übertragung der personenbezogenen Daten über das Forschungsnetz.

Allerdings kann die eigenständige Verantwortlichkeit angenommen werden, wenn der Forschungsnetzbetreiber ohne Einfluss der Teilnehmereinrichtung die personenbezogenen Daten zu weiteren, eigenen Zwecken verarbeitet.[659] Hier ist der Einzelfall für die endgültige Einordnung der beteiligten Akteure an einer Datenverarbeitung entscheidend. Insbesondere die Abgrenzung zur gemeinsamen Verantwortlichkeit fällt aufgrund des Näheverhältnisses zwischen dem Verein und seinen Mitgliedern nicht leicht und muss daher im Einzelfall umfassend geprüft werden.

ee) Zwischenergebnis

Eine abschließende Feststellung, welche Rolle der Forschungsnetzbetreiber bei der Übertragung der Inhaltsdaten hat, ist aufgrund der vielfältigen Verarbeitungssituationen im Rahmen des Internetdienstes nicht möglich. Es zeigt sich aber, dass das

---

[654] Vgl. *EDSA,* Leitlinien 07/2020, Rn. 68.

[655] EuGH, Urt. v. 29.7.2019, C-40/17, Fashion ID, ECLI:EU:C:2019:629, Rn. 74.

[656] *EDSA,* Leitlinien 07/2020, Rn. 68.

[657] Beispiel Forschungsprojekt von Instituten, *EDSA,* Leitlinien 07/2020, Rn. 68.

[658] *EDSA,* Leitlinien 07/2020, Rn. 72.

[659] *EDSA,* Leitlinien 07/2020, Rn. 71.

besondere Näheverhältnis und die Strukturierung des Forschungsnetzbetreibers als Verein bei der Einordnung der Verantwortlichkeiten stets einbezogen werden müssen. Dabei ist es möglich, dass die beteiligten Akteure je nach Ausgestaltung der Übertragungstätigkeiten teils gemeinsam und teils unabhängig verantwortlich sein können, aber auch ein Auftragsverhältnis zwischen dem Forschungsnetzbetreiber und den Teilnehmereinrichtungen nicht ausgeschlossen werden kann.

b) Bestandsdaten und verwaltungsinterne Datenverarbeitungen

Das Vertragsmanagement zwischen dem Forschungsnetzbetreiber und den angeschlossenen Teilnehmereinrichtungen nimmt der Forschungsnetzbetreiber seinerseits allein vor. Daher bestimmt dieser die Zwecke und Mittel der Verarbeitung dieser Daten i. S. d. Art. 4 Nr. 7 DS-GVO und ist hierfür als Verantwortlicher einzuordnen.

Denkbar ist, dass er für diese Aufgabe auch ein anderes Unternehmen zur Verwaltung dieser Daten beauftragt. Doch auch in diesem Falle ist davon auszugehen, dass der Forschungsnetzbetreiber allein Verantwortlicher bleibt und der Datenverwaltungsdienstleister als Auftragsverarbeiter i. S. d. Art. 4 Nr. 8, Art. 28 DS-GVO anzusehen ist, da dieser in einem solchen Fall den Weisungen des Forschungsnetzbetreibers unterliegt und kein eigenes Interesse an der Verarbeitung der personenbezogenen Daten hat.[660]

Darüber hinaus verarbeitet der Forschungsnetzbetreiber naturgemäß auch weitere personenbezogene Daten, z. B. die der angestellten Mitarbeiter. Insoweit ist der Forschungsnetzbetreiber in seiner Funktion als Arbeitgeber als Verantwortlicher einzuordnen.

2. Netzwerkinfrastruktur der Teilnehmer

Ab dem Übergabepunkt hat der Forschungsnetzbetreiber keinen Einfluss mehr auf die Netzinfrastruktur der angeschlossenen Institution.[661] Für den Aufbau, die Struktur und die technischen Merkmale des ‚hauseigenen' Netzwerks ist somit die teilnehmende Einrichtung allein zuständig. Der Dienst wird vom Übergabepunkt an von den Teilnehmereinrichtungen ihren eigenen Nutzergruppen zur Verfügung gestellt.[662] Dies geschieht einerseits über verschiedene WLAN-Hotspots, durch welche die Nutzer mit Dienst- oder Privatgeräten wie Laptops oder Smartphones das Internet nutzen können.[663] Aber auch über feste Computerstationen oder Mitarbeiter-PCs ist

660 Siehe *EDSA,* Leitlinien 07/2020, Rn. 73 ff.

661 Der Forschungsnetzbetreiber schuldet nur den Anschluss an das Forschungsnetz und die Übertragung des IP-Verkehrs: *DFN-Verein/Hochschule Bremen*, Dienstvereinbarung DFNInternet, 21.2.2018/14.6.2018, Anhang III, S. 1.

662 § 1 Abs. 2 DFN-RahmenV.

663 S. Teil 2.

eine Nutzung des Netzwerks möglich. Berechtigt für die Nutzung sind eingeschriebene Studierende, beschäftigte Mitarbeiter oder Nutzer mit entsprechenden Nutzervereinbarungen (z. B. Gäste).[664]

Die Verwaltung dieser Netzwerke obliegt jeweils der Teilnehmereinrichtung. Die Entscheidung über das Ob und Wie der Datenverarbeitungen nimmt die angeschlossene Institution allein über ihre Organe wahr. Aus diesem Aufbau heraus ist daher die für diesen Teil des Kommunikationsnetzes die jeweilige Teilnehmerinstitution Verantwortliche i. S. d. Art. 4 Nr. 7 DS-GVO.

3. Zwischenergebnis

Die Einordnung als Verantwortlicher hat im Kontext der DS-GVO weitreichende Folgen. Sie dient der Bestimmung, welche Person für die Einhaltung der Vorgaben verantwortlich ist und an welche Stelle sich eine betroffene Person wenden kann.[665] Bei der Untersuchung, ob der Forschungsnetzbetreiber als Verantwortlicher für seine Übertragungstätigkeit im Rahmen seines Internetdienstes eingeordnet werden kann, zeigt sich zunächst, dass der Forschungsnetzbetreiber unter Zugrundelegung der weiten Begriffsauslegung des *EuGH*[666] zwar keinen Unterschied zwischen personenbezogenen Daten und anderen Informationen bei der Übertragung macht, aber dennoch die Kontrolle über sie behält. Bei Betrachtung der Sphäre des Forschungsnetzbetreibers bleibt festzustellen, dass er durch die Verwaltung des Forschungsnetzes über die Zwecke und Mittel der Datenverarbeitungen entscheidet. Dass der Forschungsnetzbetreiber die Informationen unterschiedslos überträgt, ist für die Bejahung der Verantwortlichkeit kein Ausschlussgrund.[667]

Für die Einordnung, welche datenschutzrechtliche Rolle der Forschungsnetzbetreiber einnimmt, kommt es auf die faktischen Einwirkungsmöglichkeiten der beteiligten Akteure an.[668] Daher ist das Verhältnis des Forschungsnetzbetreibers zu seinen angeschlossenen Mitgliedern und Teilnehmereinrichtungen aufgrund des strukturellen Aufbaus als Verein anders zu bewerten als bei ‚klassischen' Telekommunikationsdienstleistern. Insbesondere das Näheverhältnis und die Möglichkeit der Institutionen, über ihre Mitgliedschaft und durch die enge Zusammenarbeit bei der Bereitstellung und dem Betrieb des Forschungsnetzes Einfluss zu nehmen, sind zentrale Kriterien bei der Einordnung der Verantwortlichkeit des Forschungsnetzbetreibers.

---

664 S. Teil 2.

665 *Artikel-29-Datenschutzgruppe,* WP 169, S. 6.

666 EuGH, Urt. v. 13.5.2014, C-131/12, Google Spain, ECLI:EU:C:2014:317.

667 I. S. v. EuGH, Urt. v. 13.5.2014, C-131/12, Google Spain, ECLI:EU:C:2014:317, Rn. 33.

668 EuGH, Urt. v. 10.7.2018, C-25/17, Zeugen Jehovas, ECLI:EU:C:2018:551, Rn. 66; EuGH, Urt. v. 5.6.2018, C-210/16, Wirtschaftsakademie, ECLI:EU:C:2018:388, Rn. 31; EuGH, Urt. v. 13.5.2014, C-131/12, Google Spain, ECLI:EU:C:2014:317, Rn. 32 f.; *Artikel-29-Datenschutzgruppe,* WP 169, S. 11; *EDSA,* Leitlinien 07/2020, Rn. 12.

Dennoch kann keine allgemeingültige Einordnung des Forschungsnetzbetreibers für sämtliche Datenverarbeitungen im Rahmen seines Internetdienstes vorgenommen werden. Für eine solche Einordnung ergeben sich in der Praxis viele gestalterische Möglichkeiten zwischen den beteiligten Akteuren. Es muss daher stets die individuelle Datenverarbeitung betrachtet werden muss. Neben den formellen Entscheidungsmöglichkeiten über das ‚Ob' und ‚Wie' der Datenverarbeitungen spielen vor allem die tatsächlichen Einflussmöglichkeiten des Forschungsnetzbetreibers und der Teilnehmereinrichtungen eine entscheidende Rolle.

Unter Heranziehung der Rechtsprechung des *EuGH* zur unabhängigen und gemeinsamen Verantwortlichkeit[669] kommt neben der Auftragsverarbeitung i. S. d. Art. 28 DS-GVO und der unabhängigen Verantwortlichkeit zwischen den Akteuren im Rahmen der Übertragungstätigkeiten vor allem eine gemeinsame Verantwortlichkeit i. S. d. Art. 26 DS-GVO in Betracht. Maßgeblich sind in jedem Fall die konkreten Einwirkungsmöglichkeiten der beteiligten Akteure auf die jeweilige Datenverarbeitung im Einzelfall.[670]

Festzustellen bleibt dennoch, dass unabhängig von der Einordnung des Forschungsnetzbetreibers als Alleinverantwortlicher, gemeinsam Verantwortlicher oder als Auftragsverarbeiter der Anwendungsbereich der DS-GVO eröffnet bleibt. Während der Forschungsnetzbetreiber als Alleinverantwortlicher oder auch gemeinsam Verantwortlicher Adressat der meisten Vorgaben bleibt, muss er auch als Auftragsverarbeiter Garantien dafür bieten, dass seine Datenverarbeitungen im Einklang mit den Anforderungen der DS-GVO erfolgen (Art. 28 Abs. 1 DS-GVO).

III. Unmittelbare Anwendbarkeit telekommunikations- und telemedienrechtlicher Umsetzungsnormen der ePrivacy-Richtlinie (Kollisionsregel des Art. 95 DS-GVO)

Bei einer Verarbeitung von personenbezogenen Daten der Nutzer des Internetdienstes ist die DS-GVO anwendbar. Neben der DS-GVO beinhaltet jedoch auch das TTDSG in den §§ 9 ff. Datenschutzvorschriften, welche unter anderem aus der Umsetzung der ePrivacy-Richtlinie im deutschen Recht hervorgegangen sind.

Darüber hinaus betrifft die Übermittlung von Kommunikationsinhalten und die in der Regel damit anfallenden personenbezogenen Daten der Kommunikationsumstän-

---

[669] EuGH, Urt. v. 29.7.2019, C-40/17, Fashion ID, ECLI:EU:C:2019:629; EuGH, Urt. v. 10.7.2018, C-25/17, Zeugen Jehovas, ECLI:EU:C:2018:551; EuGH, Urt. v. 5.6.2018, C-210/16, Wirtschaftsakademie, ECLI:EU:C:2018:388; EuGH, Urt. v. 13.5.2014, C-131/12, Google Spain, ECLI:EU:C:2014:317.

[670] EuGH, Urt. v. 10.7.2018, C-25/17, Zeugen Jehovas, ECLI:EU:C:2018:551, Rn. 66; EuGH, Urt. v. 5.6.2018, C-210/16, Wirtschaftsakademie, ECLI:EU:C:2018:388, Rn. 31; EuGH, Urt. v. 13.5.2014, C-131/12, Google Spain, ECLI:EU:C:2014:317, Rn. 32 f.; *Artikel-29-Datenschutzgruppe,* WP 169, S. 11; *EDSA,* Leitlinien 07/2020, Rn. 12.

de neben dem Anwendungsbereich der DS-GVO ebenso das in § 3 TTDSG geregelte Fernmeldegeheimnis.[671]

Zwar ist die DS-GVO als europäische Verordnung gemäß Art. 288 Abs. 2 AEUV grundsätzlich vorrangig vor nationalem Recht anzuwenden, doch als Umsetzung der ePrivacy-Richtlinie können die Normen des TTDSG unter der Anwendung des Art. 95 DS-GVO anstelle der entsprechenden Normen der DS-GVO gelten.

1. Verhältnis der DS-GVO zur ePrivacy-Richtlinie

Art. 95 DS-GVO sieht vor, dass natürlichen und juristischen Personen keine zusätzlichen Pflichten auferlegt werden sollen, soweit sie besonderen, in der ePrivacy-Richtlinie festgelegten Pflichten unterliegen, die dasselbe Ziel wie die DS-GVO verfolgen. Die herrschende Meinung sieht in dieser Formulierung ein *lex-specialis*-Verhältnis zwischen der DS-GVO und der ePrivacy-Richtlinie.[672] Das bedeutet, dass die nationalen Umsetzungsnormen der ePrivacy-Richtlinie nicht dem Anwendungsvorrang der DS-GVO unterliegen sollen, wenn sie die gleiche Zielsetzung, also den Schutz personenbezogener Daten, verfolgen.[673]

Dieser Vorrang erstreckt sich nur dann auf Normen der DS-GVO, die dem Verantwortlichen nach Art. 95 DS-GVO *„zusätzliche Pflichten"* auferlegen würden. Andere Pflichten der DS-GVO, welche nicht vom Anwendungsbereich der ePrivacy-Richtlinie umfasst sind, gelten bei der Verarbeitung personenbezogener Daten weiterhin, ggf. zusätzlich zu den mitgliedstaatlichen Regelungen.[674] Soweit es zu konkurrierenden, gleichartigen Pflichten zwischen der DS-GVO und der ePrivacy-Richtlinie kommt, liegen ebenfalls *„zusätzliche Pflichten"* i. S. d. Art. 95 DS-GVO vor, denn die Anwendung beider Vorgaben würde durch die Dopplung der Aufgaben des Verarbeiters auch zu weiteren Pflichten führen, ohne ein höheres Schutzniveau zu erreichen.[675] Diese Doppelverpflichtung möchte Art. 95 DS-GVO unterbinden.[676]

---

[671] Noch zu § 88 TKG a. F.: *Fokken*, NZA 2020, 629, 630.

[672] *EDSA*, Stellungnahme 5/2019, S. 14; *Assion*, in: Auer-Reinsdorff/Conrad, § 31 Rn. 211; *Golland*, in: Taeger/Gabel, DS-GVO Art. 95 Rn. 5; *Karg*, in: Simitis/Hornung/Spiecker gen. Döhmann, DSGVO Art. 95 Rn. 16; *Kühling/Raab*, in: Kühling/Buchner, DS-GVO Art. 95 Rn. 1; *Sydow*, in: Sydow/Marsch/Bienemann u. a., DS-GVO Art. 95 Rn. 3; *Piltz*, in: Gola/Heckmann, DS-GVO Art. 95 Rn. 15; *Weichert*, in: Däubler/Wedde/Weichert u. a., DSGVO Art. 95 Rn. 2.

[673] ErwG 173 DS-GVO; *Holländer*, in: BeckOK DatenschutzR, DS-GVO Art. 95 Rn. 5; *Nebel/Richter*, ZD 2012, 407, 408.

[674] *Böhm*, in: Gierschmann/Schlender/Stentzel u. a., DS-GVO Art. 95 Rn. 20 ff.; *Klabunde/Selmayr*, in: Ehmann/Selmayr, DS-GVO Art. 95 Rn. 6.

[675] *EDSA*, Stellungnahme 5/2019, S. 15 f.; *Piltz*, in: Gola/Heckmann, DS-GVO Art. 95 Rn. 9; *Böhm/Halim*, MMR 2020, 651, 652.

[676] *EDSA*, Stellungnahme 5/2019, S. 15; *Piltz*, in: Gola/Heckmann, DS-GVO Art. 95 Rn. 9; *Gierschmann*, MMR 2023, 22, 25.

Soweit die Verarbeitung von Informationen nicht vom Anwendungsbereich der DS-GVO erfasst wird, liegt kein Spezialitätsverhältnis zur ePrivacy-Richtlinie vor.[677] In diesen Fällen sind lediglich die nationalen Umsetzungsnormen der ePrivacy-Richtlinie einschlägig.[678] Dies kann bei der Verarbeitung personenbezogener Daten juristischer Personen oder Sachdaten der Fall sein.

Neben der gleichen Zielsetzung der jeweiligen Norm verlangt Art. 95 DS-GVO als Voraussetzung für den Vorrang der nationalen Umsetzungsnormen eine Datenverarbeitung in Verbindung mit der Bereitstellung eines öffentlich zugänglichen elektronischen Kommunikationsdienstes in einem öffentlichen Kommunikationsnetz.

Nur wenn diese Voraussetzungen vorliegen, können einschlägige Umsetzungsnormen der ePrivacy-Richtlinie Vorrang gegenüber der DS-GVO erlangen.

a) Überschießende Umsetzungsnormen

Allerdings ist bezüglich des Vorrangs der ePrivacy-Richtlinie bislang umstritten, welche Reichweite der Vorrang im Rahmen von Art. 95 DS-GVO hat.[679] Insbesondere bei überschießend umgesetzten nationalen Regelungen stellt sich die Frage, ob und wie weit ein Vorrang dieser Vorgaben gegenüber der DS-GVO eingeräumt werden kann.[680]

Eine überschießende Umsetzung einer Richtlinie liegt vor, wenn die mitgliedstaatliche Regelung über den Anwendungsbereich der Richtlinie hinausgeht.[681]

Die Klärung dieser Frage ist im Rahmen dieser Untersuchung insbesondere für einzelne Vorschriften der nationalen Umsetzungen der ePrivacy-Richtlinie relevant. So sieht § 3 Abs. 2 S. 1 TTDSG z. B. eine Erweiterung des Verpflichtetenkreises im Vergleich zu Art. 95 DS-GVO und Art. 3 und Art. 5 Abs. 1 ePrivacyRL vor und beschränkt einige Pflichten des TTDSG nicht nur auf Betreiber öffentlich zugänglicher elektronischer Kommunikationsdienste in öffentlichen Kommunikationsnetzen, sondern erweitert den Verpflichtetenkreis auf geschäftsmäßige Angebote von Kom-

---

677 *Piltz*, in: Gola/Heckmann, DS-GVO Art. 95 Rn. 4.

678 *Piltz*, in: Gola/Heckmann, DS-GVO Art. 95 Rn. 4.

679 *Assion*, in: Assion/Aretz, TTDSG § 3 Rn. 37; *Golland*, in: Taeger/Gabel, DS-GVO Art. 95 Rn. 17; *Holländer*, in: BeckOK DatenschutzR, DS-GVO Art. 95 Rn. 5; *Jenny*, in: Plath, DSGVO Art. 95 Rn. 7; *Kühling/Raab*, in: Kühling/Buchner, DS-GVO Art. 95 Rn. 11; *Piltz*, in: Gola/Heckmann, DS-GVO Art. 95 Rn. 25; *Sydow*, in: Sydow/Marsch/Bienemann u. a., DS-GVO Art. 95 Rn. 10; *Kühling/Sauerborn*, CR 2021, 271, 273.

680 *Assion*, in: Assion/Aretz, TTDSG § 3 Rn. 37; *Golland*, in: Taeger/Gabel, DS-GVO Art. 95 Rn. 17; *Holländer*, in: BeckOK DatenschutzR, DS-GVO Art. 95 Rn. 5; *Jenny*, in: Plath, DSGVO Art. 95 Rn. 7; *Kühling/Raab*, in: Kühling/Buchner, DS-GVO Art. 95 Rn. 11; *Piltz*, in: Gola/Heckmann, DS-GVO Art. 95 Rn. 25; *Sydow*, in: Sydow/Marsch/Bienemann u. a., DS-GVO Art. 95 Rn. 10; *Kühling/Sauerborn*, CR 2021, 271, 273.

681 Vgl. *Habersack/Mayer*, JZ 1999, 913, 914 f.; *Kuhn*, EuR 2015, 216.

munikationsdiensten. Die Vorgaben des TTDSG gehen damit über den originären Anwendungsbereich der ePrivacy-Richtlinie hinaus. Der deutsche Gesetzgeber hat mit § 3 Abs. 2 S. 1 TTDSG, wie schon im Rahmen des § 88 TKG a. F., eine überschießende Umsetzung der ePrivacy-Richtlinie vorgenommen.[682]

Die überschießende Umsetzung führt somit zu der Frage, ob diese erweiternden Vorgaben des TTDSG auch von der Vorrangbestimmung des Art. 95 DS-GVO umfasst sind. Sollte dies der Fall sein, käme es im Rahmen von Art. 95 DS-GVO nicht mehr auf die Öffentlichkeit des Forschungsnetzes, sondern allein auf den erweiterten Adressatenkreis des TTDSG an. Sollten die über die ePrivacy-Richtlinie hinausgehenden Vorgaben des TTDSG dagegen nicht von der Kollisionsregelung des Art. 95 DS-GVO umfasst sein, hinge die Anwendbarkeit der Vorgaben des TTDSG neben derselben Zielsetzung zur DS-GVO maßgeblich von der Feststellung über das Vorliegen einer öffentlichen Zugänglichkeit des Forschungsnetzes ab.

aa) Umfang des Anwendungsvorrangs aus Art. 95 DS-GVO

Daher ist zunächst der Umfang des Anwendungsvorrangs des Art. 95 DS-GVO zu klären, insbesondere inwieweit die Umsetzung überschießender nationaler Normen erfasst wird.

Der Wortlaut des Art. 95 DS-GVO lässt keinen Rückschluss darauf zu, dass der Maßstab für den Anwendungsvorrang über den Anwendungsbereich der ePrivacy-Richtlinie hinausgehen soll. Nationale Umsetzungsvorschriften werden von Art. 95 DS-GVO weder erwähnt noch einbezogen und können nach der Wortlautauslegung nicht für die Bestimmung des Anwendungsbereiches herangezogen werden.[683]

Auch der persönliche Anwendungsbereich der ePrivacy-Richtlinie ist in Art. 3 ePrivacyRL nur für Anbieter öffentlich zugänglicher elektronischer Kommunikationsdienste in öffentlichen Kommunikationsnetzen eröffnet. Ausnahmen von dieser Regelung nimmt die Richtlinie, wenn vom Richtliniengeber vorgesehen, ausdrücklich vor, wie z. B. in Art. 5 Abs. 3 ePrivacyRL. Der Bezug des Art. 95 DS-GVO auf die ePrivacy-Richtlinie gibt daher ebenfalls keinen Hinweis auf eine Erweiterung des Verpflichtetenkreises über die Richtlinie hinaus durch nationale Umsetzungsnormen.

Die Erwägungsgründe der Verordnung und der Richtlinie ergeben ebenfalls keine Anhaltspunkte, dass der europäische Gesetzgeber auch nationalen Umsetzungsnormen einen Vorrang gewähren wollte. Vielmehr stellt Erwägungsgrund 173 DS-GVO

---

682 *Eckhardt*, in: Spindler/Schuster, TKG § 88 Rn. 36; *Holländer*, in: BeckOK DatenschutzR, DS-GVO Art. 95 Rn. 5; *Jenny*, in: Plath, TTDSG § 3 Rn. 13; *Munz*, in: Taeger/Gabel, TTDSG § 3 Rn. 18; *Kiparski*, CR 2021, 482, 486; *Kiparski/Sassenberg*, CR 2018, 324, 326; *Kühling/Sauerborn*, CR 2021, 271, 274.

683 *Hunzinger/Sassenberg*, CR 2019, 188, 189; *Keppeler*, MMR 2015, 779, 781; *Nebel/Richter*, ZD 2012, 407, 408.

klar, dass die DS-GVO stets dann Geltung finden soll, wenn die Richtlinie hierzu nicht spezifischere Regelungen vorsieht. Über die Richtlinie hinausgehende Umsetzungsnormen werden auch in den Erwägungsgründen nicht einbezogen.

Während die Normen und Erwägungsgründe demnach keine Anhaltspunkte für das Erfassen überschießender Umsetzungen liefern, sind auch die Zielsetzungen der DS-GVO und der ePrivacy-Richtlinie in die Auslegung einzubeziehen. Die Richtlinie sieht lediglich eine Mindestharmonisierung vor,[684] dagegen soll die DS-GVO eine Vollharmonisierung im Datenschutzrecht erreichen.[685] Zwar ermöglicht die Verordnung den Mitgliedstaaten durch zahlreiche Öffnungsklauseln die Einbeziehung nationaler Regelungen im Datenschutz, doch sind diese ausdrücklich in der Verordnung festgelegt. Da dies in Art. 95 DS-GVO nicht der Fall ist, darf die Kehrseite der Mindestharmonisierung durch die Richtlinie nicht bedeuten, dass die Wirksamkeit der DS-GVO durch überschießende Regelungen der Mitgliedstaaten bei der Richtlinienumsetzung gefährdet wird und Regelungsbereichen ein Vorrang eingeräumt wird, welcher vom europäischen Gesetzgeber nicht vorgesehen war.[686]

Die Vorrangbestimmung des Art. 95 DS-GVO kann daher nur nationale Umsetzungsnormen umfassen, welche der Mindestharmonisierung der ePrivacy-Richtlinie entsprechen.[687] Überschießende Umsetzungsnormen treten somit im Sinne der Konkurrenzregeln hinter dem europäischen Recht zurück.[688]

Vereinzelte Ansichten der Literatur, die annehmen, dass überschießende Umsetzungsnormen den Vorgaben der DS-GVO nicht entgegenstehen und daher vom Vorrang des Art. 95 DS-GVO mit umfasst sein sollen, überzeugen dagegen nicht.[689]

Zwar geht der Regelungsbereich der ePrivacy-Richtlinie über den der DS-GVO hinaus und während die DS-GVO den Schutz der personenbezogenen Daten nach Art. 8 GRCh beabsichtigt,[690] bezweckt die ePrivacy-Richtlinie neben dem Schutz der personenbezogenen Daten auch den Schutz der privaten Kommunikation gemäß

---

684 ErwG 8 ePrivacyRL; *Golland*, in: Taeger/Gabel, DS-GVO Art. 95 Rn. 17; *Jenny*, in: Plath, DSGVO Art. 95 Rn. 7.

685 Noch zur DSRL: EuGH, Urt. v. 6.11.2003, C-101/01, Lindqvist, ECLI:EU:C:2003:596, Rn. 96; siehe auch z. B. *Pötters*, in: Gola/Heckmann, DS-GVO Art. 1 Rn. 25; *Kühling/Sauerborn*, CR 2021, 271, 273.

686 Vgl. *Kühling/Sauerborn*, CR 2021, 271, 273.

687 *Golland*, in: Taeger/Gabel, DS-GVO Art. 95 Rn. 17; *Kühling/Raab*, in: Kühling/Buchner, DS-GVO Art. 95 Rn. 11; *Piltz*, in: Gola/Heckmann, DS-GVO Art. 95 Rn. 25; *Sydow*, in: Sydow/Marsch/Bienemann u. a., DS-GVO Art. 95 Rn. 10; *Kühling/Sauerborn*, CR 2021, 271, 273; a. A. *Assion*, in: Assion/Aretz, TTDSG § 3 Rn. 37; *Jenny*, in: Plath, DSGVO Art. 95 Rn. 7.

688 *Eckhardt*, in: Schwartmann/Jaspers/Eckhardt, TTDSG § 3 Rn. 87; *Golland*, in: Taeger/Gabel, DS-GVO Art. 95 Rn. 17; *Sydow*, in: Sydow/Marsch/Bienemann u. a., DS-GVO Art. 95 Rn. 12; *Gierschmann*, MMR 2023, 22, 27.

689 So aber *Assion*, in: Assion/Aretz, TTDSG § 3 Rn. 37; *Jenny*, in: Plath, DSGVO Art. 95 Rn. 7.

690 ErwG 1 DS-GVO; *Kiparski/Sassenberg*, CR 2018, 324, 325.

Art. 7 GRCh sowie Art. 8 EMRK.[691] Durch den Richtliniencharakter und der hieraus resultieren Mindestharmonisierung wird den Mitgliedstaaten die Möglichkeit gegeben, auch über die Richtlinien hinausgehende nationale Vorschriften zu erlassen. Allerdings bedeutet die Möglichkeit, z. B. im Bereich des Fernmeldegeheimnisses über die Richtlinie hinausgehende Regelungen zu schaffen nicht, dass diese Reglungen dadurch nicht in den Konflikt mit der DS-GVO geraten.[692]

Vereinzelte Stimmen in der Literatur ziehen aus den gegebenen Ausgestaltungsmöglichkeiten der Mitgliedstaaten die Schlussfolgerung, dass nationale Vorgaben, welche im Kern auf der ePrivacy-Richtlinie basieren, nicht im Konflikt mit der DS-GVO stehen, auch wenn sie über den Regelungsgehalt der Richtlinie hinausgehen.[693] Dies soll so lange gelten, wie die mitgliedstaatlichen Umsetzungsnormen *„nicht direkt von der Richtlinie abweichen“*[694]. Offen bleibt allerdings, wo die Grenze zur erlaubten Abweichung zu ziehen ist. Zudem verlangt gerade der Ausnahmecharakter des Art. 95 DS-GVO eine enge Auslegung der Vorrangregelung.[695]

bb) Zwischenergebnis

Da dem Wortlaut der DS-GVO und der ePrivacy-Richtlinie keine weiteren gewichtigen Gründe entgegenstehen, können überschießende Umsetzungsnormen der Mitgliedstaaten nicht von der Kollisionsregelung des Art. 95 DS-GVO erfasst werden.[696] Im Ergebnis bedeutet dies, dass bei Verarbeitungen personenbezogener Daten nationale Vorgaben des TTDSG nur insoweit Vorrang gegenüber der DS-GVO genießen können, wie sie der Mindestharmonisierung der ePrivacy-Richtlinie entsprechen und dasselbe Ziel wie die DS-GVO verfolgen.[697]

Ob die Normen des TTDSG daher auf den Forschungsnetzbetreiber anwendbar sind, hängt von der Zielsetzung der jeweiligen Norm und von der Einordnung des Forschungsnetzes als öffentlich zugänglicher Kommunikationsdienst in einem öffentlichen Kommunikationsnetz i. S. d. Art. 95 DS-GVO ab.

---

691 ErwG 2 ePrivacyRL.

692 So allerdings *Jenny*, in: Plath, DSGVO Art. 95 Rn. 7.

693 *Jenny*, in: Plath, DSGVO Art. 95 Rn. 7.

694 *Jenny*, in: Plath, DSGVO Art. 95 Rn. 7.

695 *Voigt*, in: FS Taeger, 511, 527.

696 *Golland*, in: Taeger/Gabel, DS-GVO Art. 95 Rn. 17; *Holländer*, in: BeckOK DatenschutzR, DS-GVO Art. 95 Rn. 5; *Kühling/Raab*, in: Kühling/Buchner, DS-GVO Art. 95 Rn. 11; *Piltz*, in: Gola/Heckmann, DS-GVO Art. 95 Rn. 25; *Sydow*, in: Sydow/Marsch/Bienemann u. a., DS-GVO Art. 95 Rn. 10; *Kühling/Sauerborn*, CR 2021, 271, 273; a. A. *Assion*, in: Assion/Aretz, TTDSG § 3 Rn. 37; *Jenny*, in: Plath, DSGVO Art. 95 Rn. 7.

697 *Golland*, in: Taeger/Gabel, DS-GVO Art. 95 Rn. 17; *Holländer*, in: BeckOK DatenschutzR, DS-GVO Art. 95 Rn. 5; *Kühling/Raab*, in: Kühling/Buchner, DS-GVO Art. 95 Rn. 11; *Piltz*, in: Gola/Heckmann, DS-GVO Art. 95 Rn. 25; *Sydow*, in: Sydow/Marsch/Bienemann u. a., DS-GVO Art. 95 Rn. 10; *Kühling/Sauerborn*, CR 2021, 271, 273; a. A. *Assion*, in: Assion/Aretz, TTDSG § 3 Rn. 37; *Jenny*, in: Plath, DSGVO Art. 95 Rn. 7.

b) Detaillierungsregelungen der ePrivacy-Richtlinie

Von den überschießenden Umsetzungsregelungen abzugrenzen sind mitgliedstaatliche Regelungen, welche zwar nicht unter den Anwendungsbereich des Art. 95 DS-GVO fallen, aber von den Vorgaben der ePrivacy-Richtlinie noch erfasst sind. In diesen Fällen ist die Lage anders als bei überschießenden Umsetzungsnormen zu bewerten.

So hat der europäische Gesetzgeber z. B. in Art. 5 Abs. 3 oder Art. 13 ePrivacyRL Ausnahmen von der Grundregel des Art. 3 ePrivacyRL vorgesehen. So sind z. B. nach Art. 5 Abs. 3 ePrivacyRL nicht nur Anbieter öffentlich zugänglicher elektronischer Kommunikationsdienste in öffentlichen Kommunikationsnetzen bei der Speicherung von Informationen auf den Endgeräten der Nutzer (sog. ‚Cookie-Regelungen') an die Vorgaben der Richtlinie gebunden, sondern der Verpflichtetenkreis ist auf jegliche Anbieter von Kommunikationsdiensten erweitert.[698]

In diesem Fall ist der Anwendungsbereich der Richtlinie weiter gefasst als der der Kollisionsnorm der DS-GVO, kann aber in der inhaltlichen Regelungsmaterie dennoch den Anwendungsbereich der DS-GVO betreffen, wenn z. B. bei der Speicherung von Cookies auf den Endgeräten der betroffenen Personen personenbezogene Daten verarbeitet werden.[699]

Erwägungsgrund 173 S. 1 DS-GVO stellt klar, dass von dem Vorrang alle Pflichten, die sich aus der ePrivacy-Richtlinie ergeben, von Art. 95 DS-GVO erfasst werden sollen.[700] Der Gesetzgeber zeigt damit, dass es ihm nicht nur auf Datenverarbeitungen innerhalb des beschränkten Adressatenkreises des Art. 95 DS-GVO ankommt, sondern vollumfänglich die Rechte und Pflichten aus der ePrivacy-Richtlinie umfasst sein sollen, solange sie dasselbe Ziel wie die DS-GVO verfolgen.[701]

Eine detaillierende Regelung der Richtlinie ist daher von dem Anwendungsbereich des Art. 95 DS-GVO mit umfasst und gilt für alle von der ePrivacy-Richtlinie erfassten Adressaten.[702] Soweit die ePrivacy-Richtlinie von ihrem Grundsatz aus

---

698 *Artikel-29-Datenschutzgruppe,* WP 202, S. 9; *EDSA,* Stellungnahme 5/2019, S. 11; *Europäische Kommission*, Ex-post REFIT evaluation of the ePrivacy Directive 2002/58/EC, 10.1.2017, COM SWD(2017)005, S. 21; *Piltz*, in: Gola/Heckmann, DS-GVO Art. 95 Rn. 7.

699 *Artikel-29-Datenschutzgruppe,* WP 202, S. 9; *EDSA,* Stellungnahme 5/2019, S. 11; *Europäische Kommission*, Ex-post REFIT evaluation of the ePrivacy Directive 2002/58/EC, 10.1.2017, COM SWD(2017)005, S. 21; *Piltz*, in: Gola/Heckmann, DS-GVO Art. 95 Rn. 8.

700 *Golland*, in: Taeger/Gabel, DS-GVO Art. 95 Rn. 7; *Piltz*, in: Gola/Heckmann, DS-GVO Art. 95 Rn. 8.

701 *Kühling/Raab*, in: Kühling/Buchner, DS-GVO Art. 95 Rn. 5.

702 *EDSA,* Stellungnahme 5/2019, S. 14; *Golland*, in: Taeger/Gabel, DS-GVO Art. 95 Rn. 7; *Piltz*, in: Gola/Heckmann, DS-GVO Art. 95 Rn. 15; *Gierschmann*, ZD 2018, 297, 299; *Kühling/Sauerborn*, ZfDR 2022, 339, 344.

Art. 3 abrückt und den Adressatenkreis wie in Art. 5 Abs. 3 ePrivacyRL öffnet, ist auch dieser erweiterte Anwendungsbereich von Art. 95 DS-GVO erfasst.[703]

c) Zwischenergebnis

Die Regelung des Art. 95 DS-GVO ist dahingehend zu verstehen, dass sie ein Spezialitätsverhältnis der Umsetzungsnormen der ePrivacy-Richtline zu den Vorgaben der DS-GVO statuiert, soweit diese kumulativ anwendbar sind.[704]

Während der Adressatenkreis des Art. 95 DS-GVO eine Datenverarbeitung in Verbindung mit der Bereitstellung öffentlich zugänglicher elektronischer Kommunikationsdienste in öffentlichen Kommunikationsnetzen verlangt, sieht die herrschende Meinung aufgrund der Wertung des Erwägungsgrundes 173 S. 1 DS-GVO einen erweiterten Anwendungsbereich als gegeben an.[705] Art. 95 DS-GVO erfasst somit alle von der ePrivacy-Richtlinie erfassten Adressaten.[706]

Voraussetzung für den Vorrang der nationalen Umsetzungsnormen ist nach Maßgabe des Art. 3 ePrivacyRL eine Datenverarbeitung in Verbindung mit der Bereitstellung öffentlich zugänglicher elektronischer Kommunikationsdienste in öffentlichen Kommunikationsnetzen in der Union, wie es auch Art. 95 DS-GVO statuiert. Darüber hinaus müssen die Umsetzungsnormen dasselbe Ziel verfolgen.

Der Vorrang gilt nur, soweit die DS-GVO neben den mitgliedstaatlichen Reglungen dem Verarbeiter zusätzliche Pflichten auferlegen würde. Soweit die Umsetzungsnormen keine zusätzlichen Pflichten auferlegen, bleiben die Vorgaben der DS-GVO parallel anwendbar.

Vorrang kann nur Normen der Mitgliedstaaten gewährt werden, wenn diese nicht überschießend umgesetzt wurden, d. h. im Rahmen der Mindestharmonisierung der

---

703 Noch zu Art. 89 DS-GVO, welcher zu Art. 95 DS-GVO wurde: *Artikel-29-Datenschutzgruppe*, WP 191, S. 16.

704 *EDSA*, Stellungnahme 5/2019, S. 14; *Assion*, in: Auer-Reinsdorff/Conrad, § 31 Rn. 211; *Golland*, in: Taeger/Gabel, DS-GVO Art. 95 Rn. 5; *Karg*, in: Simitis/Hornung/Spiecker gen. Döhmann, DSGVO Art. 95 Rn. 16; *Kühling/Raab*, in: Kühling/Buchner, DS-GVO Art. 95 Rn. 1; *Piltz*, in: Gola/Heckmann, DS-GVO Art. 95 Rn. 15; *Sydow*, in: Sydow/Marsch/Bienemann u. a., DS-GVO Art. 95 Rn. 3.

705 *EDSA*, Stellungnahme 5/2019, S. 14; *Böhm*, in: Gierschmann/Schlender/Stentzel u. a., DS-GVO Art. 95 Rn. 20; *Golland*, in: Taeger/Gabel, DS-GVO Art. 95 Rn. 7; *Kühling/Raab*, in: Kühling/Buchner, DS-GVO Art. 95 Rn. 5; *Herrmann*, in: Assion/Aretz, TTDSG § 1 Rn. 21; *Piltz*, in: Gola/Heckmann, DS-GVO Art. 95 Rn. 8; *Grages*, CR 2021, 834, 836 f.; *Kühling/Sauerborn*, ZfDR 2022, 339, 344.

706 *EDSA*, Stellungnahme 5/2019, S. 14; *Europäische Kommission*, Ex-post REFIT evaluation of the ePrivacy Directive 2002/58/EC, 10.1.2017, COM SWD(2017)005, S. 21; *Gierschmann*, ZD 2018, 297, 299; *Golland*, in: Taeger/Gabel, DS-GVO Art. 95 Rn. 7; *Piltz*, in: Gola/Heckmann, DS-GVO Art. 95 Rn. 15; *Kühling/Sauerborn*, ZfDR 2022, 339, 344.

ePrivacy-Richtlinie liegen.[707] Überschießende Normen sind zwar nicht per se unwirksam, die Vorgaben der DS-GVO gehen den überschießend umgesetzten Normen im Kollisionsfall aber weiterhin vor.[708]

Der Vorrang der Umsetzungsnormen gilt somit immer dann, wenn die Voraussetzungen des Art. 95 DS-GVO unter Berücksichtigung des Erwägungsgrundes 173 S. 1 DS-GVO vorliegen. Das ist dann der Fall, wenn über ein elektronisches Kommunikationsnetz ein elektronischer Kommunikationsdienst angeboten wird und sowohl Netz als auch Dienst öffentlich zugänglich sind, sie in der Europäischen Union angeboten werden, bzw. ein Adressat der ePrivacy-Richtlinie vorliegt[709] und sich die Regelungen der DS-GVO und der ePrivacy-Richtlinie überschneiden.

Da die Regelsituation der ePrivacy-Richtlinie nach Art. 3 ebenfalls von dem Erfordernis eines öffentlich zugänglichen Telekommunikationsdienstes ausgeht, ist zunächst auf die Voraussetzungen hierfür einzugehen. Soweit für den Forschungsnetzbetreiber darüber hinaus Umsetzungsnormen mit einem erweiterten Adressatenkreis, welcher von den Vorgaben der ePrivacy-Richtlinie abgedeckt ist, von Relevanz sind, wird auf diese anschließend gesondert eingegangen.

2. Elektronisches Kommunikationsnetz

Damit den infrage kommenden Umsetzungsnormen des deutschen Gesetzgebers den Vorgaben der DS-GVO Vorrang eingeräumt werden kann, ist i. S. d. Art. 95 DS-GVO zu untersuchen, ob ein Forschungsnetz, wie es in Deutschland das *DFN* ist, als elektronisches Kommunikationsnetz einzuordnen ist.

Die DS-GVO nimmt keine Definition des Begriffs vor. Die ePrivacy-Richtlinie beschränkt ihren Anwendungsbereich gemäß Art. 3 Abs. 1 ePrivacyRL ebenfalls auf „*die Verarbeitung personenbezogener Daten in Verbindung mit der Bereitstellung öffentlich zugänglicher elektronischer Kommunikationsdienste in öffentlichen Kommunikationsnetzen*", ohne selbst eine Definition der Begriffe vorzunehmen. Sie verweist aber in Art. 2 ePrivacyRL auf die Begriffsbestimmungen der Rahmenrichtlinie, welche in Art. 2 lit. a) Rahmen-RL elektronische Kommunikationsnetze als „*Übertragungssysteme und gegebenenfalls Vermittlungs- und Leitwegeinrichtungen sowie*

---

707 *Golland*, in: Taeger/Gabel, DS-GVO Art. 95 Rn. 17; *Holländer*, in: BeckOK DatenschutzR, DS-GVO Art. 95 Rn. 5; *Kühling/Raab*, in: Kühling/Buchner, DS-GVO Art. 95 Rn. 11; *Piltz*, in: Gola/Heckmann, DS-GVO Art. 95 Rn. 25; *Sydow*, in: Sydow/Marsch/Bienemann u. a., DS-GVO Art. 95 Rn. 10; *Kühling/Sauerborn*, CR 2021, 271, 273; a. A. *Assion*, in: Assion/Aretz, TTDSG § 3 Rn. 37; *Jenny*, in: Plath, DSGVO Art. 95 Rn. 7.

708 *Eckhardt*, in: Schwartmann/Jaspers/Eckhardt, TTDSG § 3 Rn. 87; *Gierschmann*, MMR 2023, 22, 27; *Golland*, in: Taeger/Gabel, DS-GVO Art. 95 Rn. 17; *Sydow*, in: Sydow/Marsch/Bienemann u. a., DS-GVO Art. 95 Rn. 12.

709 So auch *EDSA*, Stellungnahme 5/2019, S. 10 f.; *Europäische Kommission*, Ex-post REFIT evaluation of the ePrivacy Directive 2002/58/EC, 10.1.2017, COM SWD(2017)005, S. 20 f.

anderweitige Ressourcen, die die Übertragung von Signalen über Kabel, Funk, optische oder andere elektromagnetische Einrichtungen ermöglichen, einschließlich Satellitennetze, feste (leitungs- und paketvermittelte, einschließlich Internet) und mobile terrestrische Netze, Stromleitungssysteme, soweit sie zur Signalübertragung genutzt werden, Netze für Hör- und Fernsehfunk sowie Kabelfernsehnetze, unabhängig von der Art der übertragenen Informationen" festlegt.

Durch das Inkrafttreten der EECC-Richtlinie gilt nunmehr der Verweis der ePrivacy-Richtlinie gemäß Art. 125 Abs. 3 i. V. m. Anhang XIII EECC-RL als Bezugnahme auf die entsprechenden Vorschriften der EECC-Richtlinie. Anstelle Art. 2 lit. a) Rahmen-RL ist daher nun Art. 2 Nr. 1 EECC-RL für die Begriffsbestimmung maßgeblich.[710] Diese verändert die bisherige Definition der Rahmenrichtlinie unwesentlich und definiert elektronische Kommunikationsnetze als „*Übertragungssysteme, ungeachtet dessen, ob sie auf einer permanenten Infrastruktur oder zentralen Verwaltungskapazität basieren, und gegebenenfalls Vermittlungs- und Leitwegeinrichtungen sowie anderweitige Ressourcen — einschließlich der nicht aktiven Netzbestandteile –, die die Übertragung von Signalen über Kabel, Funk, optische oder andere elektromagnetische Einrichtungen ermöglichen, einschließlich Satellitennetze, feste (leitungs- und paketvermittelt, einschließlich Internet) und mobile Netze, Stromleitungssysteme, soweit sie zur Signalübertragung genutzt werden, Netze für Hör- und Fernsehfunk sowie Kabelfernsehnetze, unabhängig von der Art der übertragenen Informationen*". Auf diese Definition bezieht sich auch der derzeitige Entwurf der ePrivacy-Verordnung.[711] Durch die Einbeziehung „*anderweitiger Ressourcen*" ist die Definition weit auszulegen und umfasst auch zukünftige Übertragungstechnologien.[712] Elektronische Kommunikationsnetze sind damit alle Übertragungssysteme, über welche Signale unabhängig von ihrer Art übertragen werden können.[713]

Aufgrund der Zielsetzung der ePrivacy-Richtlinie, welche gemäß Art. 94 Abs. 1 DS-GVO als Detaillierung und Ergänzung der DS-GVO dient und der einheitlichen Auslegung europarechtlicher Normen i. S. d. *EuGH*[714], geht das Begriffsverständnis des Art. 95 DS-GVO mit dem der ePrivacy-Richtlinie und der EECC-Richtlinie einher.[715]

Im deutschen Forschungsnetz werden Inhaltsdaten, Metadaten der Nutzer, und alle weiteren personenbezogenen Daten (sowie auch nicht personenbezogene Daten) als elektrische Signale über Glasfaser, LAN und WLAN übermittelt. Die Übertra-

---

710 So auch *EDSA,* Stellungnahme 5/2019, S. 10.
711 Art. 4 lit. b ePrivacyVO-RatE, ST 6087 2021 INIT.
712 Schon zur Rahmen-Richtlinie: *Irle*, S. 221.
713 *Karg*, in: Simitis/Hornung/Spiecker gen. Döhmann, DSGVO Art. 95 Rn. 5.
714 EuGH, Urt. v. 6.10.1982, C-283/81, C.I.L.F.I.T., ECLI:EU:C:1982:335, Rn. 20.
715 *Riesenhuber*, in: Riesenhuber, § 10 Rn. 25.

gung findet somit über Kabel bzw. Funk i. S. d. der Begriffsbestimmung der EECC-Richtlinie statt.

Um die Übertragung zwischen den verschiedenen Endgeräten der Nutzer des Forschungsnetzes zu ermöglichen, werden die Verbindungen unter Einsatz von Routern, Servern, Knotenpunkten und weiteren Gerätschaften ermöglicht.[716] Diese Geräte entsprechen ebenfalls der Begriffsbestimmung der optischen oder elektromagnetischen Einrichtungen.

Das Forschungsnetz stellt daher ein elektronisches Kommunikationsnetz i. S. d. Art. 95 DS-GVO dar, über welches der Internetdienst des Forschungsnetzbetreibers angeboten wird.

3. Elektronischer Kommunikationsdienst

Eine Legaldefinition des elektronischen Kommunikationsdienstes i. S. d. Art. 95 DS-GVO nimmt die DS-GVO ebenfalls nicht vor. Die ePrivacy-Richtlinie bestimmt den Begriff in Art. 2 S. 1 unter Bezugnahme auf die Rahmenrichtlinie. Diese definierte elektronische Kommunikationsdienste in Art. 2 lit. c Rahmen-RL als „*gewöhnlich gegen Entgelt erbrachte Dienste, die ganz oder überwiegend in der Übertragung von Signalen über elektronische Kommunikationsnetze bestehen, einschließlich Telekommunikations- und Übertragungsdienste in Rundfunknetzen, jedoch ausgenommen Dienste, die Inhalte über elektronische Kommunikationsnetze und -dienste anbieten oder eine redaktionelle Kontrolle über sie ausüben; nicht dazu gehören die Dienste der Informationsgesellschaft im Sinne von Artikel 1 der Richtlinie 98/34/EG, die nicht ganz oder überwiegend in der Übertragung von Signalen über elektronische Kommunikationsnetze bestehen*“.

Doch auch hier ist aufgrund von Art. 125 Abs. 1 i. V. m. Anhang XIII EECC-RL der Verweis der ePrivacy-Richtlinie gemäß Art. 2 ePrivacyRL auf die Begriffsbestimmung des Art. 2 Nr. 4 EECC-RL zu beziehen. Die nun Geltung findende Definition weist nun Erweiterungen im Vergleich zur Rahmenrichtlinie auf. Danach sind elektronische Kommunikationsdienste „*gewöhnlich gegen Entgelt über elektronische Kommunikationsnetze erbrachte Dienste, die – mit der Ausnahme von Diensten, die Inhalte über elektronische Kommunikationsnetze und -dienste anbieten oder eine redaktionelle Kontrolle über sie ausüben – folgende Dienste umfassen:*

a) „Internetzugangsdienste" im Sinne der Begriffsbestimmung des Artikels 2 Absatz 2 Nummer 2 der Verordnung (EU) 2015/2120,

b) interpersonelle Kommunikationsdienste und

---

716 *Adler/Eitner/Waibel u. a.*, Die Netzinfrastruktur X-WiN des Deutschen Forschungsnetzes, abrufbar unter: https://www.mr.mpg.de/38539/X-WiN-Broschuere_deutsch.pdf (zuletzt abgerufen am 10.10.2023).

c) Dienste, die ganz oder überwiegend in der Übertragung von Signalen bestehen, wie Übertragungsdienste, die für die Maschine-Maschine-Kommunikation und für den Rundfunk genutzt werden".

Die Verordnung (EU) 2015/2120[717] definiert den Begriff des Internetzugangsdienstes in Art. 2 Abs. 2 Nr. 2 als *„öffentlich zugänglicher elektronischer Kommunikationsdienst, der unabhängig von der verwendeten Netztechnologie und den verwendeten Endgeräten Zugang zum Internet und somit Verbindungen zu praktisch allen Abschlusspunkten des Internets bietet.*"

Durch die Erneuerung der Definitionen fallen bisherige Unsicherheiten bei der Einordnung verschiedener Kommunikationsangebote weg. Während die alte Definition der Rahmenrichtlinie vorrangig auf die Signalübertragung und die Verantwortlichkeit hierfür abstellte,[718] soll nach der Definition der EECC-Richtlinie ausweislich der Erwägungsgründe das Merkmal der Signalübertragung zwar noch wichtiger Bestandteil für die Bestimmung des Anwendungsbereiches sein, allerdings sollen auch weitere Dienste erfasst werden, welche Kommunikation zwischen Personen ermöglichen.[719]

a) Internetzugangsdienst

Im deutschen Forschungsnetz dient der Dienst *DFNInternet* dazu, die teilnehmenden Organisationen sowie deren Nutzergruppen an das *DFN* sowie andere kooperierende Forschungsnetze weltweit anzuschließen und Zugang zum übrigen Internet (IP-Transit) zu schaffen.[720] Für diesen Dienst müssen die angeschlossenen Teilnehmer am Forschungsnetz ein Nutzungsentgelt nach der geltenden Entgeltordnung entrichten, welches von der Mitgliederversammlung beschlossen wird.[721] Durch den Anschluss an das Forschungsnetz erhalten die angeschlossenen Mitglieder- und Teilnehmereinrichtungen demnach im Sinne der Begriffsbestimmungen des Internetzugangsdienstes „*Verbindung zu praktisch allen Abschlusspunkten des Internets*".[722]

---

717 Verordnung (EU) 2015/2120 des Europäischen Parlaments und des Rates vom 25. November 2015 über Maßnahmen zum Zugang zum offenen Internet und zur Änderung der Richtlinie 2002/22/EG über den Universaldienst und Nutzerrechte bei elektronischen Kommunikationsnetzen und -diensten sowie der Verordnung (EU) Nr. 531/2012 über das Roaming in öffentlichen Mobilfunknetzen in der Union, ABl. L 310/1 vom 26.11.2015.

718 EuGH, Urt. v. 13.6.2019, C-193/18, Gmail, ECLI:EU:C:2019:498; EuGH, Urt. v. 5.6.2019, C-142/18, SkypeOut, ECLI:EU:C:2019:460.

719 ErwG 15 EECC-RL.

720 *DFN-Verein*, Dienstbeschreibung DFNInternet, Anhang V, S. 1 ff.

721 *DFN-Verein*, Entgeltordnung für die Dienste, abrufbar unter: https://www.dfn.de/wp-content/uploads/2022/01/Entgeltordnung-DFNInternet-und-Dienst-Paket-2_0721.pdf (zuletzt abgerufen am 10.10.2023).

722 So auch *DFN-Verein*, Dienstbeschreibung DFNInternet, Anhang V, S. 1: „Über DFNInternet können […] alle anderen Teilnetze des Internets (IP-Transit) erreicht werden.".

Ein Internetzugangsdienst i. S. d. Art. 2 Abs. 2 VO (EU) 2015/2120 ist damit bei dem Dienst *DFNInternet* nach den technischen Merkmalen anzunehmen.

Soweit das Forschungsnetz öffentlich zugänglich ist, liegt ein elektronischer Kommunikationsdienst i. S. d. Art. 2 Abs. 2 VO (EU) 2015/2120 vor. Da es auf die Öffentlichkeit des Kommunikationsnetzes auch für die Eröffnung des Anwendungsbereiches der ePrivacy-Richtlinie und des Vorrangs der Umsetzungsnormen im Rahmen des Art. 95 DS-GVO ankommt, ist diese Eigenschaft nachfolgend zu untersuchen.

b) Dienst zur Signalübertragung

Neben der Einordnung des Internetdienstes *DFNInternet* als Internetzugangsdienst kann er auch als elektronischer Kommunikationsdienst i. S. d. Art. 2 Nr. 4 lit. c EECC-RL unter den Anwendungsbereich der ePrivacy-Richtlinie fallen. Insoweit stellt Buchstabe c ähnlich der alten Definition der Rahmenrichtlinie auf die „*ganz oder überwiegende*“ Signalübertragungsfunktion des Dienstes ab. Eine Signalübertragung liegt danach vor, wenn der infrage stehende Diensteanbieter die Kommunikationsinhalte der Nutzer über das Kommunikationsnetz übermittelt und dabei die Kontrolle über diese Signalübertragung behält und für die Übertragung verantwortlich ist.[723] Dabei ist erforderlich, dass die Übertragung der Signale ein wesentlicher Bestandteil des Dienstes ist.[724] Die reine Veranlassung der Signalübertragung ohne eine anschließende Verantwortlichkeit der Übermittlung des Signals über die Leistungen reicht nicht für die Einordnung als Signalübermittlungsdienst.[725]

Der Internetdienst des Forschungsnetzbetreibers dient der Übertragung der Nutzerinhalte. Während die Teilnehmer am Forschungsnetz die Daten ihrer Nutzergruppen an den Übergabepunkten in das Netz einspeisen, dient der Internetdienst explizit der Übertragung dieser Kommunikationsinhalte. Dabei behält der Forschungsnetzbetreiber die Kontrolle über diese Übertragungen, da er, wie schon festgestellt, über das ‚Ob‘ und ‚Wie‘ dieser Übertragungen innerhalb des Forschungsnetzes entscheidet. Darüber hinaus ist der Betreiber des Forschungsnetzes auch für die Übertragung verantwortlich, denn über den geschlossenen DFN-Rahmenvertrag und der Dienstvereinbarung *DFNInternet* mit den Teilnehmerinstitutionen ist der Forschungsnetzbetreiber zur Übertragung der Kommunikationsinhalte („*Übermittlung von unicast und multicast IP-Verkehr*“) verpflichtet.[726] Insoweit ist der Internetdienst

---

723 EuGH, Urt. v. 5.6.2019, C-142/18, SkypeOut, ECLI:EU:C:2019:460, Rn. 33; EuGH, Urt. v. 30.4.2014, C-475/12, UPC, ECLI:EU:C:2014:285, Rn. 43; *Assion*, NuR 2019, 239, 240.

724 EuGH, Urt. v. 13.6.2019, C-193/18, Gmail, ECLI:EU:C:2019:498, Rn. 34 f.

725 EuGH, Urt. v. 13.6.2019, C-193/18, Gmail, ECLI:EU:C:2019:498, Rn. 34 f.

726 § 2 DFN-RahmenV; Dienstvereinbarung DFNInternet, Anhang III, S. 1: „Vermittlung von unicast und multicast IP-Verkehr in das Wissenschaftsnetz, den globalen Verbund der weltweit kooperierenden nationalen Forschungsnetze und zu allen anderen Teilnetzen des Internets (Transit)“.

des Forschungsnetzbetreibers als elektronischer Kommunikationsdienst i. S. d. ePrivacy-Richtlinie einzuordnen.

c) Zwischenergebnis

Da auch bei der Bestimmung des elektronischen Kommunikationsdienstes i. S. d. einheitlichen Auslegung europäischer Normen die Begriffsbestimmung auf die DS-GVO übernommen werden kann, liegt mit dem Forschungsnetz ein elektronischer Kommunikationsdienst i. S. d. Art. 95 DS-GVO vor.

4. Öffentlichkeit

Sowohl Art. 95 DS-GVO, als auch die die Definition des „*Internetzugangsdienstes*" nach Art. 2 Abs. 2 Nr. 2 VO (EU) 2015/2120 verlangen die öffentliche Zugänglichkeit des Dienstes in einem öffentlichen Kommunikationsnetz, damit die Kollisionsregel des Art. 95 DS-GVO Anwendung finden kann.

Im Falle des Vorliegens der öffentlichen Zugänglichkeit des Internetdienstes sowie der Öffentlichkeit des Forschungsnetzes würde dies zur Folge haben, dass Umsetzungsnormen mit derselben Zielsetzung den Regelungen der DS-GVO bei der Verarbeitung personenbezogener Daten über das Forschungsnetz vorgehen würden. Sollte die Öffentlichkeit des Netzes und des Dienstes dagegen nicht vorliegen, würde dies zumindest für die Verarbeitung personenbezogener Daten im Forschungsnetz bedeuten, dass die Vorgaben der DS-GVO weiterhin anwendbar bleiben und nicht im Konkurrenzverhältnis zu den mitgliedstaatlichen Umsetzungen der ePrivacy-Richtline stehen.

a) Europäische Datenschutzvorschriften

Die Begriffsbestimmung des Begriffs der ‚*Öffentlichkeit*' im datenschutz- bzw. telekommunikationsrechtlichen Kontext fällt nicht leicht. Während der deutsche Gesetzgeber „*öffentlich zugängliche Telekommunikationsdienste*" in § 3 Nr. 44 TKG als „*einem unbestimmten Personenkreis zur Verfügung stehende Telekommunikationsdienste*" definiert, bietet das europäische Sekundärrecht im Datenschutz- bzw. Telekommunikationsrecht keine Definition des Begriffs an.[727]

aa) DS-GVO

Art. 4 DS-GVO, welcher die allgemeinen Begriffsbestimmungen der Verordnung vornimmt, führt in seinem Katalog den Begriff der Öffentlichkeit nicht auf.

---

[727] *Herrmann*, in: BeckOK IT-Recht, TKG § 3 Rn. 36; *Jandt/Karg*, in: Jandt/Steidle, A. II. Rn. 101; *Schütz*, in: Geppert/Schütz 4. Aufl., TKG § 6 Rn. 48.

Auch Art. 95 DS-GVO nimmt keine Begriffsbestimmung vor und die Erwägungsgründe der DS-GVO geben keinen Aufschluss über die Auslegung des Begriffs der Öffentlichkeit.

In der DS-GVO findet sich der Begriff der Öffentlichkeit neben Art. 95 DS-GVO auch in Art. 86 DS-GVO. Dieser Artikel regelt den Zugang der Öffentlichkeit zu amtlichen Dokumenten. Doch auch an dieser Stelle nimmt der europäische Gesetzgeber keine Definition vor und auch die Erwägungsgründe lassen keinen Rückschluss auf die Bestimmung des Umfangs der Öffentlichkeit zu.

Ein Rückgriff auf die deutsche Definition des TKG, welche gemäß § 2 Abs. 1 TTDSG auch in Bezug auf das TTDSG und somit für das nationale Datenschutzrecht Geltung findet, ist mangels einer Bezugnahme des Art. 95 DS-GVO im Kontext der Vollharmonisierung der DS-GVO auf nationale Regelungen zur Bestimmung des Anwendungsbereichs nicht möglich.[728]

bb) ePrivacy-Richtlinie

Auch für die Bestimmung des Anwendungsbereiches der ePrivacy-Richtlinie verlangt Art. 3 Abs. 1 ePrivacyRL die Öffentlichkeit des Kommunikationsnetzes, nimmt aber ebenso keine Begriffsbestimmung vor. Die Richtlinie verweist weder auf nationale Regelungen, noch sieht sie hierfür eine Umsetzungspflicht vor. Ein Rückgriff auf die deutsche Definition des TKG ist damit auch an dieser Stelle nicht möglich.[729]

cc) EECC-Richtlinie

Die EECC-Richtlinie definiert zwar das öffentliche elektronische Kommunikationsnetz in Art. 2 Nr. 8 EECC-RL als *„elektronisches Kommunikationsnetz, das ganz oder überwiegend der Bereitstellung öffentlich zugänglicher elektronischer Kommunikationsdienste dient, die die Übertragung von Informationen zwischen Netzabschlusspunkten ermöglichen*“. Doch ist diese Begriffsbestimmung mangels einer weitergehenden Definition des Begriffs der Öffentlichkeit ebenfalls nicht sachdienlich. Darüber hinaus thematisieren zwar diverse Erwägungsgründe der EECC-Richtlinie Problematiken der öffentlichen elektronischen Kommunikationsnetze,

---

[728] St. Rspr. EuGH, Urt. v. 3.7.2012, C-128/11, UsedSoft, ECLI:EU:C:2012:407, Rn. 39; EuGH, Urt. v. 26.4.2012, C-510/10, DR u. TV2 Danmark, ECLI:EU:C:2012:244, Rn. 33; EuGH, Urt. v. 18.10.2011, C-34/10, Brüstle, ECLI:EU:C:2011:669, Rn. 25; EuGH, Urt. v. 16.7.2009, C-5/08, Infopaq International, ECLI:EU:C:2009:465, Rn. 27; *Riesenhuber*, in: Riesenhuber, § 10 Rn. 4 ff.

[729] St. Rspr. EuGH, Urt. v. 3.7.2012, C-128/11, UsedSoft, ECLI:EU:C:2012:407, Rn. 39; EuGH, Urt. v. 26.4.2012, C-510/10, DR u. TV2 Danmark, ECLI:EU:C:2012:244, Rn. 33; EuGH, Urt. v. 18.10.2011, C-34/10, Brüstle, ECLI:EU:C:2011:669, Rn. 25; EuGH, Urt. v. 16.7.2009, C-5/08, Infopaq International, ECLI:EU:C:2009:465, Rn. 27; *Riesenhuber*, in: Riesenhuber, § 10 Rn. 4 ff.

jedoch auch ohne den Begriff der Öffentlichkeit im europarechtlichen Kontext zu präzisieren.[730]

b) Rechtsprechung des EuGH zu Art. 95 DS-GVO

Ebenso hat sich bislang die Rechtsprechung des *EuGH* im Kontext des Datenschutz- und Telekommunikationsrechts nicht mit dem Öffentlichkeitsbegriff der DS-GVO auseinandergesetzt. Im Verfahren ‚*Proximus*'[731] beschäftigt sich der *EuGH* allein mit dem Einwilligungsbegriff der ePrivacy-Richtlinie unter Anwendung von Art. 95 DS-GVO. Mit dem europäischen Verständnis des Begriffs der Öffentlichkeit musste sich der *EuGH* in diesem Verfahren nicht auseinandersetzen und bietet daher ebenfalls keine Anhaltspunkte für die Bestimmung der öffentlichen Zugänglichkeit von Kommunikationsnetzen bzw. -diensten.

c) Auffassung der Europäischen Kommission

Schon vor Erlass der ePrivacy-Richtlinie hatte sich die *Kommission* in einer Mitteilung an das Europäische Parlament mit dem Begriff der Öffentlichkeit aus der Dienste-Richtlinie[732] auseinandergesetzt. Insoweit verwies sie darauf, dass der Begriff in der Richtlinie nicht definiert werde und somit „*im gewöhnlichen Sinne des Wortes verstanden werden*" müsse.[733] Die *Kommission* definiert einen „*Dienst der Öffentlichkeit*" daher als einen „*allen Mitgliedern der Öffentlichkeit auf der gleichen Grundlage zugänglicher Dienst*".[734] Zwar bezieht sich diese Mitteilung weder auf die ePrivacy-Richtlinie noch konnte die *Kommission* zum damaligen Zeitpunkt auf die Bestimmungen der noch nicht in Kraft getretenen ePrivacy-Richtlinie Bezug nehmen. Allerdings gibt diese Mitteilung ein erstes Bild des europäischen Begriffsverständnisses. Trotzdem mangelt es dieser Auffassung weiterhin an einer konkreten Definition des Öffentlichkeitsbegriffs.

d) Auslegung

Mangels weiterer Anhaltspunkte ist der Bestimmungsgehalt der Norm im Wege der Auslegung zu konkretisieren. Die im europäischen Sekundärrecht verwandten

---

730 Z. B. ErwG 94, 141, 269 EECC-RL.

731 EuGH, Urt. v. 27.10.2022, C-129/21, Proximus, ECLI:EU:C:2022:833.

732 Richtlinie der Kommission über den Wettbewerb auf dem Markt für Telekommunikationsdienste (90/388/EWG), ABl. 1990 L 192/10 vom 24.7.1990.

733 Mitteilung der Kommission an das Europäische Parlament und den Rat über den Stand der Umsetzung der Richtlinie 90/388/EWG über den Wettbewerb auf dem Markt für Telekommunikationsdienste, ABl. 1995 C 275/2 vom 20.10.1995, S. 5.

734 Mitteilung der Kommission an das Europäische Parlament und den Rat über den Stand der Umsetzung der Richtlinie 90/388/EWG über den Wettbewerb auf dem Markt für Telekommunikationsdienste, ABl. 1995 C 275/2 vom 20.10.1995, S. 5.

Begrifflichkeiten sind unionsautonom auszulegen, soweit das Unionsrecht nicht auf nationales Recht verweist.[735] Die DS-GVO als europäische Verordnung dient der Vereinheitlichung des Gemeinschaftsrechts[736] und ist daher unabhängig von nationalen Bestimmungen und ohne Rückgriff hierauf auszulegen.[737] Ein Abweichen von den Vorgaben der DS-GVO ist nur zulässig, soweit die Verordnung dies ausdrücklich bestimmt oder sich dies durch Auslegung ermitteln lässt und damit Bestimmungen der DS-GVO konkretisiert werden.[738] Als Auslegungskriterien sind die grammatikalische, die historische, die systematische und die teleologische Auslegung heranzuziehen.[739] Da Art. 95 DS-GVO keine Vorgängernorm in der DSRL aufweisen kann, entfällt für die vorliegende Untersuchung die historische Auslegung.

aa) Wortlaut

Die Auslegung nach dem Wortlaut ist vorrangig heranzuziehen.[740] Im Rahmen der grammatikalischen Auslegung ist bei europäischen Normen anders als in der nationalen Auslegung jede der 24 sprachlichen Fassungen des Rechtsaktes gleichgestellt und zu berücksichtigen.[741]

Der Wortlaut des Art. 95 DS-GVO lässt unmittelbar keinen Rückschluss darauf zu, welcher Anwendungsbereich sich aus dem Begriff der Öffentlichkeit ergeben soll. Daher ist auf das allgemeine Begriffsverständnis zurückzugreifen.[742] Der Duden erklärt den Begriff der Öffentlichkeit einerseits „*als Gesamtheit gesehener Bereich von Menschen, in dem etwas allgemein bekannt [geworden] und allen zugänglich ist*“ und andererseits als „*das Öffentlichsein; das Zugelassensein für die Öffentlichkeit*“.[743]

---

735 St. Rspr. EuGH, Urt. v. 26.4.2012, C-510/10, DR u. TV2 Danmark, ECLI:EU:C:2012:244, Rn. 33; EuGH, Urt. v. 3.7.2012, C-128/11, UsedSoft, ECLI:EU:C:2012:407, Rn. 39; EuGH, Urt. v. 16.7.2009, C-5/08, Infopaq International, ECLI:EU:C:2009:465, Rn. 27; EuGH, Urt. v. 18.10.2011, C-34/10, Brüstle, ECLI:EU:C:2011:669, Rn. 25; EuGH, Urt. v. 14.1.1982, C-64/81, Corman, ECLI:EU:C:1982:5, Rn. 8; EuGH, Urt. v. 10.1.1980, C-69/79, Jordens-Vosters, ECLI:EU:C:1980:7, Rn. 6; *Riesenhuber*, in: Riesenhuber, § 10 Rn. 4 ff.

736 ErwG 13 DS-GVO.

737 *Sagan*, in: Preis/Sagan, § 1 Rn. 1.77; *Schwarze/Wunderlich*, in: Schwarze/Becker/Hatje u. a., Art. 19 EUV Rn. 39; *Hofmann/Johannes*, ZD 2017, 221.

738 *Franzen*, EuZA 2017, 313, 345.

739 *Riesenhuber*, in: Riesenhuber, § 10 Rn. 12.

740 EuGH, Urt. v. 17.4.2008, C-404/06, Quelle, ECLI:EU:C:2008:231, Rn. 31 ff.; EuGH, Urt. v. 11.11.1997, C-251/95, Sabèl, ECLI:EU:C:1997:528, Rn. 18; EuGH, Urt. v. 23.3.1982, C-63/81, Levin, ECLI:EU:C:1982:105, Rn. 9.

741 Z. B. EuGH, Urt. v. 30.5.2013, C-488/11, Brusse, ECLI:EU:C:2013:341, Rn. 26; EuGH, Urt. v. 15.4.2010, C-511/08, Heinrich Heine, ECLI:EU:C:2010:189, Rn. 51.

742 EuGH, Urt. v. 5.7.2012, C-49/11, Content Services, ECLI:EU:C:2012:419, Rn. 32.

743 *Dudenredaktion*, „Öffentlichkeit“.

Die erste Begriffsbestimmung zielt auf die Umschreibung der Gruppe der Öffentlichkeit ab.[744] Dies zeigen die angehängten Beispiele des Dudens, wie z. B. „*die Öffentlichkeit erfährt, weiß nichts von diesen Dingen; im Blickpunkt der Öffentlichkeit stehen; etwas an die Öffentlichkeit bringen*“[745] sowie die Synonymvorschläge „*Allgemeinheit, Bevölkerung, Bürgerinnen und Bürger, Gesamtheit*“[746]. Der Duden nimmt in diesem Kontext die Abgrenzung der Öffentlichkeit zu kleineren Gruppen vor, wie private, familiäre oder andere abgrenzbaren Gruppen in der Bevölkerung.

Die zweite Begriffsbestimmung beschreibt dagegen den Fall der Zugänglichkeit einer Sache für die Öffentlichkeit. Die angehängten Bespiele führen diese Auffassung aus: „*Das Prinzip der Öffentlichkeit in der Rechtsprechung; die Öffentlichkeit einer Gerichtsverhandlung wiederherstellen*“[747]. Außerdem definiert der Duden auch den Begriff ‚*Öffentlich*‘, welcher im Kontext der Zugänglichkeit als „*für die Allgemeinheit zugänglich, benutzbar*“[748] erläutert wird.

Unter Zugrundelegung der verschiedenen Begriffserklärungen des Dudens ist anzunehmen, dass die öffentliche Zugänglichkeit dann gegeben ist, wenn ein als Gesamtheit gesehener Bereich von Menschen, die Allgemeinheit, Zugang zu etwas hat.

Auch andere sprachliche Fassungen der DS-GVO bedienen sich den entsprechenden Begrifflichkeiten der Öffentlichkeit und lassen keine andere Bestimmung nach ihrem Wortlaut zu. So verwendet die englische Fassung der DS-GVO die Begriffe ‚*public*‘ bzw. ‚*publicly*‘ in Art. 95 General Data Protection Regulation (GDPR). Das Oxford English Dictionary erklärt den Begriff ‚*public*‘ im Zusammenhang mit der Zugänglichkeit zu etwas als „*open or available to all members of a community, or all who are legally or properly qualified (as by payment); not restricted to the private use of a particular person or group*“[749] und findet damit die gleiche Erklärung wie in der deutschen Fassung der DS-GVO. Auch die italienische Fassung der DS-GVO verwendet in Art. 95 Regolamento Generale sulla Protezione dei Dati (RGPD) den Begriff ‚*pubblico*‘, welcher nach dem Grande Dizionario Italiano im Zusammenhang mit der Zugänglichkeit „*che è utilizzabile da tutti*”[750] und damit „*als für alle nutzbar*“ übersetzt werden kann.

---

744 Siehe *Dudenredaktion*, „Öffentlichkeit“.

745 *Dudenredaktion*, „Öffentlichkeit“.

746 *Dudenredaktion*, „Öffentlichkeit“ auf Duden Online, abrufbar unter: https://www.duden.de/node/105075/revision/1291103 (zuletzt abgerufen am 10.10.2023).

747 *Dudenredaktion*, „Öffentlichkeit“.

748 *Dudenredaktion*, „Öffentlich“.

749 *Oxford University Press*, „public“ auf Oxford English Dictionary Online, abrufbar unter: https://www.oed.com/viewdictionaryentry/Entry/154052 (zuletzt abgerufen am 10.10.2023).

750 *Aldo*, „pubblico“ auf Grande Dizionario Italiano Online, abrufbar unter: https://www.grandidizionari.it/Dizionario_Italiano/parola/P/pubblico.aspx?query=pubblico (zuletzt abgerufen am 10.10.2023).

Auch weitere sprachliche Fassungen verwenden den allgemeinen Begriff der Öffentlichkeit wie z. B. die französische (‚*public*'), die spanische (‚*públicas*'), die tschechische (‚*veřejných*'), die dänische (‚*offentlige*'), die estnische (‚*üldkasutatavate*') oder die niederländische (‚*openbare*'). Eine Abweichung oder Erweiterung des deutschen Begriffsverständnisses ergibt sich aus den anderen sprachlichen Fassungen daher nicht.

Die grammatikalische Auslegung führt damit zu einem Begriffsverständnis, wonach die Zugänglichkeit eines Kommunikationsnetzes bzw. -dienstes dann öffentlich ist, wenn sie der Allgemeinheit, also einer nicht eingrenzbaren Gruppe an Personen, zugänglich ist. An dieser Auffassung ändern auch die beispielhaft angeführten Übersetzungen der Mitgliedstaaten nichts.[751] Vielmehr untermauern sie diese Auffassung.

Dennoch kann die grammatikalische Auslegung nicht allein für die Bestimmung des Anwendungsbereiches genügen.[752] Selbst, wenn der sprachliche Vergleich wie vorliegend nicht zu Unterschieden in der Begriffsauffassung führt, kann diese Bestimmung lediglich als Indiz für die weiteren Auslegung dienen.[753]

bb) Teleologische Auslegung

Daher ist auch die teleologische Auslegung für die Begriffsbestimmung heranzuziehen. Art. 95 DS-GVO räumt den Umsetzungsnormen den Vorrang gegenüber den Bestimmungen der DS-GVO ein. Die Überschrift „*Verhältnis zur Richtlinie 2002/58/EG*" zeigt, dass Sinn und Zweck des Vorrangs ist, das Verhältnis der älteren Richtlinie gegenüber der neueren Verordnung zu klären.[754] Dem europäischen Gesetzgeber war wichtig, dass die Regelungen der ePrivacy-Richtlinie nicht von der DS-GVO verdrängt werden, sondern weiter Anwendung finden.[755] Außerdem soll Verarbeitern, die unter den Anwendungsbereich der DS-GVO sowie den Vorgaben der ePrivacy-Richtline fallen, nicht zusätzliche Pflichten auferlegt werden.[756]

(1) Erwägungen der ePrivacy-Richtlinie

Die Regelungen, die der europäische Gesetzgeber mit Art. 95 DS-GVO im Blick hatte, beziehen sich mit dem Regelungsgedanken der ePrivacy-Richtlinie vorrangig auf die ePrivacy der betroffenen Personen und nicht auf den Datenschutz. Für die

751 Im Englischen vom gleichen Begriffsverständnis ausgehend: *EDPB,* Opinion 5/2019, S. 10 Fn. 16; *EDPS,* Opinion 5/2016, S. 12.

752 EuGH, Urt. v. 17.11.1983, C-292/82, Merck, ECLI:EU:C:1983:335, Rn. 12; *Riesenhuber*, in: Riesenhuber, § 10 Rn. 15.

753 EuGH, Urt. v. 28.10.2010, C-203/09, Volvo Car, ECLI:EU:C:2010:647, Rn. 41 ff.; EuGH, Urt. v. 7.2.1985, C-19/83, Wendelboe, ECLI:EU:C:1985:54, Rn. 13 ff.

754 Vgl. *Piltz*, in: Gola/Heckmann, DS-GVO Art. 95 Rn. 2.

755 *Piltz*, in: Gola/Heckmann, DS-GVO Art. 95 Rn. 2.

756 So zumindest *EDSA,* Stellungnahme 5/2019, S. 15.

teleologische Auslegung der Vorschrift ist daher in erster Linie der Zweck der ePrivacy-Richtlinie in den Blick zu nehmen.

Ausweislich der Erwägungsgründe[757] schützt die Richtlinie die Grundrechte und Grundfreiheiten, insbesondere die Vertraulichkeit der Kommunikation sowie das Privat- und Familienleben der natürlichen Nutzer der Kommunikationsnetze und -dienste aus Art. 7 GRCh, sowie deren Recht auf Schutz personenbezogener Daten aus Art. 8 GRCh.[758] Durch den Bezug des Schutzbereiches auf Art. 7 GRCh neben Art. 8 GRCh ist dieser nicht deckungsgleich mit dem Schutzbereich der DS-GVO, welcher sich nur auf den Art. 8 GRCh stützt[759] und daher in Teilen weiter zu fassen ist.[760]

Im Kontext der ePrivacy-Richtlinie und ihres Ziels, die Vertraulichkeit der Kommunikation zu schützen, dient Art. 7 GRCh insbesondere dem Schutz des Vertrauens in den Übermittlungsvorgang der Kommunikationsinhalte,[761] wenn die Inhalte hierfür an Dritte zur Übermittlung überlassen werden.[762]

Dieses Nutzervertrauen ist immer dann erheblich, wenn der Nutzer eines Kommunikationsdienstes dem Betreiber dieses Dienstes seine Kommunikationsinhalte zur Übertragung überlässt, ohne selbst einen Einfluss auf die Art und Weise der Übertragung zu haben.[763] Die Einwirkungsmöglichkeiten bleiben allein dem Betreiber des Dienstes bzw. des Netzes und dessen mitwirkenden Akteuren vorbehalten.[764] Als Konsequenz dieser Situation bleibt dem Nutzer eines Kommunikationsdienstes nichts anderes übrig, als dem Betreiber dahingehend zu vertrauen, dass dieser die Kommunikationsdaten allein zu Zwecken der Datenübermittlung speichert und verarbeitet, ohne die Daten an andere, unbeteiligte Dritte, wie anderen Unternehmen oder staatlichen Stellen, weiterzugeben.[765]

Die Richtlinie zielt daher auf die gesetzliche Sicherstellung dieses Nutzervertrauens aus dem Schutzzweck des Art. 7 GRCh ab.[766] Um diesen angestrebten Schutz der ePrivacy-Richtlinie gegenüber den Betreibern von Kommunikationsnetzen bzw. -

---

757 ErwG 2 ff. ePrivacyRL.

758 Siehe Art. 1 Abs. 1 ePrivacyRL; ErwG 2 ff. ePrivacyRL; *Klabunde/Selmayr*, in: Ehmann/Selmayr, DS-GVO Art. 95 Rn. 4; *Pauly*, in: Paal/Pauly, DS-GVO Art. 95 Rn. 1.

759 ErwG 1 DS-GVO.

760 *Klabunde/Selmayr*, in: Ehmann/Selmayr, DS-GVO Art. 95 Rn. 4.

761 *Kingreen*, in: Calliess/Ruffert, EU-GRCharta Art. 7 Rn. 10; *Frenz*, Rn. 1241; auf Art. 8 EMRK referenzierend *Kugelmann*, EuGRZ 2003, 16, 21.

762 *Bernsdorff*, in: Meyer/Hölscheidt GRCh, GRCh Art. 7 Rn. 20.

763 *Karg*, in: Simitis/Hornung/Spiecker gen. Döhmann, DSGVO Art. 95 Rn. 6.

764 *Karg*, in: Simitis/Hornung/Spiecker gen. Döhmann, DSGVO Art. 95 Rn. 6.

765 *Jandt/Karg*, in: Jandt/Steidle, A. II. Rn. 101; *Karg*, in: Simitis/Hornung/Spiecker gen. Döhmann, DSGVO Art. 95 Rn. 6; *Kühling/Raab*, in: Kühling/Buchner, Einführung Rn. 24.

766 Siehe ErwG 21 ePrivacyRL; *Papakōnstantinu/Hert*, in: Spiecker gen. Döhmann/Papakōnstantinu/Hornung u. a., GDPR Art. 95 Rn. 7.

diensten einfachgesetzlich durchsetzen zu können, soll die Vertraulichkeit der Kommunikation trotz des Kontrollverlusts der Nutzer durch die nationalen Umsetzungsnormen gesichert werden.[767]

Aus diesen Gründen ist die Situation anders zu bewerten, wenn die Nutzer eines Kommunikationsdienstes entweder selbst Einfluss auf die Art und Weise der Datenverarbeitung haben oder von einer aus Nutzersicht vertrauenswürdigen Stelle verwaltet werden.[768] In diesen Fällen ist der Vertrauensschutz des Art. 7 GRCh nicht erforderlich, weil das Vertrauen in den Übermittler und Verarbeiter der Informationen durch die selbstständige Verwaltung des genutzten Kommunikationsdienstes bzw. -netzes nicht aufgebracht und damit auch nicht sichergestellt werden muss.[769]

In der Literatur ist diese Lage bei rein innerbetrieblichen oder innerbehördlichen Kommunikationsnetzen anerkannt, wenn diese nur einem bestimmten Adressatenkreis (z. B. den jeweiligen Beschäftigen) zum Zwecke der innerbetrieblichen Kommunikation geöffnet werden.[770] Dabei ist die Größe des Netzes nicht von Belang, die Literatur sieht die Möglichkeit als gegeben an, dass auch Landesnetze der Bundesländer als geschlossene Benutzergruppe eingeordnet werden können.[771] Da die Vorgaben der DS-GVO und der ePrivacy-Richtlinie selbst keine Einschränkung bzgl. der Größe eines Netzes oder Dienstes vornehmen, ist dieser Auffassung zu folgen.

Maßgebliches Kriterium für die öffentliche Zugänglichkeit ist vielmehr die Schutzwürdigkeit der Nutzer.[772] Denn in geschlossenen Kommunikationsnetzen stehen den Nutzern ausreichend Kontrollmöglichkeiten hinsichtlich der Verarbeitung ihrer Daten zur Verfügung.[773] Diese Nähe der Nutzer oder eine enge Verbindung der Kommunikationsinhalte zum Betreiber mindert die von der ePrivacy-Richtlinie an-

767 *Jandt/Karg*, in: Jandt/Steidle, A. II. Rn. 101; *Karg*, in: Simitis/Hornung/Spiecker gen. Döhmann, DSGVO Art. 95 Rn. 6.

768 *Jandt/Karg*, in: Jandt/Steidle, A. II. Rn. 101; *Karg*, in: Simitis/Hornung/Spiecker gen. Döhmann, DSGVO Art. 95 Rn. 6; *Papakõnstantinu/Hert*, in: Spiecker gen. Döhmann/Papakõnstantinu/Hornung u. a., GDPR Art. 95 Rn. 7; *Nebel/Richter*, ZD 2012, 407, 408.

769 *Jandt/Karg*, in: Jandt/Steidle, A. II. Rn. 101; *Karg*, in: Simitis/Hornung/Spiecker gen. Döhmann, DSGVO Art. 95 Rn. 6; *Nebel/Richter*, ZD 2012, 407, 408.

770 ErwG 55 RL 2009/136/EG; *EDSA,* Stellungnahme 5/2019, S. 10; *Grussmann/Honekamp*, in: Geppert/Schütz 4. Aufl., Teil B Einleitung B Fn. 369 zu Rn. 142; *Papakõnstantinu/Hert*, in: Spiecker gen. Döhmann/Papakõnstantinu/Hornung u. a., GDPR Art. 95 Rn. 7; *Nebel/Richter*, ZD 2012, 407, 408.

771 *Jandt/Karg*, in: Jandt/Steidle, A. II. Rn. 102; *Karg*, in: Simitis/Hornung/Spiecker gen. Döhmann, DSGVO Art. 95 Rn. 6.

772 *Karg*, in: Simitis/Hornung/Spiecker gen. Döhmann, DSGVO Art. 95 Rn. 6.

773 *Karg*, in: Simitis/Hornung/Spiecker gen. Döhmann, DSGVO Art. 95 Rn. 6; *Papakõnstantinu/Hert*, in: Spiecker gen. Döhmann/Papakõnstantinu/Hornung u. a., GDPR Art. 95 Rn. 7.

gedachte Schutzwürdigkeit.[774] Ein Vertrauen in den Betreiber i. S. d. Schutzzwecks des Art. 7 GRCh ist in diesen Fällen nicht erforderlich.[775]

Geschlossene Kommunikationsnetze und -dienste sollen daher mangels eines Vertrauenstatbestandes der Nutzer nicht dem Schutzbereich des Art. 7 GRCh und damit nicht den Umsetzungen der ePrivacy-Richtlinie unterfallen.[776] Als Konsequenz sollen nach dem Zweck des Art. 95 DS-GVO die Vorgaben der Richtlinie daher nicht für Betreiber geschlossener Kommunikationsnetze gelten und die Verarbeitung personenbezogener Daten innerhalb dieser Netze weiterhin den Vorschriften der DS-GVO unterliegen.[777]

Diese Feststellung führt dazu, dass das Schutzerfordernis für Nutzer in einem Kommunikationsnetz bzw. -dienst nur dann entfallen kann, wenn die Nutzer ein Vertrauens- bzw. Näheverhältnis zum Betreiber aufweisen. Sobald Nutzer das erforderliche Näheverhältnis nicht aufweisen können, muss der angedachte Schutz der Vertraulichkeit der Kommunikation des Art. 7 GRCh wieder aufleben und das angebotene Kommunikationsnetz bzw. der -dienst ist anhand der Regelungen der ePrivacy-Richtlinie zu messen.

Zugangsbeschränkungen zu einem Kommunikationsnetz bzw. -dienst lassen zunächst auf ein Näheverhältnis der Nutzer zum Betreiber schließen.[778] Denn der Betreiber wird nur Nutzern den Zugang zu seinem Dienst eröffnen, wenn diese die von ihm geforderten Voraussetzungen erfüllen. Insbesondere im Kontext eines Forschungsnetzes kommt es auf die Erfüllung der Zugangsvoraussetzungen an, um Zugang zum Netz erhalten zu können.

Aus diesem Grund ist bei geschlossenen Benutzergruppen die tatsächliche Zugänglichkeit zum Kommunikationsnetz und -dienst zu beleuchten.[779] Der Betreiber muss die Zugangsbeschränkungen nicht nur theoretisch schaffen, sondern auch faktisch begrenzen und kontrollieren, damit nur Nutzer mit entsprechendem Näheverhältnis Zugriff auf das Kommunikationsnetz bzw. den -dienst haben können.[780] Dien-

---

774 *Jandt/Karg*, in: Jandt/Steidle, A. II. Rn. 102; *Karg*, in: Simitis/Hornung/Spiecker gen. Döhmann, DSGVO Art. 95 Rn. 6.

775 *Jandt/Karg*, in: Jandt/Steidle, A. II. Rn. 102; *Karg*, in: Simitis/Hornung/Spiecker gen. Döhmann, DSGVO Art. 95 Rn. 6; *Papakōnstantinu/Hert*, in: Spiecker gen. Döhmann/Papakōnstantinu/Hornung u. a., GDPR Art. 95 Rn. 7.

776 *Nebel/Richter*, ZD 2012, 407, 408.

777 *Jandt/Karg*, in: Jandt/Steidle, A. II. Rn. 104; *Karg*, in: Simitis/Hornung/Spiecker gen. Döhmann, DSGVO Art. 95 Rn. 6; *Kühling/Raab*, in: Kühling/Buchner, DS-GVO Art. 95 Rn. 3b; *Nebel/Richter*, ZD 2012, 407, 408.

778 Vgl. *Karg*, in: Simitis/Hornung/Spiecker gen. Döhmann, DSGVO Art. 95 Rn. 6.

779 *Karg*, in: Simitis/Hornung/Spiecker gen. Döhmann, DSGVO Art. 95 Rn. 6; *Papakōnstantinu/Hert*, in: Spiecker gen. Döhmann/Papakōnstantinu/Hornung u. a., GDPR Art. 95 Rn. 8.

780 *Karg*, in: Simitis/Hornung/Spiecker gen. Döhmann, DSGVO Art. 95 Rn. 6; *Papakōnstantinu/Hert*, in: Spiecker gen. Döhmann/Papakōnstantinu/Hornung u. a., GDPR Art. 95 Rn. 8.

lich sind hierfür sachliche Kriterien, welche den Zugang regulieren, damit nicht ‚jedermann' Zugriff auf das Netz oder den Dienst hat.[781] Allein technische Maßnahmen wie Passwörter genügen hierfür nach Ansicht der Literatur nicht.[782] Die Zugriffsmöglichkeiten müssen durch den Betreiber regelmäßig kontrolliert und bei einer eingetretenen Änderung auch entsprechend behandelt werden.[783] So kann eine geschlossene Benutzergruppe ihr Privileg der Geschlossenheit verlieren, wenn bspw. ein Firmennetzwerk ausgeschiedenen Mitarbeitern oder Gästen einen zu großzügigen Zugang zum Unternehmensnetz gewährt.[784]

(2) Wettbewerbsrechtliche Aspekte

Die vor allem im Rahmen nationalrechtlicher Erwägungen zur Öffentlichkeit herangezogenen wettbewerbsrechtlichen Entwicklungen[785] bleiben bei der Bestimmung des Öffentlichkeitsbegriffs i. S. d. Art. 95 DS-GVO unbeachtlich. Diese wettbewerbsregulatorischen Erwägungen fordern eine enge Auslegung des Öffentlichkeitsbegriffs, damit die Wettbewerbsregulierungen der Telekommunikationsvorgaben nicht umgangen werden können.[786]

Doch die DS-GVO beabsichtigt den Schutz der personenbezogenen Daten und nicht die Regulierung des Wettbewerbs.[787] Dem in der Literatur vorgebrachten Argument, dass Erwägungsgrund 9 DS-GVO den Wettbewerb fördere,[788] kann nicht gefolgt werden. Denn Erwägungsgrund 9 DS-GVO beschreibt an dieser Stelle den Rechtszustand der alten DSRL, den die DS-GVO nun durch die Harmonisierung des Datenschutzrechts beseitigen soll.[789] Es sollen demnach lediglich die Unterschiede des Binnenmarktes durch das gleichmäßige Datenschutzniveau beseitigt werden, der Wettbewerb selbst soll nicht geregelt werden.[790]

Im Rahmen der ePrivacy setzt § 7 Abs. 2 Nr. 1-3, Abs. 3 UWG zwar Wettbewerbsregulierungen hinsichtlich unerbetener Nachrichten aus Art. 13 ePrivacyRL um, doch verfolgt § 7 UWG nicht den gleichen Zweck wie die DS-GVO.[791] Aus diesen Erwägungen ergibt sich die Erkenntnis, dass im Rahmen der Vorrangbestimmung des Art. 95 DS-GVO nicht marktregulatorisch eingegriffen werden sollte.

---

781 *Karg*, in: Simitis/Hornung/Spiecker gen. Döhmann, DSGVO Art. 95 Rn. 6; *Papakōnstantinu/Hert*, in: Spiecker gen. Döhmann/Papakōnstantinu/Hornung u. a., GDPR Art. 95 Rn. 8.

782 *Karg*, in: Simitis/Hornung/Spiecker gen. Döhmann, DSGVO Art. 95 Rn. 6; *Papakōnstantinu/Hert*, in: Spiecker gen. Döhmann/Papakōnstantinu/Hornung u. a., GDPR Art. 95 Rn. 8.

783 *Karg*, in: Simitis/Hornung/Spiecker gen. Döhmann, DSGVO Art. 95 Rn. 6.

784 *Karg*, in: Simitis/Hornung/Spiecker gen. Döhmann, DSGVO Art. 95 Rn. 6.

785 Z. B. *Schütz*, in: Geppert/Schütz, TKG § 5 Rn. 57 ff.

786 *Schütz*, in: Geppert/Schütz, TKG § 5 Rn. 60.

787 *Köhler*, WRP 2018, 1269, 1272.

788 *Laoutoumai/Hoppe*, K&R 2018, 533, 534.

789 *Köhler*, WRP 2018, 1269, 1271.

790 Siehe ErwG 13 DS-GVO; *Köhler*, WRP 2018, 1269, 1271.

791 OLG München, Urt. v. 7.2.2019, 6 U 2404/18, BeckRS 2019, 6825, Rn. 24.

Selbst bei der Annahme einer solchen Regulierungsabsicht widerspricht die wettbewerbsrechtliche Entwicklung des Telekommunikationsrechts nicht den bisherigen Feststellungen.[792]

Ursprünglich resultiert nach diesen Erwägungen die Abgrenzung der Öffentlichkeit zur geschlossenen Benutzergruppe aus §§ 4-6 Telekommunikations-Verleihungsverordnung (TVerleihV)[793]. Danach unterlagen geschlossene Benutzergruppen nicht der Lizenzpflicht. Die weite Auslegung des Öffentlichkeitsbegriffs war dem Ausnahmecharakter der Norm geschuldet.[794] Nach der Liberalisierung des Telekommunikationssektors[795] entscheide der Begriff der Öffentlichkeit nunmehr über die Anwendbarkeit des TTDSG sowie des TKG und habe daher im Sinne einer effektiven Wettbewerbssicherung eng zu erfolgen.[796] In Folge dieser Auffassung sei das Telekommunikationsangebot eines Unternehmens dann als nicht öffentlich anzusehen, wenn die Kommunikation nur Mitgliedern einer bestimmbaren Personengruppe ermöglicht, das Angebot nicht beliebigen Dritten eröffnet werde und das Angebot spezifisch auf Nachfrage entwickelt wurde und nicht ohne weiteres austauschbar sei.[797] In diesen Fällen nehme das Unternehmen mit seinem Telekommunikationsdienst nicht am Wettbewerb teil.[798]

Diese Ansicht unterstützt daher die bisherigen Feststellungen zur Auslegung des Öffentlichkeitsbegriffs, unbeachtet der wettbewerbsrechtlichen Ausrichtung der DS-GVO und der ePrivacy-Richtlinie.

(3) Zwischenergebnis

Somit ist nach der teleologischen Auslegung die Öffentlichkeit eines Netzes oder Dienstes dann zu bejahen, wenn Nutzer Zugang zu dem Netz bzw. Dienst haben, welche kein entsprechendes Näheverhältnis zum Betreiber aufweisen und daher die Vertraulichkeit der Kommunikation i. S. d. Art. 7 GRCh gesondert geschützt werden muss.

cc) Rechtsaktübergreifende Auslegung

Neben der grammatikalischen und teleologischen Auslegung kann die urheberrechtliche Rechtsprechung des *EuGH* zur Bestimmung der Reichweite des Öffent-

---

792 Exemplarisch für diese Erwägungen: *Sassenberg/Franke*, CR 2013, 772.

793 Verordnung zur Öffnung von Märkten für Dienstleistungen sowie zur Regelung von Inhalt, Umfang und Verfahren der Verleihung im Bereich der Telekommunikation (Telekommunikations-Verleihungsverordnung - TVerleihV), BGBl. 1995 I Nr. 55 S. 1434.

794 *Schütz*, in: Geppert/Schütz, TKG § 5 Rn. 60.

795 Hierzu siehe im Überblick z. B.: *Wiesehahn*, S. 34 ff.

796 *Schütz*, in: Geppert/Schütz, TKG § 5 Rn. 60.

797 *Schütz*, in: Geppert/Schütz, TKG § 5 Rn. 65.

798 *Sassenberg/Franke*, CR 2013, 772, 777.

lichkeitsbegriffs dienlich sein, welche im Rahmen der systematischen, rechtsaktübergreifenden Auslegung herangezogen werden kann.

Zwar unterliegt das europäische Recht wie das deutsche Recht dem Verständnis des relativen Rechtsbegriffs.[799] Der Rechtsbegriff eines Rechtsakts muss daher nicht zwingend die gleiche Bedeutung wie in einer anderen Regulierung haben.[800] Doch ohne entgegensprechende Anhaltspunkte ist nicht von einem unterschiedlichen Begriffsverständnis auszugehen.[801]

Das Instrument der rechtsaktübergreifenden Auslegung dient der Vermeidung einer Zersplitterung des Unionsrechts.[802] Nach Auffassung des *EuGH* sind Normen des Unionsrechts stets in ihrem Zusammenhang zu sehen und im Lichte des gesamten Unionsrechts, seiner Ziele und seines Entwicklungsstand zur Zeit der Anwendung der betreffenden Vorschrift auszulegen.[803] Im Verfahren ‚*Rabobank*' greift der *EuGH* für die Begriffsbestimmung sogar auf einen Richtlinienvorschlag zurück.[804] Im Sinne der beabsichtigten Kohärenz des europäischen Gesetzgebers ist daher auf vergleichbare Begriffsverwendungen in anderen europäischen Rechtsakten im Rahmen der systematischen Auslegung zurückzugreifen.[805]

In den europäischen Vorgaben zum Urheberrecht wird der Begriff der Öffentlichkeit bzw. öffentlich in Art. 3 und Art. 4 InfoSoc-Richtlinie (RL 2001/29/EG)[806] im Kontext der „*öffentlichen Wiedergabe*" und der „*Zugänglichmachung zur Öffentlichkeit*" verwendet.

Die Begriffe werden im Urheber- und Datenschutzrecht im gleichen Wortlaut verwandt. So verwenden beide Rechtsakte den Begriff „*öffentlich*", welcher sich vom Begriff der Öffentlichkeit ableitet. Dieser wird in Art. 3 und Art. 4 Abs. 1 InfoSoc-RL ebenfalls im Wortlaut aufgegriffen.

Auch systematisch ist der Regelungskontext vergleichbar: Im Urheberrecht dient der Begriff der Öffentlichkeit in Art. 3 und Art. 4 InfoSoc-RL im Rahmen der öffentlichen Wiedergabe und der Verbreitung an die Öffentlichkeit von Werken der Bestimmung des Adressatenkreises, an welchen sich die Wiedergabe oder Verbreitung eines Werkes richtet. Die DS-GVO grenzt mit dem Öffentlichkeitsbegriff in Art. 95

---

799 *Beck*, S. 192 f.; *Riesenhuber*, in: Riesenhuber, § 10 Rn. 20.

800 *Beck*, S. 192 f.; *Riesenhuber*, in: Riesenhuber, § 10 Rn. 20.

801 Siehe EuGH, Urt. v. 3.7.2012, C-128/11, UsedSoft, ECLI:EU:C:2012:407, Rn. 60.

802 *Riesenhuber*, in: Riesenhuber, § 10 Rn. 24.

803 EuGH, Urt. v. 6.10.1982, C-283/81, C.I.L.F.I.T., ECLI:EU:C:1982:335, Rn. 20; *Riesenhuber*, in: Riesenhuber, § 10 Rn. 25.

804 EuGH, Urt. v. 16.12.1997, C-104/96, Rabobank, ECLI:EU:C:1997:610, Rn. 25.

805 *Grundmann*, RabelsZ 2011, 882, 894.

806 Richtlinie 2001/29/EG des Europäischen Parlaments und des Rates zur Harmonisierung bestimmter Aspekte des Urheberrechts und der verwandten Schutzrechte in der Informationsgesellschaft, ABl. L 167/10 vom 22.6.2001.

DS-GVO die Zugänglichkeit eines Kommunikationsdienstes oder -netzes ab und legt ebenfalls über die Bestimmung des Adressatenkreises des Netzes bzw. Dienstes den Anwendungsbereich der Norm fest.

Es liegen daher keine Anhaltspunkte vor, dass der Unionsgesetzgeber die Begrifflichkeiten unterschiedlich ausgelegt wissen wollte. Die rechtsaktübergreifende Auslegung erlaubt aufgrund der Vergleichbarkeit des ähnlich gelagerten Abgrenzungswillens des europäischen Gesetzgebers bzgl. der Zugänglichkeit einzelner Personen gegenüber einer öffentlichen Zugänglichkeit somit das Heranziehen der urheberrechtlichen Auffassung.[807]

Die InfoSoc-Richtlinie nimmt mit den Vorgaben der Art. 3 und Art. 4 eine Vollharmonisierung des Urheberrechts bezüglich der Verwertungsrechte vor.[808] Der Begriff ist daher im Urheberrecht unionsweit einheitlich auszulegen.[809] Maßstab für die Begriffsbestimmung bleibt dennoch die nationale Umsetzungsnorm,[810] allerdings ist diese richtlinienkonform[811] und unter Berücksichtigung der Rechtsprechung des *EuGH* auszulegen.[812]

§ 15 Abs. 3 UrhG nimmt im deutschen Urheberrecht eine Legaldefinition vor. Demnach ist die Wiedergabe nach Satz 1 öffentlich, „*wenn sie für eine Mehrzahl von Mitgliedern der Öffentlichkeit bestimmt ist.*" Weiter bestimmt § 15 Abs. 3 S. 2 UrhG, dass „*zur Öffentlichkeit [...] jeder [gehört], der nicht mit demjenigen, der das Werk verwertet, oder mit den anderen Personen, denen das Werk in unkörperlicher Form wahrnehmbar oder zugänglich gemacht wird, durch persönliche Beziehungen verbunden ist.*" Diese Begriffsdefinition findet keine entsprechende Vorgabe in der InfoSoc-Richtlinie, ist aber durch die Vollharmonisierung im Sinne der Rechtsprechung des *EuGH* auszulegen.[813]

Der *EuGH* konkretisierte in mehreren urheberrechtlichen Entscheidungen den Begriff der Öffentlichkeit unter Auslegung der Satelliten- und Kabelrichtlinie (RL 93/83/EWG)[814], der Fernsehrichtlinie (RL 89/552/EWG)[815] und der InfoSoc-

807 *Grundmann*, RabelsZ 2011, 882, 894.

808 ErwG 1 ff. InfoSoc-RL; *v. Ungern-Sternberg*, in: Schricker/Loewenheim, UrhG § 15 Rn. 143.

809 EuGH, Urt. v. 7.12.2006, C-306/05, SGAE, ECLI:EU:C:2006:764, Rn. 33 ff.; *v. Ungern-Sternberg*, in: Schricker/Loewenheim, UrhG § 15 Rn. 68.

810 *Schulze*, in: Dreier/Schulze, UrhG § 15 Rn. 24.

811 St. Rspr, statt vieler m. w. N.: EuGH, Urt. v. 19.1.2010, C- 555/07, Kücükdeveci, ECLI:EU:C:2010:21, Rn. 48.

812 *Heerma*, in: Wandtke/Bullinger, UrhG § 15 Rn. 8 f.; *v. Ungern-Sternberg*, in: Schricker/Loewenheim, UrhG § 15 Rn. 131.

813 EuGH, Urt. v. 7.12.2006, C-306/05, SGAE, ECLI:EU:C:2006:764, Rn. 33 ff.; *v. Ungern-Sternberg*, in: Schricker/Loewenheim, UrhG § 15 Rn. 68.

814 Richtlinie 93/83/EWG des Rates vom 27. September 1993 zur Koordinierung bestimmter urheber- und leistungsschutzrechtlicher Vorschriften betreffend Satellitenrundfunk und Kabelweiterverbreitung, ABl. L 248/15 vom 6.10.1993.

Richtlinie dahingehend, dass die Öffentlichkeit im Rahmen der öffentlichen Wiedergabe dann zu bejahen sei, wenn eine unbestimmte Zahl potenzieller Adressaten erreicht werden kann und es sich um recht viele Personen handelt.[816] Unbestimmt sei nach dem *EuGH* die Gruppe der Adressaten, wenn die Wiedergabe für Personen allgemein erfolgt, also nicht auf besondere Personen beschränkt ist, die einer privaten Gruppe angehören.[817] Das Erfordernis von *„recht vielen Personen“* solle eine allzu kleine oder gar unbedeutende Mehrzahl an Personen ausschließen, also als Mindestschwelle dienen.[818] Das Festlegen einer bestimmten Mindestzahl, um die das Vorliegen einer Öffentlichkeit annehmen zu können, ist dagegen nicht möglich.[819] Zentrales Kriterium ist, dass jedermann Zugang erhalten kann.[820]

Aufgrund der technischen Umstände und der Beschränkungen des Zugangs zum Internetdienst des Forschungsnetzanbieters ist auch bei der urheberrechtlichen Auslegung des Begriffs der Öffentlichkeit vorrangig auf Situationen einzugehen, in welchen Zutrittsbeschränkungen gelten. In diesem Rahmen nimmt die Literatur an, dass die Öffentlichkeit zwar bei Theatervorstellungen gegeben ist, auch wenn es sich um eine geschlossene Veranstaltung der Theatergemeinde handelt, aber jedermann Mitglied dieser Gemeinde werden kann.[821] Nicht öffentlich ist eine Theaterveranstaltung dagegen, wenn sie auf einer betriebsinternen Feier stattfindet, zu der nur Betriebsangehörige Zutritt haben.[822] Die Größe des Unternehmens ist dabei unerheblich.[823]

Vorlesungen oder andere Lehrveranstaltungen sollen nur dann nicht öffentlich sein, wenn faktisch sichergestellt werden kann, dass nur Angehörige der Hochschu-

---

815 Richtlinie des Rates vom 3. Oktober 1989 zur Koordinierung bestimmter Rechts- und Verwaltungsvorschriften der Mitgliedstaaten über die Ausübung der Fernsehtätigkeit, ABl. L 298/23 vom 17.10.1989; nunmehr ersetzt durch Richtlinie 2010/13/EU des Europäischen Parlaments und des Rates zur Koordinierung bestimmter Rechts- und Verwaltungsvorschriften der Mitgliedstaaten über die Bereitstellung audiovisueller Mediendienste (Richtlinie über audiovisuelle Mediendienste), ABl. L 95/1 vom 15.4.2010.

816 EuGH, Urt. v. 7.8.2018, C-161/17, Córdoba, ECLI:EU:C:2018:634, Rn. 22; EuGH, Urt. v. 31.5.2016, C-117/15, Reha Training, ECLI:EU:C:2016:379, Rn. 41; EuGH, Urt. v. 7.3.2013, C-607/11, ITV Broadcasting u. a., ECLI:EU:C:2013:147, Rn. 36; EuGH, Urt. v. 27.2.2014, C-351/12, OSA, ECLI:EU:C:2014:110, Rn. 27 f.; EuGH, Urt. v. 15.3.2012, C-135/10, SCF, ECLI:EU:C:2012:140, Rn. 84 ff.; EuGH, Urt. v. 7.12.2006, C-306/05, SGAE, ECLI:EU:C:2006:764, Rn. 37; EuGH, Urt. v. 14.7.2005, C-192/04, Lagardère Active Broadcast, ECLI:EU:C:2005:475, Rn. 31; EuGH, Urt. v. 2.6.2005, C-89/04, Mediakabel, ECLI:EU:C:2005:348, Rn. 30.

817 EuGH, Urt. v. 15.3.2012, C-135/10, SCF, ECLI:EU:C:2012:140, Rn. 85.

818 EuGH, Urt. v. 15.3.2012, C-135/10, SCF, ECLI:EU:C:2012:140, Rn. 86; *Leenen*, in: Wandtke/Bullinger, InfoSoc Art. 3 Rn. 29.

819 *Katzenberger/Metzger*, in: Schricker/Loewenheim, UrhG § 6 Rn. 11.

820 *Katzenberger/Metzger*, in: Schricker/Loewenheim, UrhG § 6 Rn. 11.

821 *Schiefler*, UFITA 1966, 81, 86.

822 *Katzenberger/Metzger*, in: Schricker/Loewenheim, UrhG § 6 Rn. 13.

823 *Katzenberger/Metzger*, in: Schricker/Loewenheim, UrhG § 6 Rn. 13.

len Zugang zu der Veranstaltung haben.[824] Die Ansichten divergieren daher bei großen akademischen Veranstaltungen. So soll nach teilweise vertretener Ansicht trotz umfangreicher Zuhörerschaft eine Vorlesung stets nicht öffentlich sein.[825] Einig vertreten die Auffassungen, dass bei einer faktischen Zutrittsbeschränkung keine Öffentlichkeit i. S. d. Urheberrechtsgesetzes vorliegt.[826]

Unterschiede zwischen den Voraussetzungen der deutschen Legaldefinition und dem europäischen Begriffsverständnis ergeben sich bei dem Merkmal der *‚persönlichen Beziehung‘* zwischen den Teilnehmern bei einer Wiedergabe aus § 15 Abs. 3 UrhG. Das deutsche Urheberrecht legt in der Begriffsdefinition des § 15 Abs. 3 S. 2 UrhG fest, dass keine Öffentlichkeit vorliegt, wenn die Person *„nicht mit demjenigen, der das Werk verwertet, oder mit den anderen Personen, denen das Werk in unkörperlicher Form wahrnehmbar oder zugänglich gemacht wird, durch persönliche Beziehungen verbunden ist“*. Hingegen sieht weder die InfoSoc-Richtlinie noch die Rechtsprechung des *EuGH* eine solche Einschränkung vor.

Doch muss diese Voraussetzung richtlinienkonform ausgelegt werden und kann das europäische Begriffsverständnis nicht einschränken.[827] Da die InfoSoc-Richtlinie die Einschränkung der persönlichen Verbundenheit nicht vorsieht, kann sie somit nicht als Einschränkung auf den europäischen Öffentlichkeitsbegriff herangezogen werden.[828]

Die Rechtsprechung des *EuGH*[829] und die Auffassungen der urheberrechtlichen Literatur[830] laufen damit der systematischen Auslegung des Begriffs der öffentlichen Zugänglichkeit aus Art. 95 DS-GVO nicht entgegen, sondern bestätigen die bisherige Auslegung in ihrem Ergebnis. Die urheberrechtliche Auffassung des Öffentlichkeitsbegriffs umfasst das Angebot an eine unbestimmte, aber nicht unbedeutenden Anzahl

---

824 RG, Urt. v. 28.9.1914, I 500/14, RGSt 48, 429, 432; *Katzenberger/Metzger*, in: Schricker/Loewenheim, UrhG § 6 Rn. 13; engere Auffassung vertritt *Schack*, Rn. 272.

825 *Schack*, Rn. 272.

826 *Katzenberger/Metzger*, in: Schricker/Loewenheim, UrhG § 6 Rn. 13; *Schack*, Rn. 272.

827 *V. Ungern-Sternberg*, in: Schricker/Loewenheim, UrhG § 15 Rn. 376.

828 EuGH, Urt. v. 10.1.1980, C-69/79, Jordens-Vosters, ECLI:EU:C:1980:7, Rn. 6; EuGH, Urt. v. 14.1.1982, C-64/81, Corman, ECLI:EU:C:1982:5, Rn. 8; *Riesenhuber*, in: Riesenhuber, § 10 Rn. 4 ff.

829 EuGH, Urt. v. 7.8.2018, C-161/17, Córdoba, ECLI:EU:C:2018:634; EuGH, Urt. v. 31.5.2016, C-117/15, Reha Training, ECLI:EU:C:2016:379; EuGH, Urt. v. 27.2.2014, C-351/12, OSA, ECLI:EU:C:2014:110; EuGH, Urt. v. 7.3.2013, C-607/11, ITV Broadcasting u. a., ECLI:EU:C:2013:147; EuGH, Urt. v. 15.3.2012, C-135/10, SCF, ECLI:EU:C:2012:140; EuGH, Urt. v. 7.12.2006, C-306/05, SGAE, ECLI:EU:C:2006:764; EuGH, Urt. v. 14.7.2005, C-192/04, Lagardère Active Broadcast, ECLI:EU:C:2005:475; EuGH, Urt. v. 2.6.2005, C-89/04, Mediakabel, ECLI:EU:C:2005:348.

830 *Heerma*, in: Wandtke/Bullinger, UrhG § 15 Rn. 15 ff.; *Katzenberger/Metzger*, in: Schricker/Loewenheim, UrhG § 6 Rn. 7 ff.; *Schulze*, in: Dreier/Schulze, UrhG § 15 Rn. 38 ff.; *v. Ungern-Sternberg*, in: Schricker/Loewenheim, UrhG § 15 Rn. 354 ff.; *Schack*, Rn. 272.

Adressaten.[831] Bei begrenzten Angeboten muss darüber hinaus nach Ansicht der Literatur faktisch sichergestellt sein, dass die Begrenzung tatsächlich eingehalten wird.[832]

Übertragen auf den telekommunikationsrechtlichen Öffentlichkeitsbegriff der e-Privacy-Richtlinie und der DS-GVO ist unter Zugrundelegung der urheberrechtlichen Erkenntnisse anzunehmen, dass eine öffentliche Zugänglichkeit dann vorliegt, wenn das Kommunikationsnetz oder der -dienst einer nicht zu definierenden Anzahl Dritter zur Nutzung angeboten wird und die Beschränkung des Kommunikationsnetzes faktisch umgesetzt wird.

dd) Zusammenfassung und Bestimmung des Anwendungsbereichs

Die Bestimmung des Begriffs der Öffentlichkeit ergibt anhand der vorangegangenen Feststellungen der Auslegungen, dass der Anwendungsbereich des Art. 95 DS-GVO dann eröffnet ist, wenn das Kommunikationsnetz jedermann zugänglich ist, also einer unbestimmten Anzahl an Dritten.

Die grammatikalische Auslegung sieht unter Rückgriff auf das allgemeine Begriffsverständnis den Anwendungsbereich dann als eröffnet an, wenn ein als Gesamtheit gesehener Bereich von Menschen, die Allgemeinheit, Zugang zum Kommunikationsnetz, bzw. -dienst hat. An diesem allgemeinen Begriffsverständnis ändern auch die anderen sprachlichen Fassungen der DS-GVO nichts.

Der von der ePrivacy-Richtlinie und Art. 7 GRCh erfasste Schutz des Vertrauens der Kommunikation ist nach der teleologischen Auslegung nicht schützenswert, wenn das Kommunikationsnetz entweder durch die Nutzer selbst verwaltet wird oder die Bereitstellung durch eine für die Nutzer vertrauenswürdige Stelle geschieht. Dies ist in geschlossenen Benutzergruppen regelmäßig der Fall. Das allgemeine Begriffsverständnis wird somit durch die teleologische Auslegung dahingehend konkretisiert, dass die Öffentlichkeit vor allem dann anzunehmen ist, wenn den Nutzern keine Kontrollmöglichkeiten über die Art und Weise der Kommunikationsinhalte verbleiben, weil dann die Vertraulichkeit der Kommunikation zu schützen ist. Nur bei Vorliegen eines Näheverhältnisses zwischen Betreiber und Nutzer muss der Schutz des Vertrauens nicht durch die Vorgaben der ePrivacy-Richtlinie erreicht werden. Damit dieses Vertrauen bestehen kann, dürfen nur Nutzer Zugang zum Kommunikations-

---

[831] EuGH, Urt. v. 7.8.2018, C-161/17, Córdoba, ECLI:EU:C:2018:634, Rn. 22; EuGH, Urt. v. 31.5.2016, C-117/15, Reha Training, ECLI:EU:C:2016:379, Rn. 41; EuGH, Urt. v. 27.2.2014, C-351/12, OSA, ECLI:EU:C:2014:110, Rn. 27 f.; EuGH, Urt. v. 7.3.2013, C-607/11, ITV Broadcasting u. a., ECLI:EU:C:2013:147, Rn. 36; EuGH, Urt. v. 15.3.2012, C-135/10, SCF, ECLI:EU:C:2012:140, Rn. 84 ff.; EuGH, Urt. v. 7.12.2006, C-306/05, SGAE, ECLI:EU:C:2006:764, Rn. 37; EuGH, Urt. v. 14.7.2005, C-192/04, Lagardère Active Broadcast, ECLI:EU:C:2005:475, Rn. 31; EuGH, Urt. v. 2.6.2005, C-89/04, Mediakabel, ECLI:EU:C:2005:348, Rn. 30.

[832] *Katzenberger/Metzger*, in: Schricker/Loewenheim, UrhG § 6 Rn. 13; *Schack*, Rn. 272.

netz- oder -dienst erhalten, welche das Näheverhältnis zum Betreiber auch tatsächlich aufweisen. Die Sicherstellung dieser Geschlossenheit einer Benutzergruppe anhand sachlicher Merkmale und der Kontrolle ist daher zentrales Merkmal für die öffentliche Zugänglichkeit eines Kommunikationsnetzes bzw. -dienstes.

Die rechtsaktübergreifende Auslegung stützt diese Auffassung. Der durch zahlreiche Urteile des *EuGH* gefestigte urheberrechtliche Öffentlichkeitsbegriff, welcher mit dem datenschutz- und telekommunikationsrechtlichen Verständnis der Öffentlichkeit vergleichbar ist, sieht entsprechend des allgemeinen Begriffsverständnisses die öffentliche Zugänglichkeit als gegeben an, wenn das Kommunikationsnetz oder der -dienst einer nicht zu definierenden Anzahl Dritter zur Nutzung angeboten wird. Einschränkend verlangt die urheberrechtliche Literatur ebenso wie das Ergebnis der teleologischen Auslegung, dass die Zugangsbeschränkungen wirksam durchgesetzt werden müssen.

Ob ein Kommunikationsnetz bzw. -dienst als geschlossen oder öffentlich einzuordnen ist, ist daher anhand des Kriteriums der Zugänglichkeit für Nutzer festzustellen und schließlich Frage des Einzelfalls. Dies entspricht auch dem bisherigen europäischen Begriffsverständnisses der *Kommission*.[833] Damit der Vertrauensschutz entfällt, darf das Kommunikationsnetz bzw. der -dienst nur einem sachlich beschränkten Nutzerkreis und nicht für jedermann zur Verfügung stehen.[834]

Als Abgrenzungskriterien sind daher die vorhandenen Zugangsmöglichkeiten für Nutzer zum Netz bzw. Dienst heranzuziehen.[835] Dabei ist über rein technische Beschränkungen wie z. B. Passwörter oder VPN-Zugänge auch auf tatsächliche Umstände der Zugangsmöglichkeiten zu blicken.[836]

Damit ein Netz als nicht öffentlich, also als geschlossene Benutzergruppe eingeordnet werden kann, muss die Beschränkung des Kommunikationsnetzes anhand vordefinierter Kriterien stattfinden, damit nur zugelassene Benutzerkreise das Kommunikationsnetz nutzen können und nicht für jedermann geöffnet ist.[837] Dies können bestimmte Eigenschaften der Nutzer sein, wie z. B. die Mitarbeitereigenschaft eines

[833] Mitteilung der Kommission an das Europäische Parlament und den Rat über den Stand der Umsetzung der Richtlinie 90/388/EWG über den Wettbewerb auf dem Markt für Telekommunikationsdienste, ABl. 1995 C 275/2 vom 20.10.1995, S. 5.

[834] *Karg*, in: Simitis/Hornung/Spiecker gen. Döhmann, DSGVO Art. 95 Rn. 6; *Papakōnstantinu/Hert*, in: Spiecker gen. Döhmann/Papakōnstantinu/Hornung u. a., GDPR Art. 95 Rn. 8.

[835] *Karg*, in: Simitis/Hornung/Spiecker gen. Döhmann, DSGVO Art. 95 Rn. 6; *Papakōnstantinu/Hert*, in: Spiecker gen. Döhmann/Papakōnstantinu/Hornung u. a., GDPR Art. 95 Rn. 8.

[836] *Karg*, in: Simitis/Hornung/Spiecker gen. Döhmann, DSGVO Art. 95 Rn. 6; *Papakōnstantinu/Hert*, in: Spiecker gen. Döhmann/Papakōnstantinu/Hornung u. a., GDPR Art. 95 Rn. 8.

[837] *Karg*, in: Simitis/Hornung/Spiecker gen. Döhmann, DSGVO Art. 95 Rn. 6; siehe auch so noch *Jenny*, in: Plath 3. Aufl., TKG § 91 Rn. 13.

bestimmten Unternehmens, welche über einen Mitarbeiteraccount verfügen, welcher ihnen Zugriff auf das Unternehmensnetzwerk gewährt.[838]

Die Öffentlichkeit eines Netzes oder Dienstes liegt dagegen auch dann vor, wenn zwar sachliche Zugangsbeschränkungen bestehen und auf eine geschlossene Benutzergruppe hinweisen, aber die Zugangsbeschränkungen und die bestimmungsgemäße Nutzung aufgeweicht werden, indem z. B. Gästen, Ehemaligen oder sonstigen Dritten ohne sachliche Kriterien, welche das Näheverhältnis zum Betreiber sicherstellen, der Zugang oder die Weiternutzung des Kommunikationsnetzes gewährt wird.[839] Sollte also im obigen Beispiel den Mitarbeitern nach ihrer Kündigung der Account nicht entzogen, gelöscht oder gesperrt werden und sie dadurch nach wie vor Zugriff auf das Unternehmensnetzwerk haben, so würde die Zugangsbeschränkung ihre Wirkung nicht mehr effektiv entfalten und der Zugang zum Netz oder Dienst ist nicht mehr bestimmbar.[840]

Die Öffentlichkeit eines Kommunikationsnetzes bzw. -dienstes ist somit im Ergebnis dann anzunehmen, wenn das Netz oder der Dienst einer nicht zu definierenden Anzahl an Personen zur Nutzung angeboten wird.[841] Indiz für die Geschlossenheit eines Kommunikationsnetzes und -dienstes kann dafür das Näheverhältnis der Nutzer sein.[842]

e) Zugangsbeschränkungen des DFNInternet

Ob der Dienst und das Netz eines Forschungsnetzbetreibers, wie das *DFNInternet* im Forschungsnetz des deutschen Forschungsnetzbetreibers, als öffentlich zugänglich anzusehen ist, muss somit anhand der konkreten Zugangsmöglichkeiten zum Dienst festgestellt werden. Hierfür ist zu untersuchen, welche Beschränkungen bezüglich des Nutzungsangebots des Forschungsnetzes vorliegen und ob diese auch faktisch umgesetzt werden.

aa) DFN-Satzung

Hierfür ist zunächst die DFN-Satzung heranzuziehen. Die Satzung des *DFN-Vereins* statuiert in § 2 Nr. 1 S. 1, dass der Forschungsnetzbetreiber in Deutschland die Errichtung, den Betrieb und die Nutzung eines Informations- und Kommunikationssystems für die „*öffentlich geförderte und die gemeinnützige Forschung*" bereitstellt. Weiter stellt Satz 2 klar, dass dieser Vereinszweck dadurch erreicht werden

838 *Voigt*, in: FS Taeger, 511, 525.

839 *Karg*, in: Simitis/Hornung/Spiecker gen. Döhmann, DSGVO Art. 95 Rn. 6.

840 *Karg*, in: Simitis/Hornung/Spiecker gen. Döhmann, DSGVO Art. 95 Rn. 6.

841 *EDSA,* Stellungnahme 5/2019, S. 10 Fn. 16; *Sharma*, S. 302 f.

842 *Jandt/Karg*, in: Jandt/Steidle, A. II. Rn. 104; *Karg*, in: Simitis/Hornung/Spiecker gen. Döhmann, DSGVO Art. 95 Rn. 6.

soll, dass der Verein u. a. die Organisation von Dienstleistungen zur Nutzung des Forschungsnetzes vornimmt.

Insoweit stellt schon die Satzung des Vereins die Beschränkung bezüglich der Nutzung des Forschungsnetzes auf, dass das Forschungsnetz laut Vereinszweck nur der Wissenschafts- und Forschungsgemeinschaft zugutekommen soll. Eine anderweitige Nutzung des Forschungsnetzes widerliefe dem festgelegten Zweck des Vereins.

bb) Rahmenvertrag

Auch die Vorgaben des Rahmenvertrags des Forschungsnetzbetreibers bestimmen Einschränkungen hinsichtlich des Zugangs zum Kommunikationsdienst.

Um einen Dienst des deutschen Forschungsnetzbetreibers in Anspruch nehmen zu können, muss der Teilnehmer bzw. die teilnehmende Institution einen Rahmenvertrag mit dem Betreiber schließen.[843] Dieser sieht in seiner Vorbemerkung vor, dass die Schaffung und Bereitstellung des Forschungsnetzes *„für Wissenschaft und Forschung"* vorgesehen ist. § 1 Abs. 2 DFN-RahmenV sieht daher eine Nutzung des Dienstes nur für Mitarbeiter, Studierende und Gästen aus Wissenschaft und Forschung vor und verlangt für eine darüberhinausgehende Weitergabe der DFN-Dienste nach § 1 Abs. 3 DFN-RahmenV eine schriftliche Zustimmung des Forschungsnetzbetreibers.

Durch die vertraglichen Vorgaben des Rahmenvertrages wird die Einschränkung der DFN-Satzung auch an die Vertragspartner weitergegeben. Somit sind nicht nur der Forschungsnetzbetreiber und die Vereinsmitglieder durch die Satzung an die Beschränkung der Nutzung gebunden, sondern auch andere Teilnehmer am Forschungsnetz werden durch den Rahmenvertrag an die Nutzungsbeschränkung vertraglich gebunden.

Darüber hinaus sichern die Teilnehmer in § 4 Abs. 3 S. 2 DFN-RahmenV dem Forschungsnetzbetreiber zu, dass er die Nutzer der Dienste über den gesetzlichen und vertraglichen Verpflichtungen aufklärt. Demnach müssen auch die Nutzergruppen der angeschlossenen Teilnehmereinrichtungen über die vertraglichen Beschränkungen informiert werden. Dazu gehört auch die Aufklärung, dass die Nutzer zu verpflichten sind, missbräuchliche Nutzungen zu unterlassen. Laut § 4 Abs. 3 DFN-RahmenV gehören hierzu neben der Missachtung gesetzlicher Vorschriften auch die Missachtung vertraglicher Regelungen.

---

[843] So z. B. *DFN-Verein/Universität Münster*, Rahmenvertrag über die Teilnahme am Deutschen Forschungsnetz, 26.5.2009/14.10.2009, Anhang II.

cc) Benutzungsordnungen

Aufgrund der Aufklärungspflicht des Rahmenvertrages sind die Teilnehmereinrichtungen angehalten, entsprechende Benutzungsordnungen zu erlassen, um die Nutzergruppen auf die vertraglich festgelegten Bedingungen hinzuweisen und deren Einhaltung durchzusetzen.[844] Zu diesem Zweck stellt der *DFN-Verein* den Teilnehmern eine Musterbenutzungsordnung[845] zur Verfügung. Diese wurde entweder vielerorts umgesetzt oder die Teilnehmereinrichtungen formulierten eigene Benutzungsordnungen.

Zum Inhalt zählt unter anderem, angelehnt an die Vorgaben des Rahmenvertrags, die Regelung der Nutzungsberechtigung und die Zulassungsvoraussetzungen zur Nutzung der Dienste.[846] Insoweit wird die Nutzung der Dienste auf folgende Gruppen beschränkt:

- „*Mitglieder, Angehörige und Einrichtungen einschließlich der Verwaltung der XY Universität SOFERN EINSCHLÄGIG: sowie der Fachhochschule XY;*
- *Beauftragte der Hochschule zur Erfüllung ihrer Dienstaufgaben;*
- *Mitglieder und Angehörige anderer Hochschulen des Landes XX oder staatlicher Hochschulen außerhalb des Landes XX aufgrund besonderer Vereinbarungen;*
- *sonstige staatliche Forschungs- und Bildungseinrichtungen und Behörden des Landes XX aufgrund besonderer Vereinbarungen;*
- *Studierendenwerke im Land XX.*“[847]

Darüber hinaus wird in der Musterbenutzungsordnung in § 4 Abs. 2 darauf hingewiesen, dass die „*Zulassung [...] ausschließlich zu wissenschaftlichen Zwecken in Forschung, Lehre und Studium, zu Zwecken der Bibliothek und der universitären Verwaltung, zur Aus- und Weiterbildung sowie zur Erfüllung sonstiger Aufgaben der XY Hochschule*“ erfolgt. Im Übrigen bedarf die „*abweichende Nutzung [...] der ausdrücklichen Zulassung, die erteilt werden kann, wenn die abweichende Nutzung geringfügig ist, sie keinen gesetzlichen oder vertraglichen Verpflichtungen der Hoch-*

---

[844] *DFN-Verein*, Benutzungsordnung für das Zusammenwirken der Anwender der DFN-Kommunikationsdienste, abrufbar unter: https://www.dfn.de/dienstleistungen/dfninternet/benutzungsordnung/ (zuletzt abgerufen am 10.10.2023).

[845] *DFN-Verein/Forschungsstelle Recht im DFN*, Musterbenutzungsordnung, abrufbar unter: https://www2.dfn.de/fileadmin/3Beratung/Recht/Wissensbasis/Musterbenutzungsordnung_2020.pdf (zuletzt abgerufen am 10.10.2023).

[846] Siehe z. B. *DFN-Verein/Forschungsstelle Recht im DFN*, Musterbenutzungsordnung, § 4, abrufbar unter: https://www2.dfn.de/fileadmin/3Beratung/Recht/Wissensbasis/Musterbenutzungsordnung_2020.pdf (zuletzt abgerufen am 10.10.2023).

[847] *DFN-Verein/Forschungsstelle Recht im DFN*, Musterbenutzungsordnung, § 4 Abs. 1, abrufbar unter: https://www2.dfn.de/fileadmin/3Beratung/Recht/Wissensbasis/Musterbenutzungsordnung_2020.pdf (zuletzt abgerufen am 10.10.2023).

schule zuwiderläuft und die Zweckbestimmung des Hochschulrechenzentrums sowie die Belange der anderen Nutzer nicht beeinträchtigt werden."[848]

Durch die Regelungen der Benutzungsordnungen an den jeweiligen Teilnehmereinrichtungen wird die Beschränkung der Satzung und des Rahmenvertrages auch an die einzelnen Nutzergruppen weitergegeben. Insoweit werden alle Parteien an die beschränkte Nutzungserlaubnis des Forschungsnetzes gebunden.

Aufgrund dieser Vorgaben liegen sachliche Zugangsbeschränkungen zu dem Kommunikationsnetz und den Diensten des Forschungsnetzbetreibers vor. Es ist insbesondere nicht jedem beliebigen Dritten gestattet, das Forschungsnetz zu nutzen. Die Nutzung ist nur bei Vorliegen der Voraussetzungen, dass der Nutzer zu der Gruppe der Forschung, Lehre, Studium oder ähnlichen Zwecken mit Bezug zu Wissenschaft und Forschung gehört, erlaubt.

dd) Nutzerkennung

Die Vorgaben der DFN-Satzung, des Rahmenvertrages und der einzelnen Benutzungsordnungen werden nicht nur rechtlich verbindlich festgelegt, sondern auch durch technische Maßnahmen umgesetzt.

Um Zugriff zum Dienst zu erhalten ist eine entsprechende Nutzerkennung notwendig. Nur unter Verwendung dieser Kennung und dem dazugehörigen Passwort ist der Login und die Nutzung des Kommunikationsdienstes möglich.

Eine Nutzerkennung können nur berechtigte Personen erhalten. Unter welchen Voraussetzungen die Nutzerkennung erteilt wird, regeln die Teilnehmereinrichtungen selbst.[849] Dazu gehören regelmäßig Studierende, Mitarbeiter, Promovierende oder Privatdozenten an den Forschungseinrichtungen oder Hochschulen.[850]

Die jeweilige Nutzerkennung der teilnehmenden Einrichtung wird zumeist mit Beginn eines Anstellungsverhältnisses an einer wissenschaftlichen Einrichtung oder

---

848 *DFN-Verein/Forschungsstelle Recht im DFN*, Musterbenutzungsordnung, § 4 Abs. 2 S. 2, abrufbar unter: https://www2.dfn.de/fileadmin/3Beratung/Recht/Wissensbasis/Musterbenutzungsordnung_2020.pdf (zuletzt abgerufen am 10.10.2023).

849 Z. B. *Universität Münster*, Uni-Kennung, abrufbar unter: https://www.uni-muenster.de/IT/services/nutzerverwaltung/kennung.html (zuletzt abgerufen am 10.10.2023); *Humboldt-Universität Berlin*, Antrag HU-Account / Benutzeranmeldung, abrufbar unter: https://www.cms.hu-berlin.de/de/dl/beratung/anmeld_html (zuletzt abgerufen am 10.10.2023); *Ludwig-Maximians-Universität München*, LMU-Benutzerkennung, abrufbar unter: https://www.it-servicedesk.uni-muenchen.de/lmu-benutzerkennung/lmu-benutzerkennung/index.html (zuletzt abgerufen am 10.10.2023).

850 Siehe z. B. *Universität Münster*, Uni-Kennung, abrufbar unter: https://www.uni-muenster.de/IT/services/nutzerverwaltung/kennung.html (zuletzt abgerufen am 10.10.2023).

mit der Immatrikulation an die Nutzer erteilt. Diese ist mit einem Passwort verknüpft, womit die Nutzer Zugriff auf den Internetdienst *DFNInternet* erhalten.

Diese technische Maßnahme bewirkt somit, dass die festgelegten Kriterien aus Satzung, Rahmenvertrag und Benutzungsordnungen umgesetzt werden und nicht jede beliebige Person Zugang zum Internetdienst erhält. Es liegt damit ebenfalls eine sachliche Zugangsbeschränkung bezüglich des Zugangs zum Dienst vor.

ee) Immatrikulation als Beschränkung

Doch neben den technischen Zugangsbeschränkungen ist auch auf die tatsächlichen Umstände des Zugangs zum Internetdienst zu blicken. Insbesondere die Nutzbarkeit des Dienstes für Studierende ist zu untersuchen. Diese erhalten Zugriff auf das Forschungsnetz und den Internetdienst des Forschungsnetzbetreibers, indem sie sich zum Studium an einer Teilnehmerorganisation einschreiben. Die Möglichkeit zum Studium steht nahezu jedermann offen. Fraglich ist also, ob der Umstand, dass sich viele Menschen zu einem Studium einschreiben können, bedeutet, dass der Internetdienst trotz der genannten Beschränkungen im Sinne der Begriffsbestimmung ‚*einer nicht zu definierenden Zahl an Personen zur Nutzung angeboten wird*‘. Anders formuliert: Um Zugriff auf das *DFNInternet* zu erhalten, ist lediglich die Immatrikulation an einer Teilnehmereinrichtung notwendig.

Eine Immatrikulation zu erhalten ist zunächst nicht kompliziert. Neben einem entsprechenden Schulabschluss und der Zahlung des Semesterbeitrages braucht es oftmals nicht einmal einen bestimmten *numerus clausus*, um sich in einen Studiengang einzuschreiben. Insoweit drängt sich die Frage auf, ob das Angebot des Forschungsnetzbetreibers durch die Möglichkeit, dass sich nahezu jedermann zum Studium einschreiben kann, an eine nicht unerhebliche, unbestimmte Anzahl an Personen richtet und daher keine echte Zugangsbeschränkung besteht.

Um diese Frage zu klären, kann zunächst auf die Angebotssituation mit ‚klassischen’ Telekommunikationsdienstleistern eingegangen werden. Dabei zeigen sich Unterschiede zu den Diensten eines Forschungsnetzbetreibers und dass sich der Nutzungsvertrag mit einem Telekommunikationsdienstleister nicht ohne Weiteres mit einer Immatrikulation an einer Hochschule zu vergleichen ist.

(1) ‚Klassische‘ Telekommunikationsdienstleister

Um bei einem ‚klassischen’ Telekommunikationsdienstleister Zugang zum Internet zu erhalten, machen die Dienstleister für ihr Angebot keine Beschränkungen. Teilweise kann sich das Angebot zwar an bestimmte Personen richten, wie z. B. Geschäftskunden oder Verbraucher, doch zielt diese Unterscheidung nicht auf die tatsächliche Beschränkung des Angebots ab. Vielmehr sollen Verbraucherverträgen und B2B-Verträgen abgegrenzt werden, um unterschiedliche gesetzliche Vorgaben umsetzen zu können.

Das Angebot der Dienstleister richtet sich damit an jedermann, der Zugang zum Internet erhalten möchte. Dabei wird mit dem Internetdienstleistungsvertrag ausschließlich der Zweck verfolgt, dass der Kunde den gewünschten Zugang zum Internet erlangt. Hierzu wird zwischen dem Nutzer und dem Internetdienstleister ein Internetdienstleistungsvertrag geschlossen, welcher die einzelnen Modalitäten regelt. Weit verbreitet sind Verträge, die nicht nur den Zugang zum Internet vereinbaren, sondern auch zusätzliche Telekommunikationsdienstleistungen oder Entertainmentangebote.[851] So kann der Nutzer neben dem Internetzugang auch eine Telefonanbindung gestellt bekommen oder kann die Bereitstellung eines Fernsehanschlusses vereinbaren. Während diese Vereinbarungen in der Praxis teilweise nebeneinanderstehen und einzelne Verträge darstellen, ist auch bei einem einzelnen Kombi-Vertrag Kern der Vereinbarung, dass der Nutzer Zugang zum Internet über die Leitungen des Telekommunikationsdienstleisters erhält.

Zwar ist die Dienstleistung des Telekommunikationsdienstleisters mit einem entsprechenden Nutzungsentgelt zu begleichen, doch dient das nicht zur Beschränkung des Angebots, hierdurch wird der Adressatenkreis der Zugangsmöglichkeiten nicht eingeschränkt.

(2) Forschungsnetzbetreiber

Um Zugang zum Forschungsnetz zu erhalten, können die Nutzer nicht unmittelbar mit dem Forschungsnetzbetreiber einen Nutzungsvertrag abschließen. Ein Student erhält nur Zugang zum, wenn er an einer Teilnehmereinrichtung immatrikuliert ist. Damit können nur die Personen Zugang erhalten, welche eine Berechtigung zum Studium haben.

Somit kann, anders als beim ‚klassischen' Telekommunikationsdienstleister, nicht jedermann ohne Weiteres Zugang zum Forschungsnetz erhalten, sondern muss für die Immatrikulation zumindest einen Schulabschluss mit entsprechender Hochschulreife oder je nach Landesregelung andere Voraussetzungen zum Studium vorweisen können. Ohne diese Voraussetzungen ist die Immatrikulation nicht möglich. Darüber hinaus müssen je nach Studiengang ggf. noch weitere Voraussetzungen zur Zulassung zum Studium vorliegen. Nur wenn die erforderlichen Einschreibungsvoraussetzungen des jeweiligen Studienganges vorliegen, ist eine Immatrikulation möglich. Das Angebot richtet sich somit nicht an jedermann, sondern nur an die Personen, welche die Voraussetzungen erfüllen können.

---

[851] Ausführlich zu den verschiedenen Tätigkeiten der Access-Provider: *Schnyder*, S. 27 ff.; z. B. werden Anschlüsse für Internet und Telefonie zusammen angeboten: *Telefónica Germany*, Produktinformationsblatt DSL und Telefonie, abrufbar unter: https://www.o2online.de/assets/blobs/pdfs/o2-my-home-l-20221005-download/ (zuletzt abgerufen am 10.10.2023); oder die Kombination aus DSL, Telefonie und TV: *Telekom Deutschland*, Produktinformationsblatt DSL, Telefonie und TV, abrufbar unter: https://www.telekom.de/produktinformationsblatt/magentazuhause-m-magentatv-smart-netflix-vdsl-50-tv-ip (zuletzt abgerufen am 10.10.2023).

Doch allein in Deutschland waren im Jahr 2019 laut *Statistischem Bundesamt* über 33% der Bevölkerung zum Studium berechtigt.[852] Das ändert allerdings nichts daran, dass i. S. d. Öffentlichkeitsbegriffs auch bei einer so hohen Zahl an Studienberechtigten weiterhin eine nicht unerhebliche und unbestimmbare Anzahl an Personen vorliegt. Es kann daher nicht allein an diesem Merkmal eine Geschlossenheit des Dienstes festgestellt werden.

Neben dem beschränkten Zugang zum Studium ist die Zweckrichtung der Immatrikulation und des Studierens beachtlich. Denn die Immatrikulation verfolgt – anders als ein Internetnutzungsvertrag – nicht den Zweck, den Studierenden Zugang zum Internet zu ermöglichen. Hauptzweck der Immatrikulation ist vielmehr, Zugang zu weiteren Bildungsmöglichkeiten zu eröffnen. Durch die Lehre und den Austausch mit Wissenschaftlern können neue berufliche Perspektiven zu erschlossen und hierdurch der berufliche Werdegang der Studierenden gestaltet werden.

Dass durch die Immatrikulation neben den Bildungsmöglichkeiten Zugriff auf den Dienst *DFNInternet* gewährt wird, stellt nicht das Hauptmerkmal der Immatrikulation dar, sondern dient der Vernetzung und dem Zugang zu Lern- und Forschungsmaterialien sowie dem Austausch der Studierenden- und Forschungsgemeinschaft. Der Zugang zum Internetdienst hat lediglich eine unterstützende Funktion des Hauptzwecks, nämlich die Erweiterung der Bildungs- und Recherchemöglichkeiten der Studierenden oder Promovierenden.

(3) Zwischenergebnis

Somit ist zwar anzunehmen, dass die formelle Zugangsbeschränkung des Angebots zum Studium allein nicht genügt, um das Netz und den Dienst als geschlossen einzuordnen. Doch der Zweck der Immatrikulation hebt sich vom ‚klassischen' Telekommunikationsdienstleister ab, indem die Immatrikulation nicht auf den Zugang zum Internet abzielt, sondern auf die Möglichkeit zur Weiterbildung. Es ist auch nicht davon auszugehen, dass eine Person eine Immatrikulation allein zu dem Zweck vornimmt, um Zugang zum Internetdienst des Forschungsnetzbetreibers zu erhalten.[853]

Der Umstand, dass die Immatrikulation *‚einer nicht zu definierenden Zahl an Personen zur Nutzung angeboten wird'*, kann aufgrund der Zweckausrichtung daher kein Angebot eines Internetdiensteanbieters an die Allgemeinheit i. S. d. Öffentlich-

852 *Destatis*, Bevölkerung im Alter von 15 Jahren und mehr nach allgemeinen und beruflichen Bildungsabschlüssen nach Jahren, abrufbar unter: https://www.destatis.de/DE/Themen/Gesell schaft-Umwelt/Bildung-Forschung-Kultur/Bildungsstand/Tabellen/bildungsabschluss.html?nn=2 09288 (zuletzt abgerufen am 10.10.2023).

853 Siehe im Kontext des Beschäftigungsverhältisses *Eckhardt*, in: Schwartmann/Jaspers/Eckhardt, TTDSG § 3 Rn. 43; *Eckhardt*, in: Spindler/Schuster, TKG § 88 Rn. 43; *Voigt*, in: FS Taeger, 511, 525.

keitbegriffs des Art. 95 DS-GVO zur Nutzung des Internetdienstes begründen und stellt daher eine wirksame sachliche Beschränkung des Zugangs zum Internetdienst dar.

ff) Arbeitsverhältnis als Beschränkung

Ähnlich wie die Fragestellung bei der Immatrikulation ist auch im Rahmen des Arbeitsverhältnisses der Angestellten des Forschungsnetzbetreibers bzw. der Teilnehmerorganisationen fraglich, ob durch das Arbeitsverhältnis eine wirksame sachliche Zugangsbeschränkung zum Netz vorliegt.

Insbesondere in der Literatur zu den nationalen Regelungen der ePrivacy-Richtlinie ist die Einordnung des Arbeitgebers als Telekommunikationsdienstleister umstritten.[854] Es ist jedoch zu beachten, dass es bei dieser Einordnung nicht allein um die Öffentlichkeit des Telekommunikationsnetzes bzw. -dienstes geht, sondern um die Einordnung des Arbeitgebers als Diensteanbieter im Ganzen. Kernpunkt des Streits ist insbesondere das Merkmal der Geschäftsmäßigkeit und des damit einhergehendes Drittbezugs.[855] Innerhalb der Diskussion um die Einordnung des Arbeitsgebers herrscht in der Literatur aber nahezu Einigkeit, dass der Arbeitgeber sein Netz bzw. Dienst nicht einem unbegrenzten Adressatenkreis zur Verfügung stellt und dies auch nicht möchte.[856] Diese Auffassung ist aufgrund derselben Voraussetzungen auch auf den europarechtlichen Begriff der Öffentlichkeit übertragbar.

Darüber hinaus ist die Situation mit dem Zugang der Studierenden vergleichbar: Wie bei der Immatrikulation wird die Nutzung des Forschungsnetzes nicht jedermann, sondern nur den Beschäftigten des Forschungsnetzbetreibers oder der Teilnehmereinrichtungen angeboten. Es ist auch hierbei davon auszugehen, dass keiner ein Anstellungsverhältnis mit dem Forschungsnetzbetreiber oder einer Teilnehmer-

---

854 Überblick zu den Auffassungen siehe *Voigt*, in: FS Taeger, 511, 512 ff.

855 *Assion*, in: Assion/Aretz, TTDSG § 3 Rn. 72; *Baumgartner*, in: Gierschmann/Baumgartner, TTDSG § 3 Rn. 52; *Eckhardt*, in: Schwartmann/Jaspers/Eckhardt, TTDSG § 3 Rn. 77; *Fetzer*, in: Fetzer/Scherer/Graulich, TKG § 3 Rn. 54; *Hadidi*, in: Geppert/Schütz, TTDSG § 3 Rn. 22; *Jenny*, in: Plath, TTDSG § 3 Rn. 21; *Mayen*, in: Scheurle/Mayen, TKG § 88 Rn. 62; *Polenz*, in: Taeger/Pohle, Teil 13 138 Rn. 25; *Waßmer*, in: Säcker/Körber, TTDSG § 3 Rn. 30; *Hoeren*, Rn. 34; *Böhm/Wybitul*, NZA-RR 2019, 133, 139; *Brink*, ZD 2015, 295, 296 f.; *Brühl/Sepperer*, ZD 2015, 415, 416 f.; *Däubler*, § 8 Rn. 25 ff.; *Fokken*, NZA 2020, 629, 631 ff.; *Fischer*, ZD 2012, 265, 266 f.; *Fülbier/Splittgerber*, NJW 2012, 1995, 1999; *Neuhöfer/Schefer*, jurisPR-Compl 5/2019, Anm. 1; *Rossow*, DuD 2022, 93, 95 f.; *Schmidl*, MMR 2005, 343, 344; *Schuster*, CR 2014, 21, 27; *Thüsing*, § 3 Rn. 79 ff.; *Voigt*, in: FS Taeger, 511, 529;

856 *Büttgen*, in: Scheurle/Mayen, TKG § 91 Rn. 16; *Eckhardt*, in: Schwartmann/Jaspers/Eckhardt, TTDSG § 3 Rn. 43; *Lünenbürger/Stamm*, in: Scheurle/Mayen, TKG § 3 Rn. 41; *Schütz*, in: Geppert/Schütz, TKG § 5 Rn. 65; *Rossow*, DuD 2022, 93, 95; *Voigt*, in: FS Taeger, 511, 514 f.

einrichtung allein zu dem Zweck eingeht, um Zugang zum Forschungsnetz zu erhalten.[857]

gg) Umfang des Dienstes

Zwar ist die Größe eines Kommunikationsnetzes und -dienstes kein Tatbestandsmerkmal des Öffentlichkeitsbegriffs, doch stellen die mehr als 350 institutionellen Mitglieder des Forschungsnetzbetreibers und das Forschungsnetz als bundesweites Kommunikationsnetz mit vielen tausend Endnutzern ein so umfangreiches Netz dar, dass aufgrund dieser Größe infrage steht, ob die vorgesehenen Zugangsbeschränkungen nicht aufgeweicht werden, bzw. überhaupt eingehalten werden können. Hierfür sind die tatsächlichen Umstände und die Durchsetzung der Zugangsbeschränkungen zu untersuchen.

Die Verwaltung des Zugriffs auf das Netzwerk wird nicht zentral vom Netzbetreiber geregelt, wie dies bei ‚klassischen' Internetdienstzugangsanbietern der Fall ist, sondern ist gestaffelt zwischen dem Netzbetreiber und den Teilnehmerorganisationen aufgeteilt. Den Anschluss an das Forschungsnetz organisiert der Forschungsnetzbetreiber mit der jeweiligen Teilnehmereinrichtung. Zugriffe auf den Internetdienst gewährt der Forschungsnetzbetreiber selbst nur in geringen Maß, vor allem seinen direkten Mitarbeitern.

Der Hauptteil der Zugriffserteilung auf den Dienst erfolgt durch die angeschlossenen Teilnehmereinrichtungen. Die Zugangsdaten für den Dienstzugriff werden von diesen selbstständig erteilt und verwaltet. Durch diese Aufteilung der Zugriffsverwaltung ist jede Teilnehmereinrichtung für die Beschränkung des Zugangs für ihre jeweiligen Benutzergruppen verantwortlich. Die Kontrolle und Einhaltung der Zugangsbeschränkungen sind daher auf dieser Ebene zu untersuchen.

(1) Beschäftigte

Um als Beschäftigter Zugang zum Internetdienst zu erlangen, müssen zunächst die erforderlichen Einstellungsvoraussetzungen in der Person vorliegen, um bei dem Forschungsnetzbetreiber oder einer angeschlossenen Teilnehmereinrichtung angestellt zu werden. Insoweit liegt eine Zugangsbeschränkung vor, wie dies bei Unternehmensnetzwerken als ‚klassischen' geschlossenen Benutzergruppen der Fall ist.[858] Nur solange der jeweilige Nutzer ein Anstellungsverhältnis mit dem Forschungsnetzbetreiber oder der jeweiligen Teilnehmereinrichtung hat, erhält er auch die Zugangsberechtigung zum dem Netz bzw. Dienst.

---

857 *Eckhardt*, in: Schwartmann/Jaspers/Eckhardt, TTDSG § 3 Rn. 43; *Eckhardt*, in: Spindler/Schuster, TKG § 88 Rn. 43; *Voigt*, in: FS Taeger, 511, 525.

858 Siehe z. B. *Lünenbürger/Stamm*, in: Scheurle/Mayen, TKG § 3 S. 41.

Wenn das Beschäftigungsverhältnis mit dem Forschungsnetzbetreiber oder der Teilnehmereinrichtung endet, wird dem Nutzer die Nutzerkennung entzogen und der Zugriff auf das Kommunikationsnetz gesperrt und verhindert.

Möglich ist aber oftmals die Einrichtung einer Weiterleitung der E-Mails auf die Beschäftigten-E-Mail-Adresse auf eine andere, dritte E-Mail-Adresse nach Ausscheiden aus dem Anstellungsverhältnisses. Dies ermöglichen meist entsprechende Alumni-Regelungen der Teilnehmereinrichtungen.[859] Diese Regelungen sehen vor, dass ehemalige Mitarbeiter auf Wunsch eine Weiterleitung ihrer Mitarbeiter-E-Mail auf eine private E-Mail-Adresse eingerichtet bekommen. Auf diese Art haben sie weiterhin Zugriff auf eingehende Nachrichten in ihrem E-Mail-Postfach.[860] Nicht möglich ist in diesem Rahmen die aktive Nutzung der E-Mail-Adresse. So können die E-Mails nur empfangen und weitergeleitet werden, nicht aber aktiv von der ehemaligen Beschäftigten-E-Mail-Adresse.

Auch gestatten die Alumni-Regelungen keine anderweitige Nutzung von Diensten, welche der Forschungsnetzbetreiber zur Verfügung stellt. Insbesondere ein Zugriff auf den Internetdienst des Forschungsnetzbetreibers ist trotz der Alumni-Regelungen für die ehemaligen Mitarbeiter nicht möglich.

Die Beschränkung des Zugangs für Mitarbeiter der Teilnehmereinrichtungen wird auf diese Art faktisch umgesetzt.

(2) Studierende

Die Situation stellt sich bei Studierenden vergleichbar mit den der Mitarbeiter einer Teilnehmereinrichtung dar. Die mit der Immatrikulation erhaltene Nutzerkennung wird mit jeder Verlängerung des Studierendenstatus ebenso verlängert.[861] Sobald ein Student exmatrikuliert wird, wird der Zugang zum Internetdienst durch die Sperrung der persönlichen Nutzerkennung verhindert.[862]

---

[859] Siehe z. B. *Universität Münster*, Universitäts-E-Mail-Adresse/Nutzerkennung, abrufbar unter: https://www.uni-muenster.de/Alumni/email.html (zuletzt abgerufen am 10.10.2023).

[860] So z. B. *Universität Münster*, Universitäts-E-Mail-Adresse/Nutzerkennung, abrufbar unter: https://www.uni-muenster.de/Alumni/email.html (zuletzt abgerufen am 10.10.2023); *Leibzig Universität Hannover*, Lebenslange E-Mail mit Alumni-Signatur, abrufbar unter: https://www.uni-hannover.de/de/universitaet/freunde-foerderer/alumni/lebenslange-e-mail (zuletzt abgerufen am 10.10.2023); *Karlsruher Institut für Technologie*, Weiterleitungs-E-Mailadresse, abrufbar unter: https://www.irm.kit.edu/weiterleitung.php (zuletzt abgerufen am 10.10.2023).

[861] Z. B. *Philipps-Universität Marburg*, Häufig gestellte Fragen (FAQ) zum zentralen Benutzerkonto (Uni-Account), abrufbar unter: https://www.uni-marburg.de/de/hrz/dienste/zentrales-konto/faq (zuletzt abgerufen am 10.10.2023).

[862] Z. B. *Justus-Liebig-Universität Gießen*, FAQ rund um den Studierenden-Account, abrufbar unter: https://www.uni-giessen.de/de/studium/faq/account (zuletzt abgerufen am 10.10.2023);

Auch für Studierende sehen viele Teilnehmereinrichtungen wie bei den Beschäftigten die Möglichkeit der E-Mail-Weiterleitung vor. Die Alumni Regelungen gelten für die Studierenden gleich den Regelungen der ehemaligen Beschäftigten (s. o.).

(3) Gäste

Bei Gastzugängen kommt es auf die Art und den Umfang der Erteilung einer Zugriffserlaubnis auf das Netzwerk an. Wie schon festgestellt, dürfen die Teilnehmereinrichtungen den Zugang zum Internetdienst nur an Nutzer zu Wissenschafts- und Forschungszwecken ermöglichen.[863] Diese Regelungen müssen, wie ebenfalls festgestellt, auch faktisch eingehalten werden, da dies sonst zu einer mehr oder weniger uferlosen Öffnung des Kommunikationsdienstes für eine unbestimmte Anzahl an Personen führen würde.

Im Rahmen von Gastzugängen muss zwischen verschiedenen Zugangsarten zum Netzwerk unterschieden werden. Oftmals werden an den Hochschulen und Forschungseinrichtungen separate Netzwerke für Gäste eingerichtet, damit diese einen Zugriff auf das Internet erhalten.[864] Diese separaten Netzwerke sind von dem Dienst des Forschungsnetzbetreibers technisch getrennt und werden regelmäßig von Drittanbietern eingerichtet und verwaltet. In diesen Konstellationen wird die Öffentlichkeit des Internetdienstes somit nicht tangiert, da kein Zugriff auf den Dienst gewährt wird.[865]

Soweit Universitäten oder Mitgliedseinrichtungen Gastzugänge über den Internetdienst gewähren, ist die Art und Weise der Erteilung des Zugriffs zu analysieren. Durch die Benutzungsordnung des Forschungsnetzbetreibers wird festgelegt, dass *„die Einrichtung, die Netzzugang gewährt, [...] daher natürlichen Personen den Zugang nur ermöglichen [darf], wenn die Personen eine Berechtigung zur Nutzung haben.“*[866] Die Berechtigung zur Nutzung folgt, wie schon festgestellt, aus § 1 Abs. 2 DFN-RahmenV. Danach kann der Teilnehmer auch seinen Gästen aus Wissenschaft und Forschung die Nutzung der Dienste des Forschungsnetzbetreibers ermöglichen.

Technische Universität Dresden, Benutzungsinformationen für Studierende, abrufbar unter: https://tu-dresden.de/zih/dienste/nutzungsbedingungen/benutzungsregeln_und_vorschriften/benutzungsinformationen_fuer_studierende (zuletzt abgerufen am 10.10.2023).

863 Insbesondere § 1 Abs. 2 DFN-RahmenV.

864 Siehe hierzu Teil 2.

865 Z. B. das ‚GuestOnCampus', siehe *Universität Münster*, WLAN, abrufbar unter: https://www.uni-muenster.de/IT/services/kommunikation/wlan/ (zuletzt abgerufen am 10.10.2023); oder auch *Universität Greifswald*, Free Wifi, abrufbar unter: https://rz.uni-greifswald.de/dienste/technische-infrastruktur/wlan-eduroam/free-wifi/ (zuletzt abgerufen am 10.10.2023).

866 *DFN-Verein*, Benutzungsordnung für das Zusammenwirken der Anwender der DFN-Kommunikationsdienste, 3.2, abrufbar unter: https://www.dfn.de/dienstleistungen/dfninternet/benutzungsordnung/ (zuletzt abgerufen am 10.10.2023).

Soweit eine darüberhinausgehende Weitergabe der Dienste angestrebt wird, bedarf diese gemäß § 1 Abs. 3 DFN-RahmenV der schriftlichen Zustimmung des Vereins.

Eine Zugriffserteilung für Gäste ist demnach gestattet, sofern diese aus Wissenschaft und Forschung kommen. Soweit eine Teilnehmereinrichtung Zugänge über diese Vorgaben hinaus erteilt, verhält sie sich vertragswidrig und setzt sich der Gefahr einer fristlosen Vertragskündigung gemäß § 7 Abs. 4 DFN-RahmenV aus. Das Angebot des Dienstes an eine unbestimmte Anzahl von Personen wird durch diese Regelung unterbunden und sichergestellt.

Dies spiegeln auch die Dienstbeschreibungen der unterschiedlichen Teilnehmereinrichtungen wider. Meist muss die Erstellung eines Gast-Accounts durch die einzelnen Fakultäten vorgenommen werden und nicht durch die Hochschulverwaltung selbst.[867] Hierdurch verliert auch eine größere Hochschule oder Forschungseinrichtung nicht den Bezug des Gastes zur Wissenschaft bzw. Forschung, da die einzelnen Fakultäten individuell prüfen können, ob die Eigenschaften des jeweiligen Gastes tatsächlich den Vorgaben des Rahmenvertrages entsprechen. Darüber hinaus beschränken die Teilnehmereinrichtungen Gast-Accounts viel strenger als dies bei Mitarbeiter- oder Studierenden-Accounts der Fall ist. Insbesondere eine stark verkürzte Nutzungsfrist ist hierbei oftmals vorgesehen, z. B. nur für wenige Tage[868] oder Wochen[869]. Auch sind über Gast-Accounts meist nicht alle Dienste der Einrichtung nutzbar. Alternativ bieten viele Teilnehmereinrichtungen für Tagungen mit großem externem Publikum auch tagungsabhängige Zugänge an.[870]

Der Zugang zum Kommunikationsdienst des Forschungsnetzbetreibers wird an den Teilnehmereinrichtungen demnach durch vielfältige Beschränkungen nicht ‚für jedermann' geöffnet. Vielmehr wird die Einhaltung der durch den DFN-Rahmenvertrag festgelegten Beschränkungen, der Nutzung des Kommunikationsnet-

---

867 Z. B. *Universität Leipzig*, Hilfe: Uni-Login, abrufbar unter: https://www.urz.uni-leipzig.de/servicedesk-und-hilfe/hilfe-zu-unseren-services/netz-und-zugang/hilfe-uni-login#c553721 (zuletzt abgerufen am 10.10.2023).

868 *Universität Kassel*, Gast/WLAN-Accounts, abrufbar unter: https://www.uni-kassel.de/its/dienstleistungen/identity-und-accessmanagement/uniaccount/gast-wlan-accounts (zuletzt abgerufen am 10.10.2023).

869 Z. B. *Goethe Universität Frankfurt am Main*, HRZ-Account und Goethe-Mail für Gäste, abrufbar unter: https://www.rz.uni-frankfurt.de/89593495/HRZ_Account_und_Goethe_Mail_f%C3%BCr_G%C3%A4ste (zuletzt abgerufen am 10.10.2023); sehr ausführliche Fristenregelungen: *Otto-Friedrich-Universität Bamberg*, User Lifecycle, abrufbar unter: https://www.uni-bamberg.de/its/dienstleistungen/iam/nutzerkonto/user-lifecycle/ (zuletzt abgerufen am 10.10.2023).

870 Z. B. *Universität Greifswald*, Tagungszugänge, abrufbar unter: https://rz.uni-greifswald.de/dienste/technische-infrastruktur/wlan-eduroam/tagungszugaenge/ (zuletzt abgerufen am 10.10.2023); *Universität Leipzig*, WLAN für Veranstaltungen, abrufbar unter: https://www.urz.uni-leipzig.de/unsere-services/servicedetail/service/wlan-fuer-veranstaltungen (zuletzt abgerufen am 10.10.2023).

zes nur für Gäste aus Wissenschaft und Forschung, an den Einrichtungen durch verschiedene Mittel beschränkt und laufend überprüft.

Die Öffnung des Dienstes für Gäste der Einrichtungen führt somit ebenfalls nicht zu einer unbeschränkten Zugänglichkeit des Internetdienstes des Forschungsnetzbetreibers.

(4) eduroam

Doch das Forschungsnetz und insbesondere der Internetdienst sind nicht nur von Nutzern der Forschungsnetzbetreiber selbst und den angeschlossenen Teilnehmereinrichtungen erreichbar, sondern kann im Rahmen des Verbunds ‚*eduroam*' auch durch Nutzer anderer, dritter Institutionen verwendet werden.[871] Die Besonderheit an *eduroam* ist, dass hierdurch nicht nur die Nutzergruppen der jeweiligen lokalen Teilnehmerorganisation Zugriff auf den Dienst erhalten, sondern auch die Nutzergruppen anderer nationaler Teilnehmerinstitutionen sowie auch internationaler Institutionen. So kann sich bspw. ein Student der Universität in Münster über *eduroam* in das Netzwerk an der Universität in Hamburg einloggen. Möglich ist aber auch das grenzüberschreitende Nutzen des Dienstes: Demnach kann z. B. eine Gast-Tutorin von der Universität in Los Angeles Zugriff auf das Forschungsnetz an der Universität in Jena erhalten.

Durch den Anschluss an den *eduroam*-Verbund erhöht sich die Anzahl der Adressaten des Angebots des Forschungsnetzbetreibers um ein Vielfaches. Daher ist auch hier zu untersuchen, ob durch diese Vervielfachung der Adressaten die sachliche Beschränkung des Kommunikationsnetzes bzw. -dienstes faktisch aufgehoben wird.

Um über *eduroam* Zugriff auf das Forschungsnetz zu erhalten, muss sich der Nutzer ebenfalls mit Einwahldaten einer anderen, möglicherweise ausländischen Einrichtung bei der anbietenden Teilnehmerorganisation verifizieren. Vor der Freigabe des Zugangs zum Dienst werden die Einwahldaten von der Heimorganisation des Nutzers geprüft.

An *eduroam* können allerdings nicht beliebige Institutionen teilnehmen. Die Erklärung zur Konföderationspolitik von *eduroam* legt fest, dass Teilnehmer an *eduroam* nur Mitglieder der *European eduroam Confederation* sein können.[872] Die Mitglieder der *Confederation* sind hauptsächlich die Forschungsnetzbetreiber der Länder; falls eine Institution Mitglied werden möchte, ohne selbst Forschungsnetzbetrei-

---

[871] Technischer Aufbau im Detail siehe Teil 2 A. III. 2.

[872] *Milinovic/Winter/RESTENA u. a.*, eduroam Policy Service Definition, S. 5, abrufbar unter: https://www.eduroam.org/wp-content/uploads/2016/05/GN3-12-192_eduroam-policy-service-definition_ver28_26072012.pdf (zuletzt abgerufen am 10.10.2023).

ber zu sein, muss diese ihre enge Nähe zum nationalen Forschungsnetzbetreiber aufzeigen.[873]

Der Anschluss an den *eduroam*-Verbund ist somit nur Netzbetreibern möglich, welche sich der Bereitstellung von Kommunikationsdiensten für die Wissenschaft, Forschung und Lehre verschrieben haben (*National Research and Education Networks*, NREN). Das Aufnehmen anderer, z. B. ‚klassischer' Telekommunikationsdienstleister, ist nach den Vorgaben der *European eduroam Confederation policy* nicht möglich.[874] Hierdurch wird sichergestellt, dass nur Nutzer aus dem Bereich der Wissenschaft und Forschung Zugriff auf den Dienst haben.

Darüber hinaus statuieren Nummer 1.1 der Erklärung zur Konföderationspolitik von eduroam[875] und Nummer 1 der eduroam Policy Service Definition[876], dass die Benutzung des *eduroam*-Services nur den Angehörigen von akademischen Institutionen als Teilnehmer der geschlossenen Netzwerke („*closed community*"[877]) in den nationalen Forschungsnetzen unter den jeweils geltenden nationalen Regelungen gestattet ist. Die Vorgaben und Regelungen des deutschen Forschungsnetzbetreibers und seiner angeschlossenen Teilnehmereinrichtungen sind somit auch auf Nutzer anwendbar, welche das Kommunikationsnetz über die Einwahl von *eduroam* nutzen. Die Benutzungsordnungen der jeweiligen Einrichtungen sind daher auch von den *eduroam*-Gastnutzern verbindlich einzuhalten. Die Öffnung zum *eduroam*-Dienst stellt somit keine erweiterte Nutzungserlaubnis des Internetdienstes für die Nutzer dar, sondern ist eine Erweiterung des Angebots an alle Mitglieder der Wissenschafts- und Lehrgemeinschaft. Diese Absicht offenbaren auch die Regelungen der *European eduroam Confederation*, welche beschreiben, dass die Forschungsnetze durch die Öffnung mit *eduroam* nicht jedermann angeboten werden sollen.[878]

---

873 *GÉANT Association*, European eduroam Confederation Policy, § 1.2, abrufbar unter: https://eduroam.org/wp-content/uploads/2020/02/GN3-12-194_eduroam-policy-for-signing_ver2-4_1_18052012.pdf (zuletzt abgerufen am 10.10.2023).

874 *GÉANT Association*, European eduroam Confederation Policy, § 1.2, abrufbar unter: https://eduroam.org/wp-content/uploads/2020/02/GN3-12-194_eduroam-policy-for-signing_ver2-4_1_18052012.pdf (zuletzt abgerufen am 10.10.2023).

875 *GÉANT Association*, European eduroam Confederation Policy, § 1.1, abrufbar unter: https://eduroam.org/wp-content/uploads/2020/02/GN3-12-194_eduroam-policy-for-signing_ver2-4_1_18052012.pdf (zuletzt abgerufen am 10.10.2023).

876 *Milinovic/Winter/RESTENA u. a.*, eduroam Policy Service Definition, § 1, abrufbar unter: https://www.eduroam.org/wp-content/uploads/2016/05/GN3-12-192_eduroam-policy-service-definition_ver28_26072012.pdf (zuletzt abgerufen am 10.10.2023).

877 *GÉANT Association*, European eduroam Confederation Policy, § 1.1, abrufbar unter: https://eduroam.org/wp-content/uploads/2020/02/GN3-12-194_eduroam-policy-for-signing_ver2-4_1_18052012.pdf (zuletzt abgerufen am 10.10.2023).

878 *GÉANT Association*, European eduroam Confederation Policy, § 1, abrufbar unter: https://eduroam.org/wp-content/uploads/2020/02/GN3-12-194_eduroam-policy-for-signing_ver2-4_1_18052012.pdf (zuletzt abgerufen am 10.10.2023).

Die Durchsetzung dieser Voraussetzungen stellt auch der hierarchische Aufbau des *eduroam*-Verbundes sicher, sodass die berechtigten Nutzer von *eduroam* ebenfalls nur aus Wissenschaft und Forschung i. S. d. § 1 Abs. 2 DFN-RahmenV kommen. Denn wie auch im jeweiligen nationalen Forschungsnetz wacht nicht die *European eduroam Confederation* selbst über die Erteilung der einzelnen Zugänge, sondern es obliegt den nationalen Forschungsnetzbetreibern (NREN), bzw. den entsprechenden *National Roaming Operators*, die Einhaltung der Vereinbarungen zu überwachen.[879] Auf diese Art hat auch im Rahmen der Nutzung von *eduroam* jede teilnehmende Institution individuell sicherzustellen, dass ihre Nutzer nicht nur die Regulierungen des jeweiligen Forschungsnetzbetreibers einhalten, sondern auch die erforderlichen Eigenschaften der Vorgaben von *eduroam* umsetzen.

Ebenso sehen die Vereinbarungen der *European eduroam Confederation* im Falle der Missachtung der Vorgaben eine Ausschlussmöglichkeit der teilnehmenden Forschungsnetze vor.[880] Auf diese Art ist sichergestellt, dass auch mit dem Anschluss an den *eduroam*-Verbund nur Angehörige der Forschungs- und Bildungsgemeinschaft Zugriff auf die Forschungsnetze erhalten und im Falle von Verstößen die Zugänge durch den Ausschluss aufgehoben werden können.

Dass das Forschungsnetz mit dem *eduroam*-Dienst eine erheblich höhere Anzahl an Nutzern aufweist, ist für die Einordnung der Öffentlichkeit des Kommunikationsnetzes bzw. -dienstes des Forschungsnetzbetreibers unerheblich. Denn durch den Aufbau der Forschungsnetze, deren Verbund und die einzelnen Vorgaben der *European eduroam Confederation* wird sichergestellt, dass nur berechtigte Nutzer der Wissenschafts- und Forschungsgemeinschaft i. S. d. der Satzung des Forschungsnetzbetreibers Zugang zum Forschungsnetz erhalten.[881]

Das Forschungsnetz wird damit weiterhin nicht einer unbestimmten Anzahl an Dritten angeboten, sondern bleibt ein geschlossenes Kommunikationsnetz im Bereich der Forschungs- und Bildungsgemeinschaft.

f) Anschluss von weiteren Einrichtungen

Neben dem Anschluss von Hochschulen, Forschungseinrichtungen oder Verwaltungen sind auch andere Einrichtungen an das Forschungsnetz angeschlossen, welche von Personen besucht werden, die nicht notwendigerweise Teil der Wissenschaftsgemeinschaft sind, z. B. öffentliche Bibliotheken oder Studierendenwohnheime. Der

---

879 *Milinovic/Winter/RESTENA u. a.*, eduroam Policy Service Definition, § 4, abrufbar unter: https://www.eduroam.org/wp-content/uploads/2016/05/GN3-12-192_eduroam-policy-service-definition_ver28_26072012.pdf (zuletzt abgerufen am 10.10.2023).

880 *GÉANT Association*, European eduroam Confederation Policy, § 1.4, abrufbar unter: https://eduroam.org/wp-content/uploads/2020/02/GN3-12-194_eduroam-policy-for-signing_ver2-4_1_18052012.pdf (zuletzt abgerufen am 10.10.2023).

881 § 2 Abs. 1 DFN-Satzung.

Anschluss dieser Einrichtungen kann, wenn diese Personen Zugriff auf das Forschungsnetz erhalten, ein Angebot an eine unbestimmte Anzahl an Personen bedeuten. Für die Einrichtungen gelten die Vorgaben des Forschungsnetzbetreibers genauso wie für alle anderen angeschlossenen Einrichtungen. Insoweit ist klar, dass diese die Einhaltung des Rahmenvertrages und ggf. der Benutzungsordnungen der zugehörigen Einrichtung ebenfalls sicherstellen müssen.

Damit sich die Problematik des Nutzerzugangs stellt, muss die jeweilige Einrichtung auch tatsächlich mit dem Forschungsnetz verbunden sein und dieses auch seinen Besuchern zur Verfügung stellen. Denn es sind nicht alle Bibliotheken oder Studierendenwohnheime automatisch mit dem Forschungsnetz verbunden. So gibt es viele Einrichtungen, die ihren Netzzugang über private Anbieter oder andere Anschlussmöglichkeiten organisieren. So hat z. B. das Studierendenwerk in Münster einen Multimediavertrag mit einem privaten Anbieter abgeschlossen, welcher es den Studierenden erlaubt, Zugang zum Internet zu erhalten.[882] Dieser Anbieter nutzt nicht den Internetdienst des Forschungsnetzbetreibers.

Andere Einrichtungen bieten unterschiedliche Formen des Zugangs an, so etwa die Staatsbibliothek zu Berlin[883] oder die Niedersächsische Landesbibliothek[884]. Diese bieten einerseits ein eigenes Netzwerk an, in welchem die Nutzer auf die entsprechenden Inhalte der Bibliothek zugreifen können. Andererseits können Besucher über einen *eduroam*-Zugang auch Zugriff auf das Forschungsnetz erhalten. Für den Zugriff über *eduroam* müssen die Nutzer wie schon festgestellt über eine entsprechende Zugangsberechtigung von z. B. einer Hochschule verfügen.

Neben den vielen Lösungen, welche eigene Netze oder die Infrastruktur von *eduroam* nutzen, gibt es auch Einrichtungen, die direkt an das Forschungsnetz angeschlossen sind. So werden Studierendenwohnheime teilweise an die Dienste der jeweiligen Hochschule gekoppelt und bieten damit einen Internetzugang über das Forschungsnetz an.[885]

---

882 *Studierendenwerk Münster*, Anbieterwechsel der Multimedia-Anschlüsse in den Wohnheimen des StW Münster: Erste Informationen, abrufbar unter: https://stw-muenster.de/content/uploads/2021/09/Informationen-Anbieterwechsel-Multimedia.pdf (zuletzt abgerufen am 10.10.2023).

883 *Staatsbibliothek zu Berlin*, WLAN, abrufbar unter: https://wlan-sbb.spk-berlin.de/de (zuletzt abgerufen am 10.10.2023).

884 *Gottfried Wilhelm Leibniz Bibliothek - Niedersächsische Landesbibliothek*, WLAN, abrufbar unter: https://www.gwlb.de/ihr-besuch/lesen-lernen-arbeiten/wlan (zuletzt abgerufen am 10.10.2023).

885 Z. B. das *Studierendenwerk Darmstadt*, Benutzungsordnung, Oktober 2021.

(1) Studierendenwohnheime

Beispielsweise das *Studierendenwerk Darmstadt* bietet den Studierenden in ihren Wohnheimen einen Internetzugang über einen Anschluss der *Technischen Universität Darmstadt* an[886] und sorgt somit für einen Zugang zum Forschungsnetz[887].

Doch diese Art des Anschlusses bedeutet für das Forschungsnetz und den Internetdienst aus mehreren Gründen weiterhin kein Angebot an die Öffentlichkeit. Denn einerseits ist festzustellen, dass nur Studierende eine Wohnberechtigung nach den Bedingungen der Studierendenwerke haben und der Zugang zu den Studierendenwohnheimen damit beschränkt ist.[888] Diese Beschränkung entspricht aufgrund der Verknüpfung des Immatrikulationsstatus der Studierenden mit der Wohnberechtigung den Beschränkungsvorgaben des Forschungsnetzbetreibers.[889]

Andererseits sorgt die Verknüpfung des Wohnheimnetzes mit dem Universitätsnetz für die Geltung der gleichen Nutzungsbeschränkungen im Wohnheim wie im universitären Teil des Netzes.[890] Ohne entsprechende Nutzerkennung wird ein Zugriff auf das Kommunikationsnetz und den -dienst nicht gewährt. Darüber hinaus ist die Weitergabe der Zugangsdaten an Dritte, z. B. andere Mitbewohner oder Besucher der Wohnheimbewohner, meist sowohl durch die Benutzungsordnungen der Universität[891] als auch durch die Benutzungsordnung des Wohnheims[892] untersagt. Darüber hinaus wird durch die Geltung der Benutzungsordnungen sowohl die Nutzungsberechtigung[893] als auch der Umfang des Zugriffs auf das Forschungsnetz begrenzt, z. B. durch Volumenbeschränkungen[894]. Hierdurch wird sichergestellt, dass die wissenschaftliche Nutzung des Kommunikationsnetzes stets den Vorrang behält. Bei einem Verstoß gegen diese Regelungen kann eine Sperrung des Zugangs zum Netzwerk erfolgen.[895]

---

886 *Studierendenwerk Darmstadt*, Benutzungsordnung, Oktober 2021.

887 So *Studierendenwerk Darmstadt*, Benutzungsordnung, Oktober 2021, § 10.

888 *Studierendenwerk Darmstadt*, Online Bewerbung Wohnheimplatz, Nr. 1, abrufbar unter: https://service.studierendenwerkdarmstadt.de/tl1/ipack3/index.html#home (zuletzt abgerufen am 10.10.2023).

889 Siehe Teil 5 A. III. 4. e) gg) (2).

890 So bindet z. B. das StW Darmstadt die Allgemeine Benutzungsordnung der TU Darmstadt in ihre Benutzungsordnung ein: *Studierendenwerk Darmstadt*, Benutzungsordnung, Oktober 2021.

891 In Darmstadt z. B. *Technische Universität Darmstadt*, Allgemeine Benutzungsordnung, § 5 Nr. 3 lit. a, abrufbar unter: https://www.hrz.tu-darmstadt.de/media/hrz/t_benutzungsordnung/IT-Benutzungsordnung-SB_V-2019.pdf (zuletzt abgerufen am 10.10.2023).

892 Z. B. *Studierendenwerk Darmstadt*, Benutzungsordnung, Oktober 2021, § 9.

893 Z. B. *Technische Universität Darmstadt*, Allgemeine Benutzungsordnung, § 5 Nr. 1, abrufbar unter: https://www.hrz.tu-darmstadt.de/media/hrz/it_benutzungsordnung/IT-Benutzungsordnung-SB_V-2019.pdf (zuletzt abgerufen am 10.10.2023).

894 Z. B. *Studierendenwerk Darmstadt*, Benutzungsordnung, Oktober 2021, § 2.

895 Z. B. *Studierendenwerk Darmstadt*, Benutzungsordnung, Oktober 2021, § 1; *Technische Universität Darmstadt*, Allgemeine Benutzungsordnung, § 11, abrufbar unter: https://www.hrz.tu-

(2) Bibliotheken

Andere Einrichtungen haben nur den Zugang zum Forschungsnetz eigenständig geregelt. Die *Deutsche Nationalbibliothek* ist beispielsweise ein selbstständiges Mitglied im *DFN-Verein*[896] und an das Forschungsnetz angeschlossen. Den registrierten Besuchern der Bibliothek bietet sie vor Ort einen Zugang über das Forschungsnetz zum Internet an.[897] Um Zugriff auf das Netzwerk der Bibliothek zu erhalten, müssen sich die Benutzer zunächst registrieren. Die Registrierung steht allen frei, „*die ein berechtigtes, insbesondere wissenschaftliches, berufliches, fachliches oder dienstliches Interesse nachweisen können*"[898]. Die Nutzung des Internetdienstes ist somit formal kein Angebot an jedermann, sondern lediglich registrierten Bibliotheksbesuchern vorbehalten. Dennoch könnte durch die Möglichkeit der mehr oder minder freien Registrierung i. S. d. Öffentlichkeitsbegriffs des Art. 95 DS-GVO ein Angebot der Nutzung des Kommunikationsnetzes bzw. -dienstes an eine unbestimmte Anzahl an Personen vorliegen. Dafür ist neben den technischen Beschränkungen auch auf die tatsächlichen Umstände zu blicken.

Zwar steht die Möglichkeit der Registrierung zwar mehr oder minder jeder Person offen, doch ist die Situation mit der Immatrikulation eines Studenten an einer Hochschule vergleichbar. Während sich das Angebot ‚klassischer' Telekommunikationsdienstleister explizit auf den Abschluss eines Internetzugangsvertrages richtet, oder die Registrierung eines Nutzers in einem Internetcafé ausschließlich dem Zugang zum Internet dient, ist die Möglichkeit des Zugangs zum Forschungsnetz bei der Registrierung an der Deutschen Nationalbibliothek lediglich eine Randdienstleistung.

Hauptzweck der Registrierung ist nicht der Zugang zum Internet, sondern sind die Möglichkeiten zur Nutzung der Lesesäle, der Nutzung des Datenshops oder der Ablieferung von Netzpublikationen.[899] Insbesondere der Umstand, dass die Nationalbibliothek eine reine Präsenzbibliothek ist, macht die Registrierung für alle, die Zugriff auf den Bestand brauchen, erforderlich.[900] Auch die Nutzung von Kopierern,

darmstadt.de/media/hrz/it_benutzungsordnung/IT-Benutzungsordnung-SB_V-2019.pdf (zuletzt abgerufen am 10.10.2023).

896 Siehe *DFN-Verein*, Mitgliederliste, abrufbar unter: https://www.dfn.de/wp-content/uploads/2023/08/Mitgliederliste_alphabetisch.pdf (zuletzt abgerufen am 10.10.2023).

897 Siehe *Deutsche Nationalbibliothek*, Benutzungsordnung, § 12 Nr. 3, abrufbar unter: https://www.dnb.de/SharedDocs/Downloads/DE/Benutzung/benutzungsordnung.pdf?__blob=publicationFile&v=6 (zuletzt abgerufen am 10.10.2023).

898 *Deutsche Nationalbibliothek*, Benutzungsordnung, § 2 Nr. 2, abrufbar unter: https://www.dnb.de/SharedDocs/Downloads/DE/Benutzung/benutzungsordnung.pdf?__blob=publicationFile&v=6 (zuletzt abgerufen am 10.10.2023).

899 *Deutsche Nationalbibliothek*, Hilfe: Mein Konto, abrufbar unter: https://www.dnb.de/DE/Service/Hilfe/kontoHilfe.html?nn=56636#benutzung (zuletzt abgerufen am 10.10.2023).

900 *Deutsche Nationalbibliothek*, Hilfe: Mein Konto, abrufbar unter: https://www.dnb.de/DE/Service/Hilfe/kontoHilfe.html?nn=56636#benutzung (zuletzt abgerufen am 10.10.2023).

vorinstallierten elektronischen Publikationen und die Nutzung der Arbeitsstationen erfordert die Anmeldung.[901]

Der Zugang zum Internetdienst des Forschungsnetzbetreibers dient in diesem Rahmen ausweislich der Benutzungsordnung allein „*wissenschaftlichen, kulturellen, beruflichen, fachlichen, dienstlichen oder Ausbildungszwecken*“[902] und ist daher genauso wie an den Hochschulen lediglich eine Dienstleistung zur Ergänzung des Angebots der Bibliothek. Er ermöglicht vorrangig den Zugriff auf die digitalen Angebote der Nationalbibliothek und ergänzende Recherchemöglichkeiten der Bibliotheksnutzer. Soweit diese den Zugang zum Internetdienst für andere Zwecke missbrauchen, droht die Benutzungsordnung der Nationalbibliothek den Ausschluss des Nutzers von der Bibliotheksbenutzung an.[903]

Darüber hinaus ist auch bei der Registrierung bei der Nationalbibliothek nicht davon auszugehen, dass Nutzer die Registrierung allein zum Zwecke der Zugangsmöglichkeit zum Forschungsnetz vornehmen.[904] Hierfür spricht insbesondere der ausschließliche Zugang zum Internetdienst vor Ort und die einschränkenden Regelungen der Benutzungsordnung.

Soweit Bibliotheken oder ähnliche Einrichtungen an das Forschungsnetz angeschlossen sind und diesen Zugang ihren Nutzern zur Verfügung stellen, ist davon auszugehen, dass der Hauptzweck nicht der Internetzugang ist, sondern dieser lediglich eine ergänzende Funktion erfüllt.

(3) Zwischenergebnis

Insgesamt ist der Komplex der weiteren angeschlossenen Einrichtungen schwerlich vollumfänglich zu beleuchten. Dennoch bleibt festzustellen, dass die Vorgaben des Forschungsnetzbetreibers stets für alle Teilnehmereinrichtungen Geltung finden und der Forschungsnetzbetreiber befugt ist, die Verträge fristlos zu kündigen, wenn sich eine vertragswidrige Nutzung des Forschungsnetzes herausstellt. Auf diese Art kann der Forschungsnetzbetreiber stets die beabsichtigte Geschlossenheit des Internetdienstes sicherstellen und faktisch auch durchsetzen.

---

901 *Deutsche Nationalbibliothek*, Hilfe: Mein Konto, abrufbar unter: https://www.dnb.de/DE/Service/Hilfe/kontoHilfe.html?nn=56636#benutzung (zuletzt abgerufen am 10.10.2023).

902 *Deutsche Nationalbibliothek*, Benutzungsordnung, § 12 Nr. 4, abrufbar unter: https://www.dnb.de/SharedDocs/Downloads/DE/Benutzung/benutzungsordnung.pdf?__blob=publicationFile&v=6 (zuletzt abgerufen am 10.10.2023).

903 *Deutsche Nationalbibliothek*, Benutzungsordnung, Lit. E, abrufbar unter: https://www.dnb.de/SharedDocs/Downloads/DE/Benutzung/benutzungsordnung.pdf?__blob=publicationFile&v=6 (zuletzt abgerufen am 10.10.2023).

904 So im Kontext des Arbeitsverhältnisses: *Eckhardt*, in: Schwartmann/Jaspers/Eckhardt, TTDSG § 3 Rn. 43; *Eckhardt*, in: Spindler/Schuster, TKG § 88 Rn. 43; *Voigt*, in: FS Taeger, 511, 525.

Letztendlich bleibt es eine Frage des Einzelfalls, unter welchen Bedingungen den Nutzern der Zugriff auf das Forschungsnetz gewährt wird. Soweit die Beschränkung auf die Nutzer der Teilnehmereinrichtungen bestehen bleibt, ändert sich für den Umfang des Angebots nichts. Insoweit stellen angeschlossene Studierendenwohnheime keine Öffnung des Angebots an die Allgemeinheit dar. Auch wenn Einrichtungen wie die *Deutsche Nationalbibliothek* faktisch eine Erweiterung des Adressatenkreises bedeuten, ist hierbei der Zweck und der Umfang des Zugriffs auf das Forschungsnetz zu beleuchten. Soweit der Zugriff auf den Internetdienst nur eine ergänzende Funktion hat und unter den Bedingungen des Forschungsnetzbetreibers zu Forschungs- und Bildungszwecken erfolgt, kann nicht davon ausgegangen werden, dass sich das Angebot der Nutzung des Kommunikationsnetzes und -dienstes an eine unbestimmte Anzahl von Personen richtet. Die Öffentlichkeit liegt daher auch durch den Anschluss weiterer Einrichtungen nicht vor.

g) Näheverhältnis der Nutzer

Wie bislang festgestellt, ist aufgrund der faktischen Zugangsbeschränkungen zum Internetdienst des Forschungsnetzbetreibers das Vorliegen eines öffentlichen Zugangs zu verneinen, da sich das Angebot des Betreibers nicht an eine unbestimmte Anzahl von Personen richtet. Mit diesen Voraussetzungen geht Art. 95 DS-GVO davon aus, dass die Nutzer des Kommunikationsnetzes und -dienstes ein entsprechendes Näheverhältnis zum Betreiber aufweisen, sodass der Vertrauensschutz i. S. d. Art. 7 GRCh entbehrlich ist. Insoweit indizieren die Zugangsbeschränkungen das Näheverhältnis der Nutzergruppen zum Betreiber. Das Merkmal des Näheverhältnisses ist daher nicht ausschlaggebendes Kriterium für die Einordnung der Zugänglichkeit des Forschungsnetzes,[905] kann allerdings als Kontrollmerkmal für den Bestand der Zugangsbeschränkungen dienen.[906] Soweit die Nutzergruppen des Forschungsnetzes kein Näheverhältnis zum Betreiber aufweisen, muss das Entfallen des Vertrauensschutzes des Art. 7 GRCh in Frage gestellt werden und der Vorrang der Vorgaben der ePrivacy-Richtlinie im Detail abgewogen werden.

Auch in diesem Teil der Untersuchung ist der atypische Aufbau des Forschungsnetzes von Bedeutung: Während bei ‚klassischen' Telekommunikationsdienstleistern der Zugang zum Kommunikationsnetz zumeist direkt von den Nutzern ausgeht, also der Dienstnutzer direkt an das Kommunikationsnetz des Internetzugangsanbieters angeschlossen wird und hierdurch den Dienst unmittelbar nutzen kann, weicht die Lage bei der Nutzung des Forschungsnetzes ab. Durch die Verwaltung und den Aufbau des Forschungsnetzes finden die meisten Zugriffe auf das Forschungsnetz gerade nicht unmittelbar über den Forschungsnetzbetreiber statt, sondern wird der Netzzu-

---

905 Siehe *EDSA*, Stellungnahme 5/2019, S. 10; vgl. *Büttgen*, in: Scheurle/Mayen, TKG § 91 Rn. 9; *Voigt*, in: FS Taeger, 511, 514.

906 Vgl. *Jandt/Karg*, in: Jandt/Steidle, A. II. Rn. 102 ff.; vgl. *Karg*, in: Simitis/Hornung/Spiecker gen. Döhmann, DSGVO Art. 95 Rn. 6.

gang regelmäßig von einer Hochschule oder Forschungseinrichtung vermittelt. Das Verhältnis zwischen dem Forschungsnetzbetreiber und den angeschlossenen Einrichtungen dient so als Basis für den Zugang der übrigen Nutzer und steht daher im Zentrum der Erwägungen zum Näheverhältnis.

aa) Angeschlossene Einrichtungen

Im Verhältnis der angeschlossenen Einrichtungen zum *DFN-Verein* muss das Augenmerk auf dem Aufbau der Verwaltung des Forschungsnetzes liegen. Dadurch, dass das Forschungsnetz von einem Verein geführt wird, wessen Mitglieder ausschließlich der Wissenschaftsgemeinschaft angehören und selbst Teilnehmer am Forschungsnetz sind, eröffnet sich ein anderes Kräfteverhältnis zwischen den angeschlossenen Einrichtungen und dem Forschungsnetzbetreiber als dies bei ‚klassischen' Telekommunikationsdienstleistern der Fall ist.

Durch die Mitgliedseigenschaft erhalten die angeschlossenen Mitglieder einen eigenen Einfluss auf den Aufbau, die Verwaltung und die Verarbeitung der Datenverarbeitungen im Forschungsnetz. Auf diese Weise bestimmt nicht, wie bei ‚klassischen' Telekommunikationsdienstleistern, ein unabhängiger Dritter allein nach seinen Erwägungen den Umgang mit dem Kommunikationsnetz und die Art und Weise der Datenverarbeitungen, sondern die angeschlossenen Mitglieder haben durch ihre Stimmrechte in der Mitgliederversammlung einen eigenen Mittbestimmungsrahmen auf die Verwaltung des Forschungsnetzes.[907] Durch diese Stimmrechte können sie Einfluss auf den Verwaltungsrat und den Vorstand nehmen und dadurch den Arbeitsablauf des Vereins mitbestimmen.[908] Durch die Wahlen der Verwaltungsrats- und Vorstandsmitglieder können die Mitglieder auf die Ausrichtung des Forschungsnetzbetreibers Einfluss nehmen.[909] Dieser Einfluss führt somit zu der vom Forschungsnetzbetreiber stets beabsichtigten Selbstverwaltung des Kommunikationsnetzes durch die angeschlossenen Mitglieder.[910] Aufgrund der engen Zusammenarbeit und der Möglichkeiten des Einflusses auf die Datenverarbeitungen ist der Schutz des Vertrauens in die Kommunikation nach Art. 7 GRCh damit i. S. d. obigen Auslegung des Art. 95 DS-GVO für die Mitgliedseinrichtungen nicht erforderlich.

Zwar sind die meisten angeschlossenen Einrichtungen auch Mitglieder des Forschungsnetzbetreibers, doch neben den Mitgliedern sind auch Teilnehmer am Forschungsnetz angeschlossen, welche keine Vereinsmitgliedschaft aufweisen. Auch bei diesen Teilnehmern ist das Näheverhältnis zum Forschungsnetzbetreiber allerdings anzunehmen. Zwar fehlt einem solchen Teilnehmer der direkte Einfluss auf die Ver-

---

907 §§ 7 f. DFN-Satzung.

908 § 8 DFN-Satzung.

909 § 8 DFN-Satzung.

910 *DFN-Verein,* Rahmenprogramm, Anhang IV, S. 1; *Zander*, DFN Mitteilungen 1985 Heft 1, 11, 12.

waltung des Forschungsnetzes und er hat diesbezüglich keine Möglichkeit, die Datenverarbeitungen mitzubestimmen. Doch die satzungsgemäße Selbstverpflichtung des Vereins, dass das Forschungsnetz den Interessen der Forschungsgemeinschaft dienen muss, wirkt sich mittelbar auf diesen Teilnehmer aus.[911] Mit dieser Maßgabe müssen Datenverarbeitungen innerhalb des Forschungsnetzes stets im Interesse der Forschungsgemeinschaft vorgenommen werden, unter welche der Teilnehmer stets fällt. Das fehlende Stimmrecht stellt die Teilnehmereinrichtung in seiner Nutzung des Forschungsnetzes nicht wesentlich schlechter, als es mit einem Stimmrecht der Fall wäre. Insbesondere der Umstand, dass der Verein ausschließlich aus Mitgliedern der Wissenschaft und Forschung besteht, sorgt dafür, dass die Entscheidungen ebenfalls im Interesse der angeschlossenen Teilnehmereinrichtungen ohne Mitgliedseigenschaft wahrgenommen werden.

Unabhängig von der Mitgliedseigenschaft liegt die Datenverarbeitung eines Teilnehmers stets im Interesse des Forschungsnetzbetreibers, da dieser aufgrund seiner Satzung und seiner Mitglieder die Förderung der Wissenschaft durch das Forschungsnetz ausdrücklich beabsichtigt und sich dieser verpflichtet.[912] Hierdurch wird das Näheverhältnis der angeschlossenen Einrichtungen neben ihren Einflussmöglichkeiten ebenfalls begründet.

Darüber hinaus ist anzunehmen, dass auch die Einrichtungen, welche nur Teilnehmer am Forschungsnetz sind, in der wissenschaftlichen Gemeinschaft vernetzt sind.[913] Durch die enge Verbindung der verschiedenen Wissenschaftseinrichtungen untereinander können durch Zusammenschlüsse abseits des Forschungsnetzbetreibers unterschiedlicher Einrichtungen auch Nicht-Mitglieder mittelbar auf die Verwaltung des Forschungsnetzes Einfluss nehmen, wenn diese Zusammenschlüsse gemeinsame Ziele beschließen und andere Beteiligte der Zusammenschlüsse Mitglieder des Forschungsnetzbetreibers sind.

Sowohl die Selbstbindung des Forschungsnetzbetreibers als auch die engen Verknüpfungen der wissenschaftlichen Einrichtungen bestätigen daher das Näheverhältnis zum Forschungsnetzbetreiber, auch wenn die angeschlossene Teilnehmereinrichtung nicht selbst Mitglied des Forschungsnetzbetreibers ist.

Das Näheverhältnis ist damit sowohl bei den angeschlossenen Mitglieds- als auch reinen Teilnehmereinrichtungen anzunehmen.

---

911 § 2 Abs. 1 DFN-Satzung; *DFN-Verein,* Rahmenprogramm, Anhang IV, S. 4.

912 § 2 Abs. 1 DFN-Satzung; *DFN-Verein,* Rahmenprogramm, Anhang IV, S. 4.

913 Z. B. durch Mitgliedschaften in der *DFG* oder ähnlichen Verbünden.

bb) Nutzergruppen der Teilnehmereinrichtungen

Das Näheverhältnis muss aber nicht nur zwischen dem Forschungsnetzbetreiber und den angeschlossenen Einrichtungen vorliegen, sondern muss auch für die Nutzergruppen der Einrichtungen angenommen werden können, damit der Vertrauensschutz entfallen kann. Die Nutzergruppen umfassen vor allem Studierende, wissenschaftliches Personal, Angestellte der Teilnehmerinstitutionen sowie wissenschaftliche Gäste.

Insoweit konnte festgestellt werden, dass nur solchen Nutzern Zugang zum Dienst gewährt wird, welche der Wissenschaft, Forschung oder Lehre angehören.

(1) Studierende

Den größten Nutzeranteil machen hierbei die Studierenden aus, welche ihren Zugang über die Immatrikulation an der Hochschule erhalten. Als Studierende erhalten sie den Zugang zum Internetdienst als Teil ihrer Studientätigkeiten. Schon das Erfordernis der Immatrikulation legt das Vorliegen eines Näheverhältnisses nahe. Doch dieses wird auch durch weitere Aspekte unterstützt.

Auf der einen Seite ist die Hochschule verpflichtet, die Studierenden im Rahmen ihrer Studientätigkeiten zu fördern (vgl. z. B. § 3 HG NRW) und müssen dieser Fürsorgepflicht nachkommen. Auf der anderen Seite haben die Studierenden im Rahmen ihrer Studientätigkeiten Studien- und Prüfungs- sowie Haus- und Benutzungsordnungen der Hochschulen zu achten. Darüber hinaus können Studierende durch Allgemeine Studienausschüsse (AStA) und Fachschaftsräte Einfluss auf die Tätigkeiten der Universitäten und Einrichtungen Einfluss nehmen.

Neben diesen verschiedenen Einflussmöglichkeiten zeigt sich auch im Verwaltungsaufbau der Einrichtungen, dass die Studierenden mit ihrem Einfluss auf Datenverarbeitungen im Forschungsnetz besser als Internetnutzer im Vertragsverhältnis zu ‚klassischen' Telekommunikationsdienstleistern gestellt sind. Denn die Hochschulen und Forschungseinrichtungen stellen benutzernahe Ansprechpartner im Falle von Problemen mit dem Zugang zum Kommunikationsdienst zur Verfügung.

Bei einem ‚klassischen' Telekommunikationsdienstleister werden die Vertragspartner zentral verwaltet.[914] Das bedeutet, dass sich der Vertragspartner beim Anschluss oder im Falle eines Problems mit dem Kommunikationsdienst deutschlandweit stets an die zentrale Verwaltungsstelle wenden muss. Diese Verwaltungsstelle

---

[914] So bieten die Telekommunikationsdienstleister ihren Support üblicherweise zentral an, z. B.: *Telefónica Germany*, Kontakt, abrufbar unter: https://www.o2online.de/kontakt/ (zuletzt abgerufen am 10.10.2023); *Telekom Deutschland*, Hilfe & Service, abrufbar unter: https://www.telekom.de/hilfe (zuletzt abgerufen am 10.10.2023); *Vodafone*, Hilfe, abrufbar unter: https://www.vodafone.de/hilfe/services.html (zuletzt abgerufen am 10.10.2023).

des Telekommunikationsdienstleisters ist somit für alle Nutzer des Zugangsanbieters verantwortlich.

Anders stellt sich diese Situation bei der Nutzung des Forschungsnetzes dar. Im Gegensatz zu den ‚klassischen' Telekommunikationsdienstleistern verwaltet nicht der Forschungsnetzbetreiber selbst den Zugang der einzelnen Nutzer, sondern die einzelnen angeschlossenen Einrichtungen übernehmen diese Aufgabe. Dadurch können sich die Nutzer bei der Einrichtung oder Nutzung des Internetdienstes direkt an ihre Organisation wenden und müssen nicht zentral vom Forschungsnetzbetreiber betreut werden. Vielmehr ist es sogar möglich, dass die Studierenden zu ihrer Hochschule persönlich vor Ort gehen können, um Hilfe bei Problemen zu erhalten, sich für Zertifikate auszuweisen oder um andere Verwaltungsaufgaben erledigen zu können. Durch diesen Aufbau der Verwaltung ist eine Einrichtung lediglich für die dieser angehörenden Studierenden zuständig und hierdurch in der Lage, auf Sachverhalte in Bezug auf die Nutzung des Forschungsnetzes schneller und individueller einzugehen.

Aufgrund der Verbindung der Studierenden zu den Hochschulen zeigt sich, dass die Studierenden in einem Näheverhältnis zu den Teilnehmereinrichtungen stehen. Insoweit werden die Netze und Dienste der Hochschulen von einer aus Sicht der Studierenden vertrauenswürdigen Stelle verwaltet.

Durch die Einwirkungsmöglichkeiten der Hochschule auf den Forschungsnetzbetreiber geht dieses Näheverhältnis auch nicht zum Forschungsnetzbetreiber verloren. Vielmehr müssen die angeschlossenen Hochschulen im Rahmen ihrer Fürsorgepflichten die Interessen der Studierenden auch gegenüber dem Forschungsnetzbetreiber geltend machen.

(2) Beschäftigte

Auch Beschäftigte des Forschungsnetzbetreibers und der angeschlossenen Einrichtungen können ein Näheverhältnis aufweisen. Der Arbeitsvertrag zwischen der Einrichtung und der beschäftigten Person begründet wechselseitig ebenfalls verschiedene Rechte und Pflichten (vgl. § 611a BGB). Diese gehen über die Rechte und Pflichten eines Internetnutzungsvertrages zwischen einem ‚klassischen' Telekommunikationsdienstleister und dem Vertragspartner hinaus. Denn als Beschäftigte stehen ähnlich den Studierenden verschiedene Möglichkeiten offen, um auf die Verwaltung des Forschungsnetzes Einfluss zu nehmen. So können die Beschäftigten durch Gremien wie Personal- bzw. Betriebsräten auf die Entscheidungen der Einrichtungen Einfluss nehmen und damit auf die Verwaltung des Kommunikationsnetzes einwirken (vgl. §§ 1 ff. BetrVG oder die einschlägigen Personalvertretungsgesetze). Umgekehrt ist die Einrichtung als Arbeitgeber zur Fürsorge jedes Beschäftigten verpflichtet.[915]

Auch in diesem Verhältnis können die Einflussmöglichkeiten der Teilnehmereinrichtungen daher innerhalb der Vereinsstruktur des Forschungsnetzbetreibers auf das Näheverhältnis der Beschäftigten zu ihren Einrichtungen durchschlagen.

(3) Gäste

Bei wissenschaftlichen Gästen, welche über Gastzugänge bzw. *eduroam* Zugang zum Forschungsnetz erhalten, ergibt sich nichts Anderes: Das Näheverhältnis begründet sich hierbei zwar nicht durch die Immatrikulation oder einen Arbeitsvertrag, dafür durch die Vereinbarungen der Einrichtungen und des Forschungsnetzbetreibers mit der Heimateinrichtung des Gastnutzers. Durch die Zugehörigkeit zur akademischen Gemeinschaft wird die Interessenlage des Gastnutzers vollumfänglich von der angeschlossenen Teilnehmereinrichtung sowie vom Forschungsnetzbetreiber geteilt. Der Forschungsnetzbetreiber ist durch seine Satzung den Interessen seiner Mitglieder verpflichtet.[916] Die Teilnehmer als Einrichtungen der Forschung und Wissenschaft sind, wie schon festgestellt, ebenfalls verpflichtet, die Interessen der angehörigen Benutzergruppen wahrzunehmen.[917] Durch die Einschränkung, dass Gäste ebenfalls der akademischen Gemeinschaft angehören müssen, ist somit sichergestellt, dass auch diese ein Näheverhältnis zu ihrer Heimateinrichtung aufweisen. Durch die vertraglichen Verbindungen der Teilnehmer zum Forschungsnetzbetreiber werden die Interessen der Gastnutzer daher ebenfalls von den gastgebenden Teilnehmern durchgesetzt.[918]

Das Verhältnis des Nutzers zu seiner Einrichtung ist daher mit den obig genannten Verhältnissen zu vergleichen. Sowohl als Studierende als auch als Beschäftigte der Heimateinrichtung liegen über ihre Heimateinrichtung ebenfalls Einflussmöglichkeiten wie bei den Benutzergruppen der angeschlossenen Teilnehmereinrichtungen vor.

(4) Zwischenergebnis

Insoweit lässt sich für alle Nutzergruppen nicht nur das Näheverhältnis zu den Teilnehmereinrichtungen feststellen, sondern auch die deckungsgleiche Interessenlage der Nutzer und des Forschungsnetzbetreibers. Die verschiedenen Einflussmöglichkeiten der Nutzer lassen darüber hinaus auch einen Einfluss auf die Verwaltung des Kommunikationsnetzes und -dienstes zu. Durch die Besonderheit, dass die Mit-

---

915 Siehe hierzu ausführlich *Joussen*, in: Rolfs/Giesen/Meßling u. a., BGB § 611a Rn. 266 ff.

916 § 2 Abs. 1 DFN-Satzung; *DFN-Verein*, Rahmenprogramm, Anhang IV, S. 4.

917 Siehe Teil 5 A. III. 4. g) bb) (1) sowie (2).

918 Z. B. durch die DFN-Satzung oder die eduroam-Verträge.

glieder des Forschungsnetzbetreibers auch den Nutzergruppen den Zugang zum Forschungsnetz bieten, ist die Interessenlage zwischen dem Forschungsnetzbetreiber und den Teilnehmereinrichtungen identisch. Hierdurch werden die Datenverarbeitungen auch durch eine aus Sicht der Nutzer vertrauenswürdige Stelle verarbeitet.

Die faktischen Zugangsbeschränkungen zum Internetdienst des Forschungsnetzbetreibers werden somit auch von dem Näheverhältnis zu den Nutzern getragen.

h) Die Bedeutung des deutschen Streitstandes über die Einordnung eines Diensteanbieters

Während der Anwendungsbereich des europäisch geprägten Art. 95 DS-GVO vorrangig von der öffentlichen Zugänglichkeit abhängt, wird im deutschen Recht im Rahmen der Anwendbarkeit des § 3 TTDSG die Einordung eines Diensteanbieters auf der Ebene der Geschäftsmäßigkeit diskutiert. Insbesondere im Arbeitsrecht besteht der langjährige Streit, ob der Arbeitgeber, welcher seinen Arbeitnehmern ein E-Mail-Postfach zu Verfügung stellt, als Diensteanbieter i. S. d. § 3 Abs. 2 TTDSG eingeordnet werden kann und damit insbesondere dem Fernmeldegeheimnis unterfällt.[919] Höhepunkt dieser Diskussion stellt ein Beschluss des *OLG Karlsruhe*[920] dar, welches feststellte, dass die Filterung und Löschung von E-Mails aus einem Postfach eines ehemaligen Angestellten unter den Straftatbestand des § 206 StGB falle.

Kernpunkt der Diskussion ist die Frage, ob der Arbeitgeber eine Privatnutzung des Postfachs erlaubt oder das Postfach lediglich für dienstliche Zwecke verwendet werden darf. Denn anhand dieses Merkmals bestimmt die herrschende Meinung, ob der Kommunikationsdienst des Arbeitgebers Dritten i. S. d. eines geschäftsmäßigen Angebots zur Verfügung gestellt wird.[921]

---

919 Für die Einordnung als Diensteanbieter: *DSK*, Orientierungshilfe der Datenschutzaufsichtsbehörden zur datenschutzgerechten Nutzung von E-Mail und anderen Internetdiensten am Arbeitsplatz, Januar 2016, S. 7; *Eckhardt*, in: Schwartmann/Jaspers/Eckhardt, TTDSG § 3 Rn. 77; *Fetzer*, in: Fetzer/Scherer/Graulich, TKG § 3 Rn. 54; *Hadidi*, in: Geppert/Schütz, TTDSG § 3 Rn. 22; *Jenny*, in: Plath, TTDSG § 3 Rn. 21; *Mayen*, in: Scheurle/Mayen, TKG § 88 Rn. 62; *Polenz*, in: Taeger/Pohle, Teil 13 138 Rn. 25; *Waßmer*, in: Säcker/Körber, TTDSG § 3 Rn. 30; *Brink*, ZD 2015, 295, 296 f.; *Brühl/Sepperer*, ZD 2015, 415, 416 f.; *Däubler*, § 8 Rn. 25 ff.; *Fischer*, ZD 2012, 265, 266 f.; *Rossow*, DuD 2022, 93, 95 f.; *Hoeren*, Rn. 34; *Schmidl*, MMR 2005, 343, 344; dagegen: *Assion*, in: Assion/Aretz, TTDSG § 3 Rn. 72; *Baumgartner*, in: Gierschmann/Baumgartner, TTDSG § 3 Rn. 52 f.; *Thüsing*, § 3 Rn. 79 ff.; *Böhm/Wybitul*, NZA-RR 2019, 133, 139; *Fokken*, NZA 2020, 629, 631 ff.; *Fülbier/Splittgerber*, NJW 2012, 1995, 1999; *Neuhöfer/Schefer*, jurisPR-Compl 5/2019, Anm. 1; *Schuster*, CR 2014, 21, 27; *Voigt*, in: FS Taeger, 511, 529.

920 OLG Karlsruhe, Beschl. v. 10.1.2005, 1 Ws 152/04, MMR 2005, 178.

921 *Assion*, in: Assion/Aretz, TTDSG § 3 Rn. 70; *Munz*, in: Taeger/Gabel, TTDSG § 3 Rn. 16 f.; *Kiparski*, CR 2021, 482, 485.

Grund für diese Ansicht ist insbesondere die Auffassung der Datenschutzbehörden in Deutschland. Die *Konferenz der unabhängigen Datenschutzaufsichtsbehörden des Bundes und der Länder* (DSK) vertritt seit 2016 unverändert die Auffassung, dass Arbeitgeber, welche ihren Arbeitnehmern die Privatnutzung des Internets und/oder des E-Mail-Postfachs zugestehen, als Diensteanbieter i. S. d. § 88 TKG a. F. gelten.[922] Die Gefahr einer Strafbarkeit nach § 206 StGB und die fehlende höchstrichterliche Klärung des Streits führen daher zu einer Anwendung des Fernmeldegeheimnisses in der Praxis.

Auf diesen Streit kommt es aber für den deutschen Forschungsnetzbetreiber nur an, wenn die in Frage stehenden Normen des TTDSG anwendbar sind. Solange personenbezogene Daten verarbeitet werden, gilt der unionsrechtliche Maßstab des Art. 95 DS-GVO. Daher kommt es an dieser Stelle auf die Einordnung des Forschungsnetzbetreibers nach deutschem Recht als Diensteanbieter i. S. d. § 3 TTDSG nicht an.[923]

i) Zwischenergebnis

Die Feststellung, ob es sich bei dem Internetdienst eines Forschungsnetzbetreibers um einen öffentlich zugänglichen Kommunikationsdienst in einem öffentlich zugänglichen Kommunikationsnetz handelt, fällt nicht leicht.[924] Der europäische Gesetzgeber überlässt es bislang der Literatur und den Anwendern, den Adressatenkreis des Art. 95 DS-GVO zu bestimmen. Mangels europäischer Rechtsprechung verbleibt daher nur der Rückgriff auf die allgemeinen Auslegungsinstrumentarien.

Bezüglich eines Forschungsnetzes lässt insbesondere die Größe des Kommunikationsnetzes und die hohe Anzahl der Nutzer einen vorschnellen Schluss auf eine mögliche öffentliche Zugänglichkeit des Internetdienstes des Forschungsnetzbetreibers zu. Doch der europäische Gesetzgeber sieht im Kriterium der Nutzeranzahl keine ausdrückliche Beschränkung vor. Die Auslegung zeigt vielmehr, dass der Nutzerumfang eines Kommunikationsdienstes nicht ausschlaggebend für die Einordnung der Zugänglichkeit ist. Stattdessen kommt es auf die faktischen Zugangsmöglichkeiten für die Allgemeinheit an.

Mit diesen Feststellungen zeigt sich im Ergebnis, dass die Beschränkung des Anschlusses und Zugangs zu einem wissenschaftlichen Internetdienst wie dem *DFNInternet* zur Verneinung der Öffentlichkeit führen muss. Der Anschluss und die Nutzung an den Internetdienst ist nur unter bestimmten, festgelegten Voraussetzungen möglich: Einerseits dem Bezug der Teilnehmerinstitution zur Wissenschaft und

922 *DSK*, Orientierungshilfe der Datenschutzaufsichtsbehörden zur datenschutzgerechten Nutzung von E-Mail und anderen Internetdiensten am Arbeitsplatz, Januar 2016, S. 4.

923 Hinsichtlich der Einordnung des Forschungsnetzbetreibers als Diensteanbieter bzgl. personenbezogener Daten juristischer Personen sowie Sachdaten siehe Teil 5 B.

924 So auch *Forgó/Hawellek*, in: Forgó/Helfrich/Schneider, Teil VIII. Kap. 2, Rn. 27.

Forschung, andererseits der Zugehörigkeit der Nutzer zu einer Teilnehmerinstitution. Diese Einschränkungen können durch den hierarchischen Aufbau der Verwaltung des Forschungsnetzes auch faktisch eingehalten werden. Daher ist die Öffentlichkeit des Kommunikationsnetzes und -dienstes trotz des umfangreichen Nutzungsaufkommens zu verneinen.

Auch das schließlich aufgezeigte Näheverhältnis zu den Nutzern bestätigt diese Auffassung. Diese entspricht dem Interesse des Forschungsnetzbetreibers zur Durchsetzung seiner Freiheit nach Art. 13 GRCh: Denn den Nutzergruppen und Einrichtungen ist bei der Nutzung des Internetdienstes des Forschungsnetzbetreibers durchaus bewusst, dass dieser Zugriff auf die zu übertragenden Informationen haben kann.[925] Denn schon allein der Akt des Einloggens in die Netzstruktur oder das Arbeiten an einem bestimmten Endgerät muss den Nutzern klar machen, dass die Durchführung des Forschungsbetriebs dazu führen muss, dass auch der Forschungsnetzbetreiber unter Berufung auf die Wissenschaftsfreiheit berechtigterweise zu Zwecken der Entwicklung, Instandhaltung, und Bereitstellung des Forschungsnetzes unter Beachtung der datenschutzrechtlichen Grundsätze die zu übertragenden Informationen verarbeiten darf. Ein darüberhinausgehender Schutz der ePrivacy ist daher nicht erforderlich.[926]

Diese Einordnung steht auch mit den bislang geäußerten Auffassungen auf europäischer Ebene im Einklang. Der *Europäische Datenschutzbeauftragte* geht davon aus, dass Universitätsnetze nicht den Vorgaben der ePrivacy-Richtlinie unterfallen.[927] Auch die *Artikel-19-Datenschutzgruppe* fordert für die zukünftige ePrivacy-Verordnung eine Klarstellung, wann ein Kommunikationsnetz öffentlich ist und lässt im Rahmen dieser Forderung offen, ob das Bereitstellen eines Internetzugangs für 30.000 Studierende als öffentlich oder geschlossen anzusehen ist.[928]

Dass Hochschulen eine privilegierte Position beim Anbieten von Kommunikationsdiensten zusteht, macht der europäische Gesetzgeber auch in den Erwägungsgründen der EECC-Richtlinie deutlich: Bei der Bereitstellung eines Gastzugangs zum Internet für Jedermann sollen Universitäten nicht den Informationspflichten der E-ECC-Richtlinie unterworfen werden, wenn dieser Zugang unentgeltlich ist.[929] Wenn somit schon ein Gastnetz, welches der Öffentlichkeit zur Verfügung gestellt wird, privilegiert behandelt werden soll, bestärkt dies im Umkehrschluss auch die Einordung eines Forschungsnetzes als nicht-öffentliches Kommunikationsnetz, wenn der Zugang allein auf Angehörige der akademischen Gemeinschaft beschränkt ist.

---

925 Im Rahmen des Beschäftigungsverhältnisses: *Fülbier/Splittgerber*, NJW 2012, 1995, 1999.
926 Im Rahmen des Beschäftigungsverhältnisses: *Fülbier/Splittgerber*, NJW 2012, 1995, 1999.
927 *EDSB*, Stellungnahme 5/2016, S. 14 f.
928 *Artikel-29-Datenschutzgruppe,* WP 150, S. 4.
929 ErwG 260 EECC-Richtlinie.

Diese Privilegierung des Forschungsnetzbetreibers wird auch durch die besondere Stellung der Wissenschaft und deren Schutz nach Art. 13 GRCh untermauert. Eine Einschränkung der Tätigkeit des Forschungsnetzbetreibers durch die Vorgaben der ePrivacy-Richtlinie würde die Entwicklung und den Betrieb des Forschungsnetzes unverhältnismäßig in seinen Rechten nach Art. 13 GRCh einschränken.[930] Die Einordnung der Datenverarbeitungen durch den Forschungsnetzbetreiber spiegelt damit die gesetzgeberischen Absichten und die grundrechtliche Stellung des Betreibers vollumfänglich wider.

Zusammenfassend bedeuten die Feststellungen, dass der Internetdienst des Forschungsnetzbetreibers nicht als öffentlich zugänglicher Kommunikationsdienst i. S. d. Art. 95 DS-GVO einzuordnen ist.

5. Vorrang des Art. 5 Abs. 3 ePrivacyRL

Während mit diesem Zwischenergebnis die aus der ePrivacy-Richtlinie im TTDSG umgesetzten Datenschutzvorgaben weiterhin von der DS-GVO verdrängt werden, ist das Verhältnis des § 25 TTDSG zur DS-GVO ein anderes. Der Grund hierfür liegt im erweiterten sachlichen Anwendungsbereich[931] des Art. 5 Abs. 3 ePrivacyRL, welcher in § 25 TTDSG in Deutschland seine Umsetzung findet.[932]

Auch wenn es dem europäischen Gesetzgeber bei der (Neu-) Formulierung des Art. 5 Abs. 3 ePrivacyRL vorrangig um die Regulierung der sog. Cookies ging (nicht umsonst wird die aktualisierende Richtlinie ‚Cookie-Richtlinie' genannt),[933] können aufgrund der Technologieoffenheit[934] der Norm je nach konkreter technischer Ausgestaltung seines Internetdienstes auch Datenverarbeitungen durch den Forschungsnetzbetreiber von den Vorgaben betroffen sein. Insoweit sind bei einer Verarbeitung personenbezogener Daten der mögliche Vorrang gegenüber der DS-GVO und die Anwendbarkeit der Regulierungen auf den Internetdienst des Forschungsnetzbetreibers zu untersuchen.

§ 25 TTDSG statuiert, dass jede „*Speicherung von Informationen in der Endeinrichtung des Endnutzers oder der Zugriff auf Informationen, die bereits in der Endeinrichtung gespeichert sind, [...] nur zulässig [ist], wenn der Endnutzer auf der Grundlage von klaren und umfassenden Informationen eingewilligt hat.*"

---

930 So im Rahmen des Beschäftigtendatenschutzes: *Thüsing*, § 3 Rn. 91.
931 *EDSA*, Stellungnahme 5/2019, S. 11.
932 Regierungsentwurf TTDSG, BT-Drs. 19/27441, S. 37.
933 *Ettig*, in: Taeger/Gabel, TTDSG § 25 Rn. 23; international auch „Cookie Law": *Calder*, S. 54.
934 § 1 Abs. 1 TKG; *Ettig*, in: Taeger/Gabel, TTDSG § 25 Rn. 23; *Haberer*, MMR 2020, 810, 814; *John/Rennert*, DuD 2022, 643, 648.

Die Norm stellt nach Inkrafttreten des TTDSG nun die europarechtskonforme Nachfolgerregelung des § 15 Abs. 3 TMG a. F. dar.[935]

a) Adressatenkreis

Wie schon im Rahmen des Verhältnisses der DS-GVO zur ePrivacy-Richtlinie festgestellt,[936] kann der Vorrang einer Umsetzungsnormen der Richtlinie auch dann eröffnet sein, wenn zwar die Voraussetzungen des Art. 95 DS-GVO nicht vorliegen, aber die Vorgaben der Richtlinie einen erweiterten Adressatenkreis erfassen und die nationale Umsetzungsnorm weiterhin den Vorgaben der Richtlinie entspricht.[937]

Der Forschungsnetzbetreiber als Anbieter eines nicht öffentlich zugänglichen Telekommunikationsdienstes kann daher dennoch dem persönlichen Anwendungsbereich des § 25 TTDSG unterfallen. Denn während andere Normen[938] auf den Adressatenkreis des § 3 Abs. 2 TTDSG oder auf eine Beschränkung wie *„Anbieter von Telemedien"* wie beispielsweise in § 19 Abs. 1 TTDSG verweisen, nimmt § 25 TTDSG ausdrücklich keine Beschränkung hinsichtlich des Adressatenkreises vor.[939] Dies entspricht den Vorgaben des umgesetzten Art. 5 Abs. 3 ePrivacyRL welcher im Gegensatz zu anderen Vorgaben der Richtlinie ebenfalls keine Einschränkung in seinem Wortlaut vornimmt.[940] Damit richtet sich die Vorschrift an Jedermann,[941] es muss kein Bezug zu Telemedien bestehen.[942]

Die Auffassungen des deutschen Gesetzgebers und der DSK entsprechen dieser Wertung: Sie sehen § 25 TTDSG nur dann nicht als anwendbar an, wenn die Endgeräte in einem gänzlich geschlossenen Netzwerk kommunizieren.[943] Sobald das Endgerät direkt oder indirekt an ein öffentliches Kommunikationsnetz angeschlossen

---

935 Regierungsentwurf TTDSG, BT-Drs. 19/27441, S. 37; *BfDI*, Stellungnahme zum TTDSG-E, 21.4.2021, Ausschussdrucksache 19(9)1037, S. 3; *Ettig*, in: Taeger/Gabel, TTDSG § 25 Rn. 1 f.; *Schneider*, in: Assion/Aretz, TTDSG § 25 Rn. 13; *Golland*, NJW 2021, 2238, 2239.

936 Siehe Teil 5 A. III. 1. b).

937 *EDSA,* Stellungnahme 5/2019, S. 14; *Golland*, in: Taeger/Gabel, DS-GVO Art. 95 Rn. 7; *Klabunde/Selmayr*, in: Ehmann/Selmayr, DS-GVO Art. 95 Rn. 17; *Piltz*, in: Gola/Heckmann, DS-GVO Art. 95 Rn. 15; *Piltz*, CR 2021, 555, 560.

938 Z. B. § 9 Abs. 1 S. 1 TTDSG.

939 *Schneider*, in: Assion/Aretz, TTDSG § 25 Rn. 17.

940 *Artikel-29-Datenschutzgruppe,* WP 202, S. 9; *Piltz*, in: Gola/Heckmann, DS-GVO Art. 95 Rn. 7.

941 *EDSA,* Stellungnahme 5/2019, S. 11; *Hanloser*, in: Gierschmann/Baumgartner, TTDSG § 25 Rn. 42; *Schneider*, in: Assion/Aretz, TTDSG § 25 Rn. 17; *Hanloser*, ZD 2021, 399, 400.

942 *Hanloser*, in: Gierschmann/Baumgartner, TTDSG § 25 Rn. 23.

943 Regierungsentwurf TTDSG, BT-Drs. 19/27441, S. 38; *DSK*, Orientierungshilfe der Aufsichtsbehörden für Anbieter:innen von Telemedien, Dezember 2021, S. 7.

wird, sind die Vorgaben anzuwenden, unabhängig von dem Adressatenkreis der Norm.[944]

Da das Forschungsnetz trotz seiner eigenen Geschlossenheit gegenüber der Allgemeinheit an alle anderen, auch öffentlich zugänglichen Netze des Internets angeschlossen ist, kann für den Forschungsnetzbetreiber an dieser Stelle keine Ausnahme gelten.

b) Konkurrierende Pflichten

Mit der Anwendbarkeit des § 25 TTDSG stellen sich die für den Forschungsnetzbetreiber hieraus erwachsenden Vorgaben auch als *„zusätzliche Pflichten"* i. S. d. Art. 95 DS-GVO dar.[945] Denn dass es sich um zusätzliche Pflichten handelt, zeigt eine hypothetische Annahme der parallelen Anwendung beider Regelungskreise: Würde man entgegen des eben festgestellten Adressatenkreises allein dem Wortlaut von Art. 95 DS-GVO folgen, dürfte dem Forschungsnetzbetreiber als Verantwortlichem zusätzliche Pflichten aus der ePrivacy-Richtlinie auferlegt werden, weil keine Datenverarbeitung in Verbindung mit der Bereitstellung eines öffentlich zugänglichen Telekommunikationsdienstes vorliegt.[946] Der erweiterte Adressatenkreis des § 25 TTDSG erfasst den Forschungsnetzbetreiber aber weiterhin.[947]

Diese parallele Anwendung der Vorgaben von DS-GVO und TTDSG würde im Ergebnis dazu führen, dass im Falle einer Speicherung oder des Zugriffs von Informationen in Form von personenbezogenen Daten auf dem Endgerät der Nutzer der Forschungsnetzbetreiber sowohl eine Verarbeitungsgrundlage nach Art. 6 DS-GVO vorweisen können muss, als auch die Einwilligung der Nutzer nach § 25 TTDSG einzuholen hat, soweit die Speicherung bzw. der Zugriff für den Dienst nicht unbedingt erforderlich ist.

Diese konkurrierenden Pflichten sind in der Rechtsprechung und Literatur überwiegend als *„zusätzliche Pflichten"* i. S. d. Art. 95 DS-GVO zu verstehen, soweit sie dasselbe Ziel verfolgen.[948]

---

[944] Siehe hierzu auch die Legaldefinition des Endgeräts aus § 2 Abs. 2 Nr. 6 TTDSG; Regierungsentwurf TTDSG, BT-Drs. 19/27441, S. 38; *DSK*, Orientierungshilfe der Aufsichtsbehörden für Anbieter:innen von Telemedien, Dezember 2021, S. 7.

[945] *Piltz*, in: Gola/Heckmann, DS-GVO Art. 95 Rn. 9.

[946] *Piltz*, in: Gola/Heckmann, DS-GVO Art. 95 Rn. 8.

[947] *Piltz*, in: Gola/Heckmann, DS-GVO Art. 95 Rn. 8.

[948] BGH, Urt. v. 28.5.2020, I ZR 7/16, Cookie-Einwilligung II, ECLI:DE:BGH:2020:280520UIZR7.16.0, Rn. 59 = MMR 2020, 609 m. Anm. Gierschmann; *EDSA*, Stellungnahme 5/2019, S. 15 f.; *Piltz*, in: Gola/Heckmann, DS-GVO Art. 95 Rn. 9; *Böhm/Halim*, MMR 2020, 651, 652 f.

c) Dasselbe Ziel

Die Feststellung des *BGH* und einzelner Stimmen in der Literatur, dass § 25 TTDSG aufgrund seiner Zielsetzung nicht in den Anwendungsbereich des Art. 95 DS-GVO fällt,[949] überzeugt nicht. Zwar ist der Schutzbereich von Art. 5 Abs. 3 ePrivacyRL weiter als der der DS-GVO gefasst.[950] Dieser umfasst nicht nur die Verarbeitung personenbezogener Daten, sondern setzt einen der DS-GVO vor- und nachgelagerten Schutz sämtlicher Informationen, unabhängig von ihrem Personenbezug an.[951] Der Schutzzweck geht somit über den Schutz der personenbezogenen Daten aus Art. 8 GRCh hinaus und erfasst auch den Schutz der Vertraulichkeit der Kommunikation aus Art. 7 GRCh.[952]

Allerdings darf Art. 95 DS-GVO nicht so engausgelegt werden. Denn neben Art. 5 Abs. 3 ePrivacyRL verfolgen eine Vielzahl der Normen der ePrivacy-Richtlinie neben dem Zweck des Datenschutzes auch andere Schutzziele, z. B. solche des Verbraucherschutzrechts.[953] Art. 95 DS-GVO verlangt seinem Wortlaut nach keine Zweckidentität, sondern nur „*dasselbe Ziel*“.[954] Daher genügt für die Eröffnung des Vorrangs der Umsetzungsnorm, wenn der Schutz personenbezogener Daten nur einen Teil der Zielsetzung der Norm darstellt.[955]

Darüber hinaus spricht gegen die parallele Anwendbarkeit die rechtssichere und fachbezogene Regelung des TTDSG.[956] Denn während § 25 TTDSG spezifische Vorgaben zum Umgang mit Informationen auf Endgeräten macht, stellt die DS-GVO nur ihren allgemeinen Regelungsapparat zur Verfügung.[957] Auch wenn Erwägungsgrund 30 der DS-GVO den Bereich der Cookies thematisiert und dem europäischen Gesetzgeber damit im Bereich der DS-GVO die Technologie bewusst war, so spricht dies nicht gegen die Auffassung der Verdrängung der DS-GVO. Vielmehr war dem

---

949 BGH, Urt. v. 28.5.2020, I ZR 7/16, Cookie-Einwilligung II, ECLI:DE:BGH:2020:280520UIZR7.16.0, Rn. 62 = MMR 2020, 609 m. Anm. Gierschmann; *Hanloser*, in: Gierschmann/Baumgartner, TTDSG § 25 Rn. 34; *Hense*, in: Taeger/Pohle, Teil 3 33.2 Rn. 108; *Haberer*, MMR 2020, 810, 812; *Hanloser*, ZD 2021, 399 f.

950 So auch BGH, Urt. v. 28.5.2020, I ZR 7/16, Cookie-Einwilligung II, ECLI:DE:BGH:2020:280520UIZR7.16.0, Rn. 61 = MMR 2020, 609 m. Anm. Gierschmann.

951 BGH, Urt. v. 28.5.2020, I ZR 7/16, Cookie-Einwilligung II, ECLI:DE:BGH:2020:280520UIZR7.16.0, Rn. 61 = MMR 2020, 609 m. Anm. Gierschmann.

952 EuGH, Urt. v. 1.10.2019, C-673/17, Planet49, ECLI:EU:C:2019:801, Rn. 68 f.; *Klabunde/Selmayr*, in: Ehmann/Selmayr, DS-GVO Art. 95 Rn. 13; *Ettig*, in: Taeger/Gabel, TTDSG § 25 Rn. 3.

953 *Karg*, in: Simitis/Hornung/Spiecker gen. Döhmann, DSGVO Art. 95 Rn. 17.

954 *Karg*, in: Simitis/Hornung/Spiecker gen. Döhmann, DSGVO Art. 95 Rn. 17; a. A. *Hanloser*, in: Gierschmann/Baumgartner, TTDSG § 25 Rn. 35; *Hanloser*, ZD 2021, 399; *Hanloser*, ZD 2018, 213, 216 Fn. 40.

955 *Karg*, in: Simitis/Hornung/Spiecker gen. Döhmann, DSGVO Art. 95 Rn. 17; *Kühling/Sauerborn*, CR 2021, 271, 272.

956 Zum TMG a. F. *Schmitz*, in: Spindler/Schmitz, TMG § 13 Rn. 23.

957 Zum TMG a. F. *Schmitz*, in: Spindler/Schmitz, TMG § 13 Rn. 23.

Verordnungsgeber die Gefahr der Nutzung von Informationen für Cookies bewusst und wollte daher durch Art. 95 DS-GVO auf die spezifischen Vorgaben des Art. 5 Abs. 3 ePrivacyRL verweisen.[958]

Die Umsetzungsnorm des Art. 5 Abs. 3 ePrivacyRL in Form von § 25 TTDSG verfolgt daher dasselbe Ziel wie die DS-GVO.[959] § 25 TTDSG ist somit gegenüber den Vorgaben der DS-GVO vorrangig anzuwenden, soweit personenbezogene Daten verarbeitet werden.[960]

d) Folgen des Vorrangs für den Forschungsnetzbetreiber

Mit dem Vorrang des Art. 5 Abs. 3 ePrivacyRL ergeben sich für den Forschungsnetzbetreiber abweichende Vorgaben von der DS-GVO, wenn personenbezogene Daten verarbeitet werden und die Voraussetzungen des § 25 TTDSG vorliegen.

aa) Endeinrichtung

Die Endeinrichtung wird in § 2 Abs. 2 Nr. 6 TTDSG legal definiert und ist demnach „*jede direkt oder indirekt an die Schnittstelle eines öffentlichen Telekommunikationsnetzes angeschlossene Einrichtung zum Aussenden, Verarbeiten oder Empfangen von Nachrichten; sowohl bei direkten als auch bei indirekten Anschlüssen kann die Verbindung über Draht, optische Faser oder elektromagnetisch hergestellt werden; bei einem indirekten Anschluss ist zwischen der Endeinrichtung und der Schnittstelle des öffentlichen Netzes ein Gerät geschaltet.*“

Hierdurch werden eine Vielzahl an Geräten erfasst, Voraussetzung ist lediglich, dass das jeweilige Gerät direkt oder indirekt an das öffentliche Kommunikationsnetz angeschlossen ist, bspw. durch einen Router.[961] Erfasst werden damit jegliche Geräte, die mit dem freien Internet kommunizieren können, insbesondere auch Geräte des *Internet-of-Things*.[962]

---

958 *Schmitz*, in: Spindler/Schmitz, TMG § 13 Rn. 23.

959 Noch zum TMG a. F. *Schmitz*, in: Spindler/Schmitz, TMG § 13 Rn. 22; *Gierschmann*, ZD 2018, 297, 299.

960 *EDSA,* Stellungnahme 5/2019, S. 14; *DSK*, Orientierungshilfe der Aufsichtsbehörden für Anbieter:innen von Telemedien, Dezember 2021, S. 5; *Ettig*, in: Taeger/Gabel, TTDSG § 25 Rn. 16; *Piltz*, in: Gola/Heckmann, DS-GVO Art. 95 Rn. 23; *Schneider*, in: Assion/Aretz, TTDSG § 25 Rn. 13; *Gierschmann*, ZD 2018, 297, 299; *Grages*, CR 2021, 834, 837; *John/Rennert*, DuD 2022, 643, 644; *Scharpf*, K&R 2022, 153, 154.

961 *Ettig*, in: Taeger/Gabel, TTDSG § 25 Rn. 20.

962 Regierungsentwurf TTDSG, BT-Drs. 19/27441, S. 38; *DSK*, Orientierungshilfe der Aufsichtsbehörden für Anbieter:innen von Telemedien, Dezember 2021, S. 6 f.

Eine Grenze findet die Definition des Endgerätbegriffs in isolierten Kommunikationsnetzen, also Netzen, die keine Schnittstelle zum freien Internet aufweisen.[963] In diesen Netzen kann sich die Gefahr des Fernzugriffs nicht realisieren.[964]

Bei der Nutzung des Internetdienstes des Forschungsnetzbetreibers sind die im Forschungsnetz angeschlossenen Geräte stets auch mit einem öffentlichen Kommunikationsnetz verbunden. Zwar ist das Forschungsnetz selbst als geschlossenes Kommunikationsnetz einzuordnen, doch mit dem Erfassen des „*indirekten Anschlusses*" nach § 2 Nr. 6 TTDSG fallen auch die mit dem Forschungsnetz verbundenen Geräte unter den Anwendungsbereich. Denn dieses ist an alle Punkte des freien Internets verbunden[965] und verbindet die Geräte mit einem öffentlichen Kommunikationsnetz.

Auch der Umstand, dass der Internetdienst meist durch die angeschlossenen Teilnehmereinrichtungen für die Nutzergruppen angeboten wird, ist daher für das Vorliegen eines Endgeräts nicht erheblich.

bb) Endnutzer

Der Begriff des Endnutzers ist im TTDSG selbst nicht legaldefiniert. Stattdessen ist auf die Begriffsbestimmungen des TKG zurückzugreifen (§ 2 Abs. 1 TTDSG). Danach ist ein Endnutzer gemäß § 2 Abs. 1 TTDSG i. V. m. § 3 Nr. 13 TKG „*ein Nutzer, der weder öffentliche Telekommunikationsnetze betreibt noch öffentlich zugängliche Telekommunikationsdienste erbringt*". Ein Nutzer ist gemäß § 3 Nr. 41 TKG „*jede natürliche oder juristische Person, die einen öffentlich zugänglichen Telekommunikationsdienst für private oder geschäftliche Zwecke in Anspruch nimmt oder beantragt*". Daher ist nach Auffassung des Gesetzgebers Endnutzer eine Teilmenge der Nutzer,[966] nämlich „*jede natürliche oder juristische Person, die einen öffentlichen Telekommunikationsdienst in Anspruch nimmt ohne dabei selbst ein öffentliches Telekommunikationsnetz oder einen öffentlich zugänglichen Telekommunikationsdienst bereitzustellen.*"[967]

Nach dieser Begriffsbestimmung fallen nur Personen unter den Endnutzerbegriff, die einen „*öffentlich zugänglichen Telekommunikationsdienst*" nutzen. Daher lässt der Wortlaut im Kontext des Forschungsnetzes zunächst darauf schließen, dass die eingewählten Personen des Internetdienstes aufgrund seiner festgestellten nicht öf-

---

963 Regierungsentwurf TTDSG, BT-Drs. 19/27441, S. 38; *DSK*, Orientierungshilfe der Aufsichtsbehörden für Anbieter:innen von Telemedien, Dezember 2021, S. 6 f.; *Hanloser*, in: Gierschmann/Baumgartner, TTDSG § 25 Rn. 46.

964 *Hanloser*, in: Gierschmann/Baumgartner, TTDSG § 25 Rn. 46.

965 *DFN-Verein*, Dienstbeschreibung DFNInternet, Anhang V, S. 1.

966 *Ettig*, in: Taeger/Gabel, TTDSG § 25 Rn. 21.

967 Regierungsentwurf TTDSG, BT-Drs. 19/27441, S. 38.

fentlichen Zugänglichkeit keine Endnutzer i. S. v. § 2 Abs. 1 TTDSG i. V. m. § 3 Nr. 13 TKG sind.

Doch durch diese Wortlautauslegung der Begriffsbestimmung kommt es zu der widersprüchlichen Situation, dass zwar der erweiterte Adressatenkreis des § 25 TTDSG auch den Forschungsnetzbetreiber als Diensteanbieter eines nicht öffentlich zugänglichen Dienstes erfasst,[968] aber letztendlich durch die Legaldefinition des Endnutzers auf öffentlich zugängliche Dienste beschränkt wird.

Die Begriffsbestimmungen gehen auf Art. 2 Nr. 13 und Nr. 14 EECC-RL[969] zurück, welche vom deutschen Gesetzgeber nahezu wortwörtlich übernommen wurden. Die Intention des Gesetzgebers ist daher schon auf europäischer Ebene vorgegeben.

Sinn und Zweck des § 25 TTDSG (und des Art. 5 Abs. 3 ePrivacyRL) ist unabhängig von der Informationen verarbeitenden Person ein möglichst umfassender Schutz der personenbezogenen Daten sowie der Vertraulichkeit der Kommunikation.[970] Dies zeigt schon der Umstand, dass § 25 TTDSG ausdrücklich auf einen Adressaten verzichtet.[971] Darüber hinaus sollen die Endnutzer auch vor dem unberechtigten Eindringen in die Privatsphäre geschützt werden, wie dies über Spähsoftware oder Viren der Fall sein kann.[972]

In der Literatur wurde die Beschränkung auf öffentlich zugängliche Telekommunikationsnetze schon bei Einführung der Definition im TKG a. F. abgelehnt, ohne dabei auf die damals noch einschlägige Rahmenrichtlinie einzugehen, welche auch schon die Einschränkung vornahm.[973] In Konsequenz dieser Auffassung wurde davon ausgegangen, dass für einen Anbieter nicht-öffentlich zugänglicher Telekommunikationsdienste die Begriffsbestimmung des Nutzers dennoch einschlägig bleiben muss, da sonst das zu erreichende Schutzniveau nicht erhalten bliebe.[974]

Dieser Auffassung ist unter Berücksichtigung der aktuellen europäischen Vorgaben in Bezug auf den Internetdienst eines Forschungsnetzbetreibers zuzustimmen. Nicht nur im deutschen Recht, sondern auch bei Anwendung der europäischen Vorgaben kommt es zum Widerspruch des persönlichen und sachlichen Anwendungsbereichs des Art. 5 Abs. 3 ePrivacyRL. Da der Gesetzgeber den umfassenden Anwen-

---

968 Siehe Teil 5 A. III. 5. a).

969 Aufgrund des Verweises von Art. 2 Abs. 1 ePrivacyRL i. V. m. Art. 125 UAbs. 3 EECC-RL finden die Begriffsbestimmungen der EECC-Richtlinie auf europarechtlicher Ebene für die ePrivacy-Richtlinie Anwendung.

970 EuGH, Urt. v. 1.10.2019, C-673/17, Planet49, ECLI:EU:C:2019:801, Rn. 68 f.; *Klabunde/Selmayr*, in: Ehmann/Selmayr, DS-GVO Art. 95 Rn. 13; *Ettig*, in: Taeger/Gabel, TTDSG § 25 Rn. 3.

971 *Schneider*, in: Assion/Aretz, TTDSG § 25 Rn. 17; *Hanloser*, ZD 2021, 399, 400.

972 ErwG 66 S. 1 Richtlinie 2009/136/EG (Cookie-Richtlinie).

973 *Pokutnev/Schmid*, CR 2012, 360, 361.

974 *Pokutnev/Schmid*, CR 2012, 360, 361.

dungsbereich der ‚Cookie-Regelungen' betont,[975] kann diese Einschränkung ‚über die Hintertür" nicht beabsichtigt sein.

Sinn und Zweck der Definition des Endnutzers soll vielmehr die Abgrenzung der nutzenden Person des Dienstes von der anbietenden Person sein.[976] Aus diesem Grund kann der Begriff des Endnutzers lediglich als *„natürliche oder juristische Person, die einen öffentlichen Telekommunikationsdienst in Anspruch nimmt, ohne ihn bereitzustellen"* definiert werden.[977] Auch nach Auffassung der DSK soll durch die Begriffsbestimmung keine Einschränkung des persönlichen Anwendungsbereichs vorgenommen werden.[978]

Daher ist auch im Rahmen der Nutzung des Internetdienstes eines Forschungsnetzbetreibers davon auszugehen, dass der Begriff des Endnutzers die nutzenden Personen des Dienstes trotz der nicht öffentlichen Zugänglichkeit des Dienstes vollumfänglich erfasst.

Im Übrigen erfasst der Begriff des Endnutzers nicht nur Nutzer, sondern auch Teilnehmer. Zwar verzichtet das TTDSG auf die Verwendung des Begriffs des Teilnehmers, obwohl Art. 5 Abs. 3 ePrivacyRL den Schutz des Teilnehmers verlangt, doch folgt der deutsche Gesetzgeber damit der neuen europäischen Gesetzgebung, welche weder in der EECC-Richtlinie noch in den Entwürfen der ePrivacyVO den Begriff des Teilnehmers verwendet.[979] Dies ist nicht weiter schädlich, da der Begriff des Nutzers auch Teilnehmer (*„oder beantragt"*) einschließt.[980] Maßgeblich sind daher allein die Begriffsbestimmungen des TKG.

Die Anwendung des festgestellten Endnutzerkreises hat somit zur Folge, dass nicht nur die einzelnen natürlichen Personen der Nutzergruppen vom sachlichen Anwendungsbereich des § 25 TTDSG erfasst sind, sondern auch die Teilnehmereinrichtungen sich gegenüber dem Forschungsnetzbetreiber auf den Schutz berufen können. Insoweit ist mangels einer Verarbeitung personenbezogener Daten natürlicher Personen jedoch nicht der Anwendungsvorrang des Art. 95 betroffen.[981]

---

975 ErwG 66 S. 1 Richtlinie 2009/136/EG (Cookie-Richtlinie).

976 *DSK*, Orientierungshilfe der Aufsichtsbehörden für Anbieter:innen von Telemedien, Dezember 2021, S. 10.

977 *Hanloser*, ZD 2021, 399, 400.

978 *DSK*, Orientierungshilfe der Aufsichtsbehörden für Anbieter:innen von Telemedien, Dezember 2021, S. 10 f.

979 *Hanloser*, in: Gierschmann/Baumgartner, TTDSG § 25 Rn. 48.

980 Referentenentwurf TTDSG vom 14.7.2020, S. 38; *Schneider*, in: Assion/Aretz, TTDSG § 25 Rn. 19; a. A., aber im Ergebnis gleich *Hanloser*, in: Gierschmann/Baumgartner, TTDSG § 25 Rn. 48.

981 Siehe daher Teil 5 B.

cc) Speicherung von bzw. Zugriff auf Informationen

§ 25 Abs. 1 TTDSG knüpft im Gegensatz zur DS-GVO nicht an das Vorliegen von personenbezogenen Daten an, sondern an die Speicherung von Informationen bzw. dem Zugriff auf Informationen.[982]

Die Vorschrift ist dabei technologieneutral gehalten.[983] Zwar wollte der europäische Gesetzgeber vorrangig den Umgang mit Cookies regulieren, also die Verwendung kleiner Textdateien, welche Informationen auf dem Endgerät des Nutzers speichern,[984] doch umfasst die Vorschrift auch alle anderen Arten von Technologien, die auf das Endgerät zugreifen.[985] Daher fallen auch Arten des Digital-Fingerprintings, der Verwendung von Werber-IDs oder eTags ebenfalls unter den Anwendungsbereich des § 25 Abs. 1 TTDSG.[986]

Aufgrund dieser technologischen Offenheit der Norm können auch bei der Nutzung des Forschungsnetzes relevante Zugriffe auf die Endgeräte der Endnutzer durch den Forschungsnetzbetreiber vorgenommen werden.

Der Zugriff bzw. die Speicherung der Informationen muss aber durch den Forschungsnetzbetreiber veranlasst worden sein und nicht durch den Endnutzer, um unter den Anwendungsbereich des § 25 Abs. 1 TTDSG zu fallen.[987] Der Zugriff darf demnach nicht vom Nutzer selbst initiiert worden sein.[988] Soweit der Forschungsnetzbetreiber bspw. für den Zugang zum Dienst den Download und die Installation eines Zertifikats erforderlich macht, fällt diese Speicherung des Zertifikats nicht unter den Anwendungsbereich des § 25 TTDSG, da der Download und die anschließende Installation durch den Nutzer veranlasst werden.[989] Dagegen können z. B. automatische Updates je nach technischer Ausgestaltung ein Zugriff auf das Endgerät darstellen.[990]

---

982 *DSK*, Orientierungshilfe der Aufsichtsbehörden für Anbieter:innen von Telemedien, Dezember 2021, S. 8; *Schneider*, in: Assion/Aretz, TTDSG § 25 Rn. 23.

983 *DSK*, Orientierungshilfe der Aufsichtsbehörden für Anbieter:innen von Telemedien, Dezember 2021, S. 7.

984 *Hanloser*, ZD 2018, 213

985 ErwG 66 S. 1 RL 2009/136/EG (CookieRL); *Ettig*, in: Taeger/Gabel, TTDSG § 25 Rn. 23.

986 *Rauer/Ettig*, ZD 2021, 18, 20 f.; *Sesing*, MMR 2021, 544, 545; Überblick zu den verschiedenen Technologien: *Hanloser*, ZD 2018, 213; *John/Rennert*, DuD 2022, 643.

987 *Hanloser*, in: Gierschmann/Baumgartner, TTDSG § 25 Rn. 57.

988 *Hanloser*, in: Gierschmann/Baumgartner, TTDSG § 25 Rn. 57.

989 In Bezug auf E-Mail-Clients: *Hanloser*, in: Gierschmann/Baumgartner, TTDSG § 25 Rn. 57.

990 *Schneider*, in: Assion/Aretz, TTDSG § 25 Rn. 23; a. A. *Hanloser*, in: Gierschmann/Baumgartner, TTDSG § 25 Rn. 57

dd) Einwilligungserfordernis

Soweit bei der Nutzung des Internetdienstes die Voraussetzungen des § 25 Abs. 1 TTDSG vorliegen, ist der Zugriff und die Speicherung der Informationen auf dem Endgerät nur zulässig, wenn der betroffene Endnutzer in den Vorgang eingewilligt hat. Ausnahmen von dem Einwilligungserfordernis können vorliegen, wenn die Zugriffshandlung einzig der Übertragung von Nachrichten dient (§ 25 Abs. 2 Nr. 1 TTDSG) oder der Zugriff oder die Speicherung für die Nutzung des vom Nutzer ausdrücklich gewünschten Telemediendienstes unbedingt erforderlich sind (§ 25 Abs. 2 Nr. 2 TTDSG).

Gemäß § 25 Abs. 1 S. 1 TTDSG muss die Einwilligung des Endnutzers aufgrund klarer und umfassender Informationen freiwillig erfolgen. Für die Voraussetzungen der Informationen und der Einwilligung verweist § 25 Abs. 1 S. 2 TTDSG auf die Vorgaben der DS-GVO. Gemeint sind damit Art. 4 Nr. 11 i. V. m. Art. 7 DS-GVO.[991] Auf diese soll an dieser Stelle nicht weiter eingegangen werden. Soweit der Zugriff oder die Speicherung nicht unbedingt erforderlich sind, hat auch der Forschungsnetzbetreiber die Einwilligung der betroffenen Endnutzer einzuholen.[992]

Unbedingt erforderlich ist der Zugriff oder die Speicherung nur, wenn einer der beiden Ausnahmen des Absatz 2 vorliegt. Die Reichweite der Ausnahmen ist bislang noch nicht geklärt,[993] der Unionsgesetzgeber möchte die Ausnahmetatbestände nur für Situationen einschlägig halten, in welchen die technische Speicherung „*unverzichtbar*" ist.[994]

Unbedingt erforderlich ist der Zugriff, wenn er ausschließlich der Nachrichtenübertragung i. S. d. § 25 Abs. 2 Nr. 1 TTDSG dient. Eine ‚*Nachricht*' ist gemäß § 2 Abs. 2 Nr. 4 TTDSG „*jede Information, die zwischen einer endlichen Zahl von Beteiligten über einen Telekommunikationsdienst ausgetauscht oder weitergeleitet wird*". Ausgenommen werden in der Legaldefinition Informationen, die als Teil eines Rundfunkdienstes übertragen werden. Soweit die Informationsübertragung ohne den Zugriff auf das Endgerät des Nutzers für den Forschungsnetzbetreiber nicht möglich ist, muss er keine Einwilligung einholen.[995] Maßgeblich ist dabei aber stets der technische Aufbau der Übertragung, bislang wird der Anwendungsbereich der Ausnahme eine untergeordnete Rolle spielen.[996] Darüber hinaus müsste die Information über ein

---

991 *Werkmeister*, in: Säcker/Körber, TTDSG § 25 Rn. 19.

992 Zur Einwilligung nach § 25 TTDSG m. w. N. siehe *DSK*, Orientierungshilfe der Aufsichtsbehörden für Anbieter:innen von Telemedien, Dezember 2021, S. 9 ff.; *Ettig*, in: Taeger/Gabel, TTDSG § 25 Rn. 24 ff.; *Hanloser*, in: Gierschmann/Baumgartner, TTDSG § 25 Rn. 65 ff.; *Schneider*, in: Assion/Aretz, TTDSG § 25 Rn. 24 ff.; *Werkmeister*, in: Säcker/Körber, TTDSG § 25 Rn. 17 ff.

993 Siehe *Golland*, NJW 2021, 2238, 2239; *Schumacher/Sydow/Schönfeld*, MMR 2021, 603, 604.

994 ErwG 66 S. 3 RL 2009/136/EG (Cookie-Richtlinie).

995 *Ettig*, in: Taeger/Gabel, TTDSG § 25 Rn. 39.

996 *Schneider*, in: Assion/Aretz, TTDSG § 25 Rn. 34.

öffentliches Telekommunikationsnetz übermittelt werden (§ 25 Abs. 2 Nr. 1 TTDSG). Dies kann im Kontext der Übertragungstätigkeiten des Forschungsnetzbetreibers dann der Fall sein, wenn die Informationsübertragung das Forschungsnetz selbst verlässt.

Der andere Ausnahmetatbestand lässt das Absehen der Einwilligung des Nutzers zu, wenn der Internetdienst als Telemediendienst eingeordnet werden kann, dieser ausdrücklich gewünscht ist und die Zugriffshandlung für die Funktion des Dienstes unbedingt erforderlich ist (§ 25 Abs. 2 Nr. 2 TTDSG).

Telemedien sind nach § 1 Abs. 1 S. 1 TMG „*alle elektronischen Informations- und Kommunikationsdienste, soweit sie nicht Telekommunikationsdienste nach § 3 Nummer 61 des Telekommunikationsgesetzes, telekommunikationsgestützte Dienste nach § 3 Nummer 63 des Telekommunikationsgesetzes oder Rundfunk nach § 2 des Rundfunkstaatsvertrages sind*". Diese Begriffsbestimmung findet durch den Verweis in § 2 Abs. 1 TTDSG auch im TTDSG Anwendung.

Von § 3 Nr. 61 lit. c TKG werden auch Signalübertragungsdienste erfasst. Der Wortlaut der Norm deckt sich dabei mit der Definition des Art. 2 Nr. 4 lit. c EECC-RL. Daher können die Erwägungen zum Forschungsnetzbetreiber im Rahmen des Art. 95 DS-GVO für das TKG übernommen werden.[997] Der Forschungsnetzbetreiber fällt damit als Signalübertragungsdiensteanbieter auch unter die Telekommunikationsdienste i. S. d. TKG und ist daher nicht als Telemediendienst einzuordnen.[998] Die Ausnahme des § 25 Abs. 2 Nr. 2 TTDSG kann daher regelmäßig nicht für den Internetdienst des Forschungsnetzbetreibers herangezogen werden.

Die Ausnahme kann nur von Relevanz sein, wenn für die Benutzung des Internetdienstes z. B. eine Webseite besucht oder eine App verwendet werden muss, z. B. um einen Login-Vorgang vorzunehmen oder um erforderliche Zertifikate herunterzuladen. Maßgeblich sind demnach die einzelnen Dienste, die der Forschungsnetzbetreiber im Rahmen seines Internetdienstes anbietet.[999]

Sofern ein Dienst des Forschungsnetzbetreibers als Telemedium zu qualifizieren ist, muss dieser ausdrücklich gewünscht sein, um unter den Ausnahmetatbestand der Nummer 2 zu fallen. Dies ist dann der Fall, wenn der Nutzer selbst etwas unternommen hat, um den Dienst in einem bestimmten Umfang anzufordern.[1000] Soweit ein Dienst mehrere Funktionen hat, kommt es auf die im Einzelfall angeforderten Funktionen des Nutzers an.[1001] Darüber hinaus muss die Zugriffs- oder Speicherhandlung

997 Siehe hierzu Teil 5 A. III. 3; *Schütz*, in: Geppert/Schütz, TKG § 3 Rn. 144.

998 *Ricke*, in: Spindler/Schuster, TMG § 1 Rn. 6 f.

999 *Ricke*, in: Spindler/Schuster, TMG § 1 Rn. 7.

1000 *Artikel-29-Datenschutzgruppe,* WP 194, S. 3; *DSK*, Orientierungshilfe der Aufsichtsbehörden für Anbieter:innen von Telemedien, Dezember 2021, S. 21; *Piltz/Kühner*, ZD 2021, 123, 126.

1001 *DSK*, Orientierungshilfe der Aufsichtsbehörden für Anbieter:innen von Telemedien, Dezember 2021, S. 21; *Ettig*, in: Taeger/Gabel, TTDSG § 25 Rn. 42.

für das Funktionieren des Internetdienstes unbedingt erforderlich sein. In Bezug auf Cookies ist dies der Fall, wenn der Dienst nicht mehr funktioniert, weil der Cookie deaktiviert ist.[1002] Je nach Art der angebotenen Funktionen ist dies im Einzelfall gesondert zu bewerten. In Betracht kommen insbesondere Authentifizierungsfunktionen,[1003] welche für den Zugang zum Forschungsnetz relevant werden können.

e) Zwischenergebnis

Festzustellen bleibt, dass Art. 95 DS-GVO den sog. Cookie-Regelungen des § 25 TTDSG einen Vorrang einräumt und die DS-GVO aufgrund ihrer *‚zusätzlichen Pflichten'* mit einer gleichen Zielsetzung entgegen der Ansicht des *BGH* nicht parallel anwendbar bleibt.

In Bezug auf den Forschungsnetzbetreiber bedeutet diese Feststellung zwar, dass er vom persönlichen Anwendungsbereich des § 25 TTDSG erfasst wird. Der tatsächliche Anwendungsbereich der Vorgaben bleibt jedoch ein geringer. Während der Gesetzgeber vorrangig die Regulierung von Cookies und ähnlichen Technologien im Fokus hatte, unterscheidet sich der Betrieb eines Forschungsnetzes technisch wesentlich von dem Angebot einer reinen Webseite oder eines anderen Telemediendienstes. Im Gegensatz hierzu ist für den Zugang zum Internetdienst zumeist kein Zugriff oder eine Speicherung von Informationen auf den Endgeräten erforderlich.

Aufgrund der Technologieoffenheit des § 25 TTDSG sind der Anwendung der Norm auf den Betrieb eines Forschungsnetzes keine Grenzen gesetzt. Soweit der Forschungsnetzbetreiber ggf. Zugriffe bzw. Speicherungen vornimmt, die die Voraussetzungen des § 25 TTDSG erfüllen, sind die Vorgaben vollumfänglich anzuwenden.

Festzustellen ist daher, dass sich die Voraussetzungen an Jedermann richten. Durch diesen erweiterten Adressatenkreis fallen auch die nutzenden Personen des Internetdienstes der Wissenschaft unter den Begriff der Endnutzer.

Soweit die Voraussetzungen des § 25 Abs. 1 S. 1 TTDSG vorliegen, ist je nach technischer Ausgestaltung individuell zu prüfen, ob die Einwilligung der Nutzer vom Forschungsnetzbetreiber einzuholen ist oder ob die Zugriffs- bzw. Speicherhandlung für den Dienst unbedingt erforderlich ist. Soweit die Einwilligung nach § 25 Abs. 2 TTDSG nicht erforderlich ist, muss der Forschungsnetzbetreiber darüber hinaus keinen weiteren Erlaubnistatbestand des Art. 6 Abs. 1 DS-GVO aufgrund des Vorrangs durch Art. 95 DS-GVO vorweisen können.[1004]

[1002] *Artikel-29-Datenschutzgruppe,* WP 194, S. 4; *DSK*, Orientierungshilfe der Aufsichtsbehörden für Anbieter:innen von Telemedien, Dezember 2021, S. 22.

[1003] *Ettig*, in: Taeger/Gabel, TTDSG § 25 Rn. 49 f.

[1004] *EDSA,* Stellungnahme 5/2019, S. 14; *Ettig*, in: Taeger/Gabel, TTDSG § 25 Rn. 18.

Jegliche Verarbeitung personenbezogener Daten, die nicht unter den Anwendungsbereich des § 25 TTDSG fällt, muss weiterhin die Voraussetzungen der DS-GVO erfüllen.[1005] Dies gilt insbesondere dann, wenn mit einem Zugriff auf oder der Speicherung von Informationen auch personenbezogene Daten natürlicher Personen erhoben und anschließend weiterverarbeitet werden.[1006] Für die Weiterverarbeitung muss über die Voraussetzungen des § 25 TTDSG hinaus eine Verarbeitungsgrundlage nach Art. 6 Abs. 1 DS-GVO vorliegen.[1007]

Soweit hierfür auf eine Einwilligung nach Art. 6 Abs. 1 lit. a, Art. 7 DS-GVO zurückgegriffen werden muss, kann diese ggf. zusammen mit der Einwilligung für den Zugriff auf bzw. die Speicherung der Informationen verbunden werden.[1008]

Soweit dagegen keine Verarbeitung von Daten mit Personenbezug vorliegt, ist Art. 95 DS-GVO schon nicht anwendbar und es kommt allein auf die Voraussetzungen des § 25 TTDSG an.[1009]

6. Konsequenzen für Forschungsnetzbetreiber

Die Feststellung, dass der Internetdienst eines Forschungsnetzbetreibers kein öffentlich zugänglicher elektronischer Kommunikationsdienst in einem öffentlichen Kommunikationsnetz i. S. d. Art. 95 DS-GVO ist, hat weitreichende Konsequenzen und wirft Folgefragen bezüglich des Schutzes der Nutzerdaten im Forschungsnetz auf. Unabhängig von der Frage, ob z. B. das Fernmeldegeheimnis aus § 3 TTDSG dasselbe Ziel wie die Vorgaben der DS-GVO verfolgt, bleibt festzustellen, dass im Rahmen der Verarbeitung personenbezogener Daten natürlicher Personen die DS-GVO weitestgehend Vorrang gegenüber den Umsetzungsnormen der ePrivacy-Richtlinie hat. Eine Ausnahme hierzu bildet lediglich § 25 TTDSG.

In erster Linie bedeutet der Vorrang der DS-GVO vor allem, dass der Forschungsnetzbetreiber anders als die meisten ‚klassischen' Telekommunikationsdienstleister als ‚Access Provider der Wissenschaft' bei der Verarbeitung personenbezogener Daten i. S. d. Art. 2 Abs. 1 DS-GVO nicht an die Vorgaben des TTDSG gebunden ist. Insbesondere ist das Fernmeldegeheimnis nicht auf diese Verarbeitungen im Forschungsnetz anwendbar. Geschuldet ist dies der besonderen Stellung des Forschungsnetzbetreibers: Zwar weist das Forschungsnetz aufgrund seiner Größe und der internationalen Anbindung eine hohe Zahl an Nutzern auf, doch die Geschlossenheit des Kommunikationsnetzes und des -dienstes sowie seine grundrechtliche Stellung als ‚Intermediär der Wissenschaft' rechtfertigen dieses Privileg.

[1005] ErwG 173 S. 1 DS-GVO.

[1006] *EDSA*, Stellungnahme 5/2019, S. 15.

[1007] *EDSA*, Stellungnahme 5/2019, S. 15.

[1008] *DSK*, Orientierungshilfe der Aufsichtsbehörden für Anbieter:innen von Telemedien, Dezember 2021, S. 9.

[1009] Siehe Teil 5 B; *Ettig*, in: Taeger/Gabel, TTDSG § 25 Rn. 15.

Als Ergebnis finden sämtliche Verpflichtungen der DS-GVO auf den Forschungsnetzbetreiber Anwendung. Umgekehrt kann sich der Forschungsnetzbetreiber auch auf Öffnungsklauseln und andere Privilegierungen berufen, soweit die Voraussetzungen hierfür vorliegen. Im Detail soll nachfolgend auf die einzelnen Rechte der betroffenen Personen sowie die Pflichten des Forschungsnetzbetreibers als Verantwortlichem nicht eingegangen werden, sondern nur ein Überblick über die zentralen Vorgaben gegeben werden.

Beachtenswert ist daher die schon thematisierte Frage nach der Verantwortlichkeit.[1010] Je nach Verarbeitung ist diese konkret im Einzelfall zu bestimmen. Denkbar sind neben der einzelnen Verantwortlichkeit der Verarbeiter auch die gemeinsame Verantwortlichkeit nach Art. 26 DS-GVO sowie die Auftragsverarbeitung nach Art. 28 DS-GVO.[1011]

Jegliche Datenverarbeitung personenbezogener Daten muss gerechtfertigt sein. Dies liegt am sog. Verbot mit Erlaubnisvorbehalt.[1012] Hierfür muss der Forschungsnetzbetreiber stets eine Verarbeitungsgrundlage des abschließenden[1013] Katalogs aus Art. 6 Abs. 1 DS-GVO oder einer Öffnungsklausel vorweisen können.[1014]

Auch die weiteren Verpflichtungen der DS-GVO finden auf die Verarbeitung personenbezogener Daten im Forschungsnetz Anwendung. Hierzu gehören insbesondere die Informationspflichten, Auskunftspflichten und Meldepflichten, aber auch die Vornahme entsprechender technischer und organisatorischer Maßnahmen.

Inwieweit die Verarbeitung der übrigen Daten juristischer Personen und sachbezogener Daten anderen Regelungen unterfällt, bleibt im Rahmen von Art. 95 DS-GVO mangels einer Eröffnung des Anwendungsbereiches der DS-GVO zunächst offen.[1015]

IV. Öffnungsklausel des Art. 88 DS-GVO

Der Vorrang der DS-GVO bedeutet aber nicht, dass diese jegliche Vorgaben anderer, ggf. nationaler Gesetze verdrängt. Die Öffnungsklauseln der DS-GVO lassen in vielen Regelungsbereichen weiterhin eigene Vorgaben durch den nationalen Gesetzgeber zu.

1010 Siehe Teil 5 A. II.

1011 Siehe Teil 5 A. II.

1012 *Buchner/Petri*, in: Kühling/Buchner, DS-GVO Art. 6 Rn. 11.

1013 EuGH, Urt. v. 19.10.2016, C-582/14, Breyer, ECLI:EU:C:2016:779, Rn. 57; EuGH, Urt. v. 24.11.2011, C-468/10 und 469/10, ASNEF und FECEMD, ECLI:EU:C:2011:777, Rn. 30, 32.

1014 *Roßnagel*, ZD 2019, 1, 5.

1015 Zu den Vorgaben der Verarbeitung personenbezogener Daten juristischer Personen sowie Sachdaten siehe Teil 5 B.

Insoweit erlaubt Art. 88 DS-GVO, dass *„die Mitgliedstaaten [...] durch Rechtsvorschriften oder durch Kollektivvereinbarungen spezifischere Vorschriften zur Gewährleistung des Schutzes der Rechte und Freiheiten hinsichtlich der Verarbeitung personenbezogener Beschäftigtendaten im Beschäftigungskontext [...]*" vorsehen können.

Der Begriff des Beschäftigten wird in der DS-GVO nicht näher definiert und verweist auch nicht auf das nationale Recht der Mitgliedstaaten. Art. 88 DS-GVO sieht den Anwendungsbereich *„insbesondere für Zwecke der Einstellung, der Erfüllung des Arbeitsvertrags einschließlich der Erfüllung von durch Rechtsvorschriften oder durch Kollektivvereinbarungen festgelegten Pflichten, des Managements, der Planung und der Organisation der Arbeit, der Gleichheit und Diversität am Arbeitsplatz, der Gesundheit und Sicherheit am Arbeitsplatz, des Schutzes des Eigentums der Arbeitgeber oder der Kunden sowie für Zwecke der Inanspruchnahme der mit der Beschäftigung zusammenhängenden individuellen oder kollektiven Rechte und Leistungen und für Zwecke der Beendigung des Beschäftigungsverhältnisses*" als eröffnet an. Diese Aufzählung wird von der Literatur nicht als abschließend angesehen.[1016]

Der europäische Arbeitnehmerbegriff ist autonom auszulegen[1017] und soll nach Ansicht des *EuGH* für alle Rechtsakte nach Art. 288 AEUV gelten.[1018] Die Normen der DS-GVO werden somit ebenfalls erfasst.[1019] Der Arbeitnehmerbegriff des *EuGH* ist weit zu verstehen und umfasst alle Personen, die eine tatsächliche und echte Tätigkeit unter Weisung eines anderen ausüben und hierfür als Gegenleistung eine Vergütung erhalten, wobei Tätigkeiten außer Acht bleiben, welche einen so geringen Umfang haben, dass sie sich als völlig untergeordnet und unwesentlich darstellen.[1020] Unter dieses Begriffsverständnis fallen neben den ‚klassischen' Arbeitnehmern auch Beamte, Richter und Soldaten.[1021]

Für den Forschungsnetzbetreiber bedeutet das, dass unter den Beschäftigungsbegriff seine direkten Angestellten, welche seine Weisung unterstehen und an die er eine Vergütung zahlt, fallen. Für andere Nutzer des Forschungsnetzes kann die Öffnungsklausel des Art. 88 DS-GVO keine Anwendung finden. Insbesondere die Angestellten der angeschlossenen Teilnehmereinrichtungen stellen in Bezug auf den Forschungsnetzbetreiber keine Beschäftigten i. S. d. Art. 88 DS-GVO dar.

1016 *Pauly*, in: Paal/Pauly, DS-GVO Art. 88 Rn. 8; *Riesenhuber*, in: BeckOK DatenschutzR, DS-GVO Art. 88 Rn. 55.

1017 *Steinmeyer*, in: Franzen/Gallner/Oetker, AEUV Art. 45 Rn. 10.

1018 EuGH, Urt. v. 7.4.2011, C-519/09, May, ECLI:EU:C:2011:221, Rn. 22.

1019 *Körner*, NZA 2016, 1383, 1384.

1020 U. a. EuGH, Urt. v. 11.11.2015, C-422/14, Pujante Rivera, ECLI:EU:C:2011:221, Rn. 29; EuGH, Urt. v. 7.4.2011, C-519/09, May, ECLI:EU:C:2011:221, Rn. 21.

1021 EuGH, Urt. v. 12.2.1974, C-152/73, Sotgiu/Bundespost, ECLI:EU:C:1974:13, Sgl. 1974-00153, 157; *Maschmann*, in: Kühling/Buchner, DS-GVO Art. 88 Rn. 12.

Da der Forschungsnetzbetreiber an das Forschungsnetz angeschlossen ist, nutzen seine Beschäftigten das Netz durch ihre Arbeit. Durch diese Nutzung werden personenbezogene Daten der Mitarbeiter im Netzwerk durch den Forschungsnetzbetreiber verarbeitet.

Personenbezogene Daten werden dann im Beschäftigungskontext i. S. d. Art. 88 DS-GVO verarbeitet, wenn die Daten zu einem der aufgezählten Zwecke verarbeitet werden, darüber hinaus sind aber auch weitere Zwecke denkbar, sofern ein innerer Zusammenhang mit dem Arbeitsverhältnis besteht.[1022] Soweit personenbezogene Daten der Beschäftigten des Forschungsnetzbetreibers in diesem Kontext verarbeitet werden, ist die Öffnungsklausel des Art. 88 DS-GVO anwendbar.[1023]

Die Eröffnung des Anwendungsbereiches des Art. 88 DS-GVO ermöglicht den Rückgriff auf nationale Normen, welche personenbezogene Beschäftigtendaten im Beschäftigungskontext *„spezifisch"* schützen.

1. Anwendbarkeit des Fernmeldegeheimnisses aus § 3 TTDSG

Für die Untersuchung von besonderer Relevanz ist das schon thematisierte Fernmeldegeheimnis. Zwar ist das Fernmeldegeheimnis aus § 3 TTDSG mangels einer öffentlichen Zugänglichkeit und aufgrund der überschießenden Umsetzung nicht vorrangig anwendbar, doch wird in der Literatur die Anwendbarkeit des Fernmeldegeheimnisses auch durch Art. 88 DS-GVO bei Arbeitgebern diskutiert.[1024] Insoweit ist zu untersuchen, ob das Fernmeldegeheimnis auch für den Forschungsnetzbetreiber in seiner Rolle als Arbeitgeber über Art. 88 DS-GVO auf die Datenverarbeitungen der Arbeitnehmer anwendbar sein kann.

Im Kontext des Arbeitgebers als Diensteanbieter ist die langjährige Diskussion um die Einordnung des Arbeitgebers nach wie vor nicht beendet.[1025] Auch der Forschungsnetzbetreiber wird als Arbeitgeber von dieser Einordnungsfrage erfasst.

[1022] Sydow, Europäische Datenschutzgrundverordnung, DSGVO Art. 88 Rn. 6. *Maschmann*, in: Kühling/Buchner, DS-GVO Art. 88 Rn. 18.

[1023] *Wybitul/Pötters*, RDV 2016, 10, 14.

[1024] *Voigt*, in: FS Taeger, 511, 528 f.

[1025] Für die Einordnung als Diensteanbieter: *DSK*, Orientierungshilfe der Datenschutzaufsichtsbehörden zur datenschutzgerechten Nutzung von E-Mail und anderen Internetdiensten am Arbeitsplatz, Januar 2016, S. 7; *Eckhardt*, in: Schwartmann/Jaspers/Eckhardt, TTDSG § 3 Rn. 77; *Fetzer*, in: Fetzer/Scherer/Graulich, TKG § 3 Rn. 54; *Hadidi*, in: Geppert/Schütz, TTDSG § 3 Rn. 22; *Jenny*, in: Plath, TTDSG § 3 Rn. 21; *Mayen*, in: Scheurle/Mayen, TKG § 88 Rn. 62; *Polenz*, in: Taeger/Pohle, Teil 13 138 Rn. 25; *Waßmer*, in: Säcker/Körber, TTDSG § 3 Rn. 30; *Hoeren*, Rn. 34; *Brink*, ZD 2015, 295, 296 f.; *Brühl/Sepperer*, ZD 2015, 415, 416 f.; *Däubler*, § 8 Rn. 25 ff.; *Fischer*, ZD 2012, 265, 266 f.; *Rossow*, DuD 2022, 93, 95 f.; *Schmidl*, MMR 2005, 343, 344; dagegen: *Assion*, in: Assion/Aretz, TTDSG § 3 Rn. 72; *Baumgartner*, in: Gierschmann/Baumgartner, TTDSG § 3 Rn. 52 f.; *Thüsing*, § 3 Rn. 79 ff.; *Voigt*, in: FS Taeger, 511,

Wie schon festgestellt, gelten die Vorgaben der DS-GVO vorrangig zu den Umsetzungsnormen der ePrivacy-Richtlinie.[1026] Wenn demnach der Forschungsnetzbetreiber nach Art. 95 DS-GVO gegenüber allen Nutzergruppen nicht an das Fernmeldegeheimnis gebunden ist, kann sich für Beschäftigte des Forschungsnetzbetreibers aus Art. 95 DS-GVO nichts Anderes ergeben.

Die Frage, ob der Betreiber gegenüber seinen Mitarbeitern an das Fernmeldegeheimnis gebunden ist, kann sich daher nur noch im Kontext des Art. 88 DS-GVO stellen. Danach kann § 3 TTDSG vorrangig zur Anwendung kommen, wenn es sich bei der Vorschrift gemäß Art. 88 Abs. 1 DS-GVO um eine „*spezifischere Vorschrift zur Gewährleistung des Schutzes der Rechte und Freiheiten hinsichtlich der Verarbeitung personenbezogener Beschäftigtendaten im Beschäftigungskontext*" handelt.

Spezifische Vorschriften i. S. d. Art. 88 DS-GVO haben Vorgaben zur Verarbeitung personenbezogener Daten zu machen, die den Beschäftigungskontext prägen, bzw. konkretisieren,[1027] ohne dabei vom Datenschutzniveau der DS-GVO abzuweichen.[1028] Die Erwägungsgründe der DS-GVO verlangen daher die Festlegung der Umstände besonderer Verarbeitungssituationen in den nationalen Rechtsvorschriften, einschließlich einer genauen Bestimmung der Voraussetzungen, unter denen die Verarbeitung rechtmäßig ist.[1029]

Das Fernmeldegeheimnis kann eine solche Konkretisierung der Vorgaben darstellen, wenn § 3 TTDSG i. S. d. Art. 88 Abs. 2 DS-GVO „*geeignete und besondere Maßnahmen zur Wahrung der menschlichen Würde, der berechtigten Interessen und der Grundrechte der betroffenen Person hinsichtlich der Verarbeitung personenbezogener Beschäftigtendaten*" im Bereich des Beschäftigungskontexts vorsieht.[1030] Dabei nennt Art. 88 Abs. 2 DS-GVO insbesondere Datenverarbeitungen „*innerhalb einer Unternehmensgruppe oder einer Gruppe von Unternehmen, die eine gemeinsame Wirtschaftstätigkeit ausüben, und die Überwachungssysteme am Arbeitsplatz.*"

Ohne an dieser Stelle tief auf den Anwendungsbereich des Fernmeldegeheimnisses aus § 3 TTDSG einzugehen[1031] ist generell festzustellen, dass dieser, wie auch der

---

529; *Böhm/Wybitul*, NZA-RR 2019, 133, 139; *Fokken*, NZA 2020, 629, 631 ff.; *Fülbier/Splittgerber*, NJW 2012, 1995, 1999; *Neuhöfer/Schefer*, jurisPR-Compl 5/2019, Anm. 1; *Schuster*, CR 2014, 21, 27.

1026 Siehe Teil 5 A. III. 6.

1027 EuGH, Urt. v. 30.3.2023, C-34/21, Personalrat der Lehrerinnen und Lehrer, ECLI:EU:C:2023:270, Rn. 65; *Zöll*, in: Taeger/Gabel, DS-GVO Art. 88 Rn. 12; *Wybitul/Pötters*, RDV 2016, 10, 14.

1028 ErwG 155 DS-GVO; *Selk*, in: Ehmann/Selmayr, DS-GVO Art. 88 Rn. 75; *Spelge*, DuD 2016, 775, 776.

1029 ErwG 10 S. 6 DS-GVO.

1030 EuGH, Urt. v. 30.3.2023, C-34/21, Personalrat der Lehrerinnen und Lehrer, ECLI:EU:C:2023:270, Rn. 45.

1031 Hierzu im Detail siehe Teil 5 B.

zugrundeliegende Art. 5 Abs. 1 ePrivacyRL, dem vollumfänglichen Schutz der Vertraulichkeit der Kommunikation dient.[1032] Die DS-GVO beabsichtigt hingegen allein den Schutz der personenbezogenen Daten nach Art. 8 GRCh[1033] und findet ausschließlich Anwendung auf die Verarbeitung personenbezogener Daten i. S. d. Art. 2 DS-GVO.

Der Schutzbereich des Fernmeldegeheimnisses umfasst damit zwar auch personenbezogene Daten als Teil der Kommunikation, doch dient die Norm vorrangig dem Schutz der umfassenden Vertraulichkeit der Telekommunikation.[1034] Die Norm geht somit über den Bereich des Datenschutzes i. S. d. der DS-GVO hinaus, denn personenbezogene Daten stellen nur einen Teil dieser Kommunikation dar.[1035] Insbesondere der Schutz der sachbezogenen Daten ist von der DS-GVO nicht umfasst und stellt somit keine Verarbeitung personenbezogener Beschäftigtendaten dar.[1036] Zwar überschneiden sich die Regelungsbereiche der Normen, jedoch verfolgen sie unterschiedliche Ziele.[1037]

Darüber hinaus sieht § 3 TTDSG auch sonst keine spezifischen Vorschriften bezüglich des Beschäftigungskontexts vor.[1038] Die Norm umfasst sämtliche Anwendungsbereiche der Telekommunikation und nicht nur solche des Beschäftigtendatenschutzes.[1039] Die erforderliche Konkretisierung des Beschäftigungskontextes sowie die Umsetzung der Vorgaben des Art. 88 Abs. 2 DS-GVO fehlt in § 3 TTDSG.[1040]

Eine Spezifizierung der datenschutzrechtlichen Vorschriften i. S. d. Art. 88 DS-GVO kann daher nicht angenommen werden.[1041] Das Fernmeldegeheimnis aus § 3 TTDSG ist nicht als spezifische Vorschrift i. S. d. Art. 88 DS-GVO zu verstehen

---

[1032] *Assion*, in: Assion/Aretz, TTDSG § 3 Rn. 41 ff.; *Baumgartner*, in: Gierschmann/Baumgartner, TTDSG § 3 Rn. 13 ff.; *Eckhardt*, in: Schwartmann/Jaspers/Eckhardt, TTDSG § 3 Rn. 7 ff.; *Munz*, in: Taeger/Gabel, TTDSG § 3 Rn. 9 ff.; *Waßmer*, in: Säcker/Körber, TTDSG § 3 Rn. 10 ff.

[1033] ErwG 1 DS-GVO.

[1034] *Assion*, in: Assion/Aretz, TTDSG § 3 Rn. 41 ff.; *Baumgartner*, in: Gierschmann/Baumgartner, TTDSG § 3 Rn. 13 ff.; *Eckhardt*, in: Schwartmann/Jaspers/Eckhardt, TTDSG § 3 Rn. 7 ff.; *Munz*, in: Taeger/Gabel, TTDSG § 3 Rn. 9 ff.; *Waßmer*, in: Säcker/Körber, TTDSG § 3 Rn. 10 ff.

[1035] *Voigt*, in: FS Taeger, 511, 528 f.

[1036] *Wünschelbaum*, NJW 2022, 1561, 1563.

[1037] *Voigt*, in: FS Taeger, 511, 528 f.

[1038] *Panzer-Heemeier*, in: Grobys/Panzer-Heemeier, Elektronische Kommunikationsmittel Rn. 19a; *Aufhäuser*, PinG 2021, 188, 192; *Voigt*, in: FS Taeger, 511, 528 ff.; *Wünschelbaum*, NJW 2022, 1561, 1563.

[1039] *Voigt*, in: FS Taeger, 511, 529; *Wünschelbaum*, NJW 2022, 1561, 1563 f.

[1040] *Aufhäuser*, PinG 2021, 188, 192; *Voigt*, in: FS Taeger, 511, 528 f.; *Wünschelbaum*, NJW 2022, 1561, 1563 f.

[1041] *Aufhäuser*, PinG 2021, 188, 192; *Voigt*, in: FS Taeger, 511, 528 f.; *Wünschelbaum*, NJW 2022, 1561, 1563 f.

und findet für den Forschungsnetzbetreiber daher auch im Beschäftigungskontext keine vorrangige Anwendung gegenüber den Normen der DS-GVO.

2. Anwendbarkeit des BDSG/LDSG

Für den vollständigen Blick auf Art. 88 DS-GVO ist festzustellen, dass die Öffnungsklausel in Deutschland im Übrigen mit § 26 BDSG vom Gesetzgeber wahrgenommen wird.[1042] Danach dürfen gemäß Abs. 1 S. 1 personenbezogene Daten von Beschäftigten für Zwecke des Beschäftigungsverhältnisses verarbeitet werden, „*wenn dies für die Entscheidung über die Begründung eines Beschäftigungsverhältnisses oder nach Begründung des Beschäftigungsverhältnisses für dessen Durchführung oder Beendigung oder zur Ausübung oder Erfüllung der sich aus einem Gesetz oder einem Tarifvertrag, einer Betriebs- oder Dienstvereinbarung (Kollektivvereinbarung) ergebenden Rechte und Pflichten der Interessenvertretung der Beschäftigten erforderlich ist.*" Unter den Begriff der Beschäftigten zählen gemäß § 26 Abs. 8 BDSG neben den Arbeitnehmern auch Bewerber, Auszubildende, arbeitnehmerähnliche Personen und Leiharbeitnehmer im Betrieb des Entleihers.[1043]

Der *EuGH* entschied jüngst jedoch zur fast inhaltsgleichen Erlaubnisnorm § 23 Hessisches Datenschutz- und Informationsfreiheitsgesetz (HDSIG), dass diese nicht den Anforderungen des Art. 88 DS-GVO entspräche.[1044] Grund hierfür sei, dass Normen wie § 23 HDSIG (oder § 26 BDSG) „*die allgemeine Rechtmäßigkeit der Verarbeitung [...] wiederholen, ohne eine spezifischere Vorschrift im Sinne von Art. 88 Abs. 1 DSGVO hinzuzufügen.*"[1045] Insoweit muss davon ausgegangen werden, dass § 26 BDSG und ähnliche Landesnormen als Verarbeitungsgrundlage im Beschäftigungskontext nicht mehr herangezogen werden können.

Soweit der Forschungsnetzbetreiber die personenbezogenen Daten seiner Arbeitnehmer verarbeitet, muss sich dieser demnach wohl bis zu einer Neuregelung des Beschäftigtendatenschutzrechts mangels spezifischer Erlaubnisnormen an die gesetzlichen Grundlagen des Art. 6 Abs. 1 DS-GVO halten.

3. Zwischenergebnis

Auch wenn Stimmen der Literatur die Anwendbarkeit des Fernmeldegeheimnisses über die Öffnungsklausel des Art. 88 DS-GVO diskutieren, ist dem im Ergebnis zuzustimmen. Während Art. 88 DS-GVO spezifische Vorschriften für die Ausfüllung

---

[1042] *Selk*, in: Ehmann/Selmayr, DS-GVO Art. 88 Rn. 217.

[1043] *Forst*, RDV 2014, 128, 129 ff.; *Maschmann*, in: Kühling/Buchner, DS-GVO Art. 88 Rn. 64.

[1044] EuGH, Urt. v. 30.3.2023, C-34/21, Personalrat der Lehrerinnen und Lehrer, ECLI:EU:C:2023:270.

[1045] EuGH, Urt. v. 30.3.2023, C-34/21, Personalrat der Lehrerinnen und Lehrer, ECLI:EU:C:2023:270, Rn. 81.

der Öffnungsklausel verlangt, stellt § 3 TTDSG das Gegenteil dieser Vorgabe dar. Das Fernmeldegeheimnis schützt die Kommunikation vollumfänglich, ohne auf den Personenbezug beschränkt zu sein und konkretisiert auch keine Vorgaben hinsichtlich des Beschäftigtendatenschutzes. § 3 TTDSG kann daher keinen Vorrang gegenüber den Normen der DS-GVO im Beschäftigungskontext erhalten.

Der Vorrang des § 26 BDSG kann dagegen für die Datenverarbeitungen des Forschungsnetzbetreibers für seine Beschäftigten herangezogen werden, allerdings unter dem Vorbehalt, dass die Norm möglicherweise nach dem Urteil des *EuGH* als unionsrechtswidrig angesehen werden muss und auf die allgemeinen Erlaubnistatbestände des Art. 6 DS-GVO zurückgegriffen werden sollte.

V. Privilegierung der Wissenschaft

Neben der Verarbeitung von Daten der eigenen Beschäftigten sieht sich der Forschungsnetzbetreiber naturgemäß zum überwiegenden Teil mit der Verarbeitung von personenbezogenen Daten zu Forschungszwecken konfrontiert. Diese ist aufgrund des erforderlichen Wissenschaftsbezugs der Teilnehmereinrichtungen sowie der Nutzergruppen bei einer Vielzahl an Übertragungen gegeben, welche den einzelnen Forschungsprojekten dienen. Wie schon festgestellt, unterfallen nicht nur die Tätigkeiten der Teilnehmer und Nutzergruppen, sondern auch die hierfür erforderlichen Übertragungstätigkeiten des Forschungsnetzbetreibers den Wissenschaftsfreiheiten aus Art. 13 GRCh.[1046]

Während die Rolle der Wissenschaft in den Anfängen des Datenschutzes im BDSG a. F. noch mehr oder weniger übersehen wurde,[1047] ist sich die DS-GVO der grundrechtlichen Stellung des wissenschaftlichen Arbeitens bewusst und begegnet ihm in verschiedenen Bereichen mit Privilegierungen. Dies umfasst beispielsweise den Zweckbindungsgrundsatz, die Verarbeitungsgrundlagen oder die Löschpflichten soweit die Verarbeitung im Rahmen von Forschungskontexten vorgenommen wird. Auf diese Weise soll das Spannungsverhältnis zwischen den Rechten der betroffenen Personen sowie den Interessen der wissenschaftlichen arbeitenden Personen zum Ausgleich gebracht werden.[1048]

Durch die Anwendbarkeit der Vorgaben der DS-GVO auf die Datenverarbeitungen des Forschungsnetzbetreibers können diese Verarbeitungen den Privilegien unterfallen, wenn die Voraussetzungen vorliegen. Die DS-GVO verlangt hierfür regelmäßig neben den im öffentlichen Interesse liegenden Archivzwecken und den statistischen Zwecken die Verarbeitung zu Forschungszwecken, z. B. in Art. 5 Abs. 1 lit. b DS-GVO.

[1046] Siehe Teil 3.
[1047] *Berg*, in: JöR Bd. 33, 64 ff.
[1048] *Roßnagel*, ZD 2019, 157, 159.

Für die Auslegung des Begriffs der *„historischen und wissenschaftlichen Forschung“* aus Art. 89 Abs. 1 DS-GVO ist mangels einer Legaldefinition auf Art. 11 und Art. 13 GRCh zurückzugreifen.[1049] Insoweit kann auf die obigen Ausführungen verwiesen werden.[1050] Der Begriff der Forschung soll auch im Anwendungsbereich weit ausgelegt werden.[1051] Beachtlich ist aber, dass der europäische Gesetzgeber nur auf den Begriff der Forschung eingeht, nicht auf den Wissenschaftsbegriff im Gesamten.[1052] Aus diesem Grund wird die von Art. 13 S. 2 GRCh geschützte Lehre nicht von den Privilegien der DS-GVO umfasst.[1053] Etwas anderes kann im Rahmen von Art. 85 DS-GVO gelten (s. u.).[1054]

Für den Forschungsnetzbetreiber bedeutet das, dass nicht alle von Art. 13 GRCh geschützten Übertragungen auch den Forschungsprivilegien der DS-GVO unterfallen können. Insoweit ist stets im Einzelfall zu prüfen, welchem Zweck die einzelne Übertragung dient und ob diese den Privilegierungsvoraussetzungen der DS-GVO unterliegt.[1055] Einschränkend gilt darüber hinaus, dass ausweislich der Erwägungsgründe zwar auch privat finanzierte Forschungsvorhaben privilegiert sein können,[1056] dies jedoch nur für Vorhaben gelten kann, welche transparent, unabhängig und selbstständig am Erkenntnisgewinn zugunsten des Allgemeininteresses arbeiten.[1057] Dieser Maßstab gilt auch für Drittmittelforschungen an Universitäten,[1058] welche der Forschungsnetzbetreiber in Deutschland auch selbst an Universitäten eingerichtet hat und finanziert.[1059]

Aufgrund der zentralen Stellung des Forschungsnetzbetreibers zwischen den jeweiligen Teilnehmern und des Ausnahmecharakters der Privilegierungen soll im Folgenden auf die privilegierenden Vorgaben eingegangen werden sowie mögliche Auswirkungen auf den Forschungsnetzbetreiber untersucht werden.

1049 *Caspar*, in: Simitis/Hornung/Spiecker gen. Döhmann, DSGVO Art. 89 Rn. 10.

1050 Siehe Teil 3.

1051 ErwG 159 S. 2 DS-GVO; *Jay*, in: Jay, Chap. 18 Rn. 10-008.

1052 *Caspar*, in: Simitis/Hornung/Spiecker gen. Döhmann, DSGVO Art. 89 Rn. 11.

1053 *Caspar*, in: Simitis/Hornung/Spiecker gen. Döhmann, DSGVO Art. 89 Rn. 11; *Johannes*, in: Roßnagel, § 4 III. Rn. 59.

1054 *Buchner/Tinnefeld*, in: Kühling/Buchner, DS-GVO Art. 89 13a; *Golla*, in: Specht-Riemenschneider/Mantz, § 23 Rn. 5.

1055 Siehe *Caspar*, in: Simitis/Hornung/Spiecker gen. Döhmann, DSGVO Art. 89 Rn. 10 ff.

1056 ErwG 159 S. 2 DS-GVO.

1057 *Caspar*, in: Simitis/Hornung/Spiecker gen. Döhmann, DSGVO Art. 89 Rn. 16; *Geminn*, DuD 2018, 640, 643 f.; *Weichert*, ZD 2020, 18, 19 f.; Negativbeispiele aufzeigend: *EDSB*, A Preliminary Opinion on data protection and scientific research, 6.1.2020, S. 8 f.

1058 *Buchner/Tinnefeld*, in: Kühling/Buchner, DS-GVO Art. 89 Rn. 13; *Caspar*, in: Simitis/Hornung/Spiecker gen. Döhmann, DSGVO Art. 89 Rn. 17.

1059 Z. B. das ‚WiN-Labor‘ an der Universität Erlangen oder die ‚Forschungsstelle Recht im DFN‘ an der Universität Münster.

1. Verarbeitungsprivilegien

Verarbeitungsprivilegien normiert die DS-GVO nicht zentral in einem Kapitel, sondern jeweils im Rahmen der einschlägigen Vorgaben. Aus diesem Grund sind die Privilegien für Verarbeitungen mit Forschungsbezug in der DS-GVO an verschiedenen Stellen zu finden. Die zentralen Privilegierungsnormen, welche im Einzelfall auch für den Forschungsnetzbetreiber einschlägig sein können, sollen nachfolgend thematisiert werden.

a) Verarbeitungsgrundlagen

Die Rechtsgrundlagen für die Datenverarbeitungen richten sich auch im Forschungskontext zunächst nach den allgemeinen Vorgaben des Art. 6 Abs. 1 DS-GVO.[1060] Dadurch, dass die Forschungstätigkeiten oftmals im Sinne der Öffentlichkeit vorgenommen werden, kann an dieser Stelle regelmäßig ein berechtigtes Interesse nach Buchstabe f[1061] bzw. im öffentlichen Interesse nach Buchstabe e[1062] vorliegen. Dies muss für jede Datenverarbeitung einzeln geprüft werden.[1063]

Besonderer Bedeutung kommt in der Forschung der Einwilligung als Erlaubnistatbestand nach Art. 6 Abs. 1 lit. a DS-GVO zu.[1064] Insbesondere die Erteilung der Einwilligung mit einer weiten Zweckfestlegung ist möglich.[1065]

Im Rahmen der Verarbeitung besonderer Kategorien personenbezogener Daten bietet Art. 9 Abs. 2 lit. j DS-GVO den Mitgliedstaaten die Möglichkeit für abweichende Vorgaben. Hiervon hat der Gesetzgeber in verschiedenen Bundes- und Landesgesetzen Gebrauch gemacht.[1066]

b) Zweckbindungsgrundsatz

Ausnahmen finden sich auch beim Zweckbindungsgrundsatz. So ist die Weiterverarbeitung von personenbezogenen Daten zu anderen Zwecken als zu den ursprünglich erhobenen als vereinbar mit dem Zweckbindungsgrundsatz anzusehen, Art. 5 Abs. 1 lit. b Hs. 2 DS-GVO. Insoweit kann im Rahmen von Art. 5 DS-GVO von der Fiktion der Zweckidentität gesprochen werden.[1067] Durch diese Privilegierung ist es Verantwortlichen möglich, personenbezogene Daten, die zu ursprünglich

---

[1060] *Geminn*, DuD 2018, 640, 641.
[1061] *Werkmeister/Schwaab*, CR 2019, 85, 87.
[1062] *Quinn*, Life Sciences, Society and Policy 2021 17:4, 1, 9.
[1063] *Werkmeister/Schwaab*, CR 2019, 85, 87.
[1064] *Golla*, in: Specht-Riemenschneider/Mantz, § 23 Rn. 21.
[1065] *Gierschmann*, in: Gierschmann/Schlender/Stentzel u. a., DS-GVO Art. 7 Rn. 32.
[1066] Im Detail hierzu *Buchner/Tinnefeld*, in: Kühling/Buchner, DS-GVO Art. 89 Rn. 30.
[1067] *Frenzel*, in: Paal/Pauly, DS-GVO Art. 5 Rn. 32; *Herbst*, in: Kühling/Buchner, DS-GVO Art. 5 Rn. 50; *Roßnagel*, in: Simitis/Hornung/Spiecker gen. Döhmann, DSGVO Art. 5 Rn. 103.

anderen Zwecken erhoben wurden, zu Forschungszwecken weiterzuverarbeiten, ohne den sonst erforderlichen Kompatibilitätstest vornehmen zu müssen.[1068] Bedingung für die Weiterverarbeitung ist, dass die in Art. 89 DS-GVO genannten Garantien von den Verantwortlichen umgesetzt werden.[1069] Im Übrigen muss auch für die Weiterverarbeitung eine entsprechende Rechtsgrundlage vorliegen.[1070]

Für den Forschungsnetzbetreiber wird diese Erleichterung allerdings in der Praxis wenig Bedeutung haben. Während die forschenden Verantwortlichen erhobene Daten oftmals für Forschungszwecke weiterverarbeiten wollen und damit die Privilegierung des Art. 5 Abs. 1 lit. b Hs. 2 DS-GVO greift, wird für den Forschungsnetzbetreiber der Zweck zumeist der der reinen Übertragung der personenbezogenen Daten sein. Soweit forschende Nutzer diese zu übertragenen Daten weiterverarbeiten und in diesem Rahmen nochmals durch den Forschungsnetzbetreiber übertragen lassen wollen, stellt dies für ihn keine Weiterverarbeitung dar, sondern eine neue Übertragungstätigkeit.

c) Informationspflichten

Die Durchführung der Informationspflichten ist nicht erforderlich, wenn die Datenverarbeitung zu wissenschaftlichen Zwecken erfolgt, Art. 14 Abs. 5 lit. b DS-GVO. Soweit der Forschungsnetzbetreiber demnach personenbezogene Daten zu Forschungszwecken verarbeitet, diese aber nicht bei der betroffenen Person erhoben wurden, kann von der Durchführung der Information abgesehen werden, insbesondere im Falle der wirtschaftlichen bzw. faktischen Unmöglichkeit.[1071] Es ist aber zu beachten, dass die Informationen wenigstens der Öffentlichkeit zur Verfügung gestellt werden müssen, Art. 14 Abs. 5 lit. b Hs. 2 DS-GVO.[1072]

d) Speicherbegrenzung

Art. 5 Abs. 1 lit. e Hs. 2 DS-GVO lässt eine längere Speicherung der personenbezogenen Daten zu, wenn sie zu Forschungszwecken verarbeitet werden. Abweichend von der Grundregel, dass personenbezogene Daten nur so lange gespeichert werden dürfen wie es der Zweck erforderlich macht, dürfen personenbezogene Daten unter Berücksichtigung der Vorgaben des Art. 89 DS-GVO und der Vornahme geeigneter technischer und organisatorischer Maßnahmen über die Erforderlichkeit des ur-

---

1068 *Herbst*, in: Kühling/Buchner, DS-GVO Art. 5 Rn. 54.

1069 *Heberlein*, in: Ehmann/Selmayr, DS-GVO Art. 5 Rn. 17; *Herbst*, in: Kühling/Buchner, DS-GVO Art. 5 Rn. 51; *Peloquin/DiMaio/Bierer u. a.*, EJHG 2020, 697, 701; *Richter*, DuD 2016, 581, 584.

1070 *Heberlein*, in: Ehmann/Selmayr, DS-GVO Art. 5 Rn. 17; *Herbst*, in: Kühling/Buchner, DS-GVO Art. 5 Rn. 54.

1071 *Caspar*, in: Simitis/Hornung/Spiecker gen. Döhmann, DSGVO Art. 89 Rn. 44.

1072 *Artikel-29-Datenschutzgruppe,* WP 260, S. 38.

sprünglichen Zwecks hinaus verarbeitet werden.[1073] Die Norm kann dabei nicht zu einer ewigen Speichererlaubnis führen, sondern orientiert sich am Sekundärzweck der Forschung.[1074] Dies zeigt auch die Vorgabe zur Löschung aus Art. 17 Abs. 2 lit. d DS-GVO, welcher bestimmt, dass das Recht auf Löschung nur dann nicht vorliegt, wenn dies die Verwirklichung des Forschungsvorhabens unmöglich macht oder ernsthaft beeinträchtigt.[1075]

Auch an dieser Stelle ist bei Verarbeitungstätigkeiten durch den Forschungsnetzbetreiber stets zu prüfen, ob die Datenverarbeitung wissenschaftlichen Zwecken dient.

2. Garantien und Ausnahmen nach Art. 89 DS-GVO

Die oben genannten Privilegierungen für den Forschungsnetzbetreiber werden nicht schrankenlos gewährt. Die Privilegierungsnormen verlangen im Zuge der Erleichterungen, dass diese nur unter der Berücksichtigung der Voraussetzungen von Art. 89 DS-GVO zulässig sind, so z. B. Art. 9 Abs. 2 lit. j DS-GVO.

Art. 89 DS-GVO sieht für die Verarbeitung bestimmte Mindestanforderungen an die Datenverarbeitungen im Forschungskontext vor und stellt keinen eigenen Erlaubnistatbestand dar.[1076] Vielmehr verlangt Art. 89 Abs. 1 DS-GVO vom Forschungsnetzbetreiber geeignete Garantien, welche sicherstellen sollen, dass eine Umsetzung angemessener technischer und organisatorischer Maßnahmen stattfindet, wenn sich dieser auf das Forschungsprivileg beruft. Dadurch soll insbesondere der Grundsatz der Datenminimierung gewahrt werden. In diesem Rahmen hebt Art. 89 Abs. 1 S. 3 DS-GVO die Pseudonymisierung der personenbezogenen Daten vor.

Der Forschungsnetzbetreiber ist daher bei einer Berufung auf die Forschungsprivilegien besonders angehalten, entsprechende Garantien zugunsten der Datenminimierung vorzunehmen, wie neben der Pseudonymisierung die Anonymisierung, die Verschlüsselung oder effiziente Zugangsmechanismen.[1077]

Art. 89 Abs. 2 DS-GVO gewährt für die Datenverarbeitung zu Forschungszwecken den Mitgliedstaaten die Möglichkeit, Ausnahmen von den Betroffenenrechten

---

[1073] *Albrecht/Jotzo*, Teil III Rn. 74; *Geminn*, DuD 2018, 640, 641.
[1074] *Geminn*, DuD 2018, 640, 641.
[1075] *Johannes*, in: Roßnagel, § 4 III. Rn. 68.
[1076] *Buchner/Tinnefeld*, in: Kühling/Buchner, DS-GVO Art. 89 Rn. 1; *Pauly*, in: Paal/Pauly, DS-GVO Art. 89 Rn. 1; *Raum*, in: Ehmann/Selmayr, DS-GVO Art. 89 Rn. 1.
[1077] Zu den Maßnahmen *Buchner/Tinnefeld*, in: Kühling/Buchner, DS-GVO Art. 89 Rn. 19; *Weichert*, ZD 2020, 18, 22.

vorzunehmen.[1078] In Deutschland wurde hiervon Gebrauch gemacht, insoweit sind § 27 BDSG sowie die einzelnen LDSG einschlägig.[1079]

3. Privilegierung der Wissenschaftskommunikation nach Art. 85 DS-GVO

Doch nicht nur Art. 89 DS-GVO i. V. m. den Privilegierungsnormen bzw. den nationalen Datenschutzvorgaben bestimmt die Privilegierung der Datenverarbeitung zu Forschungszwecken, sondern auch Art. 85 DS-GVO betrifft den Komplex der Datenverarbeitung zu wissenschaftlichen Zwecken. Nach Absatz 1 haben die Mitgliedstaaten den Regelungsauftrag,[1080] den Schutz personenbezogener Daten mit dem Recht auf freie Meinungsäußerung und Informationsfreiheit in Einklang zu bringen.[1081] Die Verarbeitung zu wissenschaftlichen Zwecken bezieht der europäische Gesetzgeber als Unterfall der Meinungs- und Informationsfreiheit ein.[1082] Absatz 2 sieht daher für die Mitgliedstaaten die Möglichkeit vor, von den Kapiteln II bis VII sowie IX der DS-GVO Abweichungen vorzunehmen.

Für Forschungsnetzbetreiber als Intermediär der Wissenschaft ist Art. 85 DS-GVO aufgrund seines Anwendungsbereichs hinsichtlich des Schutzes der Wissenschaftskommunikation[1083] von hoher Relevanz. Fraglich ist allerdings, inwieweit sich der Forschungsnetzbetreiber auf die Privilegien des Art. 85 DS-GVO berufen kann.

Der Anwendungsbereich von Art. 85 DS-GVO grenzt sich insoweit von Art. 89 DS-GVO ab, dass dieser lediglich die interne Datenverarbeitung erfasst.[1084] Diese Auffassung lässt sich insbesondere aus der sprachlichen Auslegung des Art. 85

1078 *Carmichael/Cradock/Stalla-Bourdillon*, in: Spiecker gen. Döhmann/Papakōnstantinu/Hornung u. a., GDPR Art. 89 S. 18; *Caspar*, in: Simitis/Hornung/Spiecker gen. Döhmann, DSGVO Art. 89 Rn. 57.

1079 Zu den nationalen Vorgaben im Einzelnen siehe *Bernhardt/Ruhmann/Weichert*, Die Forschungsklauseln im neuen Datenschutzrecht, 18.10.2018, S. 15 ff.

1080 *Albrecht/Janson*, CR 2016, 500, 502; *Benecke/Wagner*, DVBl. 2016, 600, 602; *Lauber-Rönsberg*, AfP 2019, 373, 376; *Lauber-Rönsberg/Hartlaub*, NJW 2017, 1057, 1060; *Nettesheim*, AfP 2019, 473, 476.

1081 *Dix*, in: Simitis/Hornung/Spiecker gen. Döhmann, DSGVO Art. 85 Rn. 9; *Nettesheim*, AfP 2019, 473, 475.

1082 *Hornung/Hofmann*, ZD-Beilage 4/2017, 1, 12; *Weichert*, ZD 2020, 18, 20.

1083 *Dix*, in: Simitis/Hornung/Spiecker gen. Döhmann, DSGVO Art. 85 Rn. 19; *Lauber-Rönsberg*, in: BeckOK DatenschutzR, DS-GVO Art. 85 Rn. 25; *Schulz/Heilmann*, in: Gierschmann/Schlender/Stentzel u. a., DS-GVO Art. 85 Rn. 50; *Hornung/Hofmann*, ZD-Beilage 4/2017, 1, 12; *Lauber-Rönsberg*, UFITA 2018, 398, 415; a. A. *Buchner/Tinnefeld*, in: Kühling/Buchner, DS-GVO Art. 89 Rn. 21; *Pötters*, in: Gola/Heckmann, DS-GVO Art. 89 Rn. 22; *Weichert*, in: Däubler/Wedde/Weichert u. a., DSGVO Art. 85 Rn. 37.

1084 *Dix*, in: Simitis/Hornung/Spiecker gen. Döhmann, DSGVO Art. 85 Rn. 19; *Lauber-Rönsberg*, in: BeckOK DatenschutzR, DS-GVO Art. 85 Rn. 25.

DS-GVO feststellen.[1085] Während in der deutschen Sprachfassung in Art. 85 DS-GVO der Anwendungsbereich mit „*wissenschaftlichen [...] Zwecken*" begrenzt wird, verwendet der Unionsgesetzgeber in Art. 89 DS-GVO den Begriff der „*wissenschaftlichen Forschungszwecke*".[1086] Der Verordnungsgeber hatte daher verschiedene Anwendungsbereiche erfassen wollen.[1087] Deutlich wird das auch mit Blick auf die englische Sprachfassung: Hier verwendet der Verordnungsgeber den Begriff der „*academic [...] expression*" in Art. 85 DS-GVO und grenzt den Anwendungsbereich mit der allgemeinen Formulierung der „*academic or historical research purposes*" in Art. 89 DS-GVO ab.[1088]

Auch Erwägungsgrund 153 DS-GVO bestätigt die Beschränkung des Anwendungsbereichs auf die Kommunikation, indem er ausdrücklich auf das Grundrecht der Meinungs- und Informationsfreiheit nach Art. 11 GRCh verweist.[1089] Aufgrund dieser Beschränkung des Anwendungsbereichs verliert Art. 89 DS-GVO entgegen anderer Stimmen in der Literatur[1090] nicht seine Bedeutung, sondern bleibt innerhalb seines Anwendungsbereichs parallel anwendbar.[1091]

Die unterschiedlichen Formulierungen haben darüber hinaus zur Folge, dass Art. 85 DS-GVO den Wissenschaftsbegriff des Art. 13 GRCh vollumfänglich erfasst.[1092] Daher ist im Gegensatz zu Art. 89 DS-GVO die akademische Freiheit und somit die Lehre ebenfalls vom Anwendungsbereich des Art. 85 DS-GVO umfasst.[1093] Dieser weite Anwendungsbereich ist aufgrund der umfassenden Übertragungstätigkeiten des Forschungsnetzbetreibers von praktischer Bedeutung.

Ob Art. 85 Abs. 1 DS-GVO neben Absatz 2 als eigene Öffnungsklausel Geltung findet oder nicht,[1094] spielt für die Anwendbarkeit der Vorgaben auf die Datenverar-

---

[1085] *Dix*, in: Simitis/Hornung/Spiecker gen. Döhmann, DSGVO Art. 85 Rn. 19; *Lauber-Rönsberg*, in: BeckOK DatenschutzR, DS-GVO Art. 85 Rn. 25; *Hornung/Hofmann*, ZD-Beilage 4/2017, 1, 12.

[1086] *Hornung/Hofmann*, ZD-Beilage 4/2017, 1, 12.

[1087] *Dix*, in: Simitis/Hornung/Spiecker gen. Döhmann, DSGVO Art. 85 Rn. 19; *Hornung/Hofmann*, ZD-Beilage 4/2017, 1, 12.

[1088] *Dix*, in: Simitis/Hornung/Spiecker gen. Döhmann, DSGVO Art. 85 Rn. 19; *Schulz/Heilmann*, in: Gierschmann/Schlender/Stentzel u. a., DS-GVO Art. 85 Rn. 49; *Hornung/Hofmann*, ZD-Beilage 4/2017, 1, 12.

[1089] *Hornung/Hofmann*, ZD-Beilage 4/2017, 1, 12.

[1090] *Buchner/Tinnefeld*, in: Kühling/Buchner, DS-GVO Art. 89 Rn. 24; *Cornils*, in: BeckOK InfoMedienR, DS-GVO Art. 85 Rn. 83 ff.; *Pötters*, in: Gola/Heckmann, DS-GVO Art. 89 Rn. 21.

[1091] *Dix*, in: Simitis/Hornung/Spiecker gen. Döhmann, DSGVO Art. 85 Rn. 19; *Lauber-Rönsberg*, in: BeckOK DatenschutzR, DS-GVO Art. 85 Rn. 25.

[1092] *Cornils*, in: BeckOK InfoMedienR, DS-GVO Art. 85 Rn. 82.

[1093] *Cornils*, in: BeckOK InfoMedienR, DS-GVO Art. 85 Rn. 82; *Tinnefeld/Buchner/Petri u. a.*, S. 177.

[1094] Offengelassen: BGH, Urt. v. 21.1.2021, I ZR 207/19, Urlaubslotto, ECLI:DE:BGH:2021:210121 UIZR207.19.0 = NJW 2021, 1311, Rn. 42; im Kontext des datenschutzrechtlichen Medienprivilegs ausführlich zum Streit hierzu m. w. N. *Cornils*, S. 45 ff.; m. w. N. *Lauber-Rönsberg*, UFITA 2018, 398, 417 ff.; *Michel*, ZUM 2018, 839, 841 f.

beitungen des Forschungsnetzbetreibers dagegen keine Rolle. Der deutsche Gesetzgeber hat von seinem Regelungsauftrag im Wissenschaftskontext bislang (anders als bei den Medienprivilegien)[1095] keinen Gebrauch gemacht.[1096]

Beachtlich ist allerdings, dass die DS-GVO den Mitgliedstaaten keine bestimmte Umsetzungsform der Einschränkungen vorgibt.[1097] Daher kann auch eine Rechtsfortbildung der nationalen Gerichte kurzfristig zu Begünstigungen der wissenschaftlichen Datenverarbeitungen führen.[1098]

Für Forschungsnetzbetreiber bedeutet dies, dass Datenverarbeitungen, welche unter den Schutzbereich des Art. 13 GRCh fallen, auch unter den Bedingungen des Art. 85 DS-GVO privilegiert werden können.[1099]

Auch wenn die Mehrheit der Datenverarbeitungen des Forschungsnetzbetreibers nicht im eigenen Interesse zugunsten der Wissenschaft stattfinden, sondern vorrangig im Interesse der angeschlossenen Teilnehmereinrichtungen und vor allem ihrer Nutzergruppen, sind die Vorgaben von Art. 85 DS-GVO einschlägig. Denn dieser inkludiert auch die Rolle des Intermediäres der Wissenschaft. Art. 85 DS-GVO erfasst nicht nur Tätigkeiten des Forschungsnetzbetreibers für Datenübertragungen, welche unmittelbar im (Eigen-) Interesse des Forschungsnetzbetreibers liegen, sondern schützt seine Position auch, wenn er als Intermediär zwischen den geschützten Wissenschaftlern und Einrichtungen auftritt.[1100] Eine Einschränkung des Intermediäres kann die von Art. 85 DS-GVO erfassten Datenverarbeitungen der Wissenschaftler ebenfalls unmittelbar beeinträchtigen und die Privilegierung liefe ins Leere, soweit die geschützten Verantwortlichen auf die Tätigkeiten des Forschungsnetzbetreibers für die Wissenschaftskommunikation angewiesen sind.[1101] Das erkennt auch der *BGH* im Rahmen der Meinungsfreiheit an.[1102] Dieser sieht den Schutzbereich des zugrunde liegenden Grundrechts der Nutzer für den Intermediär auch als eröffnet an, wenn dieser eine Rolle der „*unverzichtbaren Mittlerperson*" einnimmt.[1103]

1095 *Michel*, ZUM 2018, 839, 842; *Nettesheim*, AfP 2019, 473, 478.

1096 *Lauber-Rönsberg*, in: BeckOK DatenschutzR, DS-GVO Art. 85 Rn. 52; *Nettesheim*, AfP 2019, 473, 479.

1097 *Nettesheim*, AfP 2019, 473, 477.

1098 *Nettesheim*, AfP 2019, 473, 477 f.

1099 *Lauber-Rönsberg*, in: BeckOK DatenschutzR, DS-GVO Art. 85 Rn. 23; *Paal*, in: Paal/Pauly, DS-GVO Art. 85 Rn. 1.

1100 Zu Intermediären im Kontext des Medienprivilegs *Michel*, ZUM 2018, 839, 842; *Nettesheim*, AfP 2019, 473, 475.

1101 Zu Intermediären im Kontext des Medienprivilegs *Michel*, ZUM 2018, 839, 842.

1102 BGH, Urt. v. 20.2.2018, VI ZR 30/17, ECLI:DE:BGH:2018:200218UVIZR30.17.0 = ZUM-RD 2018, 478, Rn. 14 f.; BGH, Urt. v. 4.4.2017, VI ZR 123/16, ECLI:DE:BGH:2017:040417UVIZR 123.16.0 = ZUM-RD 2017, 515, Rn. 24; BGH, Urt. v. 23.9.2014, VI ZR 358/13, Ärztebewertung II, BGHZ 202, 242, 251 f. = NJW 2015, 489, Rn. 28.

1103 BGH, Urt. v. 20.2.2018, VI ZR 30/17, ECLI:DE:BGH:2018:200218UVIZR30.17.0 = ZUM-RD 2018, 478, Rn. 14 f.; BGH, Urt. v. 4.4.2017, VI ZR 123/16, ECLI:DE:BGH:2017:040417UVI

Beim Forschungsnetzbetreiber ist dies, wie schon festgestellt, im Rahmen der Wissenschaftsfreiheiten und der -kommunikation der Fall.[1104] In diesem Rahmen ist auf die Ausführungen des Teil 3 zu verweisen. Anders als ‚klassische' Access Provider, welche die Übertragung der geschützten Daten ohne Eigeninteresse vornehmen[1105], ist der Forschungsnetzbetreiber aufgrund seiner grundrechtlichen Stellung auch in seiner Rolle als Intermediär vom Schutzbereich des Art. 85 DS-GVO erfasst. Die Privilegierung nach Art. 85 DS-GVO ist somit neben den erfassten Tätigkeiten der Nutzergruppen und der Einrichtungen auch für die Tätigkeiten des Forschungsnetzbetreibers einschlägig.

Als Konsequenz hieraus kann der Forschungsnetzbetreiber von datenschutzrechtlichen Pflichten ausgenommen werden, wenn dies für die Wahrnehmung der Wissenschaftsfreiheiten erforderlich ist. Dabei ist stets die praktische Konkordanz zwischen den Rechten der betroffenen Personen sowie der Interessen des Forschungsnetzbetreibers zu beachten und in Einklang zu bringen.[1106] Es kann daher nicht davon ausgegangen werden, dass die Privilegierung des Art. 85 DS-GVO ein einseitiges Abweichen von Datenschutzvorgaben erlaubt.[1107] Vielmehr ist im Rahmen der Abwägung zwischen den betroffenen Rechten zu prüfen, welche Abweichungen von den datenschutzrechtlichen Vorgaben erforderlich sind, um die wissenschaftliche Kommunikation zu ermöglichen, ohne die Rechte der betroffenen Personen übermäßig einzuschränken.[1108] Darüber hinaus verpflichtet die Privilegierung nach Art. 85 DS-GVO den Forschungsnetzbetreiber zur Vornahme von angemessenen technischen und organisatorischen Maßnahmen.[1109]

Maßgeblich ist allerdings im Rahmen von Art. 85 DS-GVO, dass die Festlegung der Privilegierungen des Forschungsnetzbetreibers letztlich bei den Mitgliedstaaten liegt und die DS-GVO keine eigene Rechtsgrundlage für den Verantwortlichen selbst bietet (Art. 85 Abs. 1, Abs. 2 DS-GVO). Bezüglich einer Erleichterung von den Datenschutzvorgaben wurde in Deutschland im Wissenschaftskontext bislang noch kein Gebrauch gemacht.[1110] Dennoch kann eine Privilegierung z. B. durch eine gerichtliche Fortbildung der nationalen Gerichte erfolgen.[1111]

ZR123.16.0 = ZUM-RD 2017, 515, Rn. 24; BGH, Urt. v. 23.9.2014, VI ZR 358/13, Ärztebewertung II, BGHZ 202, 242, 251 f. = NJW 2015, 489, Rn. 28.

1104 Siehe Teil 3.

1105 *Dix*, in: Spiecker gen. Döhmann/Papakõnstantinu/Hornung u. a., GDPR Art. 85 Rn. 22.

1106 *Buchner/Tinnefeld*, in: Kühling/Buchner, DS-GVO Art. 85 Rn. 22.

1107 *Lauber-Rönsberg*, AfP 2019, 373, 377.

1108 Im Kontext der Meinungsfreiheiten siehe *Lauber-Rönsberg*, AfP 2019, 373, 377.

1109 *Lauber-Rönsberg*, AfP 2019, 373, 377.

1110 *Lauber-Rönsberg*, in: BeckOK DatenschutzR, DS-GVO Art. 85 Rn. 52; *Nettesheim*, AfP 2019, 473, 479.

1111 *Nettesheim*, AfP 2019, 473, 477 f.

4. Zwischenergebnis

Die Anwendbarkeit der DS-GVO auf die Tätigkeiten des Forschungsnetzbetreibers sorgt zwar einerseits für die Verpflichtung, die datenschutzrechtlichen Vorgaben vollumfänglich zu beachten. Dennoch war sich der Unionsgesetzgeber bei der Gesetzgebung der DS-GVO des besonderen Spannungsverhältnisses zwischen den Rechten der betroffenen Person und der Wissenschaftsfreiheiten bewusst. Als Resultat weist die DS-GVO an vielen Stellen Privilegierungen auf, welche die Verarbeitung personenbezogener Daten unter erleichternden Umständen erlaubt.

Da der Forschungsnetzbetreiber naturgemäß vorrangig wissenschaftsbezogene Datenverarbeitungen vornimmt, bleibt festzustellen, dass auch dieser sowohl für die eigenen wissenschaftsbezogenen Datenverarbeitungen als auch als Intermediär zwischen den Teilnehmern und Nutzergruppen von den Privilegierungen profitieren kann.

Basis für die Privilegierungen stellt Art. 89 DS-GVO dar, welcher die grundlegenden Bedingungen für interne Datenverarbeitungen von wissenschaftlichen Forschungsdaten vorgibt. Soweit der Forschungsnetzbetreiber personenbezogene Daten zu Forschungszwecken verarbeitet, kann er von den Privilegierungen profitieren.

Die Öffnungsklauseln, die im wissenschaftlichen Rahmen von der DS-GVO vorgesehen sind, hat der deutsche Gesetzgeber vor allem in § 27 BDSG sowie den einschlägigen Landesdatenschutzgesetzen geregelt.

Durch Art. 85 DS-GVO wird neben Art. 89 DS-GVO insbesondere seine Stellung als Intermediär gestärkt. Dadurch, dass sich der Forschungsnetzbetreiber wie in Teil 3 festgestellt auch als Intermediär der Wissenschaft auf die Wissenschaftsfreiheit aus Art. 13 GRCh berufen kann, unterfällt er den Privilegierungen aus Art. 85 DS-GVO. Jedoch hat es der deutsche Gesetzgeber bislang unterlassen, entsprechende Privilegierungsnormen im deutschen Recht umzusetzen. Sollten entsprechende Privilegierungen für die Wissenschaftskommunikation erforderlich sein, könnten diese kurzfristig von den nationalen Gerichten festgestellt werden. Wie weit die Abweichungen von den Vorgaben der DS-GVO gehen dürfen, ist von den Eingriffen der betroffenen Grundrechte abhängig, welche in der vorzunehmenden Abwägung gleichrangig zu behandeln sind.[1112]

VI. Zwischenergebnis

Die Anwendbarkeit der DS-GVO auf die Datenübertragungstätigkeiten des Forschungsnetzbetreibers als ‚Access Provider der Wissenschaft‘ hat weitreichende Auswirkungen. Insbesondere die Feststellung, dass das Forschungsnetz und der Internetdienst des Forschungsnetzbetreibers nicht unter den Begriff des öffentlich

[1112] *Dix*, in: Simitis/Hornung/Spiecker gen. Döhmann, DSGVO Art. 85 Rn. 20.

zugänglichen Kommunikationsnetzes und -dienstes fallen, steht im Zentrum dieser Weichenstellung.

Dieses Ergebnis wird der Rolle des Forschungsnetzbetreibers auch gerecht. Während ‚klassische' Telekommunikationsdienstleister ihr Angebot an Jedermann erbringen, ohne dass diese Kunden einen Bezug zum Telekommunikationsdienstleister aufweisen, beschränkt sich der Forschungsnetzbetreiber allein auf die Angehörigen der Wissenschaftsgemeinschaft. Für Personen und Einrichtungen außerhalb der Wissenschaft bleibt der Zugang wie festgestellt konsequent gesperrt. Dabei werden die meisten angeschlossenen Einrichtungen durch ihre Mitgliedschaft in der Vereinsstruktur des Forschungsnetzbetreibers aktiv am Betrieb des Forschungsnetzes beteiligt.

Kein entgegenstehendes Argument ist daher die große Anzahl an Nutzern, die über verschiedene Zugänge die Möglichkeit erhalten, das Forschungsnetz zu nutzen. Durch die aktiven Beschränkungen des Zugangs sowie dem hiermit einhergehenden hierarchischen Aufbau der Verwaltung ist die faktische Kontrolle der Zugangsbeschränkungen sichergestellt. Darüber hinaus binden die DFN-Satzung, die Rahmenverträge, die Nutzungsvereinbarungen und die Benutzungsordnungen sowohl den Forschungsnetzbetreiber, die Mitglieder und Teilnehmereinrichtungen als auch alle Nutzergruppen, sodass die Zugänglichkeit zum Internetdienst beschränkt bleibt und Zuwiderhandlungen durch Ausschlüsse unterbunden werden können.

Daher bleibt als zentrales Zwischenergebnis festzuhalten:

- Der Vorrang der DS-GVO bleibt für den Forschungsnetzbetreiber bestehen, insbesondere die Kollisionsregel des Art. 95 DS-GVO findet keine Anwendung auf den Internetdienst.

- Das Fernmeldegeheimnis aus § 3 TTDSG findet auf personenbezogene Daten keine Anwendung. Weder Art. 95 noch Art. 88 DS-GVO geben dem TTDSG einen Vorrang vor den Regelungen der DS-GVO.

- Die Frage nach der datenschutzrechtlichen Verantwortlichkeit lässt sich für den Forschungsnetzbetreiber nicht pauschal klären. Insoweit kommt es stets auf die Datenverarbeitung in Einzelfall an. Durch den Aufbau in einer Vereinsstruktur kommt sowohl die alleinige Verantwortlichkeit des Forschungsnetzbetreibers, die Auftragsverarbeitung als auch die gemeinsame Verantwortlichkeit in Betracht.

- Die Wissenschaftsprivilegien der DS-GVO finden auch für den Forschungsnetzbetreiber Anwendung. Auch hier kommt es auf die einzelne Datenverarbeitung an, die zu wissenschaftlichen Forschungszwecken erfolgen muss, um privilegiert zu sein. Allerdings muss hierbei beachtet werden, dass Art. 89 DS-GVO die Lehre aufgrund des engeren Forschungsbegriffs nicht privilegiert.

- Dagegen kann der Forschungsnetzbetreiber von den Privilegien des Art. 85 DS-GVO erfasst werden. Da Art. 85 DS-GVO den Wissenschaftsbegriff als Ganzes adressiert, ist auch die Lehre vom Schutzbereich erfasst. Doch der Anwendungsbereich des Art. 85 DS-GVO beschränkt sich auf die Wissenschaftskommunikation. Soweit das Grundrecht des Art. 13 GRCh berührt wird, kann sich auch der Forschungsnetzbetreiber auf die Privilegierungen des Art. 85 DS-GVO berufen. Allerdings ist der deutsche Gesetzgeber dem Regelungsauftrag aus Art. 85 Abs. 1 DS-GVO bislang nicht nachgekommen.

B. Anwendbarkeit des TTDSG

Zwar fällt die Verarbeitung personenbezogener Daten natürlicher Personen im Forschungsnetz weiterhin unter den Anwendungsbereich der DS-GVO und die nationalen Normen des TTDSG treten hinter der DS-GVO zurück, die Vorgaben des TTDSG bleiben dennoch weiterhin anwendbar.[1113] Der Anwendungsbereich des TTDSG kann damit für die Verarbeitung personenbezogener Daten juristischer Personen sowie sachbezogene Daten eröffnet sein.[1114] Sollte dies der Fall sein, stellt sich die Frage, wie mit den möglicherweise kollidierenden Pflichten des Forschungsnetzbetreibers umzugehen ist. In Betracht kommen insbesondere die Anwendbarkeit des Fernmeldegeheimnisses aus § 3 TTDSG, die Datenschutzvorgaben aus den §§ 7 ff. TTDSG und die sog. Cookie-Regelungen aus § 25 TTDSG.

I. Fernmeldegeheimnis, § 3 TTDSG

Es wurde bereits festgestellt, dass die überschießende Umsetzung des deutschen Gesetzgebers des Fernmeldegeheimnisses, welches gemäß § 3 Abs. 2 TTDSG auch für Anbieter nicht-öffentlicher Telekommunikationsdienste Geltung finden soll, nicht von der Kollisionsregelung des Art. 95 DS-GVO umfasst ist. Insoweit wird § 3 TTDSG hinsichtlich der Verarbeitung personenbezogener Daten natürlicher Personen durch den Anwendungsbereich der DS-GVO verdrängt.[1115]

Bezüglich der Datenverarbeitungen der übrigen, sachbezogenen Daten der Nutzer oder personenbezogenen Daten juristischer Personen ist die Verpflichtung des Forschungsnetzbetreibers zur Wahrung des Fernmeldegeheimnisses dennoch denkbar. Der Vorrang der DS-GVO erstreckt sich nicht auf diese Datenverarbeitungen, daher ist zu untersuchen, ob der Schutz des Fernmeldegeheimnisses diese Datenverarbeitungen umfasst.

1. Sachlicher Anwendungsbereich

Der Schutz des § 3 TTDSG erstreckt sich nach § 3 Abs. 1 S. 1 TTDSG auf den *„Inhalt der Telekommunikation und ihre näheren Umstände, insbesondere die Tatsache, ob jemand an einem Telekommunikationsvorgang beteiligt ist oder war.“* Der Begriff der Telekommunikation wird über § 2 Abs. 1 TTDSG i. V. m. § 3 Nr. 59 TKG bestimmt, sodass Telekommunikation *„der technische Vorgang des Aussen-*

1113 BGH, Urt. v. 28.5.2020, I ZR 7/16, Cookie-Einwilligung II, ECLI:DE:BGH:2020:280520UI ZR7.16.0, Rn. 62 = MMR 2020, 609 m. Anm. Gierschmann; *Piltz*, in: Gola/Heckmann, DS-GVO Art. 95 Rn. 20; *Jandt*, ZD 2018, 405.

1114 *Holländer*, in: BeckOK DatenschutzR, DS-GVO Art. 95 Rn. 6; *Sydow*, in: Sydow/Marsch/Bienemann u. a., DS-GVO Art. 95 Rn. 11; *Kelleher/Murray*, S. 476.

1115 Siehe Teil 5.

dens, Übermittelns und Empfangens von Signalen mittels Telekommunikationsanlagen" ist.

Auch wenn die Definition aus dem TKG a. F. unverändert übernommen wurde und damit etwas veraltet anmutet,[1116] wird alles, was Inhalt eines Telekommunikationsvorgangs, also beim Aussenden, Übermitteln und Empfangen, geschützt.[1117] Erfasst sind dabei alle modernen Übertragungsformen der Fernkommunikation.[1118] Auch Verkehrsdaten der Kommunikation, also „*Daten, deren Erhebung, Verarbeitung oder Nutzung bei der Erbringung eines Telekommunikationsdienstes erforderlich sind*" (§ 3 Nr. 70 TKG), werden vom Fernmeldegeheimnis als „*Umstände der Telekommunikation*" (§ 3 Abs. 3 S. 1 TTDSG) geschützt.[1119]

Irrelevant ist für das TTDSG, ob es sich bei den Informationen um personenbezogene oder sachbezogene Informationen handelt. Auch anonymisierte Informationen werden vom Fernmeldegeheimnis umfasst.[1120] Insoweit ist trotz des festgestellten Vorrangs der DS-GVO die Anwendbarkeit des § 3 TTDSG auf die übrigen, nicht von der DS-GVO erfassten Informationsübertragungen des Forschungsnetzbetreibers eröffnet.

2. Kreis der Verpflichteten

Als zur Wahrung Verpflichtete des Fernmeldegeheimnisses benennt § 3 Abs. 2 S. 1 TTDSG:

1. *„Anbieter von öffentlich zugänglichen Telekommunikationsdiensten sowie natürliche und juristische Personen, die an der Erbringung solcher Dienste mitwirken,*
2. *Anbieter von ganz oder teilweise geschäftsmäßig angebotenen Telekommunikationsdiensten sowie natürliche und juristische Personen, die an der Erbringung solcher Dienste mitwirken,*
3. *Betreiber öffentlicher Telekommunikationsnetze und*
4. *Betreiber von Telekommunikationsanlagen, mit denen geschäftsmäßig Telekommunikationsdienste erbracht werden."*

[1116] *Assion*, in: Assion/Aretz, TTDSG § 3 Rn. 42.

[1117] *Eckhardt*, in: Schwartmann/Jaspers/Eckhardt, TTDSG § 3 Rn. 13.

[1118] BVerfG, Urt. v. 27.2.2008, 1 BvR 370/07, 1 BvR 595/07, BVerfGE 120, 274, 307; *Assion*, in: Assion/Aretz, TTDSG § 3 Rn. 42; *Munz*, in: Taeger/Gabel, TTDSG § 3 Rn. 9.

[1119] *Munz*, in: Taeger/Gabel, TTDSG § 3 Rn. 10.

[1120] *Assion*, in: Assion/Aretz, TTDSG § 3 Rn. 49 f.

a) § 3 Abs. 2 S. 1 Nr. 1 und Nr. 3 TTDSG

§ 3 Abs. 2 S. 1 Nr. 1 und Nr. 3 TTDSG verweisen wie die DS-GVO auf die Öffentlichkeit des angebotenen Kommunikationsnetzes bzw. Telekommunikationsdienstes. Der deutsche Gesetzgeber definiert ein öffentliches Kommunikationsnetz nach § 2 Abs. 1 TTDSG i. V. m. § 3 Nr. 42 TKG als *„Telekommunikationsnetz, das ganz oder überwiegend der Erbringung öffentlich zugänglicher Telekommunikationsdienste dient, die die Übertragung von Informationen zwischen Netzabschlusspunkten ermöglichen"*.

Ein Telekommunikationsdienst ist dann als öffentlich zugänglich anzusehen, wenn er gemäß § 2 Abs. 1 TTDSG i. V. m. § 3 Nr. 44 TKG *„einem unbestimmten Personenkreis zur Verfügung"* gestellt wird.

Insoweit entspricht die Vorstellung des deutschen Gesetzgebers des Öffentlichkeitsbegriffs den Vorgaben des europäischen Gesetzgebers im Kontext des Art. 95 DS-GVO. Daher kann bezüglich der öffentlichen Zugänglichkeit des Forschungsnetzes auf die vorangegangenen Ausführungen verwiesen werden.[1121] Das Forschungsnetz wird gerade nicht einem unbestimmten Personenkreis zur Verfügung gestellt, sondern nur den Mitgliedern der wissenschaftlichen Gemeinschaft und Lehre.

Auch die in Deutschland von der Bundesnetzagentur ursprünglich vertretene Auffassung, dass ein Dienst öffentlich zugänglich ist, wenn er einer größeren Gruppe an potenziellen Nutzern zur Verfügung steht,[1122] steht dem nicht entgegen. Denn die Bundesnetzagentur verneinte selbst die Öffentlichkeit, wenn im Zeitpunkt des Angebots die Mitglieder der Benutzergruppe einzeln feststehen oder anhand konkreter Merkmale bestimmbar sind.[1123] Dadurch, dass sich das Angebot des Forschungsnetzbetreibers allein an die Angehörigen der Wissenschaftsgemeinschaft richtet, sind die potenziellen Nutzer des Internetdienstes stets bestimmbar.

b) § 3 Abs. 2 S. 1 Nr. 2 und Nr. 4 TTDSG

Daher kommt nur die Adressatenkreise des § 3 Abs. 2 S. 1 Nr. 2 und Nr. 4 TTDSG in Betracht.

aa) Anbieter von geschäftsmäßig angebotenen Telekommunikationsdiensten

Nach Nummer 2 ist auch ein Anbieter von ganz oder teilweise geschäftsmäßig angebotenen Telekommunikationsdiensten zur Wahrung des Fernmeldegeheimnisses verpflichtet.

[1121] Siehe Teil 5.

[1122] Siehe *Assion*, in: Assion/Aretz, TTDSG § 3 Rn. 92.

[1123] Siehe *Assion*, in: Assion/Aretz, TTDSG § 3 Rn. 92.

(1) Telekommunikationsdienst

Unter dem Begriff des Telekommunikationsdienstes versteht § 2 Abs. 1 TTDSG i. V. m. § 3 Nr. 61 TKG „*in der Regel gegen Entgelt über Telekommunikationsnetze erbrachte Dienste, die – mit der Ausnahme von Diensten, die Inhalte über Telekommunikationsnetze und -dienste anbieten oder eine redaktionelle Kontrolle über sie ausüben*".

Buchstabe a der Norm umfasst dabei auch Internetzugangsdienste. § 3 Nr. 23 TKG verweist für die Begriffsbestimmung des Internetzugangsdienstes auf Art. 2 Abs. 2 Nr. 2 der Verordnung (EU) 2015/2120.

Wie zuvor festgestellt, unterfällt der Internetdienst eines Forschungsnetzbetreibers zwar von den technischen Merkmalen der Bestimmung. Allerdings stellt die Definition der Verordnung neben den technischen Merkmalen auch auf die öffentliche Zugänglichkeit des Dienstes ab. Diese ist bei dem Internetdienst eines Forschungsnetzbetreibers nicht gegeben. Eine Einordnung als Internetzugangsdienst i. S. d. Verordnung (EU) 2015/2120 liegt daher nicht vor.

Festgestellt wurde allerdings schon, dass der Internetdienst des Forschungsnetzbetreibers unter den Begriff des Signalübertragungsdienstes i. S. d. § 3 Nr. 61 lit. c TKG fällt.[1124] Der Forschungsnetzbetreiber fällt damit als Signalübertragungsdiensteanbieter auch unter die Telekommunikationsdienste i. S. d. TKG.

(2) In der Regel gegen Entgelt

Ein Telekommunikationsdienst wird „*in der Regel gegen Entgelt*" erbracht, wenn üblicherweise für die Erbringung des Dienstes eine Gegenleistung erbracht wird.[1125] Die Gegenleistung muss nicht zwingend in Form einer Bezahlung in Geld erfolgen, auch andere Vorteile, wie der Zugriff auf Daten des Nutzers stellen ein Entgelt dar.[1126] Wie auch ‚klassische' Telekommunikationsdienstleister regelmäßig für ihre Dienste ein Entgelt verlangen, entrichten auch die angeschlossenen Teilnehmereinrichtungen für den Anschluss am Forschungsnetz entsprechend der geltenden Entgeltordnung[1127] je nach Nutzungsumfang ein entsprechendes Nutzungsentgelt. Damit liegt das Merkmal der Entgeltlichkeit bei dem Anschluss und der Benutzung des Forschungsnetzes vor.

1124 Siehe Teil 5.

1125 *Assion*, in: Assion/Aretz, TTDSG § 3 Rn. 74.

1126 ErwG 16 S. 5 EECC-Richtlinie; *Assion*, in: Assion/Aretz, TTDSG § 3 Rn. 74.

1127 *DFN-Verein*, Entgeltordnung für die Dienste, abrufbar unter: https://www.dfn.de/wp-content/uploads/2022/01/Entgeltordnung-DFNInternet-und-Dienst-Paket-2_0721.pdf (zuletzt abgerufen am 10.10.2023).

(3) Geschäftsmäßigkeit

Die Geschäftsmäßigkeit eines Dienstes i. S. d. § 3 Abs. 2 S. 1 Nr. 2 TTDSG wird weder vom TTDSG noch vom TKG trotz der fortgeführten gesetzlichen Erwähnung definiert. Das TKG a. F. nahm in § 3 Nr. 10 noch eine entsprechende Begriffsbestimmung vor. Die Literatur interpretiert dieses gesetzgeberische Vorgehen unterschiedlich.

Einerseits wird vertreten, dass die fehlende Definition bedeutet, dass sich der Gesetzgeber von der alten Definition lösen wollte und es nun allein auf die Entgeltlichkeit des Dienstes ankommen soll.[1128] Dagegen soll sprechen, dass der Gesetzgeber das Merkmal der Geschäftsmäßigkeit nicht im Gesetz belassen hätte, wenn es ihm darauf nicht mehr angekommen wäre.[1129]

Dem ist aufgrund der Begründung des Gesetzgebers im Regierungsentwurf zuzustimmen, wonach alle Telekommunikationsdienste „*wie bisher*" zur Wahrung des Fernmeldegeheimnisses verpflichtet sein sollen.[1130] Außerdem verpflichtete der Referentenentwurf des *BMWi* vom 12. Januar 2021 zunächst nur „*Anbieter öffentlicher Telekommunikationsdienste und Betreiber öffentlicher Kommunikationsnetze*" zur Wahrung des Fernmeldegeheimnisses.[1131] Kurze Zeit später fand sich im Regierungsentwurf des TTDSG vom 9. März 2021 die Einbeziehung der Geschäftsmäßigkeit wieder.[1132] Es ist daher davon auszugehen, dass der Gesetzgeber bewusst auch weiterhin an die alte Definition des TKG a. F. anknüpfen wollte, um keine neue Rechtslage zu schaffen.[1133]

Das TKG a. F. definierte das geschäftsmäßige Erbringen von Telekommunikationsdiensten in § 3 Nr. 10 TKG a. F. als „*das nachhaltige Angebot von Telekommunikation für Dritte mit oder ohne Gewinnerzielungsabsicht*". Der Begriff der Nachhaltigkeit ist ebenfalls nicht definiert und wird vom Gesetzgeber und in der Literatur mehrheitlich dahingehend konkretisiert, dass ein Angebot nachhaltig sei, wenn es eine gewisse Häufigkeit aufweist und auf gewisse Dauer angelegt ist.[1134]

[1128] *Rossow*, DuD 2022, 93, 95.

[1129] *Assion*, in: Assion/Aretz, TTDSG § 3 Rn. 93.

[1130] Regierungsentwurf TTDSG, BT-Drs. 19/27441, S. 34.

[1131] Entwurf eines Gesetzes über den Datenschutz und den Schutz der Privatsphäre in der Telekommunikation und bei Telemedien sowie zur Änderung des Telemediengesetzes vom 12.1.2021, § 3 Abs. 2 TTDSG-RefE.

[1132] Regierungsentwurf TTDSG, BT-Drs. 19/27441, § 3 Abs. 2 Nr. 2 und Nr. 4.

[1133] *Assion*, in: Assion/Aretz, TTDSG § 3 Rn. 93; *Dieckhoff/Assion*, ZD 2023, 371, 375; *Roßnagel*, NJW 2023, 400, 403.

[1134] Regierungsentwurf TKG 2004, BT-Drs. 15/2316, S. 58; *Assion*, in: Assion/Aretz, TTDSG § 3 Rn. 93; *Lünenbürger/Stamm*, in: Scheurle/Mayen, TKG § 3 Rn. 27; *Ricke*, in: Spindler/Schuster, TKG § 3 Rn. 22; *Kiparski*, CR 2021, 482, 485.

Darüber hinaus muss sich das Angebot an ‚Dritte' richten.[1135] Auch ohne Rückgriff auf die Definition der Geschäftsmäßigkeit des TKG a. F. wird teilweise in der Literatur vertreten, dass das Merkmal der Drittbezogenheit vorliegen muss, ohne dass dieses aus der Geschäftsmäßigkeit hergeleitet wird.[1136] Das Merkmal ergibt sich nach diesen Auffassungen aus dem Erfordernis des ‚Angebots'[1137] oder der ‚Dienstleistung'[1138]. Hierfür müsse ein Auseinanderfallen von Anbieter und Nutzer stattfinden und somit das Angebot bzw. die Dienstleistung an einen Dritten erfolgen.[1139]

Unabhängig davon, welcher Auffassung gefolgt wird, wird das Merkmal des Drittbezugs auch in der aktuellen Regelung des TTDSG bleiben.[1140] Die Literatur verlangt daher eine Form der Außenwirkung, welche nicht automatisch dem Begriff der Öffentlichkeit gleichzustellen ist, sodass auch geschlossene Benutzergruppen ein Angebot an Dritte darstellen können.[1141] Die Außenwirkung ist dann gegeben, wenn Personen, welche nicht mehr der Sphäre des Anbieters zuzurechnen sind, Adressaten des Angebots sind.[1142]

Wann Nutzer eines Dienstes als Dritte im Verhältnis zum Anbieter einzuordnen sind, ist umstritten. Das Merkmal wird insbesondere im Kontext der Einordnung von Arbeitgebern, welche ihren Arbeitnehmern z. B. einen E-Mail-Dienst anbieten viel diskutiert. [1143]

Auch nach Inkrafttreten des TTDSG stellt für die herrschende Meinung im arbeitsrechtlichen Kontext die mögliche Erlaubnis zur Privatnutzung des Dienstes das

[1135] *Assion*, in: Assion/Aretz, TTDSG § 3 Rn. 70; *Baumgartner*, in: Gierschmann/Baumgartner, TTDSG § 3 Rn. 34 f.; *Eckhardt*, in: Schwartmann/Jaspers/Eckhardt, TTDSG § 3 Rn. 76; *Hadidi*, in: Geppert/Schütz, TTDSG § 3 Rn. 22; *Wilmer*, in: Riechert/Wilmer, TTDSG § 3 Rn. 9.

[1136] *Assion*, in: Assion/Aretz, TTDSG § 3 Rn. 70; *Sander*, K&R 2022, 662, 666.

[1137] *Sander*, K&R 2022, 662, 666.

[1138] *Assion*, in: Assion/Aretz, TTDSG § 3 Rn. 70.

[1139] *Assion*, in: Assion/Aretz, TTDSG § 3 Rn. 70; *Sander*, K&R 2022, 662, 666.

[1140] *Dieckhoff/Assion*, ZD 2023, 371, 375.

[1141] *Ricke*, in: Spindler/Schuster, TKG § 3 Rn. 22.

[1142] *Fetzer*, in: Fetzer/Scherer/Graulich, TKG § 3 Rn. 54.

[1143] Für die Einordnung als Diensteanbieter: *DSK*, Orientierungshilfe der Datenschutzaufsichtsbehörden zur datenschutzgerechten Nutzung von E-Mail und anderen Internetdiensten am Arbeitsplatz, Januar 2016, S. 7; *Eckhardt*, in: Schwartmann/Jaspers/Eckhardt, TTDSG § 3 Rn. 77; *Fetzer*, in: Fetzer/Scherer/Graulich, TKG § 3 Rn. 54; *Hadidi*, in: Geppert/Schütz, TTDSG § 3 Rn. 22; *Jenny*, in: Plath, TTDSG § 3 Rn. 21; *Mayen*, in: Scheurle/Mayen, TKG § 88 Rn. 62; *Polenz*, in: Taeger/Pohle, Teil 13 138 Rn. 25; *Waßmer*, in: Säcker/Körber, TTDSG § 3 Rn. 30; *Brink*, ZD 2015, 295, 296 f.; *Brühl/Sepperer*, ZD 2015, 415, 416 f.; *Däubler*, § 8 Rn. 25 ff.; *Fischer*, ZD 2012, 265, 266 f.; *Rossow*, DuD 2022, 93, 95 f.; *Hoeren*, Rn. 34; *Schmidl*, MMR 2005, 343, 344; dagegen: *Assion*, in: Assion/Aretz, TTDSG § 3 Rn. 72; *Baumgartner*, in: Gierschmann/Baumgartner, TTDSG § 3 Rn. 52 f.; *Thüsing*, § 3 Rn. 79 ff.; *Böhm/Wybitul*, NZA-RR 2019, 133, 139; *Fokken*, NZA 2020, 629, 631 ff.; *Fülbier/Splittgerber*, NJW 2012, 1995, 1999; *Neuhöfer/Schefer*, jurisPR-Compl 5/2019, Anm. 1; *Schuster*, CR 2014, 21, 27; *Voigt*, in: FS Taeger, 511, 529.

zentrale Unterscheidungsmerkmal für das Vorliegen eines Angebots an Dritte dar.[1144] Nur soweit ausschließlich dienstliche E-Mails über den Dienst versendet und empfangen werden dürfen, soll das Dienstangebot des Arbeitgebers allein der Sphäre seines Unternehmens zuzurechnen sein.[1145] Dagegen stellt die private Nutzung des E-Mail-Postfachs eine Nutzung außerhalb der Unternehmenssphäre dar, weshalb in diesem Fall die Mehrheit der Literatur ein Angebot an Dritte annimmt.[1146] Dieser Meinung schließt sich auch die Konferenz der unabhängigen Datenschutzaufsichtsbehörden des Bundes und der Länder an.[1147]

Zentrales Argument der herrschenden Meinung ist die Erwägung des Gesetzgebers. Dieser habe schon in den Gründen des Gesetzesentwurfs des TKG 1996 die „*Nebenstellenanlagen in Betrieben und Behörden, soweit sie den Beschäftigten zur privaten Nutzung zur Verfügung gestellt sind*“ dem Fernmeldegeheimnis unterstellen wollen.[1148] Gegenstimmen sehen darin nur ein Redaktionsversehen.[1149]

Doch nicht nur die Literatur streitet um die richtige Einordnung des Arbeitgebers. Auch die Rechtsprechung ist sich nicht einig und spiegelt auf unterschiedliche Weise die Ansichten der Literatur wider. Während ein Teil der Gerichte den Arbeitgeber aufgrund der möglichen Privatnutzung des Dienstes als Diensteanbieter i. S. d. TKG einordnet,[1150] sehen andere Gerichte die Diensteanbietereigenschaft nicht als gegeben an.[1151] Ihrer Ansicht nach ist der Arbeitnehmer von der Erlaubnis der Privatnutzung

---

1144 *Assion*, in: Assion/Aretz, TTDSG § 3 Rn. 70 ff.; *Baumgartner*, in: Gierschmann/Baumgartner, TTDSG § 3 Rn. 48 ff.; *Eckhardt*, in: Schwartmann/Jaspers/Eckhardt, TTDSG § 3 Rn. 77; *Hadidi*, in: Geppert/Schütz, TTDSG § 3 Rn. 22; *Jenny*, in: Plath, TTDSG § 3 Rn. 21 f.; *Munz*, in: Taeger/Gabel, TTDSG § 3 Rn. 16 f.; *Waßmer*, in: Säcker/Körber, TTDSG § 3 Rn. 30; *Wilmer*, in: Riechert/Wilmer, TTDSG § 3 Rn. 9; *Dieckhoff/Assion*, ZD 2023, 371, 374; *Kiparski*, CR 2021, 482, 485; *Rossow*, DuD 2022, 93, 95 f.; *Roßnagel*, NJW 2023, 400, 403; *Sander*, K&R 2022, 662, 666.

1145 *DSK*, Orientierungshilfe der Datenschutzaufsichtsbehörden zur datenschutzgerechten Nutzung von E-Mail und anderen Internetdiensten am Arbeitsplatz, Januar 2016, S. 5 f.; *Fetzer*, in: Fetzer/Scherer/Graulich, TKG § 3 Rn. 54; *Brink*, ZD 2015, 295, 296.

1146 *Eckhardt*, in: Schwartmann/Jaspers/Eckhardt, TTDSG § 3 Rn. 77; *Hadidi*, in: Geppert/Schütz, TTDSG § 3 Rn. 22; *Waßmer*, in: Säcker/Körber, TTDSG § 3 Rn. 30; *Mayen*, in: Scheurle/Mayen, TKG § 88 Rn. 62; *Brühl/Sepperer*, ZD 2015, 415, 416 f.; *Däubler*, § 8 Rn. 25 ff.; *Fischer*, ZD 2012, 265, 266 f.; *Hoeren*, Rn. 34; *Rossow*, DuD 2022, 93, 95 f.; *Schmidl*, MMR 2005, 343, 344.

1147 *DSK*, Orientierungshilfe der Datenschutzaufsichtsbehörden zur datenschutzgerechten Nutzung von E-Mail und anderen Internetdiensten am Arbeitsplatz, Januar 2016, S. 5 ff.

1148 Gesetzesentwurf TKG (1996), BT-Drs. 13/3609, S. 53.

1149 Z. B. *Schuster*, CR 2014, 21, 23 f.

1150 OLG Karlsruhe, Beschl. v. 10.1.2005, 1 Ws 152/04, MMR 2005, 178, 179 f.; LAG Hessen, Urt. v. 21.9.2018, 10 Sa 601/18, BeckRS 2018, 36472, Rn. 55.

1151 VGH Baden-Württemberg, Urt. v. 30.7.2014, 1 S 1352/13, BeckRS 2014, 54815, Rn. 16; LG Erfurt, Urt. v. 28.4.2021, 1 HK O 43/20, GRUR-RS 2021, 16480, Rn. 19; LAG Berlin-Brandenburg, Urt. v. 14.1.2016, 5 Sa 657/15, BeckRS 2016, 67048, Rn. 81; LAG Niedersachsen, Urt. v. 31.5.2010, 12 Sa 875/09, BeckRS 2010, 70504, Rn. 52 = MMR 2010, 639; VG Karlsruhe, Urt. v. 27.5.2013, 2 K 3249/12, BeckRS 2013, 51537.

stets der Sphäre des Arbeitgebers zuzurechnen und damit kein ‚Dritter'.[1152] Grund hierfür sei die wettbewerbsrechtliche Ausrichtung des Telekommunikationsrechts.[1153] Zweck des TKG sei die Förderung und Regulierung des Wettbewerbs zwischen Staat und Telekommunikationsdienstleistern sowie den Anbietern untereinander.[1154] Im Falle der Bereitstellung des Dienstes durch den Arbeitgeber an seine Mitarbeiter nehme er nicht an diesem Wettbewerb teil.[1155] Das Verhältnis zwischen Arbeitgeber und Arbeitnehmer wolle das TKG ausweislich § 1 Abs. 1 TKG nicht regeln.[1156]

Die unterschiedlichen Auffassungen über die Einordnung eines Arbeitgebers als Diensteanbieter wirken sich auch auf die Einordnung eines Forschungsnetzbetreibers als Diensteanbieter aus. Die Rolle des Forschungsnetzbetreibers ist vergleichbar mit der der Arbeitgeber: Er stellt seinen Teilnehmern die Nutzung des Internetdienstes zur Verfügung, ohne dabei der Öffentlichkeit zugänglich zu sein. Doch während die Benutzung einer dienstliche E-Mail primär nicht der privaten Nutzung dient, wird das Forschungsnetz von den angeschlossenen Einrichtungen vor allem zum vorgesehenen Zweck der Forschung und Lehre verwendet. Ob der Internetdienst eines Forschungsnetzbetreibers demnach geschäftsmäßig angeboten wird, ist anhand der diskutierten Merkmale unter Berücksichtigung seiner Aufgabe und der Beziehung zu den Teilnehmern und Nutzern zu bestimmen.

Der Dienst des Forschungsnetzbetreibers ist nicht nur eine vorübergehende Erscheinung, sondern auf eine gewisse Dauer angelegt. Insoweit ist das Angebot nachhaltig i. S. d. § 3 Nr. 10 TKG a. F.

Doch um die Geschäftsmäßigkeit annehmen zu können, muss sich das Angebot auch an Dritte richten.[1157] Dies ist zumindest bei den Mitgliedern des Vereins fraglich, weil im Verhältnis der Mitglieder zu dem Verein möglicherweise die erforderliche Außenwirkung nicht vorliegt. Entscheidend ist daher, ob die Nutzung des Internetdienstes der Sphäre des Forschungsnetzbetreibers zugerechnet werden kann. Dadurch, dass die Mitglieder des Vereins diesem als Forschungsnetzbetreiber die

---

1152 LG Erfurt, Urt. v. 28.4.2021, 1 HK O 43/20, GRUR-RS 2021, 16480, Rn. 19; LAG Berlin-Brandenburg, Urt. v. 14.1.2016, 5 Sa 657/15, BeckRS 2016, 67048, Rn. 81; VG Karlsruhe, Urt. v. 27.5.2013, 2 K 3249/12, BeckRS 2013, 51537, Rn. 73.

1153 LG Erfurt, Urt. v. 28.4.2021, 1 HK O 43/20, GRUR-RS 2021, 16480, Rn. 19; LAG Berlin-Brandenburg, Urt. v. 14.1.2016, 5 Sa 657/15, BeckRS 2016, 67048, Rn. 81; VG Karlsruhe, Urt. v. 27.5.2013, 2 K 3249/12, BeckRS 2013, 51537, Rn. 73.

1154 VG Karlsruhe, Urt. v. 27.5.2013, 2 K 3249/12, BeckRS 2013, 51537, Rn. 73; *Fülbier/Splittgerber*, NJW 2012, 1995, 1999.

1155 VG Karlsruhe, Urt. v. 27.5.2013, 2 K 3249/12, BeckRS 2013, 51537, Rn. 73; *Fülbier/Splittgerber*, NJW 2012, 1995, 1999.

1156 VG Karlsruhe, Urt. v. 27.5.2013, 2 K 3249/12, BeckRS 2013, 51537, Rn. 73; *Fülbier/Splittgerber*, NJW 2012, 1995, 1999.

1157 *Assion*, in: Assion/Aretz, TTDSG § 3 Rn. 70; *Baumgartner*, in: Gierschmann/Baumgartner, TTDSG § 3 Rn. 34 f.; *Eckhardt*, in: Schwartmann/Jaspers/Eckhardt, TTDSG § 3 Rn. 76; *Hadidi*, in: Geppert/Schütz, TTDSG § 3 Rn. 22; *Wilmer*, in: Riechert/Wilmer, TTDSG § 3 Rn. 9.

Aufgabe zukommen lassen, für die Wissenschaft einen Internetdienst anzubieten, nutzen die Mitglieder den Dienst im vorgesehenen Sinne. Insoweit kann angenommen werden, dass die Nutzung des Dienstes Mitglieder des Forschungsnetzbetreibers keine Außenwirkung hat.

Doch kommt es nicht allein auf die Nutzung der Mitglieder an. Denn das Angebot des Forschungsnetzbetreibers richtet sich zwar ausschließlich an Mitglieder der Wissenschaft, sieht hierbei aber keine weiteren Einschränkungen vor. Insbesondere ist die Teilnahme am Forschungsnetz nicht von der Mitgliedschaft im Verein abhängig. Es können demnach auch solche Institutionen an das Forschungsnetz angeschlossen werden, die zwar der Wissenschaftsgemeinschaft angehören, allerdings kein Mitglied im Verein sind.[1158] Das Angebot richtet sich demnach nicht nur an die Vereinsmitglieder, sondern auch an Dritte der Forschungsgemeinschaft. Diese nutzen zwar das Forschungsnetz genauso wie die Mitglieder des Vereins, allerdings können spätestens diese mangels der Mitgliedschaft nicht mehr der Sphäre des Forschungsnetzbetreibers zugerechnet werden. Das Angebot des Forschungsnetzbetreibers ähnelt damit mehr dem Angebot eines ‚klassischen' Telekommunikationsdienstleisters, auch wenn das Forschungsnetz nicht der Öffentlichkeit zur Verfügung gestellt wird.[1159] Das Angebot des Forschungsnetzbetreibers richtet sich somit auch an Dritte.

Darüber hinaus ist auch die Nutzung des Forschungsnetzes innerhalb der angeschlossenen Einrichtungen von Relevanz. Denn die Nutzung des Forschungsnetzes dient zwar vorrangig der Wissenschaft, Forschung und Lehre, doch nutzen die Benutzergruppen der angeschlossenen Einrichtungen das Netz auch für private Zwecke. Diese Nutzung wird teilweise in geringfügigem Umfang zugelassen.[1160]

Doch auch wenn die private Nutzung ausgeschlossen und nur unter einen Erlaubnisvorbehalt gestellt wird,[1161] ist z. B. bei dem Anschluss der Studierendenwohnheime[1162] davon auszugehen, dass die private Nutzung wenigstens geduldet wird. Insoweit stellt sich die Frage, ob die Privatnutzung der Benutzergruppen, insbesondere die der Studierenden, ebenfalls zu einer Verpflichtung des Forschungsnetzbetreibers i. S. d. § 3 TTDSG zur Wahrung des Fernmeldegeheimnisses unabhängig von der Mitgliedseigenschaft der angeschlossenen Einrichtung führen kann.

[1158] Weder die DFN-Satzung noch die Vertragswerke des DFN-Vereins beschränken des Anschluss an das Forschungsnetz auf Mitglieder im Verein.

[1159] Das ist als Merkmal auch nicht erforderlich, siehe *Fetzer*, in: Fetzer/Scherer/Graulich, TKG § 3 Rn. 55.

[1160] So regt der DFN-Verein eine solche Regelung in den Benutzungsordnungen an: *DFN-Verein/Forschungsstelle Recht im DFN*, Musterbenutzungsordnung, § 4 Abs. 2, abrufbar unter: https://www2.dfn.de/fileadmin/3Beratung/Recht/Wissensbasis/Musterbenutzungsordnung_2020.pdf (zuletzt abgerufen am 10.10.2023).

[1161] *Humboldt-Universität Berlin*, Benutzungsordnung, § 5 Abs. 2.

[1162] Wie z. B. *Studierendenwerk Darmstadt*, Benutzungsordnung, Oktober 2021.

Auch wenn gewichtige Gründe für die Auffassung sprechen, dass die Privatnutzung keine Auswirkung auf das Verhältnis zwischen dem Forschungsnetzbetreiber und den Nutzern hat, muss nach der derzeitigen Rechtslage davon ausgegangen werden, dass die Nutzung der angebotenen Dienste zu privaten Zwecken ebenfalls zur Diensteanbietereigenschaft des Forschungsnetzbetreibers führt.[1163]

Ausschlaggebend ist hierfür der gesetzgeberische Wille: Mit dem Inkrafttreten des TTDSG hatte der Gesetzgeber die Möglichkeit, den langanhaltenden Streit um die Einordnung der Diensteanbieter bei geschlossenen Benutzergruppen zu klären. Doch er beließ es bei der Rechtslage „*wie bisher*“[1164], ohne Anpassungen an die Streitigkeiten vorzunehmen. Darüber hinaus stellt er in der Gesetzesbegründung nur klar, dass der § 3 TTDSG Art. 5 ePrivacyRL in das nationale Recht umsetzt, ohne auf die überschießende Regelung einzugehen.[1165] Mit dem Ergebnis, dass hierdurch auch Betreiber von Diensten innerhalb geschlossener Benutzergruppen unter den Anwendungsbereich des § 3 TTDSG fallen.

Diese Auffassung steht auch nicht im Gegensatz zu den Ausführungen des Art. 95 DS-GVO.[1166] Während die DS-GVO und auch die ePrivacy-Richtlinie das Merkmal der öffentlichen Zugänglichkeit verlangen, fordert der deutsche Gesetzgeber dieses Merkmal beim geschäftsmäßigen Angebot eines Telekommunikationsdienstes ausdrücklich nicht. Insoweit behalten die Benutzergruppen weiterhin i. S. d. europäischen Vorgaben zur öffentlichen Zugänglichkeit des Kommunikationsdienstes die Kontrolle über die Art und Weise der Übertragung der Kommunikation bzw. findet diese durch eine vertrauenswürdige Stelle statt. Dagegen kommt es bei der Anwendung des § 3 Abs. 1 S. 1 Nr. 2 TTDSG nicht auf das Merkmal der Öffentlichkeit an, sondern ist die Privatnutzung des Dienstes nicht mehr der Sphäre des Forschungsnetzbetreibers zuzurechnen und die Nutzer sind somit als ‚Dritte' einzuordnen.

(4) Zwischenergebnis

Schon die umfangreichen Diskussionen der Rechtsprechung und Literatur hinsichtlich der Einordnung eines Arbeitgebers als Diensteanbieter zeigen, dass auch die Einordnung des Forschungsnetzbetreibers nicht leicht fällt. Letztendlich muss aber dem gesetzgeberischem Willen Rechnung getragen werden. Insbesondere seine Stellung zu den Teilnehmern, welche nicht zum Mitgliederkreis des Vereins gehören und die Möglichkeit der privaten Nutzung des Internetdienstes von den Benutzergruppen qualifizieren den Forschungsnetzbetreiber nach derzeitiger Rechtslage als Diensteanbieter gemäß § 3 Abs. 2 Nr. 2 TTDSG.

[1163] Im Kontext des Beschäftigtenverhältnisses: *Dieckhoff/Assion*, ZD 2023, 371, 376 f.
[1164] Regierungsentwurf TTDSG, BT-Drs. 19/27441, S. 34.
[1165] Regierungsentwurf TTDSG, BT-Drs. 19/27441, S. 34.
[1166] Siehe Teil 5 A. III.

bb) Betreiber von Telekommunikationsanlagen

Darüber hinaus umfasst der Verpflichtetenkreis auch Betreiber von Telekommunikationsanlagen, mit denen geschäftsmäßig Telekommunikationsdienste erbracht werden.

Telekommunikationsanlagen sind gemäß § 2 Abs. 1 TTDSG i. V. m. § 3 Nr. 60 TKG „*technische Einrichtungen, Systeme oder Server, die als Nachrichten identifizierbare elektromagnetische oder optische Signale oder Daten im Rahmen der Erbringung eines Telekommunikationsdienstes senden, übertragen, vermitteln, empfangen, steuern oder kontrollieren können*". Vereinfacht sind damit sämtliche technische Geräte gemeint, welche für die Übertragung der Kommunikation erforderlich sind und dafür genutzt werden.[1167]

Betreiber dieser Anlagen ist nach § 3 Nr. 7 TKG jedes „*Unternehmen, das ein öffentliches Telekommunikationsnetz oder eine zugehörige Einrichtung bereitstellt oder zur Bereitstellung hiervon befugt ist*". Im Kontext der Nummer 4 sind Betreiber demnach Unternehmen, die die technischen Gerätschaften bereitstellen oder zur Bereitstellung befugt sind.[1168]

Der Forschungsnetzbetreiber nutzt für die Bereitstellung des Internetdienstes verschiedene technische Einrichtungen. Hierzu gehören Glasfaserleitungen, Router, Server und weitere Geräte, die an Kernnetzknoten, Übergabepunkte und weiteren Bereichen des Forschungsnetzes eingesetzt werden.[1169] Dass die Gerätschaften teilweise von anderen Unternehmen oder Einrichtungen zur Verfügung gestellt oder angemietet werden, ist dabei unerheblich. Denn die Begriffsbestimmung erfasst auch Anlagen, welche aufgrund einer Befugnis vom Forschungsnetzbetreiber bereitgestellt werden.

Darüber hinaus wird, wie festgestellt, über die Telekommunikationsanlagen des Forschungsnetzbetreibers ein Telekommunikationsdienst geschäftsmäßig erbracht.

Die Voraussetzungen des § 3 Abs. 2 S. 1 Nr. 4 TTDSG liegen damit ebenfalls in der Person des Forschungsnetzbetreibers vor.

cc) Zwischenergebnis

Der Forschungsnetzbetreiber hat als Diensteanbieter i. S. d. § 3 Abs. 2 S. 1 Nr. 2 und Nr. 4 TTDSG das Fernmeldegeheimnis zu wahren. Ist die Rolle des Forschungsnetzbetreibers schon im europäischen Kontext nicht einfach, so fällt auch im nationa-

---

[1167] *Assion*, in: Assion/Aretz, TTDSG § 3 Rn. 98.
[1168] *Assion*, in: Assion/Aretz, TTDSG § 3 Rn. 98.
[1169] Siehe Teil 2 A. IV.

len Recht die Einordnung nicht leicht, insbesondere aufgrund der überschießenden Umsetzung der europäischen Vorgaben durch den deutschen Gesetzgeber.

Dieses Ergebnis steht dennoch nicht im Widerspruch zu den Ausführungen zu Art. 95 DS-GVO. Denn während der europäische Gesetzgeber lediglich öffentlich zugängliche Kommunikationsdienste unter die Wahrung des Fernmeldegeheimnisses stellen wollte, nimmt der deutsche Gesetzgeber hiervon ausdrücklich Abstand und verlangt darüber hinaus die Erfassung von Diensteanbietern in geschlossenen Benutzergruppen von der Pflicht zur Wahrung des Fernmeldegeheimnisses.

Das Ergebnis entspricht daher den Vorstellungen des nationalen Gesetzgebers. Der Forschungsnetzbetreiber ist damit verpflichtet, das Fernmeldegeheimnis zu wahren.

3. Rechtsfolgen

Die Einordnung des Forschungsnetzbetreibers führt dazu, dass er als Betreiber dem Grunde nach zur Wahrung des nationalrechtlich normierten Fernmeldegeheimnisses verpflichtet ist. Im Kern statuiert § 3 Abs. 1 S. 1 TTDSG, dass dem Fernmeldegeheimnis „*der Inhalt der Telekommunikation und ihre näheren Umstände, insbesondere die Tatsache, ob jemand an einem Telekommunikationsvorgang beteiligt ist oder war*“ unterfallen.

Gemäß § 3 Abs. 3 S. 1 TTDSG ist es dem Forschungsnetzbetreiber demnach untersagt, „*sich oder anderen über das für die Erbringung der Telekommunikationsdienste oder für den Betrieb ihrer Telekommunikationsnetze oder ihrer Telekommunikationsanlagen einschließlich des Schutzes ihrer technischen Systeme erforderliche Maß hinaus Kenntnis vom Inhalt oder von den näheren Umständen der Telekommunikation zu verschaffen*“. Mit diesem Verbot der Kenntnisverschaffung wird nicht nur der Forschungsnetzbetreiber adressiert, sondern auch die Weitergabe der geschützten Informationen an Dritte untersagt. Die Kenntnisverschaffung umfasst dabei jede Form der Verletzung der Vertraulichkeit der Kommunikationsinhalte und der zugehörigen Verkehrsdaten.[1170]

Ausnahmen von der Kenntnisnahme sind nur für den Betrieb des Telekommunikationsdienstes und der -anlagen sowie deren Schutz zulässig. Der Forschungsnetzbetreiber darf sich somit Kenntnis von den geschützten Informationen verschaffen, wenn dies für die Erbringung des Internetdienstes oder für die Gewährleistung der Sicherheit des Dienstes erforderlich ist. Dabei hat der Forschungsnetzbetreiber nach § 3 Abs. 3 S. 1 TTDSG stets das „*erforderliche Maß*“ zu beachten. Der Betreiber

---

[1170] *Assion*, in: Assion/Aretz, TTDSG § 3 Rn. 110.

muss daher immer das technische Verfahren für die Bereitstellung seines Dienstes wählen, welches mit der wenigsten Kenntnis der Informationen auskommt.[1171]

Eine anderweitige Kenntnisnahme ist ohne Einwilligung aller Kommunikationsparteien nicht zulässig.[1172] Die erfolgte Kenntnisnahme der Informationen darf nicht zu anderen Zwecken verwendet werden, § 3 Abs. 3 S. 3 TTDSG.

Trotz des Zweckänderungsverbots sieht Satz 3 Ausnahmen vor, dass eine „*Verwendung dieser Kenntnisse für andere Zwecke, insbesondere die Weitergabe an andere, [...] nur zulässig [ist], soweit dieses Gesetz oder eine andere gesetzliche Vorschrift dies vorsieht und sich dabei ausdrücklich auf Telekommunikationsvorgänge bezieht*“. Der Diensteanbieter darf daher Informationen zu anderen Zwecken als die Dienstbereitstellung verwenden, wenn ein gesetzlicher Ausnahmetatbestand vorliegt. Hiervon hat der Gesetzgeber z. B. in § 12 TTDSG oder § 170 TKG Gebrauch gemacht.

Die Formulierung von Satz 3 legt dabei nahe, dass nur schon zulässig erhobenen Daten zum Zwecke der Dienstbereitstellung bei Vorliegen einer gesetzlichen Grundlage auch für den bestimmten anderen Zweck verwendet werden dürfen. Doch zeigen Tatbestände wie § 12 TTDSG, dass die Informationen nicht allein zur Diensterbringung erhoben werden dürfen, sondern auch zur Erfüllung der jeweiligen gesetzlichen Bestimmung.[1173]

Eine Kenntnisnahme über die gesetzlichen Bestimmungen hinaus ist sonst nur aufgrund einer Einwilligung der kommunizierenden Parteien zulässig.[1174] Bei der Kenntnisnahme aufgrund einer Einwilligung müssen alle beteiligten Kommunikationsteilnehmer zustimmen.[1175]

4. Kollision mit dem europäischen Datenschutzrecht

Die Verpflichtung des Forschungsnetzbetreibers zur Wahrung des Fernmeldegeheimnisses und die zeitgleiche Erfüllungspflicht der datenschutzrechtlichen Vorgaben aus der DS-GVO stellen ihn aber vor praktische Probleme bei der Umsetzung der Vorgaben.

[1171] *Assion*, in: Assion/Aretz, TTDSG § 3 Rn. 113.

[1172] *Munz*, in: Taeger/Gabel, TTDSG § 3 Rn. 22.

[1173] *Assion*, in: Assion/Aretz, TTDSG § 3 Rn. 115; a. A. in Bezug auf das TKG a. F. *Mayen*, in: Scheurle/Mayen, TKG § 88 Rn. 81.

[1174] *Assion*, in: Assion/Aretz, TTDSG § 3 Rn. 138.

[1175] Für Art. 10 GG: BVerfG, Beschl. v. 25.03.1992, 1 BvR 1430/88, Fangschaltung, BVerfGE 85, 386, 398 f.; *Assion*, in: Assion/Aretz, TTDSG § 3 Rn. 138; *Hadidi*, in: Geppert/Schütz, TTDSG § 3 Rn. 42; *Munz*, in: Taeger/Gabel, TTDSG § 3 Rn. 22; für das TKG a. F.: *Mayen*, in: Scheurle/Mayen, TKG § 88 Rn. 49; a. A. *Jenny*, in: Plath, TTDSG § 3 Rn. 11.

Denn durch das Verbot der Kenntnisnahme der über das Forschungsnetz zu übertragenden Informationen über den Vorgang der Übertragung hinaus ist es dem Forschungsnetzbetreiber praktisch nicht mehr möglich, zwischen personenbezogenen Daten natürlicher Personen und den übrigen Informationen zu unterscheiden. Um die personenbezogenen Daten aus den zu übertragenen Informationen herausfiltern zu können, müsste der Forschungsnetzbetreiber alle Informationen gleichermaßen zur Kenntnis nehmen, um anschließend nur die von der DS-GVO erfassten personenbezogenen Daten nach deren Vorgaben zu verarbeiten.

Diese Form der Kenntnisnahme geht allerdings über das erforderliche Maß zur Übertragung der Informationen hinaus. So ist es irrelevant um was für ein Datum es sich bei der jeweils zu übertragenden Information handelt, da dies für die reine Übertragung der Informationen keine Bedeutung hat. Die Kenntnisnahme zum Zwecke einer ‚Sortierung' der Daten verstößt gegen das Fernmeldegeheimnis nach § 3 Abs. 3 TTDSG.[1176]

Eine gesetzliche Erlaubnis zu diesem Zweck ist im deutschen Telekommunikationsrecht nicht ersichtlich.[1177] Die Literatur bringt das im arbeitsrechtlichen Kontext auf den Punkt: Durch die Einordnung des Forschungsnetzbetreibers als Verpflichteter zur Wahrung des Fernmeldegeheimnisses führt die *„‚Durchmischung' der [...] Kommunikation zu einer ‚Infizierung' der [...] Kommunikation,“*[1178] sodass dem Forschungsnetzbetreiber die Kenntnisnahme der Inhalte völlig entzogen wird.

Diese Situation führt zu vielschichtigen Konflikten zwischen dem europäischen Datenschutzrecht und dem nationalen Fernmeldegeheimnis.

a) Konflikte mit der DS-GVO

Es steht fest: eine Vielzahl der zu übertragenden Daten im Forschungsnetz sind personenbezogener Natur und der Anwendungsbereich der DS-GVO ist somit eröffnet. In diesen Fällen kann der Forschungsnetzbetreiber seinen Pflichten nicht nachkommen, wenn er das Fernmeldegeheimnis vollumfänglich zu beachten hätte.

aa) Verarbeitungsgrundlage

Art. 6 Abs. 1 DS-GVO verlangt für die rechtmäßige Verarbeitung der personenbezogenen Daten stets eine Verarbeitungsgrundlage, welche sich nach dem Zweck

[1176] Siehe im Betriebskontext: *Voigt*, in: FS Taeger, 511, 517.

[1177] Vgl. VG Karlsruhe, Urt. v. 19.9.2007, 7 K 851/04, BeckRS 2008, 35398; *Brühl/Sepperer*, ZD 2015, 415, 418.

[1178] Im Kontext der betrieblichen Kommunikation *Voigt*, in: FS Taeger, 511, 517.

der Verarbeitung richtet.[1179] Je nach Art des Datums kann sich die Datenverarbeitung auf unterschiedliche Rechtfertigungstatbestände stützen.[1180]

Für den Forschungsnetzbetreiber ist insbesondere die Erfüllung vertraglicher Pflichten aus den Verträgen mit den teilnehmenden Einrichtungen nach Art. 6 Abs. 1 lit. b DS-GVO denkbar. Ebenso kann die Datenverarbeitung zur Erfüllung rechtlicher Pflichten nach Buchstabe c oder eine Datenverarbeitung aufgrund überwiegender Interessen i. S. d. Buchstaben f für den Forschungsnetzbetreiber zum Tragen kommen.

Um die richtige Rechtfertigungsgrundlage für die Verarbeitung heranziehen zu können, müsste dem Forschungsnetzbetreiber rechtlich die Einsicht in die Daten möglich sein. Eine solche unterbindet allerdings das Fernmeldegeheimnis.

Dies führt zu der Situation, dass der Forschungsnetzbetreiber keine Möglichkeit zur Prüfung der Rechtmäßigkeit der durch ihn vorgenommenen Datenverarbeitungen hat, zu der er aber, wie oben festgestellt, als Verantwortlicher verpflichtet ist.[1181] Auch eine Interessenabwägung i. S. d. Art. 6 Abs. 1 lit. f DS-GVO wäre dem Forschungsnetzbetreiber ohne eine Kenntnis über das infrage stehende Datum und den mit der Verarbeitung verbundenen Eingriff in die Rechte der betroffenen Person nicht möglich.[1182] Dieser Zustand verschärft sich weiter, wenn durch den Forschungsnetzbetreiber eine Verarbeitung besonderer Kategorien personenbezogener Daten nach Art. 9 DS-GVO vorgenommen wird. Denn auch die Erkenntnis, dass es sich um besondere Kategorien personenbezogener Daten handelt, bleibt dem Forschungsnetzbetreiber durch das Fernmeldegeheimnis verwehrt.

Ob die Verarbeitung der jeweiligen Daten gerechtfertigt ist, könnten nur die an der Kommunikation beteiligten Personen beurteilen. Die Unterbindung rechtswidriger Datenverarbeitung personenbezogener Daten ist dem Forschungsnetzbetreiber als Verantwortlichem nicht möglich.

bb) Informationspflichten

Art. 13 und Art. 14 DS-GVO schreiben dem Verantwortlichen umfangreiche Informationspflichten gegenüber der betroffenen Person vor. Danach ist der Verantwortliche entweder im Zeitpunkt der Erhebung der personenbezogenen Daten bei der betroffenen Person oder im Falle einer Erhebung der Daten bei einem Dritten zu einem der in Art. 14 DS-GVO genannten Zeitpunkten verpflichtet, der betroffenen Person umfangreich Auskunft über die Person des Verantwortlichen, die Verarbeitungszwecke, ggf. die berechtigten Interessen, die Empfänger der Daten, die Absicht

---

[1179] *Albers/Veit*, in: BeckOK DatenschutzR, DS-GVO Art. 6 Rn. 10.
[1180] *Frenzel*, in: Paal/Pauly, DS-GVO Art. 6 Rn. 11.
[1181] So auch im Beschäftigtendatenschutz: *Voigt*, in: FS Taeger, 511, 520.
[1182] So auch im Beschäftigtendatenschutz: *Voigt*, in: FS Taeger, 511, 520.

des Verantwortlichen hinsichtlich der Übermittelungen der Daten in ein Drittland und weiteren Informationen nach Absatz 2 wie z. B. die Speicherdauer zu erteilen.

Mit den Informationspflichten soll dem Grundsatz einer fairen und transparenten Verarbeitung Rechnung getragen werden.[1183] Auf diese Weise wird der betroffenen Person insbesondere eine effektive Rechtsdurchsetzung ermöglicht.[1184]

Für den Forschungsnetzbetreiber bedeutet das, dass er im Zeitpunkt der Datenerhebung bei der betroffenen Person die erforderlichen Informationen zur Verfügung stellen muss. Allerdings verbietet ihm auch an dieser Stelle das Fernmeldegeheimnis, Kenntnis von zu übertragenden Informationen zu nehmen. Ihm ist demnach nicht bekannt, um was für eine Art der Daten es sich handelt, auf welcher Rechtsgrundlage er sie verarbeitet oder welcher Speicherdauer sie unterliegen.

Die Erbringung seiner Informationspflichten ist dem Forschungsnetzbetreiber bei der Einhaltung des Fernmeldegeheimnisses nicht möglich.[1185]

cc) Auskunftspflichten

Art. 15 DS-GVO ermöglicht es der betroffenen Person, umfangreiche Auskunft vom Verantwortlichen über die Verarbeitung seiner personenbezogenen Daten zu verlangen. Das Auskunftsrecht umfasst zunächst die Information, ob der Verantwortliche personenbezogene Daten von ihr verarbeitet.

Ist dies der Fall, muss der Verantwortliche gemäß Art. 15 Abs. 1 Hs. 2 lit. a – h DS-GVO unter anderem Auskunft geben über die Verarbeitungszwecke, die Kategorien personenbezogener Daten, die verarbeitet werden, die Empfänger, gegenüber denen die personenbezogenen Daten offengelegt worden sind, falls möglich die geplante Dauer, für die die personenbezogenen Daten gespeichert werden, oder, falls dies nicht möglich ist, die Kriterien für die Festlegung dieser Dauer, das Bestehen der Rechte der betroffenen Person wie Berichtigung, Löschung, Widerspruch oder Beschwerde oder alle verfügbaren Informationen über die Herkunft der Daten.

Darüber hinaus berechtigt das Recht auf Auskunft die betroffene Person, eine Kopie ihrer Daten vom Verantwortlichen zu verlangen (Art. 15 Abs. 3 DS-GVO). Das Auskunftsrecht stellt eines der zentralen Betroffenenrechte der DS-GVO dar und dient der betroffenen Person vorrangig zur Überprüfung der rechtmäßigen Verarbeitung.[1186]

[1183] Art. 13 Abs. 2, Art. 14 Abs. 2 DS-GVO, sowie ErwG 60 DS-GVO.
[1184] *Paal/Hennemann*, in: Paal/Pauly, DS-GVO Art. 13 Rn. 4.
[1185] So auch im Beschäftigtendatenschutz: *Voigt*, in: FS Taeger, 511, 521 f.
[1186] *Paal*, in: Paal/Pauly, DS-GVO Art. 15 Rn. 3.

Für den an das Fernmeldegeheimnis gebundenen Forschungsnetzbetreiber bedeutet dieses Auskunftsrecht, dass er die Informationen auf Anfrage bereitstellen muss, ohne aber wissen zu können, ob überhaupt personenbezogene Daten der anfragenden Person verarbeitet wurden oder noch werden. Selbst bei einer Verarbeitung von personenbezogenen Daten wüsste der Forschungsnetzbetreiber dennoch nicht, zu welcher betroffenen Person der Personenbezug hergestellt werden kann und unter welchen Bedingungen die Verarbeitung erfolgt.

Sogar für den Fall, dass der Forschungsnetzbetreiber im Rahmen seiner Übertragungstätigkeit Kenntnis über die Verarbeitung personenbezogener Daten erlangt hat, wäre es ihm aufgrund der Zweckbindung des § 3 Abs. 3 TTDSG untersagt, diese Kenntnis für die Erfüllung des datenschutzrechtlichen Auskunftsanspruchs zu erteilen.[1187]

Die Erfüllung des Rechts auf Auskunft ist dem Forschungsnetzbetreiber daher unter Beachtung des Fernmeldegeheimnisses ebenfalls nicht möglich.

dd) Weitere Rechte und Pflichten

Auch bei den weiteren Vorgaben der DS-GVO unterbindet die Unkenntnis des Forschungsnetzbetreibers bzw. die Zweckbindung des § 3 TTDSG die ordnungsgemäße Erfüllung der Rechte der betroffenen Personen oder seiner Pflichten.

So kann der Forschungsnetzbetreiber bspw. nicht auf den Anspruch auf Berichtigung aus Art. 16 DS-GVO oder auf Löschung aus Art. 17 DS-GVO einer betroffenen Person reagieren, ohne gegen das Fernmeldegeheimnis verstoßen zu müssen.[1188]

Auch die tatsächliche Umsetzung der technischen und organisatorischen Maßnahmen nach Art. 24 und Art. 32 DS-GVO ist dem Forschungsnetzbetreiber nicht möglich. Denn die Ausgestaltung der Maßnahmen soll „*unter Berücksichtigung der Art, des Umfangs, der Umstände und der Zwecke der Verarbeitung*“ und „*des Stands der Technik, der Implementierungskosten und der Art, des Umfangs, der Umstände und der Zwecke der Verarbeitung sowie der unterschiedlichen Eintrittswahrscheinlichkeit und Schwere des Risikos für die Rechte und Freiheiten natürlicher Personen*“ erfolgen. Ohne das Wissen um diese Umstände kann der Forschungsnetzbetreiber dieser Pflicht nicht nachkommen.[1189]

Darüber hinaus ist die Erfüllung seiner Meldepflichten nach Art. 34 und Art. 35 DS-GVO im Falle eines Verstoßes dem Forschungsnetzbetreiber ohne die Kenntnis der Bedingungen, des Umfangs und der Art der verarbeiteten Informationen nicht möglich.

[1187] So auch im Beschäftigtendatenschutz: *Voigt*, in: FS Taeger, 511, 521.
[1188] So auch im Beschäftigtendatenschutz: *Voigt*, in: FS Taeger, 511, 520.
[1189] Siehe im Beschäftigtendatenschutz: *Voigt*, in: FS Taeger, 511, 523.

b) Auflösung der Kollision

Die verschiedenen Rechte der betroffenen Personen und die Pflichten des Forschungsnetzbetreibers zeigen, dass die gleichzeitige Erfüllung der Vorgaben der DS-GVO sowie die des § 3 TTDSG für den Forschungsnetzbetreiber in der Praxis nicht möglich ist. Die in der Literatur teilweise vertretene Auffassung, dass die Datenverarbeitungen in einem solchen Fall die Vorgaben beider Regelungskreise zu erfüllen hat,[1190] ist nicht umsetzbar.

Denn versucht der Forschungsnetzbetreiber den Vorgaben der DS-GVO nachzukommen, verletzt er das Fernmeldegeheimnis, sobald er Kenntnis der vom Fernmeldegeheimnis umfassten Sachdaten oder personenbezogenen Daten juristischer Personen zu anderen Zwecken als der Übertragung bzw. der Sicherheit seines Internetdienstes erlangt. Auf diese Weise verstößt er nicht nur gegen die Vorgaben des TTDSG, sondern setzt seine Mitarbeiter auch einer möglichen Strafbarkeit nach § 206 StGB aus.[1191]

Andererseits endet ein Versuch des Forschungsnetzbetreibers, das Fernmeldegeheimnis vollumfänglich umzusetzen, zwangsweise im Verstoß gegen die Vorgaben der DS-GVO. Die Umsetzung der Pflichten des Verantwortlichen sind ohne Kenntnisnahme der verarbeiteten Daten in der Praxis nicht möglich.

Insoweit stehen sich die Vorschriften der DS-GVO und des § 3 TTDSG als Umsetzung des Art. 5 Abs. 1 ePrivacyRL gegenüber. Aufgrund ihres unionsrechtlichen Charakters sind die Interessen der Normen im Lichte der Charta der Grundrechte auszulegen[1192] und entsprechend in Ausgleich zu bringen.[1193]

aa) Überschießende Umsetzung des § 3 TTDSG

In diesem Normkonflikt muss das Augenmerk zunächst auf § 3 Abs. 2 S. 1 Nr. 2 und Nr. 4 TTDSG liegen, wie schon festgestellt, sind diese überschießender Natur.[1194] Die Vorgaben des deutschen Gesetzgebers, dass auch Anbieter nicht öffentlicher Telekommunikationsdienste unter den Anwendungsbereich des Fernmeldegeheimnisses fallen sollen, werden nicht von den Umsetzungsvorgaben Art. 5 ePrivacyRL umfasst. Der deutsche Gesetzgeber hat mit § 3 Abs. 2 S. 1 TTDSG, wie auch

---

[1190] *Assion*, in: Assion/Aretz, TTDSG § 3 Rn. 38.

[1191] Vgl. OLG Karlsruhe, Beschl. v. 10.1.2005, 1 Ws 152/04, MMR 2005, 178.

[1192] EuGH, Urt. v. 6.10.1982, C-283/81, C.I.L.F.I.T., ECLI:EU:C:1982:335, Rn. 20; *Riesenhuber*, in: Riesenhuber, § 10 Rn. 25.

[1193] *Pechstein/Drechsler*, in: Riesenhuber, Rn. 31.

[1194] Siehe Teil 5 A. III.

schon in der Vorgängernorm § 88 Abs. 2 TKG a. F., eine überschießende Umsetzung der ePrivacy-Richtlinie vorgenommen.[1195]

Unter der Annahme, dass der deutsche Gesetzgeber bei der überschießenden Formulierung ausdrücklich von den Mindestvorgaben der ePrivacy-Richtlinie abweichen wollte, hätte dies zur Folge, dass die überschießende Umsetzung der Vorschrift als rein deutsche Norm im Rahmen des europäischen Anwendungsvorrangs hinter den Vorgaben der DS-GVO zurücktritt und für den Interessenausgleich mangels einer Durchführung von Unionsrecht i. S. d. Art. 51 Abs. 1 S. 1 GRCh nicht heranzuziehen ist.[1196] Die personenbezogenen Daten juristischer Personen sowie sachbezogene Daten unterfielen damit zugunsten des europäischen Datenschutzes nicht dem Fernmeldegeheimnis aus § 3 TTDSG.[1197]

Doch diese Rechtsanwendung ist mit Blick auf die betroffenen Rechte der Einrichtungen, der Nutzergruppen und des Forschungsnetzbetreibers und der engen Verknüpfung des europäischen Datenschutzrechts und des ePrivacy-Rechts zu kurz gegriffen. Denn das Recht der juristischen Personen auf informationelle Selbstbestimmung[1198] muss in den Ausgleich der Interessen einbezogen werden. So genügt die Feststellung, dass *„ein pauschales Verbot der Datenverarbeitung im Telekommunikationskontext [...] eine unzulässige Beschränkung des unionalen Datenschutzniveaus“*[1199] sei, nicht der besonderen Dreieckssituation zwischen den vorliegend betroffenen Interessen der beteiligten Akteure. Insbesondere die Konsequenz, dass das mögliche Zurücktreten des § 3 TTDSG hinter den datenschutzrechtlichen Normen zur Folge hat, dass personenbezogene Daten juristischer Personen (sowie sachbezogene Daten aller Beteiligten) weder dem umfangreichen Schutz des Fernmeldegeheimnisses unterliegen noch dem Schutzregime der DS-GVO unterfallen und daher vom Forschungsnetzbetreiber ohne weitere Voraussetzungen verarbeitet werden dürften, muss unter Berücksichtigung aller Interessen beleuchtet werden. Unionsrechtlicher Schutz der Vertraulichkeit der Kommunikation von juristischen Personen bieten ebenfalls Art. 7 GRCh sowie Art. 8 EMRK. Die Kollision verlangt daher eine

---

[1195] *Eckhardt*, in: Spindler/Schuster, TKG § 88 Rn. 36; *Holländer*, in: BeckOK DatenschutzR, DS-GVO Art. 95 Rn. 4; *Munz*, in: Taeger/Gabel, TTDSG § 3 Rn. 18; *Gierschmann*, MMR 2023, 22, 23 f.; *Kühling/Sauerborn*, CR 2021, 271, 274; *Kiparski*, CR 2021, 482, 486; *Kiparski/Sassenberg*, CR 2018, 324, 326.

[1196] *Piltz*, in: Gola/Heckmann, DS-GVO Art. 95 Rn. 25; so im Beschäftigtendatenschutz *Aufhäuser*, PinG 2021, 188, 195 f.; *Wünschelbaum*, NJW 2022, 1561, 1564.

[1197] *Piltz*, in: Gola/Heckmann, DS-GVO Art. 95 Rn. 25; so im Beschäftigtendatenschutz *Aufhäuser*, PinG 2021, 188, 195 f.; *Wünschelbaum*, NJW 2022, 1561, 1564.

[1198] Statt vieler BVerfG, Beschl. v. 13.6.2007, 1 BvR 1550/03 u. a., Kontenabfrage, BVerfGE 118, 168, 203 ff.; BVerfG, Urt. v. 15.12.1983, 1 BvR 209783 u. a., Volkszählung, BVerfGE 65, 1, 43.

[1199] *Wünschelbaum*, NJW 2022, 1561, 1564.

tiefergehende Auseinandersetzung mit den betroffenen Grundrechten des Forschungsnetzbetreibers, der Einrichtungen und der Nutzer.[1200]

Damit der Adressatenkreis des § 3 S. 1 Abs. 2 Nr. 2 und Nr. 4 TTDSG allerdings am unionsrechtlichen Maßstab der Charta gemessen werden kann, muss auch dieser nach Art. 51 Abs. 1 GRCh eine „*Durchführung des Rechts der Union*" darstellen. Der *EuGH* erkennt in seiner Rechtsprechung an, dass die Durchführung von Unionsrecht schon dann vorliegen kann, wenn „*mit der fraglichen nationalen Regelung die Durchführung einer Bestimmung des Unionsrechts bezweckt wird*"[1201] und sie das gleiche Ziel wie die unionsrechtlichen Vorgaben verfolgt.[1202] Auch das *BVerfG* lässt eine solche Einwirkung der europäischen Grundrechte spätestens mit seiner Entscheidung ‚*Recht auf Vergessen I*'[1203] zu, wenn die Rechtsmaterie „*erkennbar auch unter Beachtung der Unionsgrundrechte konkretisiert werden soll*"[1204].

Zu untersuchen ist somit, ob es dem deutschen Gesetzgeber bei der Schaffung des § 3 Abs. 2 S. 1 TTDSG allein um die Umsetzung der ePrivacy-Richtlinie ging oder er von den europäischen Vorgaben mit dem Ziel abweichen wollte, eine gespaltene Rechtsanwendung unabhängig vom Unionsrecht zu erreichen.[1205]

Die Gesetzesbegründung des TTDSG offenbart zunächst, dass der deutsche Gesetzgeber bei der Schaffung des § 3 TTDSG Art. 5 ePrivacyRL umsetzen wollte.[1206] Insbesondere die Rechtsklarheit stand mit der Neuregelung des TTDSG im Fokus.[1207] Auch bei der Schaffung des § 88 TKG a. F. äußert sich der Gesetzgeber nicht ausdrücklich zu der überschießenden Umsetzung der damals neu in Kraft getretenen ePrivacy-Richtlinie.[1208] Zwar musste dem Gesetzgeber zumindest bei der Neuregelung des TTDSG aufgrund der Diskussionen in Rechtsprechung[1209] und Literatur[1210] bewusst gewesen sein, dass die Regelung über den Anwendungsbereich der ePrivacy-Richtlinie hinaus geht. Doch war dies mit Blick auf die kommende ePrivacy-Verordnung dem Zweck geschuldet, keine wesentlichen Änderungen des TKG a. F.

1200 *Gierschmann*, MMR 2023, 22, 27: „Das Konkurrenzverhältnis zwischen TTDSG und DS-GVO ist kompliziert und nur auf europäischer Ebene zu lösen".
1201 EuGH, Urt. v. 10.7.2014, C-198/13, Hernández, ECLI:EU:C:2014:2055, Rn. 37.
1202 EuGH, Urt. v. 10.7.2014, C-198/13, Hernández, ECLI:EU:C:2014:2055, Rn. 37.
1203 BVerfG, Beschl. v. 6.11.2019, 1 BvR 16/13, Recht auf Vergessen I, BVerfGE 152, 152.
1204 BVerfG, Beschl. v. 6.11.2019, 1 BvR 16/13, Recht auf Vergessen I, BVerfGE 152, 152, 169 f.
1205 Siehe zur einheitlichen bzw. gespaltenen Anwendung: *Kuhn*, EuR 2015, 216, 224 ff.
1206 Regierungsentwurf TTDSG, BT-Drs. 19/27441, S. 1, 32, 34; *Rossow*, DuD 2022, 93, 94.
1207 Regierungsentwurf TTDSG, BT-Drs. 19/27441, S. 1, 30.
1208 Regierungsentwurf TKG 2004, BT-Drs. 15/2316, S. 87.
1209 VGH Baden-Württemberg, Urt. v. 30.7.2014, 1 S 1352/13, BeckRS 2014, 54815; OLG Karlsruhe, Beschl. v. 10.1.2005, 1 Ws 152/04, MMR 2005, 178; LG Erfurt, Urt. v. 28.4.2021, 1 HK O 43/20, GRUR-RS 2021, 16480; LAG Hessen, Urt. v. 21.9.2018, 10 Sa 601/18, BeckRS 2018, 36472; LAG Berlin-Brandenburg, Urt. v. 14.1.2016, 5 Sa 657/15, BeckRS 2016, 67048; LAG Niedersachsen, Urt. v. 31.5.2010, 12 Sa 875/09, BeckRS 2010, 70504 = MMR 2010, 639; VG Karlsruhe, Urt. v. 27.5.2013, 2 K 3249/12, BeckRS 2013, 51537.
1210 Statt vieler siehe im Überblick *Voigt*, in: FS Taeger, 511.

vorzunehmen, sondern vorrangig die Anpassung der Nichtanwendbarkeit von Vorgaben des TKG a. F. sowie TMG a. F. durchzuführen.[1211] Darüber lassen die Anpassungen in allen Bereichen des TTDSG erkennen, dass der Gesetzgeber viele Regelungen des TKG a. F. unverändert übernehmen wollte.[1212] Dies zeigt auch der Hinweis des Gesetzgebers, dass die Rechtslage *„wie bisher"*[1213] bestehen bleiben soll. Es lässt somit nicht darauf schließen, dass er mit der überschießenden Umsetzung von den unionsrechtlichen Vorgaben zu dem Zweck abweichen wollte, eine gespaltene Rechtsanwendung zu erreichen. Denn seiner Ansicht nach wurde § 3 TTDSG lediglich *„redaktionelle[n] Anpassungen"*[1214] unterworfen.[1215] Anhaltspunkte, dass es dem Gesetzgeber um die nun vorliegende Spaltung der Sachverhalte bei der Verarbeitung personenbezogener Daten juristischer Personen und Sachdaten, mithin zwischen dem Schutz personenbezogener Daten und der Vertraulichkeit der Kommunikation ging und damit explizit diese gespaltene Rechtsanwendung beabsichtigt hat, sind nicht ersichtlich.

Vielmehr sollte mit dem TTDSG eine *„geschlossene [...] gesetzliche Regelung zum Datenschutz und zum Schutz der Privatsphäre in der Telekommunikation und bei Telemedien geschaffen werden."*[1216] Dem Gesetzgeber ging es somit gerade nicht um die gespaltene Anwendung der Vorgaben, sondern er wollte die *„rechtssichere Umsetzung"*[1217] der ePrivacy-Richtlinie erreichen und für *„Rechtsklarheit"*[1218] sorgen. Es ist daher davon auszugehen, dass der deutsche Gesetzgeber bei der Schaffung des § 3 TTDSG durch die überschießende Umsetzung hierdurch geregelten Sachverhalte genauso behandeln wollte, wie die von der ePrivacy-Richtline erfassten Sachverhalten.[1219]

Aufgrund dieses Einheitlichkeitswillens muss auch für den § 3 TTDSG vollumfänglich ein unionsrechtlicher Maßstab für die Abwägung zwischen den Interessen der beteiligten Akteure angelegt werden.[1220] Als kollidierende Umsetzungsnorm der ePrivacy-Richtlinie ist der § 3 TTDSG daher europarechtskonform[1221] im Lichte der Unionsgrundrechte auszulegen.[1222]

1211 Regierungsentwurf TTDSG, BT-Drs. 19/27441, S. 30.
1212 *Kiparski*, CR 2021, 482, 491.
1213 Regierungsentwurf TTDSG, BT-Drs. 19/27441, S. 34.
1214 Regierungsentwurf TTDSG, BT-Drs. 19/27441, S. 34.
1215 Regierungsentwurf TTDSG, BT-Drs. 19/27441, S. 34.
1216 Regierungsentwurf TTDSG, BT-Drs. 19/27441, S. 30.
1217 Regierungsentwurf TTDSG, BT-Drs. 19/27441, S. 1.
1218 Regierungsentwurf TTDSG, BT-Drs. 19/27441, S. 1.
1219 *Kuhn*, EuR 2015, 216, 225.
1220 *Kuhn*, EuR 2015, 216, 224 ff.
1221 St. Rspr. EuGH, Urt. v. 10.4.1984, C-14/83, Colson und Kamann, ECLI:EU:C:1984:153, Rn. 26.
1222 *Jarass*, ZEuP 2017, 310, 320.

bb) Einschlägige Grundrechte und -freiheiten

Die Kollision der Vorgaben der DS-GVO und des § 3 TTDSG stellt in erster Linie den Interessenkonflikt zwischen dem Recht auf Schutz personenbezogener Daten sowie dem Recht auf Vertraulichkeit der Kommunikation dar. Betroffen sind damit insbesondere die Grundrechte der Nutzergruppen sowie der angeschlossenen Einrichtungen. Darüber hinaus sind durch die Vorgaben auch die Rechte des Forschungsnetzbetreibers betroffen, da seine Rolle als Intermediär zwischen den Nutzergruppen und Einrichtungen durch die Wissenschaftsfreiheit gestützt wird. Im Folgenden sind daher diese Grundrechte und -freiheiten auf ihre Schutzbereiche und die jeweiligen Einschränkungen zu beleuchten.

(1) Angeschlossene Einrichtungen

Das Fernmeldegeheimnis des § 3 TTDSG stützt sich auf Art. 5 ePrivacyRL, welcher insbesondere die Sicherstellung und Durchsetzung der Grundrechte aus Art. 7 GRCh und Art. 8 EMRK. Diese schützen insbesondere die Vertraulichkeit der Kommunikation als Teil des Privatlebens bezweckt.[1223] Umfasst ist daher auch das Fernmeldegeheimnis, wobei alle modernen Übertragungsformen geschützt werden sollen.[1224] Der Schutzbereich dient somit dem Schutz des Vertrauens der Nutzer gegenüber dem Diensteanbieter bzw. Netzbetreiber. Insbesondere soll mit dem Fernmeldegeheimnis dem Kontrollverlust der Nutzer bei der Übertragung ihrer Informationen Rechnung getragen werden.[1225] Personell können sich sowohl natürliche als auch juristische Personen auf das Grundrecht berufen.[1226]

Speziell die Interessen der juristischen Personen, welche ihre Daten über das Forschungsnetz übertragen, stützen sich auf Art. 7 GRCh sowie Art. 8 EMRK, soweit sie grundrechtsberechtigt sind.[1227] Die Interessen der Nutzergruppen können hinsichtlich der Vertraulichkeit der Kommunikation dagegen nicht in die Abwägung einfließen, da der Anwendungsvorrang für diese durch die DS-GVO aufgrund der Nicht-Öffentlichkeit des Forschungsnetzes vorgegeben ist.[1228]

(2) Nutzergruppen

Die Interessen der Nutzergruppen werden daher vor allem durch die Vorgaben der DS-GVO geschützt, welche vorrangig das Recht auf Schutz personenbezogener Daten nach Art. 8 GRCh umsetzen. Personell sind natürliche Personen umfasst,

[1223] *Kingreen*, in: Calliess/Ruffert, EU-GRCharta Art. 7 Rn. 10.
[1224] *Kugelmann*, EuGRZ 2003, 16, 22.
[1225] Siehe Teil 5 A. III. 4.
[1226] *Jarass*, in: Jarass, EU-GRCh Art. 7 Rn. 26.
[1227] Bei öffentlich-rechtlichen Einrichtungen fraglich: *Kingreen*, in: Calliess/Ruffert, EU-GRCharta Art. 52 Rn. 54.
[1228] Siehe Teil 5 A. III.

wobei der persönliche Schutzbereich juristischer Personen nicht beabsichtigt ist.[1229] Allerdings können sich juristische Personen auf den Schutz des Art. 8 GRCh ausnahmsweise dann berufen, wenn ihr Name Rückschluss auf eine oder mehrere natürliche Personen zulässt.[1230]

Darüber hinaus können sich die Nutzergruppen teilweise auch auf die Wissenschaftsfreiheiten nach Art. 13 GRCh berufen, soweit sie Forschung betreiben oder der akademischen Lehre nachgehen.[1231]

(3) Forschungsnetzbetreiber

Darüber hinaus ist die Stellung des Forschungsnetzbetreibers als Intermediär vor allem unter Einbeziehung der Wissenschaftsfreiheiten aus Art. 13 GRCh einzubeziehen. Der Schutzbereich umfasst, wie schon festgestellt, sowohl die Forschungsfreiheit nach Art. 13 S. 1 GRCh als auch die akademische Freiheit nach Satz 2.[1232] Die Forschungsfreiheit umfasst das methodische und systematische Erarbeiten von Erkenntnissen und Wissen.[1233] Die akademische Freiheit schützt dagegen die Durchführung des Lehrbetriebs.[1234] Mit in den Schutzbereich fallen auch unterstützende Tätigkeiten.[1235]

Wie ebenfalls schon festgestellt, kann sich personell auch der Forschungsnetzbetreiber auf die Grundrechte des Art. 13 GRCh berufen.[1236]

Zudem stützen auch die für den Forschungsnetzbetreiber einschlägige Berufsfreiheit nach Art. 12 und Art. 15 GRCh sowie die unternehmerische Freiheit nach Art. 16 GRCh seine Interessenlage gegenüber den Grundrechtspositionen der Einrichtungen sowie Nutzergruppen.

cc) Interessenabwägung

Das Dreiecksverhältnis der Interessen lässt sich gut anhand der Übermittlungstätigkeit darstellen. Denn je nach Einräumung des Vorrangs eines bestimmten Rechts, zeigt sich die Einschränkung der anderen betroffenen Rechte.

[1229] ErwG 14 DS-GVO.

[1230] EuGH, Urt. v. 9.11.2010, C-92 u. 93/09, Schecke u. Eifert, ECLI:EU:C:2009:284, Rn. 53.

[1231] Siehe Teil 3.

[1232] Siehe Teil 3.

[1233] *Jarass*, in: Jarass, EU-GRCh Art. 13 Rn. 8; *Ruffert*, in: Calliess/Ruffert, EU-GRCharta Art. 13 Rn. 6.

[1234] *Jarass*, in: Jarass, EU-GRCh Art. 13 Rn. 9; *Ruffert*, in: Calliess/Ruffert, EU-GRCharta Art. 13 Rn. 9.

[1235] *Jarass*, in: Jarass, EU-GRCh Art. 13 Rn. 8; *Ruffert*, in: Calliess/Ruffert, EU-GRCharta Art. 13 Rn. 8.

[1236] Siehe Teil 3.

Soweit der DS-GVO uneingeschränkt Vorrang gewährt würde, bedeutet dies die Einschränkung der Vertraulichkeit der Kommunikation der juristischen Personen zumindest so weit, dass der Zugriff auf die Informationen zum Zwecke der Erkenntnis, ob es sich um personenbezogene Daten i. S. d. DS-GVO handelt, den Schutzbereich des Art. 7 GRCh sowie Art. 8 EMRK einschränkt.

Wird der Forschungsnetzbetreiber verpflichtet, zugunsten des Fernmeldegeheimnisses alle übertragenen Informationen dem Vertrauensschutz zu unterwerfen, würde den Nutzergruppen mindestens die ihnen durch Art. 8 GRCh zugestandene Kontrollhoheit über die Verarbeitung ihrer personenbezogenen Daten genommen werden.

Darüber hinaus wird der Forschungsnetzbetreiber je nach Ausgestaltung der Pflichten mehr oder weniger in der Durchführung seiner Wissenschaftsfreiheit eingeschränkt werden. Sowohl die Vorgaben der DS-GVO als auch die Pflicht, die Informationen allein zu Übertragungszwecken verarbeiten zu dürfen, schränken den Forschungsnetzbetreiber in seiner Grundrechtsposition ein. Insbesondere ein vollumfänglicher Schutz der Informationen durch das Fernmeldegeheimnis aus Art. 7 GRCh und Art. 8 EMRK würde die Wissenschaftsfreiheit des Forschungsnetzbetreibers stark einschränken.

Ob und unter welchen Bedingungen der Zugriff des Forschungsnetzbetreibers auf die zu übertragenden Informationen rechtmäßig ist oder nicht, hängt damit maßgeblich von der Interessenabwägung zwischen den Grundrechtspositionen der beteiligten Akteure ab.

Bei der Nutzung des Forschungsnetzes machen personenbezogene Daten natürlicher Personen einen großen Anteil der zu übertragenen Informationen aus. So lassen nicht nur die IP-Adressen der Geräte einen Rückschluss auf die betroffene Person zu, sondern werden ebenso eine Vielzahl an weiteren personenbezogenen Daten über das Forschungsnetz übertragen. Die Forschungsarbeiten der Nutzergruppen leben davon, wissenschaftliche Erkenntnisse unter Angabe der Autorennamen, der zugehörigen Einrichtung und weiteren Daten zu den forschenden Personen zu teilen. Zudem werden schon im Vorfeld bei institutionsübergreifenden Forschungsprojekten intern verschiedenste personenbezogene Daten wie bspw. E-Mail-Adressen sowie weitere Kontaktdaten, Forschungsanträge mit Hinweisen auf natürliche Personen oder die Durchführung von Videokonferenzen unter Verwendung von Bild und Ton verarbeitet.

Darüber hinaus sorgt der unter Art. 13 GRCh fallende Lehrbetrieb für die Verarbeitung vieler personenbezogener Daten. So werden personenbezogene Daten bei der Immatrikulation der Studierenden, dem Teilen von Vorlesungsunterlagen, der Durchführung von Online-Vorlesungen, -Seminaren oder -Prüfungen sowie dem Bereitstellen von Prüfungsergebnissen durch den Forschungsnetzbetreiber bei einer Übertragung verarbeitet.

Die Verarbeitung dieser personenbezogenen Daten soll dabei im Interesse der Nutzergruppen nur zu den vorgesehenen Zwecken stattfinden. Jede Datenverarbeitung stellt stets ein Eingriff in Art. 8 GRCh dar.[1237] Ein ungerechtfertigter Verstoß gegen das Recht auf Datenschutz kann zudem weitreichende Konsequenzen für die jeweilige betroffene Person haben, da die Daten, anders als viele personenbezogene Daten juristischer Personen, zumeist nicht in der Öffentlichkeit bekannt sind. Insoweit ist dem Interesse der Nutzergruppen auf Schutz ihrer personenbezogenen Daten großes Gewicht beizumessen.

Daneben stellt die Übertragung der personenbezogenen Daten juristischer Personen einen wesentlich kleineren Teil der Übertragungen dar. Daher ist die Schutzbedürftigkeit im Vergleich zu den personenbezogenen Daten der Benutzergruppen nicht so hoch anzusetzen. Viele der Informationen über die Einrichtungen wie Namen, Adressen oder Telefonnummern sind im Netz durch Webauftritte oder andere Plattformen bekannt. Darüberhinausgehende personenbezogene Informationen über die Einrichtungen machen nur einen kleinen Teil der Übertragungen im Forschungsnetz aus. Außerdem begründen die enge Vertragsbindung und die Möglichkeiten, Einfluss auf den Forschungsnetzbetreiber zu nehmen, ebenfalls das schon zwischen den Nutzergruppen und dem Forschungsnetzbetreiber festgestellte Vertrauensverhältnis auch zwischen den Einrichtungen und dem Betreiber anzunehmen.[1238] Aufgrund dieser Verarbeitungslage sind die Interessen der betroffenen Einrichtungen gegenüber den Interessen der Nutzergruppen nicht so schwer zu gewichten.

Das Interesse der Einrichtungen sowie der Nutzergruppen würde somit am besten durch die Anwendbarkeit des Fernmeldegeheimnisses auf sämtliche übertragenen Informationen bedeuten. Doch ist an dieser Stelle der schon festgestellte Wille des europäischen Gesetzgebers vorrangig: Soweit personenbezogene Daten natürlicher Personen in nicht-öffentlichen Kommunikationsnetzen verarbeitet werden, sieht Art. 95 DS-GVO ausdrücklich den Vorrang des Datenschutzrechts vor.[1239] Der vollumfängliche Vorrang der Vertraulichkeit der Kommunikation kann daher gegenüber dem Datenschutzrecht nicht angenommen werden. Dies würde der Wertung des Art. 95 DS-GVO gänzlich zuwiderlaufen. Daher muss diese Interessenabwägung im verbleibenden Rahmen der Einschränkungen der Vertraulichkeit der Kommunikation der juristischen Personen vorgenommen werden.

Auch für die weitere Gewichtung der Interessen kann die gesetzgeberische Intention des europäischen Gesetzgebers herangezogen werden. Denn dieser hat die Möglichkeit, alle Telekommunikationsdienstleister dem Fernmeldegeheimnis zu unterwerfen, nicht ausgeschöpft. Vielmehr unterscheidet der Unionsgesetzgeber lediglich zwischen der Öffentlichkeit des Netzes bzw. Dienstes und nimmt darüber hinaus

---

[1237] *Wolff*, in: Frankfurter Kommentar, GRCh Art. 8 Rn. 18.

[1238] Siehe Teil 5 A. III. 4.

[1239] Siehe Teil 5 A. III. 4.

keine Unterscheidung vor. Dies ist, wie schon festgestellt, dem Vertrauensverhältnis zwischen den Nutzergruppen und Forschungsnetzbetreiber geschuldet.[1240] Von den Normen der DS-GVO hingegen nimmt der Unionsgesetzgeber juristische Personen aus.[1241]

Da dieses Vertrauensverhältnis auch zwischen den Einrichtungen und dem Forschungsnetzbetreiber angenommen werden kann, ist das Bedürfnis der Einrichtungen an der Vertraulichkeit der Kommunikation in der Abwägung weniger Gewicht beizumessen. Zwar bedeutet eine Nichtanwendung des Fernmeldegeheimnisses auf die zu übertragenen Informationen der angeschlossenen Einrichtungen einen geringeren Schutz, jedoch spiegelt dies die gemeinsame Interessenlage zwischen der angeschlossenen Wissenschaftseinrichtung und dem Forschungsnetzbetreiber wider. Insbesondere die Selbstbindung des Forschungsnetzbetreibers durch seine Satzung und seine grundrechtliche Position aus Art. 13 GRCh unterstreichen seine Nähe zu den Wissenschaftseinrichtungen und sichert so das Vertrauensverhältnis zu den geschützten Einrichtungen.

Demnach überwiegt das Interesse der Nutzergruppen auf Datenschutz gegenüber dem Schutz der Vertraulichkeit der Einrichtungen. Das Fernmeldegeheimnis ist zugunsten der Anwendbarkeit der Vorgaben der DS-GVO nicht auf die übrigen Informationsübertragungen der Einrichtungen anwendbar.

Dieser Vorrang der datenschutzrechtlichen Interessen drängt auch die Bedürfnisse des Forschungsnetzbetreibers nicht unangemessen zurück. Denn der Betrieb eines Forschungsnetzes birgt insoweit Besonderheiten gegenüber dem ‚klassischen' Telekommunikationsdienstleister, dass z. B. spezifische forschungsbezogene Nutzungen des Netzes eine umfassende Datenanalyse erforderlich machen, um den Hochschulen und Forschungseinrichtungen das Netz im benötigten Umfang und der entsprechenden Stabilität zur Verfügung stellen zu können. Würde das Fernmeldegeheimnis umfassend zur Anwendung kommen, wäre ein Zugriff auf die Informationen zu Entwicklungs- und Betriebszwecken des Forschungsnetzes kaum zu rechtfertigen. Insoweit sind die Interessen des Forschungsnetzbetreibers zur Wahrnehmung seiner Wissenschaftsfreiheiten ebenfalls höher zu gewichten.[1242]

dd) Beschränkung des Vorrangs

Doch der Vorrang der datenschutzrechtlichen Vorgaben gegenüber dem Fernmeldegeheimnis kann nicht zu einer beliebigen Datenverarbeitung der personenbezogenen Daten juristischer Personen sowie der sachbezogenen Daten führen. Die Abwägung zeigt, dass zwar die Interessen der Nutzergruppen und die gesetzgeberi-

---

[1240] Siehe Teil 5 A. III. 4.

[1241] ErwG 14 DS-GVO.

[1242] Siehe für den Beschäftigtendatenschutz: *Thüsing*, § 3 Rn. 91.

schen Absichten gegenüber den Interessen der Einrichtungen überwiegen, doch können die Interessen der Einrichtungen nicht gänzlich zurückgedrängt werden. Eine rechtsfreie Verarbeitung der sonst dem Fernmeldegeheimnis unterliegenden Informationen ist unter Beachtung der Rechtslage sowie den betroffenen Rechten nicht sachgerecht. Insbesondere der Umstand, dass der Forschungsnetzbetreiber bei Informationsübertragungen ohne Kollision mit der DS-GVO nach dem Willen des Gesetzgebers vom Fernmeldegeheimnis umfasst und damit der Schutz der übrigen Informationen gegeben wäre, zeigt, dass diese Absicht und das Schutzinteresse nicht völlig aufgehoben werden können.

Sachgerechter erscheint daher die Überlegung, dass das Schutzniveau bezüglich der nicht von der DS-GVO erfassten Informationen im Forschungsnetz nicht unter das Niveau fallen darf, welches bei personenbezogenen Daten heranzuziehen ist. Denn die sonst durch das Fernmeldegeheimnis geschützten Interessen können durch das Gleichziehen des Schutzes noch immer einen Teilschutz erreichen, welcher für den Forschungsnetzbetreiber in der Praxis umsetzbar ist und der Interessenabwägung zwischen Forschungsnetzbetreiber, Teilnehmern und Nutzergruppen gerecht wird. Hierdurch entsteht ein „*Gleichlauf der Prüfungsmaßstäbe*“[1243] zwischen den personenbezogenen Daten und den von der DS-GVO nicht umfassten Informationen. Dies entspricht auch den Vorstellungen des deutschen Gesetzgebers,[1244] denn stellt dieser gemäß § 1 Abs. 2 TTDSG die dem „*Fernmeldegeheimnis unterliegende Einzelangaben über Verhältnisse einer bestimmten oder bestimmbaren juristischen Person oder Personengesellschaft, die mit der Fähigkeit ausgestattet ist, Rechte zu erwerben oder Verbindlichkeiten einzugehen*“ den personenbezogenen Daten gleich.[1245]

Insoweit erscheint ein Vorschlag der Literatur im Beschäftigtendatenschutzrecht auch für den Forschungsnetzbetreiber als derzeit praktikabler Lösungsweg: Demnach werden die Verarbeitungsgrundlagen des Art. 6 Abs. 1 S. 1 DS-GVO für die Verarbeitung der sonst unter das Fernmeldegeheimnis fallenden Informationen unter der Maßgabe des § 3 Abs. 3 S. 3 TTDSG herangezogen, um so als ‚*sonstige gesetzliche Vorschrift*‘ zur Geltung zu kommen.[1246] Auf diese Weise muss der Forschungsnetzbetreiber trotz des Zurücktretens des Fernmeldegeheimnisses die berechtigten Schutzinteressen der betroffenen Einrichtungen berücksichtigen, indem er insbesondere jede Verarbeitung der Daten rechtfertigen können, den Grundsatz der Verhältnismäßigkeit beachten und auch seiner Rechenschaftspflicht nachkommen muss.[1247]

1243 *Fülbier/Splittgerber*, NJW 2012, 1995, 2000.

1244 Es sollte eine „geschlossene […] Regelung“ geschaffen werden, Regierungsentwurf TTDSG, BT-Drs. 19/27441, S. 30.

1245 *Sander*, K&R 2022, 662, 669.

1246 In Bezug auf das Beschäftigtendatenschutzrecht: *Sander*, K&R 2022, 662, 669.

1247 Siehe im Beschäftigtendatenschutz: *Baumgartner*, in: Gierschmann/Baumgartner, TTDSG § 3 Rn. 53.

Das kleine Zitiergebot des § 3 Abs. 3 S. 3 TTDSG widerspricht dieser Rechtsanwendung nicht, denn aufgrund der überschießenden Umsetzung des Anwendungsbereichs und des Vorrangs der DS-GVO kann das kleine Zitiergebot keine Anwendung erfahren.[1248]

c) Zwischenergebnis

Die Kollision zwischen den Vorgaben der DS-GVO und § 3 TTDSG ist nach umfassender Untersuchung der einschlägigen Grundrechte und -freiheiten des Forschungsnetzbetreibers, der Teilnehmereinrichtungen sowie der Angehörigen der Nutzergruppen dahingehend aufzulösen, dass die dem überschießenden Normteil unterfallenden Informationen ebenfalls den Verarbeitungsvorgaben der DS-GVO unter Anwendung des § 3 Abs. 3 S. 3 TTDSG unterworfen werden.

Auf diese Weise sind die Interessen aller Beteiligten bestmöglich gewahrt: Der Forschungsnetzbetreiber kann unter Berufung auf seine Funktion als Intermediär der Wissenschaft zum Zwecke der Entwicklung, des Ausbaus und der Bereitstellung des Forschungsnetzes Datenverarbeitungen zugunsten der Teilnehmereinrichtungen und Nutzergruppen unter Berücksichtigung aller datenschutzrechtlichen Grundsätze vornehmen. Insbesondere setzen sich auch die Beschäftigten des Forschungsnetzbetreibers nicht einer möglichen Strafbarkeit nach § 206 StGB aus.

Die normal dem Fernmeldegeheimnis unterfallenden Informationen der Teilnehmereinrichtungen werden nicht aufgrund eines vollständigen Zurücktretens der überschießenden Umsetzung schutzlos gestellt, sondern weiterhin durch die beschränkenden datenschutzrechtlichen Vorgaben einer Verhältnismäßigkeitskontrolle bei der Verarbeitung durch den Forschungsnetzbetreiber unterworfen. Das Minus an der Vertraulichkeit der Kommunikation ist durch die Organisation als Verein, den damit einhergehenden Mitwirkungsmöglichkeiten und der vertraglichen Nähe zwischen Forschungsnetzbetreiber und Teilnehmereinrichtung und dem hierdurch bestehenden Vertrauensverhältnis gerechtfertigt.

Darüber hinaus bleibt der vom Unionsgesetzgeber beabsichtigte und schon festgestellte[1249] Vorrang der DS-GVO für die Verarbeitung der personenbezogenen Daten der Angehörigen der Nutzergruppen vollumfänglich bestehen. Hierdurch ist der Forschungsnetzbetreiber in der Lage, ohne rechtliche Verstöße seine Pflichten gegenüber den betroffenen Personen zu erfüllen.

1248 Noch zum kleinen Zitiergebot des § 88 Abs. 3 S. 3 TKG a. F.: *Aufhäuser*, PinG 2021, 188, 191.

1249 Siehe Teil 5 A.

5. Zwischenergebnis

Aufgrund der vorgenommenen Interessabwägung kommt das Fernmeldegeheimnis aus § 3 TDDSG auch auf die übrige Verarbeitung von Informationen, insbesondere personenbezogener Daten juristischer Personen sowie sachbezogener Daten im Forschungsnetz, nicht zur Anwendung.

Zwar ist der Forschungsnetzbetreiber nach § 3 Abs. 2 S. 1 Nr. 2 sowie Nr. 4 als Diensteanbieter bzw. Betreiber zu qualifizieren, doch ergibt die vorgenommene Abwägung der Interessen des Forschungsnetzbetreibers, der Nutzergruppen sowie der angeschlossenen Einrichtungen im Lichte der Europäischen Charta der Grundrechte, dass die überschießend umgesetzten Vorgaben des § 3 TTDSG nicht zur Anwendung kommen können.

Dennoch sind die infrage stehenden Informationen nach dem Maßstab der DS-GVO i. S. d. § 3 Abs. 3 S. 3 TTDSG zu verarbeiten. Auf diese Weise werden die Interessen aller betroffenen Akteure sowie die Vorgaben der Gesetzgeber bestmöglich gewahrt.

II. Datenschutzrechtliche Vorgaben des TTDSG

Auch wenn das Fernmeldegeheimnis durch die Kollision mit der DS-GVO im Forschungsnetzbetrieb nicht zur Anwendung kommt, kann es aufgrund der Einordnung des Forschungsnetzbetreibers als Diensteanbieter i. S. d. § 3 Abs. 1 S. 1 Nr. 2 TTDSG und als Betreiber i. S. d. Nr. 4 zur Anwendung anderer Vorgaben des TTDSG kommen.

Der schon festgestellte Vorrang der DS-GVO bleibt dabei weiterhin bestehen. Dadurch, dass Art. 95 DS-GVO den mindestharmonisierenden Umsetzungsnormen für den Forschungsnetzbetreiber keinen Vorrang gewährt, können die Vorgaben des TTDSG nur dann Anwendung finden, wenn es sich entweder um Datenverarbeitungen handelt, die nicht in den Anwendungsbereich der DS-GVO fallen oder aufgrund einer Öffnungsklausel anwendbar sind.[1250] Darunter fällt, wie schon im Rahmen des Fernmeldegeheimnisses festgestellt, die Verarbeitung personenbezogener Daten juristischer Personen oder die Verarbeitung personenbezogener Daten, welche den Vorgaben unterfallen, die durch die Wahrnehmung einer Öffnungsklauseln anwendbar bleiben.[1251]

Auf die einzelnen Normen des TTDSG soll im Folgenden nur eingegangen werden, soweit diese für den Forschungsnetzbetreiber von besonderer Bedeutung in seiner Rolle als Internetdiensteanbieter ist.

[1250] *Gierschmann*, MMR 2023, 22, 27; *Piltz*, CR 2021, 555, 556.

[1251] *Gierschmann*, MMR 2023, 22, 27.

1. Vorgaben zu Verkehrs- und Standortdaten (§§ 9 ff. TTDSG)

Die §§ 9 ff. TTDSG enthalten für Anbieter von Telekommunikationsdiensten verschiedene Vorgaben zum Umgang mit Verkehrs- und Standortdaten. Dabei referenzieren die einzelnen Normen auf den Adressatenbereich des § 3 Abs. 2 TTDSG, unterscheiden aber zwischen den einzelnen Normen bei der Adressierung der Pflichten.

Insoweit verweisen §§ 9 und 13 TTDSG auf die nach § 3 Abs. 2 Nr. 1 TTDSG Verpflichteten bzw. auf die öffentliche Zugänglichkeit des Telekommunikationsnetzes. Hierunter ist der Forschungsnetzbetreiber wie festgestellt nicht zu subsumieren.

Dagegen referenzieren §§ 10, 11 und 12 TTDSG auch auf die nach § 3 Abs. 2 Nr. 2 sowie Nr. 4 TTDSG Verpflichteten. Insoweit ist der Forschungsnetzbetreiber wie ebenfalls schon festgestellt als Anbieter von geschäftsmäßig angebotenen Telekommunikationsdiensten bzw. Betreiber von Telekommunikationsanlagen einzuordnen. Außerdem ist er Adressat der §§ 10, 11 und 12 TTDSG. Allerdings müsste die DS-GVO bei Vorliegen von personenbezogenen Daten natürlicher Personen eine Öffnungsklausel vorsehen, damit die Regelungen den europäischen Vorgaben vorgehen können.[1252]

Eine abschließende Feststellung, ob eine der zahlreichen Öffnungsklauseln der DS-GVO eine Anwendbarkeit der §§ 9 ff. TTDSG auf die Tätigkeiten des Forschungsnetzbetreibers zulässt, kann an dieser Stelle nicht vorgenommen werden. Maßgeblich sind die konkreten Umstände der einzelnen Datenverarbeitungen. In der Literatur wird in diesem Fall bislang auf den alleinigen Vorrang der DS-GVO verwiesen.[1253] Soweit tatsächlich keine Öffnungsklausel die Anwendbarkeit der §§ 9 ff. TTDSG begründen kann, muss der Forschungsnetzbetreiber auch seine Datenverarbeitungen der Verkehrs- und Standortdaten nach den allgemeinen Erlaubnistatbeständen der Art. 6 und Art. 9 DS-GVO rechtfertigen können.

2. Vorgaben zu Telemedien (§§ 19 ff. TTDSG)

In den §§ 19 ff. TTDSG setzt der Gesetzgeber den Datenschutz für Telemedien um. Doch wie schon festgestellt, ist der Internetdienst des Forschungsnetzbetreibers als Signalübertragungsdienst zu qualifizieren.[1254]

Die Vorgaben der §§ 19 ff. TTDSG sind daher für den Forschungsnetzbetreiber nicht einschlägig. Insoweit gelten weiterhin allein die Vorgaben der DS-GVO, insbesondere Art. 32 DS-GVO ist diesbezüglich von Relevanz.

[1252] *Gierschmann*, MMR 2023, 22, 27; *Piltz*, CR 2021, 555, 556.

[1253] *Ströbel/Voß*, in: Riechert/Wilmer, TTDSG § 9 Rn. 3; *Ströbel/Voß*, in: Riechert/Wilmer, TTDSG § 10 Rn. 3.

[1254] Siehe Teil 5 A. III. 5.

3. ‚Cookie-Regelungen' (§ 25 TTDSG)

Aus § 25 TTDSG können sich für den Forschungsnetzbetreiber Vorgaben ergeben. § 25 TTDSG setzt ausweislich der Begründung des Gesetzgebers Art. 5 Abs. 3 ePrivacyRL um.[1255] Insoweit orientiert sich die Norm eng am Wortlaut der Richtlinienvorgabe.[1256] Durch diese Nähe am Wortlaut ist die Europarechtskonformität des § 25 TTDSG im Gegensatz zu den obigen Feststellungen nicht infrage zu stellen.[1257] Im Rahmen der Verarbeitung nicht personenbezogener Daten natürlicher Personen ist § 25 TTDSG damit ebenfalls anwendbar.

Wie schon festgestellt, wird auch der Forschungsnetzbetreiber von den Vorgaben des § 25 TTDSG personell erfasst.[1258] Dies gilt auch für den Zugriff und die Speicherung nicht personenbezogener Daten natürlicher Personen. Aber auch an dieser Stelle hängt es letztendlich von den technischen Gegebenheiten des Internetdienstes ab, ob im Rahmen des Angebots des Internetdienstes des Forschungsnetzbetreibers die Vorgaben des § 25 TTDSG zum Tragen kommen.

III. Zwischenergebnis

Die Neuregelung des deutschen Fernmeldegeheimnisses und des Datenschutzes im Telekommunikationsrecht ist dem deutschen Gesetzgeber nicht sonderlich geglückt. Denn seine überschießende Umsetzung der ePrivacy-Richtlinie bezüglich des erweiterten Adressatenkreises sorgt für eine ‚Zwickmühle' beim Forschungsnetzbetreiber. Einerseits ist er verpflichtet, die Vorgaben der DS-GVO umzusetzen. Andererseits statuiert das TTDSG, dass er als Adressat nach § 3 Abs. 2 S. 1 Nr. 2 und Nr. 4 TTDSG an das Fernmeldegeheimnis gebunden ist, soweit er Informationen überträgt, welche nicht dem Anwendungsbereich der DS-GVO unterfallen.

Doch diese Rechtslage macht es für den Forschungsnetzbetreiber unmöglich, sowohl die Vorgaben der DS-GVO als auch des TTDSG einzuhalten. Soweit er das Fernmeldegeheimnis beachtet, ist es ihm nicht möglich, die personenbezogenen Daten natürlicher Personen ohne Kenntnisnahme zu verarbeiten. Andererseits verstößt der Forschungsnetzbetreiber gegen das Fernmeldegeheimnis, wenn er den Vorgaben der DS-GVO nachkommt und dabei Kenntnis von Informationen erhält, welche vom Fernmeldegeheimnis geschützt werden.

Während ein Teil der Literatur verlangt, dass beide Regelungskreise eingehalten werden müssen,[1259] lösen andere Teile der Literatur die Kollision damit, dass das

---

[1255] Regierungsentwurf TTDSG, BT-Drs. 19/27441, S. 37.

[1256] Regierungsentwurf TTDSG, BT-Drs. 19/27441, S. 37.

[1257] *BfDI*, Stellungnahme zum TTDSG-E, 21.4.2021, Ausschuss-Drs. 19(9)1037, S. 3; *Schneider*, in: Assion/Aretz, TTDSG § 25 Rn. 13; *Golland*, NJW 2021, 2238, 2239.

[1258] Siehe Teil 5 A. III. 5.

[1259] *Assion*, in: Assion/Aretz, TTDSG § 3 Rn. 38.

Fernmeldegeheimnis vollumfänglich hinter den Vorgaben der DS-GVO zurückzutreten hat.[1260] Doch beide Auffassungen überzeugen nicht.

Stattdessen müssen die unterschiedlichen Interessen des Forschungsnetzbetreibers, der angeschlossenen Teilnehmereinrichtungen sowie der Nutzergruppen im Lichte der Grundrechtecharta untereinander abgewogen und in Ausgleich gebracht werden. Dabei sind die Absichten des europäischen und des deutschen Gesetzgebers zu achten, insbesondere der Vorrang der DS-GVO nicht infrage zu stellen. Dennoch zeigt sich, dass der deutsche Gesetzgeber mit der überschießenden Regelung keine gespaltene Rechtsanwendung beabsichtigte und daher die Regelungen des TTDSG im Einklang mit dem Unionsrecht anzuwenden sind. Im Ergebnis der vorgenommenen Interessenabwägung überwiegt der Schutz der personenbezogenen Daten natürlicher Personen gegenüber dem Vertrauensschutz der übrigen Informationen. Dieses Ergebnis wird durch die Organisation als Verein, den damit einhergehenden Mitwirkungsmöglichkeiten und der vertraglichen Nähe zwischen Forschungsnetzbetreiber und Teilnehmereinrichtung und dem hierdurch bestehenden Vertrauensverhältnis gerechtfertigt.

Dennoch darf der Schutz u. a. mit Blick auf das Recht auf informationelle Selbstbestimmung juristischer Personen aus Art. 8 EMRK[1261] sowie Art. 7 GRCh[1262] nicht vollumfänglich zurückgedrängt werden. Stattdessen sind die Interessen dahingehend in Ausgleich zu bringen, dass die Informationen, die nicht dem Anwendungsbereich der DS-GVO unterfallen, im Sinne des § 3 Abs. 3 S. 3 TTDSG zumindest nach Maßgabe der DS-GVO vom Forschungsnetzbetreiber zu verarbeiten sind.[1263] Damit besteht bei der Übertragungstätigkeit des Forschungsnetzbetreibers stets ein Mindestschutz für die sonst durch das Fernmeldegeheimnis geschützten Informationen. Insbesondere erfolgt dies durch die beschränkenden datenschutzrechtlichen Vorgaben der Verhältnismäßigkeitskontrolle, ohne aber die durch Art. 13 GRCh garantierten Wissenschaftsfreiheiten des Forschungsnetzbetreibers weiter zu beeinträchtigen.

Im Gegenzug hierzu ist der Forschungsnetzbetreiber in der Lage, ohne rechtliche Verstöße seine Pflichten gegenüber den betroffenen Personen aus der weiterhin vorrangig geltenden DS-GVO zu erfüllen.

1260 *Piltz*, in: Gola/Heckmann, DS-GVO Art. 95 Rn. 25; so im Beschäftigtendatenschutz *Aufhäuser*, PinG 2021, 188, 195 f.; *Wünschelbaum*, NJW 2022, 1561, 1564.

1261 *Böhringer/Marauhn*, in: EMRK/GG Konkordanzkommentar, Kap. 16 Rn. 69.

1262 *Kingreen*, in: Calliess/Ruffert, EU-GRCharta Art. 8 Rn. 12; *Streinz*, in: Streinz EUV/AEUV, GR-Charta Art. 8 Rn. 6; *Wolff*, in: Frankfurter Kommentar, GRCh Art. 8 Rn. 11.

1263 So auch im Beschäftigtendatenschutz: *Baumgartner*, in: Gierschmann/Baumgartner, TTDSG § 3 Rn. 53.

C. Anwendbarkeit des TKG

Für die umfassende Untersuchung bezüglich der datenschutz- und telekommunikationsrechtlichen Regelungen ist abschließend auf die Vorgaben des TKG einzugehen. Während das TKG a. F. noch die datenschutzrechtlichen Bestimmungen für Telekommunikationsbetreiber enthielt, wurden diese nun in das TTDSG übertragen.[1264] Das TKG dient daher nun in erster Linie der Regulierung des Wettbewerbs im Bereich der Telekommunikation.[1265] Dennoch trägt das TKG als Umsetzungsgesetz der EECC-Richtlinie auf nationaler Ebene auch zum Schutz der Daten in der elektronischen Kommunikation im Rahmen der Bereitstellung von Telekommunikationsnetzen und -diensten bei, indem § 2 Abs. 2 die Wahrung der Nutzer- und Verbraucherinteressen bestimmt.[1266]

Der Anwendungsbereich des TKG ist weit gefasst und umfasst nach § 1 Abs. 2 TKG „*alle Unternehmen oder Personen, die im Geltungsbereich dieses Gesetzes Telekommunikationsnetze oder Telekommunikationsanlagen betreiben oder Telekommunikationsdienste erbringen sowie die weiteren, nach diesem Gesetz Berechtigten und Verpflichteten.*“ Diese Formulierung stellt klar, dass nicht nur Personen Adressaten sind, welche ein Telekommunikationsnetz bzw. eine Telekommunikationsanlage betreiben, sondern auch alle weiteren nach dem TKG Berechtigten und Verpflichteten.[1267] Soweit die Normen des TKG andere Personen als die in § 1 TKG Genannten berechtigen oder verpflichten, sind diese auch vom persönlichen Anwendungsbereich des TKG erfasst.[1268]

Die Begriffsbestimmungen finden sich in § 3 TKG und entsprechen zu weiten Teilen den Definitionen des Unionsgesetzgebers. Der Begriff des Telekommunikationsnetzes lehnt sich an die Begriffsbestimmung des elektronischen Kommunikationsnetzes aus Art. 2 Nr. 1 EECC-Richtlinie an und ist nach § 3 Nr. 65 TKG „*die Gesamtheit von Übertragungssystemen, ungeachtet dessen, ob sie auf einer permanenten Infrastruktur oder zentralen Verwaltungskapazität basieren, und gegebenenfalls Vermittlungs- und Leitwegeinrichtungen sowie anderweitigen Ressourcen, einschließlich der nicht aktiven Netzbestandteile, die die Übertragung von Signalen über Kabel, Funk, optische und andere elektromagnetische Einrichtungen ermöglichen, einschließlich Satellitennetzen, festen, leitungs- und paketvermittelten Netzen, einschließlich des Internets, und mobilen Netzen, Stromleitungssystemen, soweit sie zur Signalübertragung genutzt werden, Netzen für Hör- und Fernsehfunk sowie Kabelfernsehnetzen, unabhängig von der Art der übertragenen Information*“.

[1264] Regierungsentwurf TTDSG, BT-Drs. 19/27441, S. 2.
[1265] § 1 Abs. 1 TKG; *Säcker*, in: Säcker/Körber, TKG § 1 Rn. 1.
[1266] Siehe auch § 165 Abs. 1 TKG; *Säcker*, in: Säcker/Körber, TKG § 2 Rn. 7 ff.
[1267] *Säcker*, in: Säcker/Körber, TKG § 1 Rn. 9.
[1268] *Säcker*, in: Säcker/Körber, TKG § 1 Rn. 9.

Telekommunikationsanlagen sind nach § 3 Nr. 60 TKG „*technische Einrichtungen, Systeme oder Server, die als Nachrichten identifizierbare elektromagnetische oder optische Signale oder Daten im Rahmen der Erbringung eines Telekommunikationsdienstes senden, übertragen, vermitteln, empfangen, steuern oder kontrollieren können*“.

Die Definition des Telekommunikationsdienstes übernimmt im Wesentlichen die Definition der elektronischen Kommunikationsdienste des Art. 2 Nr. 4 EECC-Richtlinie und meint nach § 3 Nr. 61 TKG „*in der Regel gegen Entgelt über Telekommunikationsnetze erbrachte Dienste, die – mit der Ausnahme von Diensten, die Inhalte über Telekommunikationsnetze und -dienste anbieten oder eine redaktionelle Kontrolle über sie ausüben – folgende Dienste umfassen:*

a) Internetzugangsdienste,

b) interpersonelle Telekommunikationsdienste und

c) Dienste, die ganz oder überwiegend in der Übertragung von Signalen bestehen, wie Übertragungsdienste, die für Maschine-Maschine-Kommunikation und für den Rundfunk genutzt werden“.

Soweit die Begriffsbestimmung den der EECC-Richtlinie entsprechen, können die schon getroffenen Feststellungen auch im Rahmen des TKG herangezogen werden.[1269] Daher ist festzustellen, dass das Forschungsnetz unter den Begriff des Telekommunikationsnetzes fällt und der betreibende Verein als Forschungsnetzbetreiber in den Adressatenkreis des § 1 Abs. 2 TKG eingeordnet werden kann.

Der Anwendungsbereich ist allerdings nur bei jenen Normen eröffnet, welche den Adressatenkreis auf den Betrieb jeglicher Telekommunikationsnetze beziehen. Auch das TKG kennt mit § 3 Nr. 42 TKG „*öffentliche Telekommunikationsnetze*“ und beschränkt die Anwendbarkeit der Normen regelmäßig auf Betreiber von öffentlichen Telekommunikationsnetzen. Ein öffentliches Telekommunikationsnetz ist demnach „*ein Telekommunikationsnetz, das ganz oder überwiegend der Erbringung öffentlich zugänglicher Telekommunikationsdienste dient, die die Übertragung von Informationen zwischen Netzabschlusspunkten ermöglichen*“. Die öffentliche Zugänglichkeit eines Telekommunikationsdienstes wird im TKG, anders als in den europäischen Vorgaben, in § 3 Nr. 44 TKG legaldefiniert und liegt dann vor, wenn der Dienst „*einem unbestimmten Personenkreis zur Verfügung*“ gestellt wird. Dies entspricht dem festgestellten Ergebnis aus Teil 5. Daher kann auch für die Einordnung des Forschungsnetzbetreibers hinsichtlich seiner öffentlichen Zugänglichkeit auf die schon festgestellten Ausführungen verwiesen werden.[1270]

[1269] Siehe hierzu Teil 5 A.

[1270] Siehe Teil 5 A.

Da die Mehrzahl der Vorgaben des TKG allein die Betreiber von öffentlich zugänglichen Telekommunikationsnetzen adressiert, ist die Anwendbarkeit dieser Normen auf den Internetdienst der Wissenschaft aufgrund der festgestellten nicht öffentlichen Zugänglichkeit des Internetdienstes des Forschungsnetzbetreibers zu verneinen.

Nur soweit die Normen des TKG Telekommunikationsbetreiber ungeachtet der öffentlichen Zugänglichkeit adressieren, kann der Forschungsnetzbetreiber verpflichtet werden. Das ist z. B. bei der Vornahme technischer und organisatorischer Maßnahmen zum Schutz personenbezogener Daten nach § 165 Abs. 1 TKG oder im Rahmen des manuellen Auskunftsverfahren nach § 174 TKG der Fall.

Diese Privilegierung des Forschungsnetzbetreibers entspricht somit auch dem schon festgestellten europäischen Gedanken.[1271] Dadurch, dass der Forschungsnetzbetreiber an die Vorgaben der DS-GVO gebunden ist, finden sich viele der Vorgaben des TKG ähnelnden Verpflichtungen in der europäischen Verordnung wieder. Die hinter dem TKG stehende Umsetzung der EECC-Richtlinie entspricht auch der Fortsetzung des europäischen Regulierungsgedankens im Umgang mit geschlossenen Kommunikationsnetzen sowie -diensten. Die beschränkte Anwendbarkeit der Vorgaben des TKG auf den Internetdienst des Forschungsnetzbetreibers wird ebenso durch die schon festgestellte privilegierte Stellung des durch Art. 13 GRCh geschützten Intermediäres der Wissenschaft bestätigt.

[1271] Siehe Teil 5 A.

D. Zusammenfassung und Schlussfolgerungen

Der vorangegangene Teil der Untersuchung hat gezeigt, dass beim Betrieb des Forschungsnetzes die Schutzinteressen verschiedener Akteure betroffen sind: Während die Hochschulen und Forschungseinrichtungen vorrangig ihre Interessen durch die Wissenschaftsfreiheiten geschützt wissen wollen, können auch sie sich auf ihr informationelles Recht auf Selbstbestimmung sowie der Vertraulichkeit der Kommunikation berufen. Dagegen zeigen die Interessen der Nutzergruppen aus Wissenschaftlern, Beschäftigten, Studierenden und Gästen der Teilnehmereinrichtungen, dass die personenbezogenen Daten sowie die Vertraulichkeit der Kommunikation die zentralen Schutzgüter bei der Übertragung ihrer Informationen über das Forschungsnetz sind. Zwischen diesen Gruppen hat der Forschungsnetzbetreiber selbst als Intermediär der Wissenschaft das Interesse, die Informationen so effizient wie möglich zu übertragen und dafür so wenige Einschränkungen wie erforderlich hinzunehmen. Dabei werden seine Interessen vorrangig durch die Wissenschaftsfreiheiten sowie die Berufsfreiheit und die unternehmerische Freiheit geschützt.

Mit dem Betrieb des Forschungsnetzes kollidieren diese teilweise widerstreitenden Interessen und müssen daher in Einklang gebracht werden. Mit der DS-GVO, der ePrivacy-Richtlinie und weiteren Begleitrichtlinien hat der europäische Gesetzgeber zu weiten Teilen Vorgaben zum Interessenausgleich geschaffen. Darüber hinaus hat auch der nationale Gesetzgeber mit dem BDSG, dem TTDSG und dem TKG zusätzliche Regulierungen im Datenschutz- und Telekommunikationsrecht geschaffen.

Es hat sich gezeigt, dass der Forschungsnetzbetreiber den Vorgaben der DS-GVO unterfällt. Dabei ist die Verteilung der Verantwortlichkeit zwischen dem Forschungsnetzbetreiber und den Teilnehmern unterschiedlich zu bewerten, maßgeblich ist stets das Verhältnis zwischen Forschungsnetzbetreiber und Teilnehmer sowie der Aufbau des Dienstes.

Im weiteren Verlauf der Untersuchung wurde deutlich, dass der Vorrang der DS-GVO nicht durch Art. 95 DS-GVO durchbrochen wird. Die Vorrangregelung stellt auf die öffentliche Zugänglichkeit des Kommunikationsdienstes ab. Hierbei hat sich gezeigt, dass der zu untersuchende Internetdienst des Forschungsnetzbetreibers nicht öffentlich zugänglich ist. Trotz der umfangreichen Anzahl an Nutzern und der vielfältigen Zugangsmöglichkeiten wird der Dienst nicht einer unbestimmten Anzahl an Personen angeboten. Der Zugang ist sowohl vertraglich als auch durch den hierarchischen Aufbau des Dienstes faktisch auf die Angehörigen der Wissenschaftsgemeinschaft beschränkt.

Aus diesem Grund bleibt die DS-GVO für den Forschungsnetzbetreiber bei der Verarbeitung personenbezogener Daten natürlicher Personen vorrangig anwendbar. Insbesondere kommt das Fernmeldegeheimnis hierdurch nicht für personenbezogene Daten natürlicher Personen zur Anwendung. Auch im Rahmen der Öffnungsklausel des Art. 88 DS-GVO kann das Fernmeldegeheimnis keine Anwendung finden. Abschließend war zudem festzustellen, dass der Forschungsnetzbetreiber aufgrund seiner Stellung als Intermediär im Rahmen seiner Tätigkeiten unter die Forschungsprivilegien der DS-GVO fallen kann.

Neben dem Vorrang der DS-GVO sorgt die überschießende Umsetzung des deutschen Gesetzgebers dafür, dass der Forschungsnetzbetreiber bei der Übertragung von Informationen, die nicht unter den Anwendungsbereich der DS-GVO fallen, dennoch unter den Adressatenkreis des TTDSG fällt. Die hierdurch entstehende Pflichtenkollision des Forschungsnetzbetreibers zwischen der Einhaltung der Vorgaben der DS-GVO und der Wahrung des Fernmeldegeheimnisses wird durch die Interessenabwägung aller betroffenen Grundrechtsgüter dahingehend aufgelöst, dass das Fernmeldegeheimnis hinter den Regelungen der DS-GVO zurücktreten muss, aber die Informationen nach Maßgabe der DS-GVO i. S. d. § 3 Abs. 3 S. 3 TTDSG übertragen werden müssen.

Während das TKG für Betreiber von öffentlichen Telekommunikationsdiensten schließlich eine Vielzahl an Vorgaben enthält, muss auch hier unter Verweis auf die Geschlossenheit des Internetdienstes der Forschungsnetzbetreiber nur die Normen beachten, die auf nicht öffentlich zugängliche Dienste anwendbar sind.

Teil 6 Ausblick

In der bisherigen europäischen Datenstrategie[1272] werden hinsichtlich des Schutzes personenbezogener Daten und zu übertragender Informationen die wesentlichen Rahmenbedingungen durch die DS-GVO und die ePrivacy-Richtlinie gesetzt.[1273] Es zeigt sich, dass diese zentralen Vorgaben bezüglich des Umgangs der Informationen von den angeschlossenen Teilnehmereinrichtungen und ihren Benutzergruppen aus diesen Regelwerken abgeleitet werden können.

Die Feststellung, dass die Verarbeitung der Daten durch den Forschungsnetzbetreiber im Rahmen seines Internetdienstes den Vorgaben der DS-GVO unterliegt,[1274] hat nach derzeit geltendem Recht weitreichende Folgen. Insbesondere das national überschießend umgesetzte Fernmeldegeheimnis ist aufgrund der vorrangigen europäischen Vorgaben nicht nur hinsichtlich der personenbezogenen Daten unanwendbar, sondern kann auch aufgrund der praktischen Pflichtenkollisionen nicht auf die übrigen zu übertragenden Daten angewandt werden.[1275] Doch die auf der ePrivacy-Richtlinie basierenden Vorgaben haben aufgrund der anstehenden ePrivacy-Verordnung als europaweit harmonisierte Nachfolgerregelung nicht mehr lange Bestand.

Darüber hinaus ist die Europäische Union neben diesen Regelwerken mit einer Vielzahl an weiteren Rechtsakten dabei, das europäische Datenrecht zu überarbeiten. So sorgt schon jetzt der Data Governance Act (DGA)[1276] für eine wirtschaftlichere Nutzung von erhobenen Daten.[1277] Aber auch weitere Rechtsakte wie der Data Services Act (DSA)[1278], der Data Act (DA)[1279], der Cyber Resiliance Act[1280] oder die

---

[1272] *Europäische Kommission*, Europäische Datenstrategie, abrufbar unter: https://commission.europa.eu/strategy-and-policy/priorities-2019-2024/europe-fit-digital-age/european-data-strategy_de (zuletzt abgerufen am 10.10.2023).

[1273] *Europäische Kommission,* COM(2020) 66 final, S. 4.

[1274] Siehe Teil 5 A. VI.

[1275] Siehe Teil 5 B. III.

[1276] Verordnung (EU) 2022/868 des Europäischen Parlaments und des Rates vom 30. Mai 2022 über europäische Daten-Governance und zur Änderung der Verordnung (EU) 2018/1724 (Daten-Governance-Rechtsakt), ABl. L 152/1 vom 3.6.2022.

[1277] ErwG 6 DGA.

[1278] Verordnung (EU) 2022/2065 des Europäischen Parlaments und des Rates vom 19. Oktober 2022 über einen Binnenmarkt für digitale Dienste und zur Änderung der Richtlinie 2000/31/EG (Gesetz über digitale Dienste), ABl. L 277/1 vom 27.10.2022.

[1279] Vorschlag für eine Verordnung über harmonisierte Vorschriften für einen fairen Datenzugang und eine faire Datennutzung (Datengesetz), COM/2022/68 final.

[1280] Vorschlag für eine Verordnung über horizontale Cybersicherheitsanforderungen für Produkte mit digitalen Elementen und zur Änderung der Verordnung (EU) 2019/1020, COM(2022) 454 final.

N. John, *Der Schutz der Daten im Netz des Access Providers der Wissenschaft*,
Juridicum – Schriften zum Medien-, Informations- und Datenrecht,
https://doi.org/10.1007/978-3-658-45497-5_6

nationalen Umsetzungen der NIS-2-Richtlinie[1281] werden in naher Zukunft die Verarbeitung und die Sicherheit von Daten aller Art im Geltungsbereich der Union beeinflussen.

Als Intermediär der Wissenschaft haben Forschungsnetzbetreiber in Europa daher neben den Vorgaben der DS-GVO und den angesprochenen Vorgaben gegebenenfalls auch durch kommende Rechtsakte des Unionsgesetzgebers darüber hinaus weitere Vorgaben zu beachten. Insbesondere die anstehende ePrivacy-Verordnung könnte durch ihre Vollharmonisierung das schwierige europäisch-deutsche Normverhältnis zwischen DS-GVO und TTDSG auflösen und für die Rechtsanwender klären. Auch für den Forschungsnetzbetreiber würde dies insbesondere für die sonstigen zu übertragenden Daten, welche nicht unter den Anwendungsbereich der DS-GVO fallen, zu mehr Rechtsklarheit führen.

Aufgrund der zentralen Bedeutung der ePrivacy-Richtlinie und ihrer Umsetzung in Deutschland soll an dieser Stelle besonders auf die kommende ePrivacy-Verordnung ein Blick geworfen werden und die hieraus resultierenden Auswirkungen für ‚Access Provider der Wissenschaft' im Überblick dargestellt werden.

Mit dem Inkrafttreten der ePrivacy-Verordnung werden sich große Teile des TTDSG in der neuen Verordnung wiederfinden und vorrangig Geltung erfahren.[1282] Der Anwendungsbereich wird im Vergleich zur ePrivacy-Richtlinie erweitert und erfasst nicht mehr nur ‚klassische' Telekommunikationsanbieter, sondern wird, wie auch die EECC-Richtlinie, sog. OTT-Diensteanbieter erfassen.[1283] Erfasst werden von der Verordnung alle Verarbeitungen von elektronischen Kommunikationsdaten, welche sowohl Inhalts- als auch Metadaten umfassen.[1284]

Im Vergleich zur deutschen Rechtslage des TTDSG wird sich der Anwendungsbereich wohl allerdings verengen und sich nach derzeitigem Entwurfsstand ausdrücklich nicht auf geschlossene elektronische Kommunikationsdienste erstrecken.[1285]

Das Verhältnis der ePrivacy-Verordnung zur DS-GVO wird weiterhin durch Art. 95 DS-GVO sowie Art. 1 Abs. 3 ePrivacyVO-RatE geregelt. Danach sollen die Regelungen der ePrivacy-Verordnung hinsichtlich der Verarbeitung personenbezogener Daten *lex specialis* zur DS-GVO darstellen.[1286] Die DS-GVO entfaltet somit

---

1281 Richtlinie (EU) 2022/2555 des Europäischen Parlaments und des Rates vom 14. Dezember 2022 über Maßnahmen für ein hohes gemeinsames Cybersicherheitsniveau in der Union, zur Änderung der Verordnung (EU) Nr. 910/2014 und der Richtlinie (EU) 2018/1972 sowie zur Aufhebung der Richtlinie (EU) 2016/1148 (NIS-2-Richtlinie), ABl. L 333/80 vom 27.12.2022.

1282 *Assion*, in: Assion/Aretz, TTDSG § 3 Rn. 163.

1283 ErwG 1 ePrivacyVO-RatE; *Conrad/Hausen*, in: Auer-Reinsdorff/Conrad, § 36 Rn. 32; *Füllsack*, S. 203.

1284 Art. 4 Abs. 3 lit. a ePrivacyVO-RatE.

1285 Art. 2 Abs. 2 lit. c ePrivacyVO-RatE.

1286 ePrivacyVO-KomE S. 3; *Herbrich*, jurisPR-ITR 18/2017, Anm. 2.

bei einer Anwendbarkeit der ePrivacy-Verordnung nur dann Wirkung, wenn die ePrivacy-Verordnung keine speziellen Vorgaben vorsieht.[1287]

Auch inhaltlich bedeuten die Vorgaben der ePrivacy-Verordnung eine Änderung zu den Normen des TTDSG. Insbesondere das vorliegend thematisierte Fernmeldegeheimnis des § 3 TTDSG würde von den neuen europäischen Vorgaben verdrängt werden.[1288] Nach Art. 5 ff. ePrivacyVO-RatE sollen Eingriffe in elektronische Kommunikationsdaten nur dann zulässig sein, wenn es die ePrivacy-Verordnung erlaubt oder der Endnutzer eingewilligt hat. Die Norm selbst verpflichtet anders als das TTDSG nicht nur Telekommunikationsdienstleister, sondern alle Personen außer den Endnutzern.[1289] Als Erlaubnistatbestände dienen die Artt. 6-8 ePrivacyVO-RatE.

Auswirkungen auf den Betrieb des Internetdienstes eines Forschungsnetzbetreibers werden die neuen Regelungen der Verordnung an verschiedenen Stellen haben. Insbesondere die Streitigkeiten um die überschießende Umsetzung des deutschen Gesetzgebers hinsichtlich des persönlichen Anwendungsbereiches werden mit Inkrafttreten der neuen ePrivacy-Verordnung wohl zu einem Ende finden. Im Kommissionsentwurf bestimmt Art. 2 Abs. 2 lit. c ePrivacyVO-KomE, dass die Verordnung nicht für elektronische Kommunikationsdienste gelten soll, wenn sie nicht öffentlich zugänglich sind. Auch der Ratsentwurf hat hieran bislang keine Änderung vorgenommen. Das festgestellte Auseinanderfallen des Adressatenbereichs von Art. 95 DS-GVO und § 3 Abs. 2 S. 1 Nr. 2 und Nr. 4 TTDSG wäre somit nicht mehr vorhanden.

Doch trotz des einheitlichen Adressatenkreises von DS-GVO und ePrivacy-Verordnung unterbleibt eine Begriffsbestimmung der öffentlichen Zugänglichkeit eines Kommunikationsdienstes auf Unionsebene. Die in Teil 5 festgestellten Erwägungen müssen daher auch nach Inkrafttreten der ePrivacy-Verordnung vorgenommen werden. Die Einordnung des Internetdienstes eines Forschungsnetzbetreibers als nicht öffentlich zugänglicher Kommunikationsdienst wird somit weiterhin eine entscheidende Rolle in der Anwendbarkeit der Normen der ePrivacy-Verordnung sowie der DS-GVO spielen.

Soweit die ePrivacy-Verordnung bei den bisherigen Vorgaben des Ratsentwurfs bliebe und in Kraft träte, würde dies für den Forschungsnetzbetreiber bedeuten, dass die Verpflichtungen der Verordnung auf ihn weiterhin keine Anwendung finden. Auch die Übertragung der sonstigen Daten würde wohl aufgrund des eingeschränkten Anwendungsbereichs nicht unter den Anwendungsbereich der ePrivacy-Verordnung fallen.

[1287] *Engeler/Felber*, ZD 2017, 251, 253.

[1288] Zu den Normen aus TMG, TKG und UWG *Herbrich*, jurisPR-ITR 18/2017, Anm. 2.

[1289] *Assion*, in: Assion/Aretz, TTDSG § 3 Rn. 163; *Herbrich*, jurisPR-ITR 23/2017, Anm. 2.

Teil 7 Ergebnisse und Schlussbetrachtung

Die Untersuchung zur Rolle des Forschungsnetzbetreibers im europäischen Datenschutz- und Telekommunikationsrecht hat gezeigt, dass der Aufbau als gemeinnütziger Verein und die Beschränkung des Zugangs zum Internetdienst auf die Einrichtungen der Wissenschaft und Forschung und ihrer Nutzergruppen weitreichende Auswirkungen in Bezug auf den Schutz der Daten im Forschungsnetz hat. Die festgestellten Ergebnisse der Untersuchung sollen nachfolgend übersichtlich zusammengefasst werden.

A. Zusammenfassung der Ergebnisse

1. Die Organisation eines Forschungsnetzbetreibers ist nicht mit ‚klassischen' Telekommunikationsdienstleistern vergleichbar. Der Forschungsnetzbetreiber nimmt im Verhältnis zu den angeschlossenen Einrichtungen eine Sonderrolle ein.

Durch den Aufbau als Verein haben die angeschlossenen Einrichtungen als Mitglieder über die Vereinsorgane stets Einfluss auf die Tätigkeiten des Betreibers. Die Vereinssatzung fordert diese aktive Beteiligung am Aufbau und Betrieb des Forschungsnetzes durch die Mitglieder. Die Organisationsstruktur sorgt hierdurch für eine ‚Selbstverwaltung' des Forschungsnetzes durch die daran angeschlossenen Wissenschaftseinrichtungen. Insbesondere diese Selbstverwaltung und seine Gemeinnützigkeit grenzen den Forschungsnetzbetreiber von ‚klassischen' Telekommunikationsdienstleistern ab.

Darüber hinaus ist der Zugang zum Verein, Netz und Dienst allein den Einrichtungen der Wissenschafts- und Forschungsgemeinschaft wie Hochschulen und Forschungseinrichtungen sowie ihren Nutzergruppen vorbehalten. Die Nutzungsbeschränkung zieht sich durch die Vereinssatzung sowie die weiteren Vertragswerke wie den Rahmenverträgen, den Benutzungsordnungen oder der Entgeltordnung. Verstöße gegen die Beschränkung können mit dem Ausschluss von der Nutzung des Forschungsnetzes sanktioniert werden.

2. Die Übertragungstätigkeiten des Forschungsnetzbetreibers als Intermediär der Wissenschaft unterfallen dem Schutzbereich der europäischen Wissenschaftsfreiheiten nach Art. 13 GRCh.

Während ‚klassische' Telekommunikationsdienstleister kein besonderes Verhältnis zu ihren Kunden aufweisen, sorgt die enge Verbindung des Forschungsnetzbetreibers zu seinen Teilnehmern aus Wissenschaft und Forschung bei der Beeinträchtigung seiner Tätigkeiten für eine unmittelbare Einschränkung der durch die Wissenschaftsfreiheiten geschützten Tätigkeiten der Nutzergruppen. Hierdurch ergibt sich

N. John, *Der Schutz der Daten im Netz des Access Providers der Wissenschaft*,
Juridicum – Schriften zum Medien-, Informations- und Datenrecht,
https://doi.org/10.1007/978-3-658-45497-5_7

das Erfordernis der Eröffnung des Schutzbereiches des Art. 13 GRCh für den Forschungsnetzbetreiber.

Dies zeigt schon der Vergleich der Tätigkeit des Forschungsnetzbetreibers mit Fördereinrichtungen wie der *DFG*. Zwar unterfällt die Übertragung von Informationen zu Forschungszwecken nicht unmittelbar den Wissenschaftsfreiheiten. Doch Einschränkungen, welche des Betrieb des Forschungsnetzes beeinträchtigen, beschneiden auch die autonomen Tätigkeiten der Forschungseinrichtungen. Für die Sicherstellung der Autonomie der Wissenschaft ist muss sich der Forschungsnetzbetreiber selbst auf die Wissenschaftsfreiheiten aus Art. 13 GRCh berufen können.

Darüber hinaus muss der Schutz unter Heranziehung der Rechtsprechung zum Presse-Grossisten sowie der Literatur zu Intermediären im Kontext der Medien- und Pressefreiheiten ebenfalls für den Forschungsnetzbetreiber als Intermediär der Wissenschaft angenommen werden. Der hierfür erforderliche Inhaltsbezug liegt durch den als Verein strukturieren Forschungsnetzbetreiber aufgrund seiner Nähe zu den angeschlossenen Einrichtungen, ihrer Einflussmöglichkeiten auf die Tätigkeiten des Betreibers sowie den beschränkten Zugangsmöglichkeiten zum Internetdienst vor.

Allerdings ist die Eröffnung des Schutzbereichs nur auf unter den Schutz fallende Tätigkeiten der Benutzergruppen zu beschränken. Die Übertragung forschungsferner Aktivitäten kann nicht unter den Schutzbereich der Wissenschaftsfreiheiten fallen.

3. Der unionsrechtliche Anwendungsvorrang der DS-GVO bleibt für die Übertragungstätigkeiten des Forschungsnetzbetreibers bestehen. Der Internetdienst des Forschungsnetzbetreibers ist insbesondere kein öffentlich zugänglicher elektronischer Kommunikationsdienst in einem öffentlich zugänglichen Kommunikationsnetz.

Der Anwendungsbereich der DS-GVO ist für die Tätigkeiten des Forschungsnetzbetreibers eröffnet, soweit personenbezogene Daten der Nutzer wie z. B. IP-Adressen, E-Mail-Kennung oder Kontaktdaten übertragen werden. Die Rolle des Verantwortlichen liegt zumeist beim Forschungsnetzbetreiber, bleibt aber stets eine Frage des Einzelfalls. Die Umstände der Datenübertragungen lassen hierbei Konstellationen der alleinigen Verantwortlichkeit, der gemeinsamen Verantwortlichkeit aber auch der Auftragsverarbeitung zu.

Die Kollisionsnorm des Art. 95 DS-GVO beschränkt den Vorrang der Umsetzungsnormen aus der ePrivacy-Richtlinie ausschließlich auf von der Richtlinie umfasste Anwendungsbereiche. Der überschießend umgesetzte Adressatenkreis des deutschen Gesetzgebers aus § 3 Abs. 2 S. 1 TTDSG wird nicht von der Vorrangregelung des Art. 95 DS-GVO erfasst. Es kommt daher allein auf die öffentliche Zugänglichkeit des Forschungsnetzes und des Internetdienstes des Forschungsnetzbetreibers an.

Unter Auslegung des europäischen Begriffsverständnisses der Öffentlichkeit verbleibt die Feststellung, dass aufgrund des sowohl rechtlich als auch faktisch beschränkten Zugangs zum Internetdienst dieser nicht als öffentlich anzusehen ist. Die Vorgaben der DS-GVO sind daher bei der Verarbeitung personenbezogener Daten gegenüber den Umsetzungsnormen des TTDSG weiterhin vorrangig anzuwenden. Zu diesem Ergebnis ist nach der unergiebigen Analyse der Rechtsprechung unter Rückgriff auf die allgemeinen Auslegungsinstrumentarien zu kommen.

Die grammatikalische Auslegung bietet zunächst keine konkreten Anhaltspunkte für die Bestimmung des Anwendungsbereichs und eröffnet diesen, wenn die Allgemeinheit Zugang zum Netz bzw. Dienst hat. Dagegen zeigt die teleologische Auslegung, dass den Erwägungen der ePrivacy-Richtlinie das Vertrauensverhältnis zwischen Betreiber und Nutzer zugrunde liegt. Danach ist der Schutz der Vertraulichkeit dann entbehrlich, wenn das Kommunikationsnetz bzw. der -dienst von den Nutzern selbst oder von einer aus Sicht der Nutzer vertrauenswürdigen Stelle verwaltet wird. Damit ein solches Vertrauensverhältnis angenommen werden kann, müssen Zugangsbeschränkungen eingerichtet sein und durchgesetzt werden, die nur jenen Nutzern Zugang zum Netz bzw. Dienst gewähren, welche ein Näheverhältnis zum Betreiber aufweisen.

Diese Auffassung wird durch die rechtsaktübergreifende Auslegung bestätigt. Die Rechtsprechung des *EuGH* im Bereich des Urheberrechts kann aufgrund seiner Vergleichbarkeit zum Datenschutz- und Telekommunikationsrecht für die Begriffsbestimmung herangezogen werden. Danach ist ein Kommunikationsnetz bzw. -dienst als öffentlich anzusehen, wenn es oder er einer nicht zu definierenden Anzahl an Personen zur Nutzung angeboten wird. Festzustellen ist schließlich, dass Größe und Anzahl der Nutzer für den europäischen Gesetzgeber nach der Auslegung keine ausschlaggebenden Kriterien für die Annahme der Öffentlichkeit des Kommunikationsnetzes bzw. -dienstes sind.

In Bezug auf den Forschungsnetzbetreiber zeigt sich, dass aufgrund seines Aufbaus als Verein, der damit einhergehenden Selbstverwaltung durch die angeschlossenen Mitglieder und die Beschränkung der Nutzung des Forschungsnetzes auf Angehörige der akademischen Gemeinschaft das Vertrauensverhältnis zu den Teilnehmern und ihren Nutzergruppen angenommen werden muss. Durch die Beschränkungen richtet sich das Angebot des Betreibers nicht an jedermann, da diese trotz des umfangreichen Nutzeraufkommens durch den hierarchischen Aufbau der Verwaltung des Netzes und der Zugangsberechtigungen durch die Teilnehmer auch faktisch durchgesetzt werden können.

4. Das Fernmeldegeheimnis aus § 3 TTDSG findet weder Anwendung auf personenbezogene noch auf sachbezogene Daten bei Übertragungstätigkeit des Forschungsnetzbetreibers.

Die Auswirkung des Vorrangs der DS-GVO äußert sich nicht nur bei der Verarbeitung personenbezogener Daten im Forschungsnetz, sondern auch bei der Frage nach der Anwendbarkeit des TTDSG auf sachbezogene bzw. personenbezogene

Daten juristischer Personen. Durch die überschießende Umsetzung der Vorgaben der ePrivacy-Richtlinie des deutschen Gesetzgebers wird der Anwendungsbereich abseits der Verarbeitung personenbezogener Daten natürlicher Personen auch auf Anbieter geschäftsmäßig angebotenen Telekommunikationsdiensten erweitert. Von diesem erweiterten Adressatenkreis wird der Forschungsnetzbetreiber erfasst.

Doch die Annahme einer parallelen Anwendbarkeit der Vorgaben von DS-GVO und TTDSG führt für den Forschungsnetzbetreiber in der Praxis zu nicht lösbaren Pflichtkollisionen. Die vollumfängliche Beachtung des Fernmeldegeheimnisses verhindert die erforderliche Kenntnisnahme von personenbezogenen Daten durch den Forschungsnetzbetreiber. Soweit der Forschungsnetzbetreiber seinen Pflichten aus der DS-GVO nachkommen wollte, würde er bei Kenntnisnahme anderer Informationen stets gegen das Fernmeldegeheimnis verstoßen.

Diese Pflichtkollisionen sind unter Zugrundelegung des europäischen sowie deutschen Gesetzgeberwillens unter Abwägung aller schutzwürdigen Interessen der Beteiligten dahingehend aufzulösen, dass auch die weiteren zu übertragenden Informationen im Forschungsnetz am Maßstab der DS-GVO i. S. d. § 3 Abs. 3 S. 3 TTDSG zu messen sind. Der festgestellte Vorrang der Vorgaben der DS-GVO bezüglich personenbezogener Daten natürlicher Personen ist bei der Interessenabwägung nicht infrage zu stellen. Stattdessen muss der besonderen Rolle des Forschungsnetzbetreibers als ‚Access Provider der Wissenschaft' auch im Rahmen der Anwendung des TTDSG Rechnung getragen werden. Dennoch sorgt die aus der Abwägung ergebende Verpflichtung des Forschungsnetzbetreibers zur Vornahme einer Verhältnismäßigkeitskontrolle nach den datenschutzrechtlichen Grundsätzen bezüglich der Verarbeitung der weiteren Informationen für einen Ausgleich des Schutzdefizits hinsichtlich des Zurücktretens des Fernmeldegeheimnisses.

5. Die Vorgaben des TKG spielen aufgrund der Geschlossenheit des Internetdienstes keine umfangreiche Rolle für den Forschungsnetzbetreiber.

Durch das Übereinstimmen des europäischen und deutschen Begriffsverständnisses der Öffentlichkeit sind auch im Bereich des TKG das Forschungsnetz sowie der Internetdienst des Forschungsnetzbetreibers als geschlossen einzuordnen. Hierdurch entfällt der Forschungsnetzbetreiber als Adressat der meisten Normen des TKG.

6. Die anstehenden Änderungen der ePrivacy-Verordnung werden für die Einordnung des Forschungsnetzbetreibers auf nationaler Ebene Klarheit schaffen. Die überschießende Umsetzung der ePrivacy-Richtlinie wird hinter den Vorgaben der ePrivacy-Verordnung zurücktreten müssen.

Auf unionsrechtlicher Ebene bleibt die Einordnung des Internetdienstes anhand des Merkmals der Öffentlichkeit bestehen. Diese Feststellung ist für die kommenden Gesetzesvorhaben von Bedeutung. Das Ergebnis, dass das Forschungsnetz und der Internetdienst eines Forschungsnetzanbieters nicht als öffentlich zugänglich einzuordnen sind, hat damit auch nach dem Inkrafttreten der ePrivacy-Verordnung voraussichtlich Bestand. Soweit sich andere Gesetzgebungsakte der Europäischen Union am Merkmal der ‚Öffentlichkeit' orientieren, können die Feststellungen aus Teil 5 auch für diese Einordnungen herangezogen werden.

B. Schlussbetrachtung

In Bezug auf die anfangs gestellte Forschungsfragen hat die Untersuchung gezeigt, dass die Rolle des Forschungsnetzbetreibers als ‚Access Provider der Wissenschaft' bedeutende Auswirkungen auf den rechtlichen Schutz der zu übertragenden Daten im Forschungsnetz hat. Die besondere Organisation und der beschränkte Zugang zum Internetdienst lassen eine Anwendbarkeit des sonst für Telekommunikationsdienstleister geltenden Fernmeldegeheimnisses entfallen. Geschuldet ist diese Einordnung insbesondere dem Willen des europäischen Gesetzgebers, welcher die zentralen Telekommunikationsvorgaben nur auf öffentlich zugängliche Telekommunikationsdienste angewandt wissen möchte.

Zwar bedeutet diese Feststellung nicht, dass die Informationen der wissenschaftsbezogenen Nutzergruppen ohne Schutz vor Eingriffen durch den Forschungsnetzbetreiber übertragen werden können. Jedoch bieten die Freiheiten unter dem Regelungsregime der DS-GVO dem Forschungsnetzbetreiber einen größeren Handlungsrahmen als ihn der Betrieb unter dem Schutzschirm des Fernmeldegeheimnisses böte.

Diese Einordnung mag auf den ersten Blick befremdlich, ja fast beängstigend wirken, bedeutet das Resultat doch, dass den Nutzern des Internetdienstes der Wissenschaft eines ihrer zentralen Rechte auf Vertraulichkeit der Kommunikation verwehrt wird. Doch die umfassende Betrachtung des Sachverhalts zeigt, dass das Vertrauensverhältnis des Forschungsnetzbetreibers zu seinen Nutzern durch den Charakter der Selbstorganisation der Hochschulen und Forschungseinrichtungen soweit im Sinne des gesetzgeberischen Willens gewahrt wird, dass der Schutz des Art. 7 GRCh in der Abwägung zu den Interessen des Forschungsnetzbetreibers und seinen Mitgliedern nicht mehr erforderlich ist. Diese Feststellung leuchtet ein, wenn man sich den Zweck des Forschungsnetzes vor Augen führt. Auch wenn die private Nutzung des Internetdienstes nie ganz unterbunden werden kann, dient es in erster Linie der Forschung und Lehre. Dieser Umstand muss den Nutzern auch stets bewusst sein, ist der Zugang zum Dienst doch unmittelbar mit ihrem Status als Studierende, Lehrpersonal, Forscher oder Beschäftigte der wissenschaftlichen Einrichtungen verknüpft. Darüber hinaus stärkt auch das in die Abwägungen einfließende Recht auf Forschungsfreiheit und akademischen Freiheit des Forschungsnetzbetreibers seine Position gegenüber den Interessen der Nutzer.

Aus diesem Resultat entstehende Bedenken, dass die Einordnung des Forschungsnetzbetreibers zu einer maßlosen Verarbeitung der ihm überlassenen Informationen führt, wird durch das Recht auf Datenschutz der Nutzer und den umzusetzenden Vorgaben der DS-GVO entkräftet. Auch wenn das Fernmeldegeheimnis nicht zur Anwendung kommt, muss der Forschungsnetzbetreiber stets einen Rechtsgrund für jede Verarbeitung nachweisen können und umfangreichen Betroffenenrechten nachkommen.

Schließlich ist zu beachten, dass diese Erwägungen nicht pauschal auf sämtliche Dienste des Forschungsnetzbetreibers übertragen werden können. Gegenstand der Untersuchung ist der Internetdienst des Forschungsnetzbetreibers. Soweit weitere Dienste einen anderen technischen oder rechtlichen Aufbau aufweisen, muss die Einordnung und die Rolle des Forschungsnetzbetreibers unter Berücksichtigung seiner Funktion als Intermediär der Wissenschaft neu vorgenommen werden.

Inwieweit die Einordnung im zukünftigen Datenrecht der Europäischen Union Bestand haben wird, bleibt abzuwarten. Bislang zeigen die aktuellen Entwürfe, dass der Unionsgesetzgeber seine Auffassung nicht ändern möchte. Soweit das Merkmal der ‚Öffentlichkeit' für den europäischen Gesetzgeber weiterhin das alleinige Abgrenzungsmerkmal bleibt, kann die vorliegende Einordnung des Forschungsnetzbetreibers auch auf kommende Rechtsakte übertragen werden. Überraschend ist das nicht, so trägt der europäische Gesetzgeber auf diese Weise auch weiterhin der besonderen Rolle des vereinsgetragenen ‚Access Providers der Wissenschaft' Rechnung.

Literaturverzeichnis

Adler, Hans-Martin / Eitner, Petra / Waibel, Hubert / Wilhelm, Martin, Die Netzinfrastruktur X-WiN des Deutschen Forschungsnetzes, 2009, abrufbar unter: https://www.mr.mpg.de/38539/X-WiN-Broschuere_deutsch.pdf (zuletzt abgerufen am 10.10.2023).

Adler, Hans-Martin / Kauth, Bettina, It works! - Das Betriebskonzept des Gigabit-Wissen-schaftsnetzes, DFN Mitteilungen Heft 54 2000, S. 11-12.

Albrecht, Jan, Das neue EU-Datenschutzrecht - von der Richtlinie zur Verordnung – Überblick und Hintergründe zum finalen Text für die Datenschutz-Grundverordnung der EU nach der Einigung im Trilog, CR 2016, S. 88-98.

Albrecht, Jan / Janson, Nils, Datenschutz und Meinungsfreiheit nach der Datenschutzgrundverordnung – Warum die EU-Mitgliedstaaten beim Ausfüllen von DSGVO-Öffnungs-klauseln an europäische Grundrechte gebunden sind - am Beispiel von Art. 85 DSGVO, CR 2016, S. 500-509.

Albrecht, Jan / Jotzo, Florian, Das neue Datenschutzrecht der EU – Grundlagen, Gesetzgebungsverfahren, Synopse, Baden-Baden 2017.

Artikel-29-Datenschutzgruppe, Leitlinien für Transparenz gemäß der Verordnung 2016/679, WP 260.

Artikel-29-Datenschutzgruppe, Opinion 2/2008 on the review of the Directive 2002/58/EC on privacy and electronic communications (ePrivacy Directive), WP 150.

Artikel-29-Datenschutzgruppe, Stellungnahme 01/2012 zu den Reformvorschlägen im Bereich des Datenschutzes, WP 191.

Artikel-29-Datenschutzgruppe, Stellungnahme 02/2013 zu Apps auf intelligenten Endgeräten, WP 202.

N. John, *Der Schutz der Daten im Netz des Access Providers der Wissenschaft*, Juridicum – Schriften zum Medien-, Informations- und Datenrecht, https://doi.org/10.1007/978-3-658-45497-5

Artikel-29-Datenschutzgruppe, Stellungnahme 04/2012 zur Ausnahme von Cookies von der Einwilligungspflicht, WP 194.

Artikel-29-Datenschutzgruppe, Stellungnahme 1/2010 zu den Begriffen „für die Verarbeitung Verantwortlicher" und „Auftragsverarbeiter", WP 169.

Artikel-29-Datenschutzgruppe, Stellungnahme 4/2007 zum Begriff „personenbezogene Daten", WP 136.

Assion, Simon, Anmerkung zu den Urteilen des EuGH vom 5.6.2019 und vom 13.6.2019, NuR 2019, S. 239-241.

Assion, Simon / Aretz, Christian (Hrsg.), TTDSG – Telekommunikation-Telemedien-Datenschutz-Gesetz: Handkommentar, Baden-Baden 2022. (zit. als: *Bearbeiter* in: Assion/Aretz)

Auer-Reinsdorff, Astrid / Conrad, Isabell (Hrsg.), Handbuch IT- und Datenschutzrecht, 3. Auflage München 2019. (zit. als: *Bearbeiter* in: Auer-Reinsdorff/Conrad)

Aufhäuser, Maximilian, Die übersehende DSGVO: Zur Verdrängung des Fernmeldegeheimnisses (§ 88) bei betrieblichen E-Mail-Systemen – Arbeitgeber, Arbeitnehmer, E-Mail und das Fernmeldegeheimnis, PinG 2021, S. 188-196.

Baumgartner, Ulrich, Sind IP-Adressen wirklich immer personenbezogene Daten? Ein Zwischenruf, ZD 2023, S. 125-126.

Beck, Gunnar, The legal reasoning of the Court of Justice of the EU, Oxford 2012.

Benecke, Alexander / Wagner, Julian, Öffnungsklauseln in der Datenschutz-Grundverordnung und das deutsche BDSG – Grenzen und Gestaltungsspielräume für ein nationales Datenschutzrecht, DVBl. 2016, S. 600-608.

Berg, Wilfried, Datenschutz und Forschungsfreiheit, in: Häberle, Peter (Hrsg.), Jahrbuch des öffentlichen Rechts der Gegenwart – Neue Folge / Band 33, Tübingen 1984, S. 64-103. (zit. als: *Bearbeiter* in: JöR 33)

Bernhardt, Ute / Ruhmann, Ingo / Weichert, Thilo, Die Forschungsklauseln im neuen Datenschutzrecht – Weshalb wir in Deutschland einheitliche Regelungen benötigen, 18.10.2018, abrufbar unter: https://www.netzwerk-datenschutz expertise.de/sites/default/files/gut_2018_forschungklauseln_181018.pdf (zuletzt abgerufen am 10.10.2023).

Bernsdorff, Norbert / Borowsky, Martin, Die Charta der Grundrechte der Europäischen Union – Handreichungen und Sitzungsprotokolle, Baden-Baden 2002.

Böhm, Wolf-Tassilo / Halim, Valentino, Cookies zwischen ePrivacy und DS-GVO - was gilt? – Anforderungen an die Verwendung von Cookies nach der aktuellen Rechtsprechung, MMR 2020, S. 651-656.

Böhm, Wolf-Tassilo / Wybitul, Tim, LAG Hessen: Sachvortragsverwertungsverbot bei datenschutzwidriger Auswertung privater E-Mails, NZA-RR 2019, S. 133-139.

Borges, Georg / Hilber, Marc (Hrsg.), BeckOK IT-Recht, online 10. Aktualisierung Stand: 1.4.2023. (zit. als: *Bearbeiter* in: BeckOK IT-Recht)

Braasch, Patrick, Einführung in die Europäische Menschenrechtskonvention, JuS 2013, S. 602-607.

Braun, Torsten, Geschichte und Entwicklung des Internets, Informatik Spektrum 2010, S. 201-207.

Brink, Stefan, Empfehlungen zur IuK-Nutzung am Arbeitsplatz – Rechtsgrundlagen und Regelungsmöglichkeiten bei betrieblicher und privater Nutzung, ZD 2015, S. 295-300.

Britz, Gabriele, Die Freiheit der Kunst in der europäischen Kulturpolitik, EuR 2004, S. 1-26.

Brosius-Gersdorf, Frauke (Hrsg.), Grundgesetz-Kommentar, 4. Auflage Tübingen 2023. (zit. als: *Bearbeiter* in: Dreier GG)

Brühl, Friedericke / Sepperer, Sophia, E-Mail-Überwachung am Arbeitsplatz – Wer bewacht den Wächter?, ZD 2015, S. 415-419.

Bundesbeauftragte für den Datenschutz und die Informationsfreiheit (BfDI), Stellungnahme zum TTDSG-E, 21.4.2021, Ausschuss-Drs. 19(9)1037.

Bundesnetzagentur (BNetzA), Jahresbericht Telekommunikation 2022, Mai 2023, abrufbar unter: https://www.bundesnetzagentur.de/SharedDocs/Mediathek/Berichte/2023/JB_TK_2022.pdf?__blob=publicationFile&v=3 (zuletzt abgerufen am 10.10.2023).

Bundesregierung, Bundesbericht Forschung III – Bericht der Bundesregierung über Stand und Zusammenhang aller Maßnahmen zur Förderung der wissenschaftlichen Forschung und Entwicklung in der Bundesrepublik Deutschland, BT-Drs. V/4335.

Calder, Alan, EU GDPR - An international guide to compliance, Ely 2020.

Calliess, Christian / Ruffert, Matthias (Hrsg.), EUV/AEUV – Das Verfassungsrecht der Europäischen Union mit Europäischer Grundrechtecharta: Kommentar, 6. Auflage München 2022. (zit. als: *Bearbeiter* in: Calliess/Ruffert)

Caspar, Johannes, Zwischen Symbolik und Gestaltungskraft – Ist die EU-DSGVO eine Mogelpackung?, vorgänge. Zeitschrift für Bürgerrechte und Gesellschaftspolitik 2020 Nr. 231/232, S. 99-116.

Colcelli, Valentina, Joint Controller Agreement under GDPR, ECLIC 2019, S. 1030-1047.

Cornils, Matthias, Das datenschutzrechtliche Medienprivileg unter Behördenaufsicht? – Der unionsrechtliche Rahmen für die Anpassung der medienrechtlichen Bereichsausnahmen (in § 9c, § 57 RStV-E und den Landespressegesetzen) an die EU-Datenschutz-Grundverordnung, Tübingen 2018.

Däubler, Wolfgang, Digitalisierung und Arbeitsrecht – Künstliche Intelligenz, Homeoffice, Arbeit 4.0, 7. Auflage Frankfurt am Main 2020.

Däubler, Wolfgang / Wedde, Peter / Weichert, Thilo / Sommer, Imke (Hrsg.), EU-DSGVO und BDSG – Kompaktkommentar: EU-Datenschutz-Grundverordnung (EU-DSGVO), neues Bundesdatenschutzgesetz (BDSG), weitere datenschutzrechtliche Vorschriften, 2. Auflage Frankfurt am Main 2020. (zit. als: *Bearbeiter* in: Däubler/Wedde/Weichert u.a.)

DE-CIX, Annual Report 2022 – The Heart and Soul of Interconnection, Juni 2023, abrufbar unter: https://de-cix.net/_Resources/Persistent/2/3/b/d/23bd200114907268eb6f761bdfff2d8f8b5d9a5b/DE-CIX%20Annual%20Report%202022.pdf (zuletzt abgerufen am 10.10.2023).

Dibble, Suzanne, The GDPR marathon – Two years on from the GDPR's implementation, Suzanne Dibble considers best practice for law firms, Solicitors Journal 2020, S. 40-43.

Dieckhoff, Anke / Assion, Simon, Gilt das Fernmeldegeheimnis nach dem TTDSG noch für Arbeitgeber – Eine Analyse des alten Streits nach neuer Rechtslage, ZD 2023, S. 371-377.

Dorf, Yvonne, Zur Interpretation der Grundrechtecharta, JZ 2005, S. 126-132.

Dörr, Oliver / Grote, Rainer / Marauhn, Thilo (Hrsg.), EMRK/GG – Konkordanzkommentar zum europäischen und deutschen Grundrechtsschutz, 3. Auflage Tübingen 2022. (zit. als: *Bearbeiter* in: EMRK/GG Konkordanzkommentar)

Dreier, Thomas / Schulze, Gernot (Hrsg.), Urheberrechtsgesetz – Urheberrechts-Diensteanbieter-Gesetz, Verwertungsgesellschaftengesetz, Nebenurheberrecht, Kunsturhebergesetz: Kommentar, 7. Auflage München 2022. (zit. als: *Bearbeiter* in: Dreier/Schulze)

Dudenredaktion, Duden – Die deutsche Rechtschreibung auf der Grundlage der aktuellen amtlichen Rechtschreibregeln, 28. Auflage Berlin 2020.

Dürig, Günter / Herzog, Roman / Scholz, Rupert (Hrsg.), Grundgesetz – Kommentar, 100. Auflage München 2023. (zit. als: *Bearbeiter* in: Dürig/Herzog/Scholz)

Ehlers, Dirk, § 14 – Allgemeine Lehren der Unionsgrundrechte, in: Ehlers, Dirk (Hrsg.), Europäische Grundrechte und Grundfreiheiten, 4. Auflage Berlin 2014, S. 513-580. (zit. als: *Bearbeiter* in: Ehlers)

Ehmann, Eugen / Selmayr, Martin (Hrsg.), Datenschutz-Grundverordnung: Kommentar, 2. Auflage München 2018. (zit. als: *Bearbeiter* in: Ehmann/Selmayr)

Eitner, Petra, Glasfasern - die Lebensadern des X-WiN, DFN Mitteilungen Heft 90 2016, S. 8-11.

Engeler, Malte / Felber, Wolfram, Entwurf der ePrivacy-VO aus Perspektive der aufsichtsbehördlichen Praxis – Reguliert der Entwurf an der technischen Realität vorbei?, ZD 2017, S. 251-257.

Epping, Volker / Hillgruber, Christian (Hrsg.), BeckOK Grundgesetz, online 55. Aktualisierung Stand: 15.5.2023. (zit. als: *Bearbeiter* in: BeckOK GG)

Europäische Datenschutzbeauftragte (EDSB), Stellungnahme 5/2016 – Vorläufige Stellungnahme des EDSB zur Überarbeitung der Datenschutzrichtlinie für elektronische Kommunikation (2002/58/EG), abrufbar unter: https://edps.europa.eu/sites/edp/files/publication/16-07-22_opinion_eprivacy_de.pdf (zuletzt abgerufen am 10.10.2023).

Europäische Datenschutzbeauftragte (EDSB), Guidelines on the concepts of controller, processor and joint controllership under Regulation (EU) 2018/1725, 7.11.2019, abrufbar unter: https://edps.europa.eu/sites/edp/files/publication/19-11-07_edps_guidelines_on_controller_processor_and_jc_reg_2018_1725_en.pdf (zuletzt abgerufen am 10.10.2023).

Europäische Datenschutzbeauftragte (EDSB), A Preliminary Opinion on data protection and scientific research, 6.1.2020, abrufbar unter: https://edps.europa.eu/sites/edp/files/publication/20-01-06_opinion_research_en.pdf (zuletzt abgerufen am 10.10.2023).

Europäische Kommission, Eine europäische Datenstrategie – Mitteilung der Kommission, 19.2.2020, COM(2020) 66 final.

Europäischer Datenschutzausschuss (EDSA), Stellungnahme 5/2019 - Zum Zusammenspiel zwischen der e-Datenschutz-Richtlinie und der DSGVO, insbesondere in Bezug auf die Zuständigkeiten, Aufgaben und Befugnisse von Datenschutzbehörden, abrufbar unter: https://edpb.europa.eu/sites/edpb/files/files/file1/201905_edpb_opinion_eprivacydir_gdpr_interplay_en_de.pdf (zuletzt abgerufen am 10.10.2023).

Europäischer Datenschutzausschuss (EDSA), Leitlinien 07/2020 zu den Begriffen „Verantwortlicher" und „Auftragsverarbeiter" in der DSGVO, 7.7.2021, abrufbar unter: https://edpb.europa.eu/system/files/2022-02/eppb_guidelines_202007_controllerprocessor_final_de.pdf (zuletzt abgerufen am 10.10.2023).

European Data Protection Board (EDPB), Opinion 5/2019 – On the interplay between the ePrivacy Directive and the GDPR, in particular regarding the competence, tasks and powers of data protection authorities, 12.3.2019, abrufbar unter: https://edpb.europa.eu/sites/default/files/files/file1/201905_edpb_opinion_eprivacydir_gdpr_interplay_en_0.pdf (zuletzt abgerufen am 10.10.2023).

European Data Protection Supervisor (EDPS), Opinion 5/2016 – Preliminary EDPS Opinion on the review of the ePrivacy Directive (2002/58/EC), 22.7.2016, abrufbar unter: https://edps.europa.eu/sites/default/files/publication/16-07-22_opinion_eprivacy_en.pdf (zuletzt abgerufen am 10.10.2023).

Fetzer, Thomas / Scherer, Joachim / Graulich, Kurt (Hrsg.), TKG - Telekommunikationsgesetz: Kommentar, 3. Auflage Berlin 2021. (zit. als: *Bearbeiter* in: Fetzer/Scherer/Graulich)

Fink, Udo, Gewährt das Recht der Europäischen Gemeinschaften den wissenschaftlichen Hochschulen grundrechtliche Freiheit?, EuGRZ 2001, S. 193-200.

Fischer, Julian, Arbeitnehmerschutz beim E-Mail-Verkehr - Von der funktionalen Bestimmung bis zum Fernmeldegeheimnis, ZD 2012, S. 265-269.

Fokken, Martin, Telekommunikationsrechtliche Pflichten des Arbeitgebers bei privater E-Mail-Nutzung der Mitarbeiter, NZA 2020, S. 629-633.

Folkerts, Elena, Gemeinsame Verantwortlichkeit: Grenzen der Aufteilung datenschutzrechtlicher Verpflichtungen – Anforderungen an die Gestaltung von Vereinbarungen zwischen gemeinsam Verantwortlichen, ZD 2022, S. 201-206.

Forgó, Nikolaus / Hawellek, Christian, Kapitel 2. Web 2.0, Mobile Apps und die datenschutzrechtlichen Anforderungen, in: Forgó, Nikolaus / Helfrich, Marcus / Schneider, Jochen (Hrsg.), Betrieblicher Datenschutz – Rechtshandbuch, 3. Auflage München u.a. 2019. (zit. als: *Bearbeiter* in: Forgó/Helfrich/Schneider)

Forst, Gerrit, Wer ist Beschäftigter i.S.d. § 3 Abs. 11 BDSG?, RDV 2014, S. 128-136.

Franzen, Martin, Datenschutz-Grundverordnung und Arbeitsrecht, EuZA 2017, S. 313-350.

Franzen, Martin / Gallner, Inken / Oetker, Hartmut (Hrsg.), Kommentar zum europäischen Arbeitsrecht, 4. Auflage München 2022. (zit. als: *Bearbeiter* in: Franzen/Gallner/Oetker)

Frenz, Walter, Handbuch Europarecht – Band 4: Europäische Grundrechte, Berlin u.a. 2009.

Fülbier, Ulrich / Splittgerber, Andreas, Keine (Fernmelde-)Geheimnisse vor dem Arbeitgeber?, NJW 2012, S. 1995-2001.

Füllsack, Anna, Die Regulierung von OTT-Kommunikationsdiensten, Bremen 2020.

Geminn, Christian, Wissenschaftliche Forschung und Datenschutz – Neuerungen durch die Datenschutz-Grundverordnung, DuD 2018, S. 640-646.

Genz, Alexander, Datenschutz in Europa und den USA – Eine rechtsvergleichende Untersuchung unter besonderer Berücksichtigung der Safe-Harbor-Lösung, Wiesbaden 2004.

Geppert, Martin / Schütz, Raimund (Hrsg.), Beck'scher TKG-Kommentar, 4. Auflage München 2013. (zit. als: *Bearbeiter* in: Geppert/Schütz 4. Aufl.)

Geppert, Martin / Schütz, Raimund (Hrsg.), Beck'scher Kommentar zum TKG – Telekommunikationsgesetz, Telekommunikation-Telemedien-Datenschutz-Gesetz, 5. Auflage München 2023. (zit. als: *Bearbeiter* in: Geppert/Schütz)

Gersdorf, Hubertus, Die Reichweite der Rundfunkfreiheit am Beispiel von Intermediären, BayVBl. 2015, S. 625-630.

Gersdorf, Hubertus, Hate Speech in sozialen Netzwerken – Verfassungswidrigkeit des NetzDG-Entwurfs und grundrechtliche Einordnung der Anbieter sozialer Netzwerke, MMR 2017, S. 439-447.

Gersdorf, Hubertus / Paal, Boris (Hrsg.), BeckOK Informations- und Medienrecht, online 41. Aktualisierung Stand: 1.8.2023. (zit. als: *Bearbeiter* in: BeckOK InfoMedienR)

Gierschmann, Sibylle, Positionsbestimmung der DSK zur Anwendbarkeit des TMG - Ist ein deutscher Sonderweg wirklich die Lösung?, ZD 2018, S. 297-301.

Gierschmann, Sibylle, Gemeinsame Verantwortlichkeit in der Praxis – Systematische Vorgehensweise zur Bewertung und Festlegung, ZD 2020, S. 69-73.

Gierschmann, Sibylle, Telekommunikations-Telemedien-Datenschutz-Gesetz und die DS-GVO – Ein Verhältnis mit Schwierigkeiten, MMR 2023, S. 22-27.

Gierschmann, Sibylle / Baumgartner, Ulrich (Hrsg.), Telekommunikation-Telemedien-Datenschutz-Gesetz – Kommentar, München 2023. (zit. als: *Bearbeiter* in: Gierschmann/Baumgartner)

Gierschmann, Sibylle / Schlender, Katharina / Stentzel, Rainer / Veil, Winfried (Hrsg.), Kommentar Datenschutz-Grundverordnung, Köln 2018. (zit. als: *Bearbeiter* in: Gierschmann/Schlender/Stentzel u.a.)

Given, Peter / Carey, Peter, Electronic Communications, in: Carey, Peter (Hrsg.), Data protection – A practical guide to UK and EU law, Oxford 2018, S. 184-204. (zit. als: *Bearbeiter* in: Carey)

Gola, Peter / Heckmann, Dirk (Hrsg.), Datenschutz-Grundverordnung – VO (EU) 2016/679 / Bundesdatenschutzgesetz / Kommentar, 3. Auflage München 2022. (zit. als: *Bearbeiter* in: Gola/Heckmann)

Golland, Alexander, Das Telekommunikation-Telemedien-Datenschutzgesetz – Cookies und PIMS als Herausforderungen für Website-Betreiber, NJW 2021, S. 2238-2243.

Grabenwarter, Christoph, Die Charta der Grundrechte für die Europäische Union, DVBl. 2001, S. 1-13.

Grabenwarter, Christoph / Pabel, Katharina, Europäische Menschenrechtskonvention – Ein Studienbuch, 6. Auflage München u.a. 2016.

Grages, Jan-Michael, Rechtfertigung und Zweckänderung im Spannungsverhältnis von DSGVO und TTDSG – Reichweite der TTDSG-Wertungen bei typischen Verarbeitungsabläufen, CR 2021, S. 834-840.

Grimm, Christian, Fit für die Zukunft – Start der GN5-Projekte, DFN Mitteilungen Heft 103 2023, S. 20-23.

Grimm, Christian / Schweizer-Jäckle, Sibylle / Piger, Stefan, Ansätze zur Steigerung der Verfügbarkeit in Wissenschaftsnetzen, in: Müller, Paul / Neumair, Bernhard / Rodosek, Gabi (Hrsg.), 3. DFN-Forum Kommunikationstechnologien – Beiträge der Fachtagung, Bonn 2010, S. 137-146. (zit. als: *Bearbeiter* in: Müller/Neumair/Rodosek)

Grobys, Isabella / Panzer-Heemeier, Andrea (Hrsg.), Arbeitsrecht – Alphabetische Gesamtdarstellung: Individualarbeitsrecht; kollektives Arbeitsrecht; Prozessrecht, 4. Auflage Baden-Baden 2023. (zit. als: *Bearbeiter* in: Grobys/Panzer-Heemeier)

Groeben, Hans von der / Schwarze, Jürgen / Hatje, Armin (Hrsg.), Europäisches Unionsrecht – Vertrag über die Europäische Union, Vertrag über die Arbeitsweise der Europäischen Union, Charta der Grundrechte der Europäischen Union, 7. Auflage Baden-Baden 2015. (zit. als: *Bearbeiter* in: Groeben/Schwarze/Hatje)

Grote, Rainer, Kommunikative Selbstbestimmung im Internet und Grundrechtsordnung, KritV 1999, S. 27-56.

Grundmann, Stefan, »Inter-Instrumental-Interpretation« – Systembildung durch Auslegung im Europäischen Unionsrecht, RabelsZ 2011, S. 882-932.

Haberer, Anno, Anforderungen an Cookie-Banner – Einsatz von Tracking- oder Marketing-Cookies, MMR 2020, S. 810-815.

Habersack, Mathias / Mayer, Christian, Die überschießende Umsetzung von Richtlinien – Normauslegung und Rechtsweg im Grenzbereich zwischen deutschem und europäischem Privatrecht, JZ 1999, S. 913-921.

Hain, Karl-Eberhard, Ist die Etablierung einer Internetdienstefreiheit sinnvoll?, K&R 2012, S. 98-103.

Hanemann, Andreas / Kraft, Stephan / Marcu, Patricia / Reinwand, Jochen / Reiser, Helmut / Schmitz, David / Venus, Verena, perfSONAR: Performance Monitoring in europäischen Forschungsnetzen, in: Müller, Paul / Neumair, Bernhard

/ Rodosek, Gabi (Hrsg.), 1. DFN-Forum Kommunikationstechnologien – Beiträge der Fachtagung, Bonn 2008, S. 53-64. (zit. als: *Bearbeiter* in: Müller/Neumair/Rodosek)

Hanloser, Stefan, Geräte-Identifier im Spannungsfeld von DS-GVO, TMG und ePrivacy-VO – Mögliche Schranken bei zielgruppenspezifischer Online-Werbung, ZD 2018, S. 213-218.

Hanloser, Stefan, Schutz der Geräteintegrität durch § 25 TTDSG – Neue Cookie-Regeln ab dem 1.12.2021, ZD 2021, S. 399-403.

Heckmann, Dirk / Paschke, Anne (Hrsg.), juris PraxisKommentar Internetrecht – Telemediengesetz, E-Commerce, E-Government, 7. Auflage online Werksstand 2021 (Stand: 6.9.2023). (zit. als: *Bearbeiter* in: jurisPK-Internetrecht)

Hegering, Heinz-Gerd, Daten, Dienste, Digitalisierung – 35 Jahre DFN, DFN Mitteilungen Heft 95 2019, S. 8-14.

Held, Wilhelm, Geschichte der Zusammenarbeit der Rechenzentren in Forschung und Lehre - Band I – Vom Betrieb der ersten Rechner bis zu heutigen Kommunikation und Informationsverarbeitung, Münster 2009.

Held, Wilhelm, Geschichte der Zusammenarbeit der Rechenzentren in Forschung und Lehre - Band II – ZKI, Rechnerverbünde, Anwendervereine und Anwendungen sowie Ereignisse, Erkenntnisse und Kurioses, Münster 2018.

Herbrich, Tilmann, Der Vorschlag für eine ePrivacy-Verordnung-EU (Teil 1): Anwendungsbereich und Verhältnis zur DS-GVO und zum nationalen Recht, jurisPR-ITR 18/2017, Anm. 2.

Herbrich, Tilmann, Der Vorschlag für eine ePrivacy-Verordnung-EU (Teil 2): Fernmeldegeheimnis, Zulässigkeit der Datenverarbeitung, Privacy by Default, jurisPR-ITR 23/2017, Anm. 2.

Hoelzner, Kai, 25 Jahre DFN-Verein, DFN Mitteilungen Heft 76 2009, S. 6-11.

Hoeren, Thomas, Recht der Access Provider, München 2004.

Hoeren, Thomas, Kapitel 2: E-Commerce-Verträge, in: Westphalen, Friedrich / Pamp, Rüdiger / Thüsing, Gregor (Hrsg.), Vertragsrecht und AGB-Klauselwerke, München (Loseblatt, Stand: 49. Ergänzungslieferung März 2023). (zit. als: *Bearbeiter* in: Westphalen/Pamp/Thüsing)

Hoffmann, Gertraud / Pattloch, Jochem / Schweizer, Sibylle / Ullmann, Klaus, Konzipierung und Realisierung des Breitband-Wissenschaftsnetzes des DFN-Vereins, Informatik Forsch. Entw. 1997, S. 151-156.

Hoffmann-Riem, Wolfgang, Gesetzliche Gewährleistung der Freiheit der Kommunikation im Internet, in: Ladeur, Karl-Heinz (Hrsg.), Innovationsoffene Regulierung des Internet – Neues Recht für Kommunikationsnetzwerke, Baden-Baden 2003, S. 53-82. (zit. als: *Bearbeiter* in: Ladeur)

Hofmann, Johanna / Johannes, Paul, DS-GVO: Anleitung zur autonomen Auslegung des Personenbezugs – Begriffsklärung der entscheidenden Frage des sachlichen Anwendungsbereichs, ZD 2017, S. 221-226.

Hofmann, Steffen / Pempe, Wolfgang, DFN-AAI lokal – Single Sign-On an der Hochschule leicht gemacht, DFN Mitteilungen Heft 94 2018, S. 38-41.

Holleczek, Peter, Chronik - 50 Jahre RRZE, Erlangen 2018.

Holoubek, Michael / Lienbacher, Georg (Hrsg.), Charta der Grundrechte der Europäischen Union – GRC-Kommentar, 2. Auflage Wien 2019. (zit. als: *Bearbeiter* in: Holoubek/Lienbacher)

Holznagel, Bernd, Verantwortlichkeiten im Internet und Free Speech am Beispiel der Haftung für illegale und jugendgefährdende Inhalte, ZUM 2000, S. 1007-1029.

Holznagel, Bernd, Internetdienstefreiheit und Netzneutralität, AfP 2011, S. 532-539.

Holznagel, Bernd / Felber, Wolfram, § 38 – Europäischer Datenschutz, in: Schulze, Reiner / Kadelbach, Stefan / Janssen, André u.a. (Hrsg.), Europarecht – Handbuch für die deutsche Rechtspraxis, 4. Auflage Baden-Baden 2020. (zit. als: *Bearbeiter* in: Schulze/Kadelbach/Janssen, u.a.)

Hornung, Gerrit / Hofmann, Kai, Die Auswirkungen der europäischen Datenschutzreform auf die Markt- und Meinungsforschung, ZD-Beilage 4/2017, S. 1-16.

Hunzinger, Sven / Sassenberg, Thomas, Notwendigkeit einer Vereinbarung zur Auftragsverarbeitung bei Telekommunikationsdiensten? – Konsequenzen aus Art. 95 DSGVO, ePrivacyRL und der Abgrenzung zwischen Verantwortlichem und Auftragsverarbeiter, CR 2019, S. 188-195.

Irle, Ben, Convergence of Communications – Implications for Regulating Market Entry, Baden-Baden 2009.

Isensee, Josef / Kirchhof, Paul (Hrsg.), Handbuch des Staatsrechts VI, Heidelberg 2008. (zit. als: *Bearbeiter* in: HStR VI)

Jandt, Silke, Spezifischer Datenschutz für Telemedien und die DS-GVO – Zwischen Rechtssetzung und Rechtsanwendung, ZD 2018, S. 405-408.

Jandt, Silke / Steidle, Roland (Hrsg.), Datenschutz im Internet – Rechtshandbuch zu DSGVO und BDSG, Baden-Baden 2018. (zit. als: *Bearbeiter* in: Jandt/Steidle)

Jarass, Hans, Rundfunkbegriffe im Zeitalter des Internet – Zum Anwendungsbereich der Rundfunkfreiheit, des Rundfunkstaatsvertrags und des Mediendienste-Staatsvertrags, AfP 1998, S. 133-141.

Jarass, Hans, Die Medienfreiheit in der Grundrechtecharta der EU, in: Becker, Jürgen / Weber, Peter (Hrsg.), Funktionsauftrag, Finanzierung, Strukturen – Zur Situation des öffentlich-rechtlichen Rundfunks in Deutschland, Baden-Baden 2012, S. 181-190. (zit. als: *Bearbeiter* in: Becker/Weber)

Jarass, Hans, Die Bedeutung der Unionsgrundrechte unter Privaten, ZEuP 2017, S. 310-334.

Jarass, Hans (Hrsg.), Charta der Grundrechte der Europäischen Union – Unter Einbeziehung der sonstigen Grundrechtsregelungen des Primärrechts und der EMRK; Kommentar, 4. Auflage München 2021. (zit. als: *Bearbeiter* in: Jarass)

Jarass, Hans / Kment, Martin (Hrsg.), Grundgesetz für die Bundesrepublik Deutschland – Kommentar, 17. Auflage München 2022. (zit. als: *Bearbeiter* in: Jarass/Pieroth)

Jay, Rosemary (Hrsg.), Guide to the General Data Protection Regulation – A companion to Data protection law and practice, 4. Auflage London 2017. (zit. als: *Bearbeiter* in: Jay)

Jessen, Eike / Pattloch, Jochem / Ullmann, Klaus, Der Einfluss der Wissenschaftsnetze auf die Entwicklung der Netze, PIK 2005, S. 21-24.

Johannes, Paul, Wissenschaft und Forschung, in: Roßnagel, Alexander (Hrsg.), Europäische Datenschutz-Grundverordnung – Vorrang des Unionsrechts - Anwendbarkeit des nationalen Rechts, Baden-Baden 2017. (zit. als: *Bearbeiter* in: Roßnagel)

John, Nicolas, Ein Tool die Banner zu knechten, DFN-Infobrief Recht Heft 1 2022, S. 5-8.

John, Nicolas / Rennert, Justin, Cookieless Tracking: Neue Möglichkeiten unter dem TTDSG?, DuD 2022, S. 643-648.

Juling, Wilfried, „Licht an“ für die vierte Generation des Wissenschaftsnetzes in Deutschland, DFN Mitteilungen Heft 70 2006, S. 4-5.

Kahl, Wolfgang / Waldhoff, Christian / Walter, Christian (Hrsg.), Bonner Kommentar zum Grundgesetz, Heidelberg (Loseblatt, Stand: 220. Ergänzungslieferung August 2023). (zit. als: *Bearbeiter* in: Bonner Kommentar)

Kähler, Ulrich, Sesam öffne dich – DFN-AAI bietet kontrollierten Zugang zu geschützten Ressourcen, DFN Mitteilungen Heft 70 2006, S. 10-12.

Kalberg, Nadine, Datenschutz an Hochschulen – Eine Analyse der Rechtsgrundlagen und ihrer Umsetzung in integriertem Informationsmanagement und Forschung, Münster 2013.

Karpenstein, Ulrich / Mayer, Franz (Hrsg.), Konvention zum Schutz der Menschenrechte und Grundfreiheiten – Kommentar, 3. Auflage München u.a. 2022. (zit. als: *Bearbeiter* in: Karpenstein/Mayer)

Kaufmann, Peter / Naegele-Jackson, Susanne, Der neue GÉANT Testbed Service, DFN Mitteilungen Heft 89 2016, S. 24-28.

Kazemi, Robert, General Data Protection Regulation (GDPR), Hamburg 2018.

Kelleher, Denis / Murray, Karen, EU data protection law, Dublin u.a. 2018.

Keppeler, Lutz, Was bleibt vom TMG-Datenschutz nach der DS-GVO? Lösung und Schaffung von Abgrenzungsproblemen im Multimedia-Datenschutz, MMR 2015, S. 779-783.

Kiparski, Gerd, Die Telekommunikations-Datenschutzregelungen im neuen TTDSG – Überblick, Auslegung, Kritik, CR 2021, S. 482-491.

Kiparski, Gerd / Sassenberg, Thomas, DSGVO und TK-Datenschutz - Ein komplexes europarechtliches Geflecht – Welche bereichsspezifischen Datenschutzregelungen im TKG werden durch die DSGVO verdrängt?, CR 2018, S. 324-330.

Kirchner, Hildebert / Böttcher, Eike, Abkürzungsverzeichnis der Rechtssprache, 10. Auflage Berlin u.a. 2021.

Kleindiek, Ralf, Wissenschaft und Freiheit in der Risikogesellschaft – Eine grundrechtsdogmatische Untersuchung zum Normbereich von Art. 5 Abs. 3 Satz 1 des Grundgesetzes, Berlin 1998.

Kloepfer, Michael, Presse-Grosso unter dem Schutz von Verfassungsrecht und Europarecht – Zur Stellung des Pressevertriebs im deutschen und europäischen Verfassungsrecht, Baden-Baden 2000.

Kloepfer, Michael / Kutzschbach, Gregor, Presse-Grosso zwischen Kartell- und Verfassungsrecht – Zu den Verfassungsgrenzen kartellrechtlicher Maßnahmen im Pressevertriebsraum, AfP 1999, S. 1-7.

Kluge, Henry / Piger, Stefan, Netze, Bälle, Datenströme – oder wie die Fußball-WM ins X-WiN kam, DFN Mitteilungen Heft 95 2019, S. 26-33.

Köcher, Jan, AAI&PKI – Aspekte des Datenschutzes, DFN Mitteilungen Heft 72 2007, S. 12-15.

Köhler, Helmut, Durchsetzung der DS-GVO mittels UWG und UKlaG?, WRP 2018, S. 1269-1277.

Konferenz der unabhängigen Datenschutzaufsichtsbehörden des Bundes und der Länder (DSK), Orientierungshilfe der Datenschutzaufsichtsbehörden zur datenschutzgerechten Nutzung von E-Mail und anderen Internetdiensten am Arbeitsplatz, Januar 2016, abrufbar unter: https://www.datenschutzkonferenz-online.de/media/oh/201601_oh_email_und_internetdienste.pdf (zuletzt abgerufen am 10.10.2023).

Konferenz der unabhängigen Datenschutzaufsichtsbehörden des Bundes und der Länder (DSK), Orientierungshilfe der Aufsichtsbehörden für Anbieter:innen von Telemedien, Dezember 2021, abrufbar unter: https://datenschutz konferenz-online.de/media/oh/20211220_oh_telemedien.pdf (zuletzt abgerufen am 10.10.2023).

Körner, Marita, Die Datenschutz-Grundverordnung und nationale Regelungsmöglichkeiten für Beschäftigtendatenschutz, NZA 2016, S. 1383-1386.

Kraft, Stephan / König, Birgit / Gründl, Martin, Schwachstellensuche - Qualitätsüberwachung im Netz durch Klassifizierung des HADES One-Way Delays, in: Müller, Paul / Neumair, Bernhard / Rodosek, Gabi (Hrsg.), 3. DFN-Forum Kommunikationstechnologien – Beiträge der Fachtagung, Bonn 2010, S. 117-126. (zit. als: *Bearbeiter* in: Müller/Neumair/Rodosek)

Krausnick, Daniel, Staat und Hochschule im Gewährleistungsstaat, Tübingen 2012.

Kroß, Günther, X.25-Wissenschaftsnetz, RZ-Mitteilungen Heft 1 1991, S. 20.

Kugelmann, Dieter, Der Schutz privater Individualkommunikation nach der EMRK, EuGRZ 2003, S. 16-25.

Kühling, Jürgen / Buchner, Benedikt (Hrsg.), Datenschutz-Grundverordnung/ Bundesdatenschutzgesetz, 3. Auflage München 2020. (zit. als: *Bearbeiter* in: Kühling/Buchner)

Kühling, Jürgen / Martini, Mario, Die Datenschutz-Grundverordnung: Revolution oder Evolution im europäischen und deutschen Datenschutzrecht?, EuZW 2016, S. 448-454.

Kühling, Jürgen / Martini, Mario / Heberlein, Johanna / Kühl, Benjamin / Nink, David / Weinzierl, Quirin / Wenzel, Michael, Die Datenschutz-Grundverordnung und das nationale Recht – Erste Überlegungen zum innerstaatlichen Regelungsbedarf, Münster 2016.

Kühling, Jürgen / Sauerborn, Julius, TTDSG-Kabinettsentwurf und Art. 95 DSGVO – Klärende Neuordnung von Telekommunikations- und Telemediendatenschutz?, CR 2021, S. 271-280.

Kühling, Jürgen / Sauerborn, Julius, „Cookie-Banner“, „Cookie-Walls“ und das „PUR“-Modell – Konformität der gängigen Telemedienpraxis mit dem Datenschutz?, ZfDR 2022, S. 339-364.

Kuhn, Thomas, Überschießende Umsetzung bei mindest- und vollharmonisierenden Richtlinien: Einheitliche oder gespaltene Anwendung?, EuR 2015, S. 216-238.

Kuner, Christopher / Bygrave, Lee / Docksey, Christopher / Drechsler, Laura (Hrsg.), The EU General Data Protection Regulation (GDPR), Oxford 2020. (zit. als: *Bearbeiter* in: Kuner/Bygrave/Docksey u.a.)

Laoutoumai, Sebastian / Hoppe, Adrian, Setzt die DSGVO das UWG Schachmatt? - Können Datenschutzverstöße auch weiterhin über das Recht des unlauteren Wettbewerbs verfolgt werden?, K&R 2018, S. 533-537.

Lauber-Rönsberg, Anne, Die Auswirkungen der DSGVO auf das zivilrechtliche Äußerungsrecht, UFITA 2018, S. 398-435.

Lauber-Rönsberg, Anne, Zum Verhältnis von Datenschutzrecht und zivilrechtlichem Äußerungsrecht, AfP 2019, S. 373-383.

Lauber-Rönsberg, Anne / Hartlaub, Anneliese, Personenbildnisse im Spannungsverhältnis zwischen Äußerungs- und Datenschutzrecht, NJW 2017, S. 1057-1062.

Laue, Philip, Öffnungsklauseln in der DS-GVO – Öffnung wohin? - Geltungsbereich einzelstaatlicher (Sonder-)Regelungen, ZD 2016, S. 463-467.

Leib, Volker / Werle, Raymund, Wissenschaftsnetze in Europa und den USA - Die Rolle staatlicher Akteure bei ihrer Bereitstellung, in: Werle, Raymund / Lang, Christa (Hrsg.), Modell Internet? – Entwicklungsperspektiven neuer Kommunikationsnetze, Frankfurt am Main 1997, S. 157-185. (zit. als: *Bearbeiter* in: Werle/Lang)

Lezzi, Lukas / Oberlin, Jutta, Gemeinsam Verantwortliche in der konzerninternen Datenverarbeitung – Eine praxisorientierte Darstellung möglicher Konstellationen, ZD 2018, S. 398-404.

Lindner, Josef, Grundrechtsschutz gegen gemeinschaftsrechtliche Öffnungsklauseln – zugleich ein Beitrag zum Anwendungsbereich der EU-Grundrechte, EuZW 2007, S. 71-75.

Lindner, Josef, Die Europäisierung des Wissenschaftsrechts, Tübingen 2009.

Lindner, Josef, Das Grundrecht der Wissenschaftsfreiheit, JURA 2018, S. 240-249.

Loewenheim, Ulrich / Leistner, Matthias / Ohly, Ansgar / Schricker, Gerhard (Hrsg.), Urheberrecht, 6. Auflage München 2020. (zit. als: *Bearbeiter* in: Schricker/Loewenheim)

Lynskey, Orla, The foundations of EU data protection law, Oxford u.a. 2015.

Mangoldt, Hermann von / Klein, Friedrich / Starck, Christian (Hrsg.), Kommentar zum Grundgesetz, 5. Auflage München 2005. (zit. als: *Bearbeiter* in: Mangoldt/Klein/Starck 5. Aufl.)

Mangoldt, Hermann von / Klein, Friedrich / Starck, Christian (Hrsg.), Grundgesetz - Kommentar, 7. Auflage München 2018. (zit. als: *Bearbeiter* in: Mangoldt/Klein/Starck)

Mc Grath, Owen, Wir sind hier nicht die Auskunft!, DFN-Infobrief Recht Heft 2 2022, S. 10-12.

Meusel, Ernst-Joachim, Möglichkeiten und Grenzen staatlicher Einflußnahme auf die außeruniversitäre Forschung, in: Flämig, Christian / Grellert, Volker / Kimminich, Otto u.a. (Hrsg.), Handbuch des Wissenschaftsrechts – Band 2, Berlin 1982, S. 1281-1299. (zit. als: *Bearbeiter* in: HdbdWR Bd. II)

Meyer, Jürgen / Hölscheidt, Sven (Hrsg.), Charta der Grundrechte der Europäischen Union, 5. Auflage 2019. (zit. als: *Bearbeiter* in: Meyer/Hölscheidt GRCh)

Michel, Stefan, Bewertungsportale und das Medienprivileg – Neue Impulse durch Art. 85 DSGVO?, ZUM 2018, S. 839-843.

Michels, Thorsten / Pempe, Wolfgang / Schreiterer, Frank, edu-ID – sei Du selbst. Immer., DFN Mitteilungen Heft 98 2020, S. 12-14.

Michl, Walther, Das Verhältnis zwischen Art. 7 und Art. 8 GRCh – zur Bestimmung der Grundlage des Datenschutzgrundrechts im EU-Recht, DuD 2017, S. 349-353.

Mohr, Irina, Grundrechte und Öffentlichkeit in Europa – Eine Untersuchung zur Genese der Grundrechtscharta der Europäischen Union und ihrer Öffentlichkeitskonzeption, Berlin 2007.

Müller, Marian, Die Öffnungsklauseln der Datenschutzgrundverordnung – Ein Beitrag zur Europäischen Handlungsformenlehre, Münster 2019.

Müller-Glöge, Rudi / Preis, Ulrich / Schmidt, Ingrid (Hrsg.), Erfurter Kommentar zum Arbeitsrecht, 23. Auflage München 2023. (zit. als: *Bearbeiter* in: ErfK)

Münch, Ingo von / Kunig, Philip (Hrsg.), Grundgesetz – Kommentar, 7. Auflage München 2021. (zit. als: *Bearbeiter* in: Münch/Kunig)

Nebel, Maxi / Richter, Philipp, Datenschutz bei Internetdiensten nach der DS-GVO – Vergleich der deutschen Rechtslage mit dem Kommissionsentwurf, ZD 2012, S. 407-413.

Nettesheim, Martin, Datenschutz und Meinungsäußerungsfreiheit – Zur Reichweite der Freistellung allgemeiner Meinungsäußerungen nach Art. 85 Abs. 1 DSG-VO, AfP 2019, S. 473-481.

Grabitz, Eberhard / Hilf, Meinhard / Nettesheim, Martin (Hrsg.), Das Recht der Europäischen Union, München (Loseblatt, Stand: 79. Ergänzungslieferung Mai 2023). (zit. als: *Bearbeiter* in: GHN)

Neuhöfer, Daniel / Schefer, Lukas, E-Mail-Dienst kein Telekommunikationsdienst, jurisPR-Compl 5/2019, Anm. 1.

Neumann, Andreas, Das Arbeitsverhältnis als (telekommunikations-) rechtsfreie Zone? – Zur Anwendung des TKG auf Arbeitgeber bei Gestattung der privaten Nutzung von Telefon und Internet, K&R 2014, S. 320-325.

North, Gerald, The rise of climate science – A memoir, College Station 2020.

Ohler, Christoph, Grundrechtliche Bindungen der Mitgliedstaaten nach Art. 51 GRCh, NVwZ 2013, S. 1433-1438.

Organisation for Economic Co-operation and Development (OECD), Frascati manual 2002 – Proposed standard practice for surveys on research and experimental development the measurement of scientific and technological activities, Paris 2002.

Organisation for Economic Co-operation and Development (OECD), Frascati-Handbuch 2015 – Leitlinien für die Erhebung und Meldung von Daten über Forschung und experimentelle Entwicklung, Paris 2018.

Paal, Boris / Pauly, Daniel (Hrsg.), Datenschutz-Grundverordnung Bundesdatenschutzgesetz, 3. Auflage München 2021. (zit. als: *Bearbeiter* in: Paal/Pauly)

Paefgen, Franziska, Der von Art. 8 EMRK gewährleistete Schutz vor staatlichen Eingriffen in die Persönlichkeitsrechte im Internet, Berlin 2014.

Paffrath, Ralf, Vom zarten Pflänzchen zum Mammutbaum – 10 Jahre eduroam, DFN Mitteilungen Heft 94 2018, S. 8-13.

Pechstein, Matthias / Drechsler, Carola, § 7 – Die Auslegung und Fortbildung des Primärrechts, in: Riesenhuber, Karl (Hrsg.), Europäische Methodenlehre, 4. Auflage Berlin u.a. 2021. (zit. als: *Bearbeiter* in: Riesenhuber)

Pechstein, Matthias / Nowak, Carsten / Häde, Ulrich (Hrsg.), Frankfurter Kommentar zu EUV, GRC und AEUV, Tübingen 2017. (zit. als: *Bearbeiter* in: Frankfurter Kommentar)

Peers, Steve / Hervey, Tamara / Kenner, Jeff / Ward, Angela (Hrsg.), The EU Charter of Fundamental Rights – A Commentary, 2. Auflage Baden-Baden 2022. (zit. als: *Bearbeiter* in: Peers/Hervey/Kenner u.a.)

Peloquin, David / DiMaio, Michael / Bierer, Barbara / Barnes, Mark, Disruptive and avoidable: GDPR challenges to secondary research uses of data, EJHG 2020, S. 697-705.

Pempe, Wolfgang, 10 Jahre DFN-AAI – ein Universalschlüssel zum Erfolg, DFN Mitteilungen Heft 91 2017, S. 42-47.

Pempe, Wolfgang, AAIplus – ein Zukunftskonzept für die DFN-AAI, DFN Mitteilungen Heft 96 2019, S. 13-19.

Piger, Stefan, (Nur) der Name bleibt, DFN Mitteilungen Heft 89 2016, S. 14-18.

Piltz, Carlo, Das neue TTDSG aus Sicht der Telemedien – Anwendungsbereich, Tracking und Aufsichtsbehörden, CR 2021, S. 555-565.

Piltz, Carlo / Kühner, Jasmin, Ausnahmevorschriften bei Cookie-Einwilligungen – Auslegung des Begriffs „unbedingt erforderlich“ nach der ePrivacy-RL, ZD 2021, S. 123-128.

Plath, Kai-Uwe (Hrsg.), DSGVO/BDSG Kommentar – Kommentar zu DSGVO, BDSG und den Datenschutzbestimmungen von TMG und TKG, 3. Auflage Köln 2018. (zit. als: *Bearbeiter* in: Plath 3. Aufl.)

Plath, Kai-Uwe (Hrsg.), DSGVO/BDSG/TTDSG – Kommentar zu DSGVO, BDSG und TTDSG, 4. Auflage Köln u.a. 2023. (zit. als: *Bearbeiter* in: Plath)

Pokutnev, Anna / Schmid, Uwe, Die TKG-Novelle 2012 aus datenschutzrechtlicher Sicht, CR 2012, S. 360-366.

Pöschl, Magdalena, Normative Grenzen der Wissenschaftsfreiheit, in: Spiel, Christiane / Neck, Reinhard / Schmidinger, Heinrich (Hrsg.), Grenzen in den Wissenschaften, Göttingen 2017, S. 159-200. (zit. als: *Bearbeiter* in: Spiel/Neck/Schmidinger)

Preis, Ulrich / Sagan, Adam (Hrsg.), Europäisches Arbeitsrecht, 2. Auflage Köln 2019. (zit. als: *Bearbeiter* in: Preis/Sagan)

Pünder, Hermann, § 18 - Kunst- und Wissenschaftsfreiheit, Recht auf Bildung, in: Ehlers, Dirk (Hrsg.), Europäische Grundrechte und Grundfreiheiten, 4. Auflage Berlin 2014, S. 668-687. (zit. als: *Bearbeiter* in: Ehlers)

Quinn, Paul, Research under the GDPR – a level playing field for public and private sector research?, Life Sciences, Society and Policy 2021 17:4, S. 1-33.

Rauer, Nils / Ettig, Diana, Update Cookies 2020 – Aktuelle Rechtslage und Entwicklungen, ZD 2021, S. 18-24.

Reimer, Franz, Freiheit der Meinungsäußerung – Eine rechtsvergleichende Perspektive: Deutschland, Oktober 2019, abrufbar unter: https://op.europa.eu/de/publication-detail/-/publication/58489e3e-fad6-11e9-8c1f-01aa75ed71a1/language-de/format-PDF/source-109248019 (zuletzt abgerufen am 10.10.2023).

Rengeling, Hans-Werner / Szczekalla, Peter, Grundrechte in der Europäischen Union – Charta der Grundrechte und allgemeine Rechtsgrundsätze, Köln u.a. 2004.

Richter, Philipp, Big Data, Statistik und die Datenschutz-Grundverordnung, DuD 2016, S. 581-586.

Riechert, Anne / Wilmer, Thomas (Hrsg.), TTDSG – Telekommunikation-Telemedien-Datenschutzgesetz Kommentar, Berlin 2022. (zit. als: *Bearbeiter* in: Riechert/Wilmer)

Riesenhuber, Karl, § 10 – Die Auslegung, in: Riesenhuber, Karl (Hrsg.), Europäische Methodenlehre, 4. Auflage Berlin u.a. 2021. (zit. als: *Bearbeiter* in: Riesenhuber)

Röhr, Matthias, Der lange Weg zum Internet, Bielefeld 2021.

Rolfs, Christian / Giesen, Richard / Meßling, Mirian / Udsching, Peter (Hrsg.), BeckOK Arbeitsrecht, online 69. Aktualisierung Stand: 1.9.2023. (zit. als: *Bearbeiter* in: Rolfs/Giesen/Meßling u.a.)

Roßnagel, Alexander, Datenschutz in der Forschung – Die neuen Datenschutzregelungen in der Forschungspraxis von Hochschulen, ZD 2019, S. 157-164.

Roßnagel, Alexander, Kein „Verbotsprinzip" und kein „Verbot mit Erlaubnisvorbehalt" im Datenschutzrecht – Zur Dogmatik der Datenverarbeitung als Grundrechtseingriff, ZD 2019, S. 1-5.

Roßnagel, Alexander, Videokonferenzen als Telekommunikationsdienste? – Einordnung von Videokonferenzen in TKG, TTDSG und DS-GVO, NJW 2023, S. 400-404.

Rossow, Olaf, Arbeitgeber und das Fernmeldegeheimnis nach dem TTDSG, DuD 2022, S. 93-97.

Rücker, Daniel / Kugler, Tobias (Hrsg.), New European General Data Protection Regulation – A Practitioner's Guide, Baden-Baden 2017. (zit. als: *Bearbeiter* in: Rücker/Kugler)

Ruffert, Matthias, Grund und Grenzen der Wissenschaftsfreiheit – 2. Bericht, in: Sommermann, Karl-Peter / Huster, Stefan / Schulte, Martin u.a. (Hrsg.), Kultur und Wissenschaft, Berlin 2006, S. 148-210. (zit. als: *Bearbeiter* in: Sommermann/Huster/Schulte, u.a.)

Rülke, Annette, Fragen ohne Ende – 20 Jahre Forschungsstelle Recht im DFN, DFN Mitteilungen Heft 94 2018, S. 44-45.

Säcker, Franz / Körber, Torsten (Hrsg.), Kommentar TKG - TTDSG, 4. Auflage Frankfurt am Main 2023. (zit. als: *Bearbeiter* in: Säcker/Körber)

Sander, Stefan, Privatnutzung dienstlicher E-Mails im Kontext von TTDSG und TKG 2021 – Fernmeldegeheimnis Quo Vadis?, K&R 2022, S. 662-670.

Sassenberg, Thomas / Franke, Johannes, Die regulatorische Einordnung der Videokonferenz - Wann das Angebot von Videotelefonie wesentliche telekommunikationsrechtliche Pflichten auslöst, CR 2013, S. 772-779.

Schack, Haimo, Urheber- und Urhebervertragsrecht, 10. Auflage Tübingen 2021.

Scharpf, Fabian, TTDSG – was ändert sich für Cookies und ähnliche Technologien?, K&R 2022, S. 153-159.

Scheurle, Klaus-Dieter / Mayen, Thomas (Hrsg.), Telekommunikationsgesetz - Kommentar, 3. Auflage München 2018. (zit. als: *Bearbeiter* in: Scheurle/Mayen)

Schiefler, Kurt, Veröffentlichung und Erscheinen nach dem neuen Urheberrechtsgesetz, UFITA 1966, S. 81-102.

Schmidl, Michael, E-Mail-Filterung am Arbeitsplatz, MMR 2005, S. 343-348.

Schmidt-Aßmann, Eberhard, Die Wissenschaftsfreiheit nach Art. 5 Abs. 3 GG als Organisationsgrundrecht, in: Becker, Bernd (Hrsg.), Festschrift für Werner Thieme zum 70. Geburtstag, Köln u.a. 1993, S. 679-711. (zit. als: *Bearbeiter* in: FS Thieme)

Schmitz, Peter, Teil 16.2 – Datenschutz im Internet, in: Hoeren, Thomas / Sieber, Ulrich / Holznagel, Bernd (Hrsg.), Handbuch Multimedia-Recht – Rechtsfragen des elektronischen Geschäftsverkehrs, München (Loseblatt, Stand: 59. Ergänzungslieferung Juni 2023). (zit. als: *Bearbeiter* in: Hoeren/Sieber/Holznagel)

Schnyder, Orsolya, Internet-Access-Providing-Verträge mit geschäftlichen und privaten Endkunden – Eine vertragsrechtliche Analyse nach schweizerischem Recht unter besonderer Berücksichtigung des Rechts der Europäischen Union, Zürich 2012.

Schulz, Wolfgang, Von der Medienfreiheit zum Grundrechtsschutz für Intermediäre? – Überlegungen zur Entwicklung der Gewährleistungsgehalte von Art. 5 Abs. 1 GG am Beispiel von Suchmaschinen, CR 2008, S. 470-476.

Schumacher, Pascal / Sydow, Lennart / Schönfeld, Max von, Cookie Compliance, quo vadis – Datenschutzrechtliche Perspektiven für den Einsatz von Cookies und Webtracking nach TTDSG und ePrivacy-VO, MMR 2021, S. 603-609.

Schuster, Fabian, Der Arbeitgeber und das Telekommunikationsgesetz – Ein Arbeitgeber unterfällt auch bei Gestattung der privaten Nutzung von Telefon und E-

Mail durch die Arbeitnehmer nicht den Pflichten nach dem TKG, CR 2014, S. 21-27.

Schwartmann, Rolf / Jaspers, Andreas / Eckhardt, Jens (Hrsg.), TTDSG - Telekommunikation-Telemedien-Datenschutz-Gesetz, Heidelberg 2022. (zit. als: *Bearbeiter* in: Schwartmann/Jaspers/Eckhardt)

Schwarze, Jürgen / Becker, Ulrich / Hatje, Armin / Schoo, Johann (Hrsg.), EU-Kommentar, 4. Auflage Baden-Baden u.a. 2019. (zit. als: *Bearbeiter* in: Schwarze/Becker/Hatje u.a.)

Schweiger, Sascha / Seidel, Martin, Quantensimulatoren in der Praxis, DFN Mitteilungen Heft 101 2022, S. 38.

Sesing, Andreas, Cookie-Banner – Hilfe, das Internet ist kaputt! - Ansätze zur Verbesserung der Nutzererfahrung, MMR 2021, S. 544-549.

Sharma, Sanjay, Data Privacy and GDPR Handbook, Hoboken 2019.

Simitis, Spiros / Hornung, Gerrit / Spiecker gen. Döhmann, Indra (Hrsg.), Datenschutzrecht - DSGVO mit BDSG, Baden-Baden 2019. (zit. als: *Bearbeiter* in: Simitis/Hornung/Spiecker gen. Döhmann)

Specht-Riemenschneider, Louisa / Mantz, Reto (Hrsg.), Handbuch europäisches und deutsches Datenschutzrecht – Bereichsspezifischer Datenschutz in Privatwirtschaft und öffentlichem Sektor, München 2019. (zit. als: *Bearbeiter* in: Specht-Riemenschneider/Mantz)

Specht-Riemenschneider, Louisa / Schneider, Ruben, Die gemeinsame Verantwortlichkeit im Datenschutzrecht, MMR 2019, S. 503-509.

Spelge, Katrin, Der Beschäftigtendatenschutz nach Wirksamwerden der Datenschutz-Grundverordnung (DS-GVO) – Viel Lärm um Nichts?, DuD 2016, S. 775-781.

Spiecker gen. Döhmann, Indra / Papakōnstantinu, Vagelis / Hornung, Gerrit / Hert, Paul de (Hrsg.), General data protection regulation - Article-by-article commentary, Baden-Baden u.a. 2023. (zit. als: *Bearbeiter* in: Spiecker gen. Döhmann/Papakōnstantinu/Hornung u.a.)

Spindler, Gerald / Schmitz, Peter (Hrsg.), Telemediengesetz mit Netzwerkdurchsetzungsgesetz - Kommentar, 2. Auflage München 2018. (zit. als: *Bearbeiter* in: Spindler/Schmitz)

Spindler, Gerald / Schuster, Fabian (Hrsg.), Recht der elektronischen Medien, 4. Auflage München 2019. (zit. als: *Bearbeiter* in: Spindler/Schuster)

Stern, Klaus / Sachs, Michael (Hrsg.), Europäische Grundrechte-Charta – GRCh: Kommentar, München 2016. (zit. als: *Bearbeiter* in: Stern/Sachs)

Stern, Klaus / Sodan, Helge / Möstl, Markus (Hrsg.), Das Staatsrecht der Bundesrepublik Deutschland im europäischen Staatenverbund, 2. Auflage München 2022. (zit. als: *Bearbeiter* in: Stern/Sodan/Möstl)

Streinz, Rudolf, Europarecht, 10. Auflage Heidelberg 2016.

Streinz, Rudolf (Hrsg.), EUV/AEUV - Vertrag über die Europäische Union, Vertrag über die Arbeitsweise der Europäischen Union, Charta der Grundrechte der Europäischen Union, 3. Auflage München 2018. (zit. als: *Bearbeiter* in: Streinz EUV/AEUV)

Sydow, Gernot / Marsch, Nikolaus / Bienemann, Linda / Böken, Arnd / Braun, Andreas / Ennöckl, Daniel / Mantz, Reto (Hrsg.), DS-GVO, BDSG – Datenschutz-Grundverordnung, Bundesdatenschutzgesetz: Handkommentar, 3. Auflage Baden-Baden u.a. 2022. (zit. als: *Bearbeiter* in: Sydow/Marsch/Bienemann u.a.)

Szalay, Alexander, Data-Driven Science in the Era of AI: From Patterns to Practice, in: Choudhary, Alok / Fox, Geoffrey C. / Hey, Anthony J. G. (Hrsg.), Artificial intelligence for science – A deep learning revolution, New Jersey u.a. 2023, S. 29-52. (zit. als: *Bearbeiter* in: Choudhary/Fox/Hey)

Szczekalla, Peter, Grenzenlose Grundrechte, NVwZ 2006, S. 1019-1021.

Taeger, Jürgen / Gabel, Detlev (Hrsg.), DSGVO - BDSG - TTDSG - Kommentar, 4. Auflage Frankfurt am Main 2022. (zit. als: *Bearbeiter* in: Taeger/Gabel)

Taeger, Jürgen / Pohle, Jan (Hrsg.), Computerrechts-Handbuch – Informationstechnologie in der Rechts- und Wirtschaftspraxis, 37. Auflage München 2022. (zit. als: *Bearbeiter* in: Taeger/Pohle)

Tamm, Marina / Tonner, Klaus / Brönneke, Tobias / Bergmann, Stefanie (Hrsg.), Verbraucherrecht – Rechtliches Umfeld, Vertragstypen, Rechtsdurchsetzung: Beratungshandbuch, 3. Auflage Baden-Baden 2020. (zit. als: *Bearbeiter* in: Tamm/Tonner/Brönneke u.a.)

Thüsing, Gregor, Beschäftigtendatenschutz und Compliance – Effektive Compliance im Spannungsfeld von DS-GVO, BDSG, Persönlichkeitsschutz und betrieblicher Mitbestimmung, 3. Auflage München 2021.

Thym, Daniel, Blaupausenfallen bei der Abgrenzung von Grundgesetz und Grundrechtecharta, DÖV 2014, S. 941-951.

Tinnefeld, Marie-Theres / Buchner, Benedikt / Petri, Thomas / Hof, Hans-Joachim, Einführung in das Datenschutzrecht, Berlin u.a. 2017.

Trute, Hans-Heinrich, Die Forschung zwischen grundrechtlicher Freiheit und staatlicher Institutionalisierung – Das Wissenschaftsrecht als Recht kooperativer Verwaltungsvorgänge, Tübingen 1994.

Trzaskowski, Jan / Sørensen, Max, GDPR compliance – Understanding the General Data Protection Regulation, 2. Auflage Kopenhagen 2022.

Ullmann, Klaus, Mehr Kommunikation für die Wissenschaft, DFN Mitteilungen Heft 1 1985, S. 16-23.

Ullmann, Klaus, Anforderungen an das Deutsche Forschungsnetz – Ein Abriss der Entwicklung des DFN, in: Encarnação, José (Hrsg.), Telekommunikation und multimediale Anwendungen der Informatik – GI - 21. Jahrestagung, Darmstadt, 14.-18. Oktober 1991, Berlin u.a. 1991, S. 75-85. (zit. als: *Bearbeiter* in: Encarnação)

Uphues, Steffen, Und jedem Anfang wohnt ein Zauber inne, DFN-Infobrief Recht Heft 12 2021, S. 5-7.

Voigt, Paul, Der Arbeitgeber als TK-Diensteanbieter – Unauflösbarer Konflikt zwischen Fernmeldegeheimnis und DSGVO-Pflichten?, in: Specht-Riemenschneider, Louisa / Buchner, Benedikt / Heinze, Christian u.a. (Hrsg.), Festschrift für Jürgen Taeger, Frankfurt am Main 2020, S. 511-530. (zit. als: *Bearbeiter* in: FS Taeger)

Wandtke, Artur-Axel / Bullinger, Winfried (Hrsg.), Praxiskommentar Urheberrecht, 6. Auflage München 2022. (zit. als: *Bearbeiter* in: Wandtke/Bullinger)

Weichert, Thilo, Die Forschungsprivilegierung in der DS-GVO – Gesetzlicher Änderungsbedarf bei der Verarbeitung personenbezogener Daten für Forschungszwecke, ZD 2020, S. 18-24.

Welfare, Damien / Carey, Peter, Territorial Scope and Terminology, in: Carey, Peter (Hrsg.), Data protection – A practical guide to UK and EU law, Oxford 2018, S. 2-31. (zit. als: *Bearbeiter* in: Carey)

Wellmann, Maximilian, Social Distance Learning, DFN-Infobrief Recht Heft Sonderausgabe Covid-19 2022, S. 2-5.

Werkmeister, Christoph / Schwaab, Michael, Auswirkungen und Reichweite des datenschutzrechtlichen Forschungsprivilegs, CR 2019, S. 85-90.

Weth, Stephan / Herberger, Maximilian / Wächter, Michael / Sorge, Christoph (Hrsg.), Daten- und Persönlichkeitsschutz im Arbeitsverhältnis, 2. Auflage München 2019. (zit. als: *Bearbeiter* in: Weth/Herberger/Wächter u.a.)

Wierenga, Klaas / Winter, Stefan / Wolniewicz, T., The eduroam Architecture for Network Roaming, Request for Comments: RFC 7593, 2015.

Wiesehahn, Lars, Das europäische Telekommunikationsrecht und seine Umsetzung in Deutschland, Münster 2008.

Wissenschaftlicher Dienst des Bundestages, Die Wissenschaftsfreiheit im Grundgesetz und in der Charta der Grundrechte der Europäischen Union, 29.4.2010, WD 3 – 3000 – 149/10.

Wolff, Heinrich / Brink, Stefan / Ungern-Sternberg, Joachim (Hrsg.), BeckOK Datenschutzrecht – DS-GVO, BDSG, Grundlagen, Bereichsspezifischer Datenschutz, online 44. Aktualisierung Stand: 1.5.2023. (zit. als: *Bearbeiter* in: BeckOK DatenschutzR)

Wünschelbaum, Markus, Neuer Datenschutz für betriebliche Kommunikationsdienste – Cookies, Compliance und der Abschied vom Fernmeldegeheimnis, NJW 2022, S. 1561-1566.

Wybitul, Tim / Pötters, Stefan, Der neue Datenschutz am Arbeitsplatz, RDV 2016, S. 10-16.

Zander, Karl, Der DFN Verein: Sein Entstehen, DFN Mitteilungen Heft 1 1985, S. 11-13.

Zorn, Werner, Zum 30. Jahrestag der 1. deutschen Internet E-Mail vom 03. August 1984 – Version 0.1, 18.8.2014, abrufbar unter: https://www.informatik.kit.edu /downloads/zu-30JahreInternet-EMail-V01-28Jul2014.pdf (zuletzt abgerufen am 10.10.2023).

Anhang

Anhang I: Satzung des DFN-Vereins – Verein zur Förderung eines Deutschen Forschungsnetzes e.V., Berlin Juli 2000.

Anhang II: Rahmenvertrag über die Teilnahme am Deutschen Forschungsnetz zwischen dem Verein zur Förderung eines Deutschen Forschungsnetzes e.V. und der Westfälischen Wilhelms-Universität Münster, Berlin/Münster 26.5.2009/14.10.2009.

Anhang III: Dienstvereinbarung zwischen der Hochschule Bremen und dem Verein zur Förderung eines Deutschen Forschungsnetzes e.V. zur Bereitstellung des Dienstes DFNInternet, Bremen/Berlin 21.2.2018/14.6.2018.

Anhang IV: Rahmenprogramm der Entwicklungsaktivitäten des DFN-Vereins – Aktualisierte Fassung für die Jahre 2014 ff., Berlin 11.6.2013.

Anhang V: Dienstbeschreibung DFNInternet, August 2021.

N. John, *Der Schutz der Daten im Netz des Access Providers der Wissenschaft*,
Juridicum – Schriften zum Medien-, Informations- und Datenrecht,
https://doi.org/10.1007/978-3-658-45497-5

Anhang I

Satzung des DFN-Vereins

Verein zur Förderung eines Deutschen Forschungsnetzes e.V.

Berlin Juli 2000

Auch abrufbar unter:
https://www.dfn.de/wp-content/uploads/2021/12/satzungdfn.pdf
(zuletzt abgerufen am 10.10.2023)

Satzung des DFN-Vereins

Verein zur Förderung eines Deutschen Forschungsnetzes e. V.

Juli 2000

§ 1 Name und Sitz des Vereins

1. Der Name des Vereins ist: "Verein zur Förderung eines Deutschen Forschungsnetzes e.V. - DFN-Verein - "

2. Sitz des Vereins ist Berlin.

§ 2 Vereinszweck

1. Der Verein fördert die Schaffung der wissenschaftlich-technischen Voraussetzungen für die Errichtung, den Betrieb und die Nutzung eines rechnergestützten Informations- und Kommunikationssystems für die öffentlich geförderte und die gemeinnützige Forschung in der Bundesrepublik Deutschland auf der Basis öffentlicher Übertragungsnetze unter Beachtung der entsprechenden internationalen Standards und Normen. Der Satzungszweck wird verwirklicht insbesondere durch Vergabe von Forschungsaufträgen und Organisation von Dienstleistungen zur Nutzung des Deutschen Forschungsnetzes.

2. Der Verein verfolgt ausschließlich und unmittelbar gemeinnützige Zwecke im Sinne der Abgabenordnung. Er ist selbstlos tätig und verfolgt nicht in erster Linie eigenwirtschaftliche Zwecke. Mittel/Einnahmen (Einkünfte) des Vereins dürfen nur für die satzungsgemäßen Zwecke verwendet werden.

   Die Mitglieder dürfen keine Gewinnanteile und in ihrer Eigenschaft als Mitglieder auch keine sonstigen Zuwendungen aus Mitteln des Vereins erhalten.

3. Die Mitglieder erhalten nach ihrem Ausscheiden oder bei Auflösung oder bei Aufhebung des Vereins weder ihre Beiträge noch sonstige Zuwendungen oder Einlagen zurück.

4. Keine Person darf durch Zuwendungen, die dem Zwecke des Vereins fremd sind, oder durch unverhältnismäßig hohe Vergütungen begünstigt werden.

§ 3 Organe

1. Die Organe des Vereins sind
   - der Verwaltungsrat,
   - der Vorstand,
   - die Mitgliederversammlung.

2. Die Organe des Vereins können ihre Entscheidung im schriftlichen Verfahren treffen, soweit nicht ein Mitglied des entsprechenden Organs widerspricht.

§ 4 Verwaltungsrat

1. Dem Verwaltungsrat gehören mindestens neun, höchstens jedoch dreizehn von der Mitgliederversammlung gewählte Personen an. Von diesen müssen mindestens drei Personen Repräsentanten der Hochschulen und mindestens je eine Person Repräsentant der außeruniversitären staatlich geförderten Forschung und der Wirtschaft sein, sofern sich ausreichend Bewerber mit der entsprechenden Gruppenzugehörigkeit zur Wahl stellen.

2. Die Mitglieder des Verwaltungsrates werden auf die Dauer von drei Jahren, vom Tag der Wahl an gerechnet, gewählt. Sie bleiben bis zur Neuwahl des Verwaltungsrates im Amt. Die Wahlperiode kann sich aus terminlichen/verwaltungstechnischen Gründen um bis zu drei Monaten verkürzen. Eine zweimalige Wiederwahl ist möglich. Scheidet ein Mitglied des Verwaltungsrates während der Amtsperiode aus, so wählt die Mitgliederversammlung ein Ersatzmitglied für die restliche Amtsdauer des Ausgeschiedenen.

3. Ein Mitglied des Verwaltungsrates kann sein Stimmrecht auf ein anderes Mitglied des Verwaltungsrates oder auf einen von ihm benannten ständigen Vertreter übertragen.

4. Der Verwaltungsrat wählt aus seiner Mitte einen Vorsitzenden und zwei Stellvertreter. Die Wiederwahl ist zulässig.

5. Der Verwaltungsrat gibt sich eine Geschäftsordnung, die die Beschlussfähigkeit sowie die Zuständigkeiten innerhalb des Verwaltungsrates festlegt.

§ 5 Aufgaben des Verwaltungsrates

Der Verwaltungsrat koordiniert die Arbeiten des Vereins, indem er insbesondere
- über die Planung der wissenschaftlich/technischen Aktivitäten beschließt,
- über Beginn und Beendigung von Projekten und größeren Projektabschnitten entscheidet,
- grundsätzliche Fragen der Finanzplanung, insbesondere den Jahreswirtschaftsplan, berät.

Der Verwaltungsrat kann Ausschüsse einrichten und aufheben.

§ 6 Vorstand

1. Der Vorsitzende des Verwaltungsrates und dessen beide Stellvertreter bilden den Vorstand im Sinne des Gesetzes. Der Vorsitz im Verwaltungsrat umfasst gleichzeitig den Vorsitz im Vorstand. Zur Abgabe rechtsverbindlicher Erklärungen ist die Mitwirkung zweier Mitglieder des Vorstandes erforderlich und ausreichend. Im Falle der Verhinderung von zwei Vorstandsmitgliedern kann ein anderes Mitglied des Verwaltungsrates mitwirken.

2. Der Vorstand führt die Geschäfte des Vereins. Hierzu gehören insbesondere
   - die Vorbereitung der Sitzungen des Verwaltungsrates und die Durchführung seiner Beschlüsse,
   - die Erstellung des Jahreswirtschaftsplans, des Jahresberichtes und der Jahresrechnung,
   - die Vorbereitung und Ausführung der Beschlüsse der Mitgliederversammlung,
   - die Erarbeitung von Vorschlägen für die Besetzung des Verwaltungsrates.

3. Der Vorstand bedient sich zur Erledigung laufender Aufgaben einer Geschäftsstelle, die von einer Geschäftsführung zu leiten ist. Die Geschäftsführer werden vom Vorstand bestellt und abberufen. Der Geschäftskreis der Geschäftsführer wird durch eine Geschäftsordnung geregelt, die vom Vorstand erlassen wird.

4. Der Vorstand gibt sich eine Geschäftsordnung.

5. Soweit Erklärungen gegenüber dem Vorstand abzugeben sind, gilt der Vorsitzende des Vorstandes als empfangsberechtigt.

6. Vorstandsmitglieder bleiben nach Ablauf ihrer Amtszeit bis zur Wahl eines Nachfolgers im Amt.

§ 7 Mitgliederversammlung

1. Der Vorstand beruft wenigstens einmal jährlich eine ordentliche Mitgliederversammlung ein, und zwar spätestens innerhalb von acht Monaten nach Ablauf des Geschäftsjahres.

2. Eine außerordentliche Mitgliederversammlung ist einzuberufen, wenn ein Drittel der Mitglieder dies verlangt oder wenn der Vorstand zurücktritt.

3. Die Mitglieder sind spätestens einen Monat vor dem Zeitpunkt der Mitgliederversammlung unter Bekanntgabe der vorläufigen Tagesordnung und unter Übersendung der notwendigen Unterlagen schriftlich oder auf elektronischem Wege (via E-Mail) einzuladen.

4. Anträge zur Tagesordnung sind dem Vorstand spätestens zwei Wochen vor dem Zeitpunkt der Versammlung schriftlich oder auf elektronischem Wege (via E-Mail) zu übermitteln. Lehnt der Vorstand die Aufnahme eines Antrages in die Tagesordnung ab, kann der Antragsteller die Entscheidung über die Aufnahme des Antrages in die Tagesordnung von der Mitgliederversammlung verlangen.

5. Verlauf und Beschlüsse der Mitgliederversammlung sind zu protokollieren.

§ 8 Zuständigkeiten der Mitgliederversammlung

Die Mitgliederversammlung ist zuständig für:
- die Wahl der Mitglieder des Verwaltungsrates,
- Beschlüsse über Vorlagen des Vorstandes oder des Verwaltungsrates,
- die Festlegung der Mitgliedsbeiträge,
- die Genehmigung des Jahreswirtschaftsplans,
- die Wahl von Prüfern für die Jahresrechnung,
- die Entgegennahme und Feststellung des Jahresberichts und der Jahresrechnung,
- die Entlastung des Vorstandes,
- die Beschlüsse über Änderungen dieser Satzung,
- den Beschluss über die Auflösung des Vereins.

§ 9 Verfahren in der Mitgliederversammlung

1. Die Mitgliederversammlung wählt aus ihrer Mitte einen Vorsitzenden, der die Versammlung leitet und die nächste Versammlung eröffnet.

2. Die Mitgliederversammlung fasst ihre Beschlüsse mit der einfachen Mehrheit der Stimmen der anwesenden Mitglieder, sofern nicht diese Satzung etwas anderes bestimmt. Bei Stimmengleichheit gilt ein Antrag als abgelehnt.

3. In den folgenden Gegenständen ist die Mitgliederversammlung nur dann beschlussfähig, wenn die Hälfte der stimmmberechtigten Mitglieder anwesend ist:
   - Änderung des Vereinszwecks sowie
   - Auflösung des Vereins.

Wenn weniger als die Hälfte der Mitglieder anwesend sind, ist eine erneute Mitgliederversammlung, die innerhalb von 8 Wochen einberufen werden muss, unabhängig von der Zahl der Anwesenden beschlussfähig. Bei entsprechender Vorankündigung in der Einladung kann eine erneute Mitgliederversammlung sofort im Anschluss an die nicht beschlussfähige Mitgliederversammlung einberufen werden.

Im übrigen ist die Beschlussfähigkeit ohne Rücksicht auf die Zahl der erschienenen Mitglieder gegeben.

4. Die Wahl der Mitglieder des Verwaltungsrates ist geheim. Die Mitglieder des Verwaltungsrates werden in einem Wahlgang gewählt. Die Wahl erfolgt durch ein auf dem Stimmzettel hinter dem Namen eines Kandidaten gesetztes Kreuz. Der Stimmzettel muss alle vorgeschlagenen Kandidaten enthalten. Gewählt sind die 9 bis 13 Bewerber, die die meisten Stimmen erhalten haben, sofern diese die Bedingungen des § 4 Abs. 1 erfüllen; andernfalls ersetzt derjenige Bewerber, der das Kriterium der jeweiligen Gruppenzugehörigkeit erfüllt und die relativ meisten Stimmen in seiner Gruppe auf sich vereinigen konnte, denjenigen der 9 bis 13 Bewerber, der unter diesen die geringste Stimmenzahl aufweist. Bei Stimmengleichheit entscheidet das Los. Ein Stimmzettel ist ungültig, wenn die Anzahl der hinter den Namen eines Kandidaten gesetzten Kreuze höher ist als die Anzahl der zu wählenden Mitglieder. Zur Stimmauszählung und zur Herbeiführung von Losentscheidungen kann die Mitgliederversammlung eine Wahlprüfungskommission einberufen.

5. Die Mitgliederversammlung gibt sich eine Geschäftsordnung.

§ 10 Mitglieder

1. Als Mitglieder können juristische Personen des öffentlichen und privaten Rechts aufgenommen werden, von denen ein wesentlicher Beitrag zum Vereinszweck zu erwarten ist oder die dem Bereich der institutionell oder sonst aus öffentlichen Mitteln geförderten Forschung zuzurechnen sind.

   Juristische Personen benennen einen Vertreter, der die juristische Person gegenüber dem Verein vertritt.

2. Natürliche Personen können als Mitglieder aufgenommen werden, wenn von ihnen in besonderem Maße wesentliche Beiträge zum Vereinszweck zu erwarten sind; über die Aufnahme natürlicher Personen entscheidet der Verwaltungsrat.

§ 11 Aufgaben und Pflichten der Mitglieder

1. Die Mitglieder sollen den Verein in der Verwirklichung des Vereinszwecks unterstützen, insbesondere durch:
   - Mitarbeit in den DFN-Gremien,
   - Mitwirkung am DFN-Verbund, soweit dieser errichtet ist,
   - Einhaltung der technischen, betrieblichen, organisatorischen und nutzungsrechtlichen DFN-Regelungen,
   - Förderung der Nutzung von DFN-Entwicklungsergebnissen.

2. Die Mitgliedsbeiträge werden jährlich im voraus bezahlt.

§ 12 Aufnahmeverfahren

1. Zur Aufnahme im Verein ist ein schriftlicher Aufnahmeantrag an den Vorstand zu richten.

2. Über die Aufnahme entscheidet, mit Ausnahme des in § 10 Abs. 2 geregelten Falles, der Vorstand. Im Falle eines negativen Votums des Vorstands legt dieser den Aufnahmeantrag dem Verwaltungsrat zur entgültigen Entscheidung vor.

§ 13 Beginn und Ende der Mitgliedschaft

1. Die Mitgliedschaft beginnt mit dem Aufnahmebeschluss des Vorstandes.

2. Die Mitgliedschaft kann durch schriftliche Erklärung gegenüber dem Vorstand zum Ende eines jeden Geschäftsjahres mit einer Frist von sechs Monaten gekündigt werden.

§ 14 Ausschluss von Mitgliedern

Der Vorstand kann ein Mitglied ausschließen, wenn es seine Aufgaben und Pflichten gegenüber der Vereinigung oder deren Zielen in grober Weise verletzt.

Dem Betroffenen steht binnen eines Monats nach Zugang des Ausschlussbescheides der Einspruch an die Mitgliederversammlung zu. Diese kann den Bescheid des Vorstandes bei einer Mehrheit von 2/3 der anwesenden Mitglieder aufheben.

§ 15 Mitgliedsbeiträge

Art und Höhe der Mitgliedsbeiträge werden von der Mitgliederversammlung beschlossen.

§ 16 Verwendung der Einkünfte

1. Soweit die Einkünfte nicht mehr vom Verein selbst für seine Zwecke benötigt werden, sind sie anderweitig zur Erfüllung der in Paragraph 2 genannten Aufgaben zu verwenden.

2. Der Vorstand hat anlässlich der ordentlichen Mitgliederversammlung über die Verwendung der Mittel Rechenschaft abzulegen. Nach Ablauf eines Geschäftsjahres ist die Mittelverwendung durch die zwei gewählten Rechnungsprüfer unverzüglich zu überprüfen.

§ 17 Geschäftsjahr

Das Geschäftsjahr ist das Kalenderjahr.

§ 18 Schiedsgerichtsklausel

1. Sollte es zu Meinungsverschiedenheiten zwischen Mitgliedern und dem Verein kommen, so werden sich die Parteien um eine gütliche Einigung bemühen.

2. Kommt es zu keiner Einigung, so wird die Meinungsverschiedenheit unter Ausschluss des ordentlichen Rechtsweges von einem Schiedsgericht entschieden , das auch über die Kosten des Schiedsverfahrens und ihre Verteilung unter die streitenden Parteien beschließt. Das Schiedsgericht besteht aus zwei Schiedsrichtern und einem Vorsitzenden. Jede Partei benennt innerhalb von drei Wochen nach Aufforderung durch die andere Partei einen Schiedsrichter; diese wählen ihrerseits den Vorsitzenden. Ist eine Partei mit der Benennung ihres Schiedsrichters in Verzug oder können sich die beiden Schiedsrichter innerhalb einer Frist von 14 Tagen nicht auf die Person des Vorsitzenden einigen, so ist der Kammergerichtspräsident zu bitten, den fehlenden Schiedsrichter zu bestimmen. Die das Schiedsgericht anrufende Partei hat den Kostenvorschuss allein zu tragen.

§ 19 Änderung der Satzung

1. Über Änderungen dieser Satzung beschließt die Mitgliederversammlung mit einer Mehrheit von 3/4 der abgegebenen Stimmen; Enthaltungen zählen hierbei nicht als abgegebene Stimmen.

2. Alle Anträge auf Satzungsänderungen sind den Mitgliedern spätestens einen Monat vor Beginn der Mitgliederversammlung mitzuteilen. Dies gilt nicht für Gegen- und Abänderungsanträge aus der Mitgliederversammlung.

3. Jeder Beschluss über die Änderung der Satzung soll vor dessen Anmeldung beim Registergericht dem zuständigen Finanzamt vorgelegt werden.

§ 20 Änderung des Zwecks und Auflösung des Vereins

1. Eine Änderung des Zwecks sowie die Auflösung des Vereins kann nur mit einer Stimmenmehrheit von 3/4 der anwesenden Mitglieder beschlossen werden. Wenn weniger als die Hälfte der Mitglieder anwesend sind, ist eine erneut einberufene Mitgliederversammlung beschlussfähig.

2. Über die Verwendung des Vereinsvermögens bei Auflösung des Vereins entscheidet die Mitgliederversammlung. Das Vermögen ist zu gemeinnützigen Zwecken der Forschungsförderung zu verwenden. Der entsprechende Beschluss der Mitgliederversammlung darf erst nach Einwilligung des Finanzamtes ausgeführt werden.

Die vorstehende Satzung wurde in der Gründungsversammlung vom 12.01.1984 errichtet, nach Änderung der Paragraphen 1,2(1), 2(2), 4(2), 4(3), 6(1), 6(3), 11, 14, 18(2) und 19 durch die 3. Mitgliederversammlung vom 05.06.1985, nach Änderung des Paragraph 4(1) und (2) durch die 15. Mitgliederversmmlung vom 20.06.1990, nach Änderung der Paragraphen 4(2), 9(3), (4), (5) und 20 durch die 23. Mitgliederversammlung vom 17.06.1992 und nach Änderung der Paragraphen 4(1), 7(3), 7(4) und 9(4) durch die 40. Mitgliederversammlung am 07.06.2000 genehmigt.

Anhang II

Rahmenvertrag über die Teilnahme am Deutschen Forschungsnetz

zwischen dem Verein zur Förderung eines Deutschen Forschungsnetzes e.V. und der Westfälischen Wilhelms-Universität Münster

Berlin/Münster 26.5.2009/14.10.2009

Rahmenvertrag

über die Teilnahme am Deutschen Forschungsnetz

zwischen

dem Verein zur Förderung eines Deutschen Forschungsnetzes e.V.
Alexanderplatz 1, 10178 Berlin,
- in der Folge als „DFN-Verein" bezeichnet -

und

der Westfälischen Wilhelms-Universität Münster

als Teilnehmer am Deutschen Forschungsnetz
- in der Folge als „Teilnehmer" bezeichnet -

Vorbemerkung

Der DFN-Verein fördert die Schaffung der wissenschaftlich-technischen Voraussetzungen für die Errichtung, den Betrieb und die Nutzung eines rechnergestützten Informations- und Kommunikationssystems, des Deutschen Forschungsnetzes (DFN) für Wissenschaft und Forschung in Deutschland. Zu diesem Zweck organisiert er für die Teilnehmer am Deutschen Forschungsnetz rechnergestützte Kommunikationsdienste (DFN-Dienste).

§ 1 Vertragsgegenstand

(1) Gegenstand dieses Vertrages ist die Regelung der allgemeinen Nutzungsbedingungen von DFN-Diensten.

(2) Der Teilnehmer am Deutschen Forschungsnetz kann seinen Mitarbeitern, Studierenden und Gästen (in der Folge als „Nutzer" bezeichnet) aus Wissenschaft und Forschung die Nutzung der DFN-Dienste ermöglichen.

(3) Die darüber hinausgehende Weitergabe von DFN-Diensten an Dritte bedarf der schriftlichen Zustimmung des DFN-Vereins.

§ 2 Vertragsbestandteile

(1) Art und Umfang der Leistungen des DFN-Vereins und der Pflichten des Teilnehmers im Rahmen der DFN-Dienste werden durch diesen Rahmenvertrag und durch die auf Grundlage dieses Rahmenvertrages geschlossenen Dienstvereinbarungen über die Bereitstellung von DFN-Diensten geregelt. Im Falle von Widersprüchen gilt vorrangig die Dienstvereinbarung.

(2) Ergänzend zu diesem Vertrag und den Dienstvereinbarungen gelten die Bestimmungen der VOL/B zum Zeitpunkt des Vertragsschlusses.

§ 3 Bereitstellung von DFN-Diensten

(1) Ein DFN-Dienst wird auf Grundlage einer entsprechenden Dienstvereinbarung zum Rahmenvertrag bereitgestellt. Die Bereitstellung erfolgt entsprechend den technischen Möglichkeiten und ggf. in Abhängigkeit der Zulieferung Dritter baldmöglichst, nicht jedoch vor dem vom Teilnehmer genannten Wunschtermin.

(2) [redacted]

(3) [redacted]

§ 4 Mitwirkung des Teilnehmers

(1) Der Teilnehmer schafft die notwendigen technischen Installationsvoraussetzungen für den beauftragten DFN-Dienst. Art und Umfang der Installationsvoraussetzungen werden ihm von der Geschäftsstelle des DFN-Vereins mitgeteilt.

(2) Der Teilnehmer teilt dem DFN-Verein in den Dienstvereinbarungen verbindlich mit, unter welchen Kontaktdaten er Informationen des DFN-Vereins entgegennimmt. Er verpflichtet sich, dem DFN-Verein Änderungen umgehend mitzuteilen.

(3) Der Teilnehmer unterstützt den DFN-Verein bei der Aufklärung missbräuchlicher Nutzung der DFN-Dienste. Eine missbräuchliche Nutzung liegt vor, wenn gegen die gesetzlichen Vorschriften oder vertraglichen Regelungen verstoßen wird. Der Teilnehmer klärt seine Nutzer über die gesetzlichen und vertraglichen Verpflichtungen auf und verpflichtet sie, missbräuchliche Nutzungen zu unterlassen.

(4) Der Teilnehmer ermöglicht dem DFN-Verein, Geräte aufzustellen, die zur Erbringung der vereinbarten Dienste notwendig sind und stellt die benötigte Infrastruktur (z.B. Strom, Kühlung) zum Betrieb der Geräte bereit. Zur Durchführung von Wartungsaufgaben oder für die Beseitigung von Störungen gewährt der Teilnehmer dem DFN-Verein oder einem von ihm beauftragten Dritten nach Absprache Zugang zu den Räumen, in denen die Geräte stehen.

(5) Der Teilnehmer ist im Rahmen seiner Möglichkeiten verpflichtet, den Betrieb der DFN-Dienste zu unterstützen. Er informiert den DFN-Verein insbesondere unverzüglich über Vorkommnisse in seinem Betriebsbereich, die Rückwirkung auf den Betrieb der bereitgestellten DFN-Dienste haben oder haben können (z.B. Stromabschaltungen).

§ 5 Verfügbarkeit von DFN-Diensten

[redacted]

§ 6 Entgelt für DFN-Dienste

(1) Für jeden vereinbarten DFN-Dienst entrichtet der Teilnehmer am Deutschen Forschungsnetz ein Entgelt entsprechend der Dienstvereinbarung. Informationen über aktuelle Leistungen und Entgelte der DFN-Dienste können über die Geschäftsstelle des DFN-Vereins angefordert werden.

(2) [redacted]

(3) [redacted]

(4) [redacted]

(5) [redacted]

(6) [redacted]

(7) [redacted]

§ 7 Laufzeit und Beendigung des Rahmenvertrages

(1) [redacted]

(2) [redacted]

(3) [redacted]

(4) Der Rahmenvertrag kann mit allen darunter gebundenen DFN-Diensten aus wichtigem Grund fristlos gekündigt werden. Wichtige Gründe im Sinne dieses Absatzes sind für den DFN-Verein insbesondere:

- Weigerung zur Zahlung des unstrittigen Entgeltes trotz Mahnung mit angemessener Fristsetzung,
- fortlaufender Verstoß gegen die Voraussetzungen für eine Nutzung trotz vorheriger Abmahnung,
- erhebliche Verstöße des Teilnehmers gegen vertragliche Verpflichtungen,
- Beendigung des Deutschen Forschungsnetzes.

(5) [redacted]

§ 8 Verzug

[redacted]

§ 9 Gewährleistung

(1) [redacted]

(2) [redacted]

(3) [redacted]

(4) [redacted]

§ 10 Haftung

(1) [redacted]

1. [redacted]

2. [redacted]

(2) [redacted]

(3) [redacted]

(4) [redacted]

(5) [redacted]

§ 11 Vertraulichkeit

[redacted]

§ 12 Schlussbestimmungen

(1) [redacted]

(2)

(3)

(4)

(5)

(6)

(7)

Teilnehmer

Münster, den 26.5.2009

[redacted]

Westfälische Wilhelms-Universität
Der Kanzler
Schlossplatz
48149 Münster

DFN-Verein

10178 Berlin, den 14.10.2009

[redacted]

Anhang III

Dienstvereinbarung

zwischen der Hochschule Bremen und dem Verein zur Förderung eines Deutschen Forschungsnetzes e.V. zur Bereitstellung des Dienstes DFNInternet

Bremen/Berlin 21.2.2018/14.6.2018

Auch abrufbar unter:
https://media.frag-den-staat.de/files/foi/101845/20180817091748833.pdf
(zuletzt abgerufen am 10.10.2023)

Dienstvereinbarung

zwischen

der Hochschule Bremen

Neustadtswall 30, 28199 Bremen

als Teilnehmer am Dienst DFNInternet

- in der Folge als „Teilnehmer" bezeichnet -

und

dem Verein zur Förderung eines Deutschen Forschungsnetzes e.V.

Alexanderplatz 1, 10178 Berlin,

- in der Folge als „DFN-Verein" bezeichnet -

Die Parteien vereinbaren auf Grundlage des

Rahmenvertrages über die Teilnahme am Deutschen Forschungsnetz

vom 19.10./15.11.16 Vertragsnummer [redacted]

die Bereitstellung des Dienstes

DFNInternet

1 Leistungen des DFN-Vereins

Der Dienst DFNInternet beinhaltet die folgenden Leistungen:

Vermittlung von unicast und multicast IP-Verkehr in das Wissenschaftsnetz, den globalen Verbund der weltweit kooperierenden nationalen Forschungsnetze und zu allen anderen Teilnetzen des Internets (Transit).

Der Teilnehmer kann auswählen, ob der DFN-Verein seinen Anschluss

- an einem vom Teilnehmer bestimmten Installationsort installiert **(Regelanschluss)**,
- oder an einem Standort des Wissenschaftsnetzes installiert **(Portanschluss)**,
- oder an einem Übergabepunkt für mehrere Teilnehmer mit einem gemeinsamen Installationsort installiert **(Clusteranschluss)**. Beim Clusteranschluss schließt der DFN-Verein den Clusterrouter mit mindestens der Summe der Bandbreiten der von den Teilnehmern des Clusters gewählten Kategorien an das Wissenschaftsnetz an. Ein Clusteranschluss wird für alle Teilnehmer des Clusters zu einem einheitlichen Zeitpunkt betriebsbereit bereitgestellt. Die Festlegung dieses Zeitpunktes erfolgt durch den DFN-Verein.

Vergabe von IPv4 und IPv6-Adressbereichen. Bei Beendigung des Vertragsverhältnisses kann der DFN-Verein die Rückgabe der Bereiche aus seinem Adressraum verlangen.

Weiterleitung von **Aufträgen zur Anmeldung und zur Änderung der Registrierung von Domainnamen** an die entsprechenden Internet-Registraturen. Die Weiterleitung erfolgt zu den gesonderten Bedingungen des DFN-Vereins für Domains.

Bereitstellung von aktuellen **Statusinformationen und Leistungsdaten** des Wissenschaftsnetzes.

Entgegennahme von Störungsmeldungen 24 Stunden an 7 Tagen der Woche und Information über den Entstörungsverlauf.

Beratung der benannten Ansprechpartner per E-Mail oder Telefon zu Angelegenheiten des Dienstes DFNInternet.

2 Mitwirkung des Teilnehmers

2.1 Allgemeine Mitwirkung

Der Teilnehmer muss Netznummern aus dem aggregierten Adressraum des DFN-Vereins nutzen, soweit er nicht über eigene "provider independent (PI) address space" verfügt. Der Adressraum muss vom Teilnehmer nach Beendigung des Vertragsverhältnisses zurückgeben werden.

Der Teilnehmer trägt dafür Sorge, dass eine oder mehrere verantwortliche Personen mit der Aufgabe eines Netzadministrators und der Aufgabe eines Verantwortlichen für die Netzsicherheit betraut werden.

Der Teilnehmer stellt auf Anfrage des DFN-Vereins Platz und Strom für kleinere Geräte bereit, die für die Erbringung des Dienstes benötigt werden.

Der Teilnehmer trägt zum reibungslosen Betrieb des Dienstes bei und führt auf Anfrage des DFN-Vereins kleinere Handreichungen an DFN-Geräten aus.

2.2 Mitwirkung des Teilnehmers am Regelanschluss

Der Teilnehmer stellt auf seinem Kundenrouter ein Interface entsprechend der gewählten Kategorie bereit. Die Verbindung zwischen dem Leitungsabschluss des DFN-Vereins und dem Kundenrouter (local-loop) liegt in der Verantwortung des Teilnehmers.

2.3 Mitwirkung des Teilnehmers am Portanschluss

Der Teilnehmer organisiert und betreibt eine Verbindung von seinen Betriebsräumen zu dem vom DFN-Verein benannten Standort des Wissenschaftsnetzes. Der DFN-Verein schließt den Teilnehmer dort an ein bereitgestelltes Interface an. Die Verbindung zwischen dem Leitungsabschluss des Teilnehmers und dem Interface des DFN-Vereins (local-loop) liegt in der Verantwortung des DFN-Vereins.

2.4 Mitwirkung des Teilnehmers am Clusteranschluss

Die Teilnehmer an einem Clusteranschluss betreiben in eigener Verantwortung einen Clusterrouter, an dem sich alle Teilnehmer des Clusters in eigener Verantwortung anschließen. Sie stellen auf dem Clusterrouter ein Interface bereit, das der DFN-Verein an das Wissenschaftsnetz anschließt. Die Verbindung zwischen dem Leitungsabschluss des DFN-Vereins und dem Clusterrouter (local-loop) liegt in der Verantwortung der Teilnehmer im Cluster.

Jeder Teilnehmer eines Clusters vereinbart in Abstimmung mit den anderen Teilnehmern im Cluster eine Kategorie, mit der er den Dienst DFNInternet nutzen will. Über die Einhaltung der mit der Kategorie gewählten Bandbreite ist vom Teilnehmer auf Verlangen des DFN-Vereins Nachweis zu führen. Erfolgt der Nachweis nicht, behält sich der DFN-Verein vor, nach einer Überprüfung eine Begrenzung vorzunehmen.

Die Teilnehmer an einem Clusteranschluss müssen derselben Routing-Policy folgen.

3 Wechsel der Kategorie

[redacted]

4 Laufzeit und Beendigung der Dienstvereinbarung

[redacted]

5 Beendigung eines Clusters

[redacted]

6 Angaben des Teilnehmers

6.1 Adresse des Teilnehmers

[redacted]

6.2 Gewünschter Bereitstellungstermin

[redacted]

6.3 Vereinbarte Kategorie

[redacted]

6.4 Installationsort

[redacted]

6.5 Teilnahmeerklärungen im Cluster

[redacted]

6.6 Domainname

[redacted]

6.7 IP-Adressraum

[redacted]

6.8 Autonomes System (AS)

[redacted]

6.9 Netzwerkadministrator

[redacted]

6.10 Verantwortlicher [redacted]

[redacted]

6.11 Rechnungsadres[redacted]

[redacted]

6.12 Ansprechperson [redacted]

[redacted]

6.13 Ansprechperson [redacted]

[redacted]

6.14 Erklärung zu statistischen Daten

[redacted]

7 Entgelt

Nachfolgend ist das für den Teilnehmer zum Zeitpunkt des Vertragsschlusses nach der aktuellen Preistabelle geltende Entgelt verzeichnet. Im Entgelt ist das Entgelt für die Registrierung und Pflege von einem Domainnamen enthalten.

[redacted]

Für Entgeltänderungen gilt § 6 Absatz 3 des Rahmenvertrages.

8 Unterschriften

Teilnehmer	DFN-Verein
Bremen, den 21. FEB. 2018	10178 Berlin, den 14.6.18
[redacted]	[redacted]
HSB Hochschule Bremen Die Kanzlerin Neustadtswall 30 D-28199 Bremen	

Anhang IV

Rahmenprogramm der Entwicklungsaktivitäten des DFN-Vereins

Aktualisierte Fassung für die Jahre 2014 ff.

Berlin 11.6.2013

Auch abrufbar unter:
https://www.dfn.de/wp-content/uploads/2022/02/DFN_Rahmenprogramm_2014ff.pdf (zuletzt abgerufen am 10.10.2023)

Verein zur Förderung eines Deutschen Forschungsnetzes

DFN-Verein e. V.

Rahmenprogramm der Entwicklungsaktivitäten des DFN-Vereins

Aktualisierte Fassung für die Jahre 2014 ff.
(Empfehlung zur Beschlussfassung)

Vorbemerkung

Der DFN-Verein (www.dfn.de) ist die Gemeinschaftseinrichtung von Wissenschaft und Forschung in Deutschland zur Förderung der rechnergestützten Kommunikation. Gegründet 1984 als Selbsthilfeorganisation von Hochschulen, außeruniversitären Forschungseinrichtungen und forschungsnahen Wirtschaftsunternehmen stellt er der Wissenschaft ein leistungsfähiges Informations- und Kommunikationssystem zur Verfügung.

Ein fortschrittliches Informations- und Kommunikationssystem bedarf der ständigen Anpassung an die hohen Ansprüche von Forschung, Wissenschaft und Bildung. Breitbandige Übertragungsleistungen im Netz, Einsatz innovativer Netztechnologien, Sicherheit in technischen und rechtlichen Belangen, neue Dienste und Verfügbarkeit internationaler Verbindungen – all dies ermöglicht neue Anwendungen in der wissenschaftlichen Kommunikation und fördert so wissenschaftliche Leistungen in Deutschland. Insbesondere durch die konsequente Ausrichtung an den Bedarfen der Wissenschaft und durch eigene Forschungen am genutzten Netz unterscheiden sich die Leistungen des DFN-Vereins grundlegend von üblichen Netzangeboten.

Der DFN-Verein wird von seinen Mitgliedern organisiert und weiterentwickelt. Die Mitglieder beraten insbesondere auch über die programmatische Ausrichtung. Diese ist im "Rahmenprogramm der Entwicklungsaktivitäten des DFN-Vereins" festgehalten.

Hinweise zur aktualisierten Fassung

Mit der Aktualisierung seines Rahmenprogramms verfolgt der DFN-Verein das Ziel, die Weiterentwicklungen der Arbeitsabläufe in Forschung und Lehre in regelmäßigen Abständen vor dem Hintergrund seines satzungsgemäßen Auftrags zu beleuchten und mit den gewonnenen Erkenntnissen seinen programmatischen Rahmen stets zukunftsorientiert zu gestalten.

In diesem Sinne ist die vorliegende aktualisierte Fassung des Rahmenprogramms der Entwicklungsaktivitäten eine Fortschreibung des Rahmenprogramms der Entwicklungsaktivitäten für die Jahre 2010 ff., wie beschlossen von der Mitgliederversammlung in der 59. Sitzung im Dezember 2009.

A. Kurzfassung im Überblick

Mit seinem "Rahmenprogramm der Entwicklungsaktivitäten" gibt sich der DFN-Verein eine Leitlinie für seine weitere Entwicklung und steckt damit auch seinen Rahmen für die Durchführung von oder Beteiligungen an fremdfinanzierten Projekten ab.

Dabei sieht sich der DFN-Verein in drei Rollen:

1. Zunächst ist der DFN-Verein der Organisator eines rechnergestützten Informations- und Kommunikationssystems für die Wissenschaft in Deutschland. Dieses rechnergestützte Informations- und Kommunikationssystem umfasst dabei das Wissenschaftsnetz "X-WiN" sowie die verschiedenen, auf diesem Netz basierenden Kommunikationsdienste des DFN-Vereins (sog. DFN-Dienste). Die netzbasierten Kommunikationsdienste des DFN-Vereins stellen im Sinne des gegenwärtig geläufigen Sprachgebrauchs "Cloud-Dienste" dar.
2. Darüber hinaus versteht sich der DFN-Verein als maßgeblicher Vertreter der Interessen der Anwender des Wissenschaftsnetzes und der DFN-Dienste sowohl im europäischen Umfeld als auch auf globaler Ebene. Hier legt der DFN-Verein ein besonderes Augenmerk darauf, dass die zunehmende Anzahl an internationalen Vorhaben der Wissenschaft durch ein koordiniertes Zusammenwirken im Verbund mit seinen weltweiten Partnerorganisationen befördert und unterstützt wird.
3. Ergänzend sieht sich der DFN-Verein in Hinblick auf die sich wandelnden Arbeitsabläufe in Forschung und Lehre (F&L-Prozesse) in einer Rolle als "Enabler von netzgestützten F&L-Prozessen". In Ausübung dieser Rolle betrachtet es der DFN-Verein als seine Aufgabe, das Portfolio seiner DFN-Dienste so auszurichten, dass es als nachhaltig organisierte und generische, also für alle wissenschaftlichen Disziplinen verwendbare Basis zur netzgestützten Ausgestaltung von Arbeitsabläufen in Forschung und Lehre dienen kann. Dabei wirkt der DFN-Verein durch ein breit gefächertes Angebot an Beratungsleitungen daran mit, die technischen, organisatorischen und rechtlichen Grundlagen für den Einsatz netzbasierter Kommunikationsdienste zu schaffen. Er hat dabei insbesondere auch die Belange einer sicheren Kommunikation im Blick.

In der Ausübung dieser drei Rollen sieht der DFN-Verein auch seinen Beitrag zur Weiterentwicklung der wissenschaftlichen Informationsinfrastrukturen in Deutschland. Im Sinne einer funktionalen Betrachtung nimmt der DFN-Verein dabei eine Rolle im Kern der wissenschaftlichen Informationsinfrastrukturen ein, da er mit seinem Wissenschaftsnetz und seinen generischen netzbasierten Kommunikationsdiensten grundsätzlich für alle Ausprägungen von Informationsinfrastrukturen eine befördernde Wirkung entfalten kann. Eine besondere Bedeutung kann dabei die Tatsache entfalten, dass die DFN-Dienste durch die Kostenumlage im Wissenschaftsnetz bereits nachhaltig finanziert sind und deswegen der DFN-Verein nicht auf eine Finanzierung aus Projektmitteln angewiesen ist.

Zur operativen Ausprägung seines Rahmenprogramms hat der DFN-Verein vier Entwicklungsbereiche definiert. Sie befassen sich mit der "Verfügbarkeit und Dienstqualität", der "Weiterentwicklung der generischen Dienste und Ressourcen", der "Integrierbarkeit in die F&L-Prozesse der Anwender" und der "Erprobung technologischer Weiterentwicklungen". Im Rahmen dieser vier Entwicklungsbereiche befasst sich der DFN-Verein mit einer breiten Palette an Themenfeldern.

Mit dem vorliegenden Programm positioniert sich der DFN-Verein sowohl nach innen in Richtung seiner Mitglieder als auch nach außen in Hinwendung zu anderen nationalen und internationalen Organisationen der Wissenschaft.

B. Hintergründe

1 Satzungsgemäße Aufgabe

Das Rahmenprogramm für Entwicklungsaktivitäten ist geprägt von den Aufgaben, die der DFN-Verein satzungsgemäß wahrnimmt. Er ist dabei den Interessen seiner Mitglieder verpflichtet.

Im Fokus seiner Tätigkeit hat der DFN-Verein den Betrieb und die Weiterentwicklung des nationalen Kommunikationsnetzes für die wissenschaftlichen Einrichtungen in Deutschland, dem Wissenschaftsnetz "X-WiN", sowie die Bereitstellung von generischen netzbasierten Diensten, also solchen Diensten, die für alle wissenschaftlichen Communities gleichermaßen nützlich sein können.

In Hinblick auf die vielfältigen Beziehungen der Wissenschaft auf europäischer und internationaler Ebene engagiert sich der DFN-Verein in den dafür relevanten Entscheidungsstrukturen.

Gemeinsam mit seinen Anwendern muss der DFN-Verein seine Tätigkeit ständig wandelnden Anforderungen anpassen. Um den gewünschten Nutzen des DFN nachhaltig zu gestalten, muss der DFN-Verein diesem Wandel proaktiv begegnen. So ist es von besonderer Bedeutung, technische, organisatorische, sicherheitsspezifische und auch wissenschaftspolitische Tendenzen frühzeitig zu antizipieren und die daraus gewonnenen Schlussfolgerungen in die Weiterentwicklung des Wissenschaftsnetzes und der darauf aufbauenden generischen netzbasierten Dienste (im Weiteren kurz als "DFN-Dienste" bezeichnet) einfließen zu lassen. Insbesondere muss der DFN-Verein die Innovationen im Umfeld seiner Aktivitäten beobachten, ihr Potential bewerten und sie gezielt dann aufgreifen, wenn sie für das Wissenschaftsnetz oder die DFN-Dienste als nützlich eingeschätzt werden.

Die Ergebnisse dieses Vorgehens bestimmen insbesondere auch die Ausgestaltung dieses Rahmenprogramms der Entwicklungsaktivitäten des DFN-Vereins für die Jahre 2014 ff.", mit dem das bisherige Rahmenprogramm der Entwicklungsaktivitäten, verabschiedet auf der 59. Mitgliederversammlung, inhaltlich fortgeschrieben werden soll.

Neben der Funktion als Leitlinie für die weitere Entwicklung des Wissenschaftsnetzes und der DFN-Dienste steckt dieses Programm auch den Rahmen ab, der für den DFN-Verein bei der Durchführung von oder Beteiligungen an fremdfinanzierten Projekten (z. B. Drittmittel der Länder, des Bundes oder der EU) gilt.

2 Forschung- und Lehre-Prozesse (F&L-Prozesse)

Bei der notwendigen Weiterentwicklung und Neugestaltung der Arbeitsabläufe von wissenschaftlichen Einrichtungen nehmen netzbasierte Kommunikationsdienste zunehmend eine wichtige und zum Teil unverzichtbare Rolle ein. Dies gilt insbesondere für die Arbeitsabläufe der Einrichtungen zur Umsetzung ihrer forschenden und lehrenden Tätigkeiten. Diese Arbeitsabläufe werden im Weiteren "Forschung- und Lehre-Prozesse" (kurz: "F&L-Prozesse“) genannt.

Die Gründe für die Neugestaltung sind vielschichtig und lassen sich oft auch von der Absicht der Einrichtungen herleiten, ihre F&L-Prozesse moderner und leistungsfähiger zu gestalten. Anhand einer Typisierung der F&L-Prozesse in die drei folgenden Fälle kann diese Entwicklung übersichtsartig eingeordnet und dabei die Rolle des DFN-Vereins beschrieben werden.

2.1 Interne F&L-Prozesse

2.1.1 Treibende Faktoren

Bei der Reorganisation ihrer internen F&L-Prozesse verfolgen viele wissenschaftliche Einrichtungen das Ziel, schrittweise einem "Integrierten Informationsmanagement" näherzukommen.

Treibende Faktoren, insbesondere für die Hochschulen, sind u. a. die organisatorischen Herausforderungen, die aus dem Bologna-Prozess folgen. Auch der Wunsch nach umfassender Betrachtung von Informationen im Sinne des Managements von Lebenszyklen führt zu einer Erneuerung von internen F&L-Prozessen. Ein Beispiel hierfür sind die zu beobachtenden Anstrengungen zur Implementierung von IuK-Systemen zum Student-LifeCycle. Darüber hinaus treibt die Konsolidierung von IT-Dienststrukturen die Reorganisation von F&L-Prozessen. Dieser Trend findet z. B. in den Bemühungen um ein organisationsweites Identity-Management (IDM) seinen Ausdruck.

2.1.2 Rolle des DFN-Vereins

Bei der Weiterentwicklung und Neugestaltung der F&L-Prozesse treten Bedarfe nach einer sicheren und vertrauenswürdigen Kommunikation in den Vordergrund. Dies führt zur Nachfrage nach digitalen Zertifikaten mit gehobenem Vertrauensniveau sowie zur Notwendigkeit von informationstechnischen Mechanismen zum sicheren Austausch von Berechtigungsinformationen. Diese Bedarfe werden durch die DFN-Dienste DFN-PKI und DFN-AAI generisch abgedeckt. Dabei hat der DFN-Verein in enger Abstimmung mit seinen Anwendern dediziert abgewogene Nutzungsrichtlinien dieser Dienste festgelegt, mit denen einerseits das angestrebte gehobene Vertrauensniveau zur Neugestaltung und Weiterentwicklung von F&L-Prozessen erreicht werden kann, andererseits die Anwender im DFN vor anspruchsvolle, aber lösbare technische und organisatorische Anforderungen bei der Nutzung dieser DFN-Dienste gestellt werden.

Unter Berücksichtigung einer möglichst nahtlosen Integration der internen F&L-Prozesse in übergeordnete Zusammenhänge erscheint es den Anwendern somit häufig als vorteilhaft, für interne F&L-Prozesse auf diese etablierten DFN-Dienste aufzusetzen.

2.2 F&L-Prozesse zwischen wissenschaftlichen Einrichtungen

2.2.1 Treibende Faktoren

Im Rahmen von Kooperationen organisieren wissenschaftliche Einrichtungen in gemeinsamer Abstimmung F&L-Prozesse (kurz: kooperative F&L-Prozesse), die über die Grenzen der jeweils eigenen Organisation hinausreichen. Dabei eröffnen sie sich gegenseitigen Zugriff auf Ressourcen wie beispielsweise Informationsbestände (z. B. E-Learning-Repositories), erbringen sich gegenseitig IuK-Dienste (z. B. Online-Speicher) oder bieten sich gegenseitig Rechen- und Speicherressourcen an (z. B. für HPC-Anwendungen oder daten-intensive Anwendungen).

2.2.2 Merkmale kooperativer F&L-Prozesse

Kooperative F&L-Prozesse sind integraler Bestandteil vieler wissenschaftlicher Experimente, die häufig auch international aufgestellt sind. Als Beispiel hierfür können die Vorhaben der Astronomie (Kopplung von entfernten Teleskopen), der Lebenswissenschaften (verteilte Genomsequenzierung) oder auch die Flaggschiffprojekte der EU dienen.

In Hinblick auf die Aufgaben des DFN-Vereins ist ein besonderes Merkmal der kooperativen F&L-Prozesse, dass sie oft sprunghaft stark ansteigende Datenmengen (sog. "bursts") erzeugen können, deren sofortige und verzögerungsfreie Übermittlung zwischen den teilnehmenden Einrichtungen i.d.R. ein kritischer Faktor für das Gelingen des jeweiligen Vorhabens ist. Für die Gestaltung der dafür benötigten Kommunikationsnetze ergeben sich somit im Vergleich zu sonstigen Datennetzen fundamental andere Anforderungen, insbesondere bezüglich der bereitgestellten Anschlussbandbreite sowie der Leistungsfähigkeit der Netze.

Da wissenschaftliche Projekte meist unter hohem Ergebnisdruck stehen und eng gesteckte Budgetrahmen einzuhalten haben, muss auch die Erwartungshaltung der beteiligten Einrichtungen nach einer ständigen Verfügbarkeit und exzellenten Dienstqualität der Kommunikationsdienste berücksichtigt werden.

Darüber hinaus müssen die Nutzungsrichtlinien, Sicherheitsniveaus und Vertrauensanforderungen so gestaltet sein, dass sie einen nahtlosen internationalen Verbund der kooperierenden wissenschaftlichen Einrichtungen ermöglichen. Dahinter verbergen sich sowohl technisch-fachliche, aber vor allem auch organisatorische, wissenschaftspolitische und sicherheitspolitische Fragen.

2.2.3 Rolle des DFN-Vereins

Die Rolle ist hier zunächst wie bei den eingangs beschriebenen internen F&L-Prozessen zu sehen. Darüberhinaus kommen jedoch folgende Teilaufgaben hinzu:

Erstens ist es unmittelbare Aufgabe des DFN-Vereins, mit dem Wissenschaftsnetz das Kommunikationsnetz bereitzustellen, mit dem die besonderen Ansprüche der F&L-Prozesse sowohl national aber auch im internationalen Kontext erfüllt werden. Zu diesem Zweck organisiert der DFN-Verein mit dem Wissenschaftsnetz „X-WiN“ ein speziell auf die Belange der Wissenschaft zugeschnittenes nationales Kommunikationsnetz und sorgt für dessen exzellente Einbindung in den Verbund der weltweit kooperierenden Wissenschaftsnetze. Um die ständige Weiterentwicklung der internationalen Zusammenarbeit aktiv im Sinne seiner Anwender mit zu gestalten, ist der DFN-Verein stark in den entsprechenden internationalen Entscheidungsstrukturen engagiert. Darüber hinaus ist der DFN-Verein laufend im engen Dialog mit wissenschaftlichen Einrichtungen, um die Herausforderungen von neuen wissenschaftlichen Vorhaben frühzeitig zu erkennen und vorausschauend in die weitere Gestaltung des Wissenschaftsnetzes, dessen internationaler Einbindung und der DFN-Dienste einfließen zu lassen.

Zweitens übernimmt der DFN-Verein die Aufgabe, mit proaktiven und reaktiven Maßnahmen zu einer sicheren Kommunikation zwischen den kooperierenden Partnern beizutragen. Hier ist insbesondere das DFN-CERT (Computer Emergency Response Team) hervorzuheben, das als erster Ansprechpartner der wissenschaftlichen Einrichtungen bei der Verfolgung und Behebung von Sicherheitsvorfällen dient und die internationale Kooperation in Sicherheitsfragen organisiert. Darüber hinaus bietet das DFN-CERT mehrere Dienstleistungen, mit denen das Sicherheitsniveau der wissenschaftlichen Einrichtungen proaktiv gefördert werden kann.

Drittens ist der DFN-Verein bestrebt, den kooperierenden wissenschaftlichen Einrichtungen mit seinen etablierten institutionellen Beziehungen eine technische, organisatorische und administrative Plattform für die gegenseitige Erbringung von IuK-Diensten zu bieten. Der DFN-Verein bündelt dabei seine Arbeiten unter dem Stichwort "föderierter DFN-Dienste". Diese Aufgabe des DFN-Vereins kann eine wichtige Funktion beim weiteren Ausbau wissenschaftlich nutzbarer Cloud-Dienste leisten. In diesem Kontext ist es im Einzelfall zu prüfen, ob und in welchem Umfang der DFN-Verein auch selbst generische Ressourcen bereit stellt.

2.3 F&L-Prozesse mit Partnern außerhalb der Wissenschaft

2.3.1 Treibende Faktoren

Auch mit Partnern außerhalb der Wissenschaft gibt es zunehmend mehr F&L-Prozesse.

So bieten zunehmend externe Dienstleister ihre Leistungen über netzgestützte Kommunikationsdienste an. Ein Beispiel wären Verlage, die elektronisch wissenschaftliche Veröffentlichungen publizieren oder auch die Bereitstellung von Servern zur Distribution von kommerzieller Software (z. B. Office-Pakete).

2.3.2 Rolle des DFN-Vereins

Die Rolle bei externen F&L-Prozessen ist zunächst zu sehen wie bei den internen und kooperativen F&L-Prozessen.

Darüberhinaus nimmt der DFN-Verein eine Rolle bei der Anbindung von externen Dienstleistern an die Authentifizierungs- und Autorisierungs-Infrastruktur der Wissenschaft (DFN-AAI) ein, wodurch die Dienstleistungen der externen Dienstleister für alle Anwender des Dienstes DFN-AAI netzbasiert erreichbar werden.

2.4 Schlussfolgerungen

In einer Gesamtschau dieser drei Fälle wird deutlich, dass sich der DFN-Verein ergänzend zu seiner Rolle als Betreiber des nationalen Kommunikationsnetzes für die Wissenschaft in Deutschland und Organisator dessen internationaler Einbindung zunehmend zu einem "**Enabler von netzgestützten F&L-Prozessen**" entwickelt, worauf er sich auch mit seinen Entwicklungsaktivitäten in geeigneter Weise einstellen muss.

Das bedeutet zunächst, dass das Kommunikationsnetz und dessen durchgängige internationale Einbindung den Anforderungen der heutigen und zukünftigen Anwendungen des wissenschaftlichen Umfelds gewachsen sein muss. Darüber hinaus müssen die DFN-Dienste die generischen Aspekte der netzgestützten F&L-Prozesse abdecken, eine hohe Verfügbarkeit bieten und zum Zweck einer optimalen Integration in die F&L-Prozesse der Anwender die nötige Flexibilität (z. B. Leistungsstufen, Parametrisierbarkeit, Automatisierbarkeit) sowie offene Schnittstellen aufweisen. Sowohl für das Wissenschaftsnetz als auch für die DFN-Dienste gilt, dass sie konform zu den international im Wissenschaftsbereich üblichen Nutzungsrichtlinien und Sicherheitsniveaus gestaltet sein müssen, um sich nahtlos in den internationalen Verbund der Wissenschaftsnetze einbinden zu lassen.

In der Gesamtheit der Umsetzung aller hier formulierten Anforderungen drückt sich insbesondere auch die **Innovationsleistung im Deutschen Forschungsnetz** aus.

Tatsächlich ist die Hinwendung zu einer Rolle als Enabler von netzgestützten F&L-Prozessen durch eine Vielzahl von einzelnen Maßnahmen bereits etabliert. So können die Maßnahmen zur Steigerung der Dienstqualität der IP-Plattform oder zur Verfügbarkeit des Wissenschaftsnetzes, aber auch die automatisierbaren Schnittstellen, die für eine nahtlose Integration des Dienstes DFN-PKI in die unterschiedlichen Software-Lösungen der Anwender sorgen, als Beispiele unter vielen möglichen anderen genannt werden.

Zusätzlich zu diesen technischen Maßnahmen bedarf es auch einer Vielzahl von organisatorischen und administrativen Maßnahmen, die eine optimale Anpassung der DFN-Dienste an die F&L-Prozesse der Anwender ermöglichen. Als Beispiel seien hierzu die maßgeschneiderten Entgeltmodelle für die DFN-Dienste zu nennen.

Die mit diesem Rahmenprogramm vorgelegten Entwicklungsaktivitäten gehen über eine Erprobung neuer technologischer Konzepte und Leistungsmerkmale hinaus, da dies nicht ausreichen würde, um die programmatische Rolle eines "Enablers von netzgestützten F&L-Prozessen" auszufüllen. Einzelne neue technische Konzepte oder Leistungsmerkmale sind in diesem Sinne noch nicht notwendigerweise Innovation: Erst durch ihre geeignete Einbettung in einen planmäßig organisierten Zusammenhang aller Entwicklungsaktivitäten kann die Innovationsleistung im Deutschen Forschungsnetz erreicht und aufrechterhalten werden.

C. Entwicklungsaktivitäten

Das Rahmenprogramm fasst die Entwicklungsaktivitäten in die vier nachfolgenden Entwicklungsbereiche zusammen. Die Entwicklungsbereiche beinhalten jeweils eine Reihe von Themenfeldern, von denen die gegenwärtig offensichtlichen Themenfelder beispielhaft benannt sind. Die Auflistung der Themenfelder ist nicht als abschließend zu verstehen.

Entwicklungsbereich I:
Verfügbarkeit und Dienstqualität

In diesem Entwicklungsbereich liegt der Bezug zum programmatischen Gesamtkontext in der Aufgabe, mit dem Wissenschaftsnetz, dessen nahtloser internationaler Einbindung und den DFN-Diensten für die Vorhaben der Wissenschaft die benötigte Verfügbarkeit und Dienstqualität sicher zu stellen.

Mit der Inbetriebnahme des Wissenschaftsnetzes "X-WiN" im Jahre 2006 und insbesondere mit Inkrafttreten des letzten Rahmenprogramms der Entwicklungsaktivitäten im Jahre 2010 wurden eine Vielzahl von Themenfeldern bearbeitet, wodurch die Anforderungen der Wissenschaft bezüglich der Verfügbarkeit und Dienstqualität aktuell und auf absehbare Zukunft erfüllt werden können.

Einige der im letzten Rahmenprogramm avisierten Themenfelder sind dabei abgearbeitet oder befinden sich in einer abschließenden Umsetzung. Dies sind:

☐ Realisierung der Übergänge zu anderen Netzen über mindestens zwei redundante Wege. Hierzu gehört insbesondere auch die redundante Anbindung des Wissenschaftsnetzes an das GÉANT.

☐ Ausbau der Anbindung der Anwender an das Wissenschaftsnetz über redundante Wege.

☐ Aufbau einer unabhängigen Zugangsinfrastruktur zum Wissenschaftsnetz, insbesondere auch für Zwecke des Fehlermanagements (z. B. auf Basis von UMTS oder LTE).

☐ Ausbau des Fehlermanagements von Verbindungen auf der optischen Plattform ("Wellenlängen") über die Grenzen des Wissenschaftsnetzes hinaus ("Multidomain-Management").

☐ Ausbau des Videokonferenz-Dienstes hin zu höheren Auflösungen wie z. B. HDTV und perspektivisch auch darüber hinaus.

☐ Entwicklung von Betriebsprozessen zur Bereitstellung von reservierter Bandbreite auf der IP-Plattform z. B. für die Nutzung in VPN, welche die sehr hohe Ausfallsicherheit der IP-Plattform nutzen wollen.

Bei anderen Themenfeldern verlagert sich der Schwerpunkt darauf, das erreichte Niveau zu sichern und wenn möglich auszubauen. Dies sind:

☐ Ausbau der Fehlertoleranz der Stromversorgung. Hierzu gehören neue Methoden zum Monitoring der Stromversorgung und zum Erkennen von Fehlerzuständen sowie die Erprobung neuer Formen der unterbrechungsfreien Stromversorgung (z. B. durch Brennstoffzellen).

☐ Weiterer Ausbau der Konzepte zum redundanten Betrieb der Server für die Anwendungen und Datenhaltung der DFN-Dienste im Sinne einer anwendungsbezogenen ständigen Betriebsbereitschaft. Eine Umschaltung im Fehlerfall soll soweit möglich automatisiert und für die Nutzer transparent erfolgen.

- ☐ Fallweiser Einsatz von mathematischen Verfahren zur Bewertung von Ausfallszenarien und Entwicklung von optimierten Netzstrukturen.
- ☐ Kontinuierliche Optimierung von Laufzeiten und Durchsatz, auch im internationalen Kontext. Hierzu gehört der Ausbau von Netzübergängen oder der Ausbau des Fasernetzes zur Optimierung von Wegeführungen, um die von den Daten zurückzulegenden Wegstrecken zu verringern.
- ☐ Monitoring und Reporting relevanter Betriebsparameter (z. B. Verfügbarkeit, Dienstqualität) von DFN-Diensten.
- ☐ Erprobung spezieller Konfigurationen von Netzwerkprotokollen insbesondere im Verbund mit internationalen Partnern, um den Durchsatz auf der IP-Plattform im Weitverkehrsbereich zu optimieren. Hierzu zählt der Ausbau bestehender Kooperationen im Rahmen der Performance Emergency Response Teams (PERT) sowie die Mitarbeit in der Initiative eduPERT.
- ☐ Erprobung von Mechanismen zur Leistungssteigerung der Server (z. B. durch Parallelisierung) für die Anwendungen und Datenhaltung der DFN-Dienste zur weiteren Verringerung der Transaktionszeiten. Ein Anwendungsfall könnte die Ausgabe von großen Mengen digitaler Zertifikate sein.

Entwicklungsbereich II: Generische Dienste und Ressourcen

Bei diesen Entwicklungsaktivitäten liegt der Bezug zum programmatischen Gesamtkontext in der weiteren Ausgestaltung von Diensten und Ressourcen, die für alle wissenschaftlichen Communities gleichermaßen nutzbar sein sollen.

Der Entwicklungsbereich trägt auch der strategischen Ausrichtung des DFN-Vereins Rechnung, netzbasierte Dienstleistungen und Ressourcen als Arbeitsmittel für F&L-Prozesse alternativ zu lokalen Ressourcen bereitzuhalten. Für dieses Konzept, das im wissenschaftlichen Umfeld und insbesondere im DFN-Verein bereits seit langem einen wichtigen Stellenwert hat, hat sich im allgemeinen Sprachgebrauch mittlerweile der Begriff "Cloud-Services" geprägt. Viele der Dienste des DFN-Vereins sind somit bereits als Cloud-Services zu verstehen. Dabei legt der DFN-Verein großen Wert darauf, seine Cloud-Services auf der Basis der geltenden rechtlichen Vorgaben zu erbringen.

Der Schwerpunkt hat sich dabei im Vergleich zum letzten Rahmenprogramm von der Planung und Konzeption zentraler DFN-Dienste in Richtung der Organisation von föderierten DFN-Diensten verlagert. Hier sieht der DFN-Verein gegenwärtig eine große Chance, die Kompetenz der wissenschaftlichen Einrichtungen bei der Erbringung von IuK-Diensten im Rahmen eines gemeinschaftlich organisierten Vorhabens zu bündeln. Dadurch könnten wichtige Teilbereiche einer "Wissenschafts-Cloud" entstehen.

Die Themenfelder in diesem Entwicklungsbereich haben einen vorwiegend dauerhaften Charakter, unter anderem weil die Transformation von F&L-Prozessen in Richtung einer Nutzung von Cloud-Services noch nicht als abgeschlossen betrachtet werden kann.

Themenfelder in diesem Entwicklungsbereich sind beispielsweise:

- ☐ Die Beförderung des kooperativen Modells der Wissenschaft zur gegenseitigen Versorgung mit generischen Ressourcen (z. B. Online-Speicher).
- ☐ Weiterer Ausbau von Cloud-Services im DFN-Verein, z. B. im Sinne einer im Wissenschaftsnetz integrierten Telefonie-Funktionalität als Ersatz für lokale Telefonanlagen.
- ☐ Fortsetzung der Arbeiten zur Netzkonvergenz. Schaffung von Übergängen zwischen verwandten DFN-Diensten wie z. B. Web-Conferencing, H.323 und VoIP. Konsolidierung der Dienste des DFN-Vereins auf der IP-Plattform.
- ☐ Weiterer Ausbau des Wissenschaftsnetzes um maßgeschneiderte Virtuelle Private Netze (VPN). Gezielter Einsatz des Wissenschaftsnetzes entlang der kommunikationstechnischen Anforderungen der jeweiligen Vorhaben der Wissenschaft.
- ☐ Weiterentwicklung des Multidomain-Managements, insbesondere für verbindungsorientierte VPN im internationalen Kontext. Verringerung der Zeiten für Aufbau und Abbau von verbindungsorientierten VPN entsprechend den Anforderungen, die sich aus den F&L-Prozessen der Anwender ergeben.
- ☐ Ausbau der Unterstützung der Anwender bei der sicheren Netznutzung (DFN-CERT). Aufbau einer zeitnahen und lösungsorientierten Alarmierung der Anwender bei sicherheitsbezogenen Vorfällen.
- ☐ Weiterentwicklung der Methoden zur Analyse des Verkehrsverhaltens. Weiterentwicklung von reaktiven und proaktiven Erkennungs- (z. B. Honeypots) und Abwehrmaßnahmen gegen ungewünschte Netznutzung.
- ☐ Ausweitung des Einsatzes von End-to-End-Verschlüsselung für besonders schützenswerte Kommunikation wie z. B. bei Videokonferenzen, VoIP oder E-Mail.
- ☐ Ausbau des mobilen Zugangs für die Nutzer des DFN auf nationaler Ebene durch Erweiterung von DFNRoaming, z. B. auf Mitnutzung von Netzzugängen außerhalb der Wissenschaft (Eduroam-of-Campus), oder Mobilfunkdatendiensten sowie auf internationaler Ebene durch Anschluss an die Roamingdienste der anderen NRENs. Weiterentwicklung der jeweils eingesetzten Technologie.
- ☐ Öffnung und Erweiterung der Authentifizierungs- und Autorisierungsinfrastruktur des DFN durch kompatiblen Zusammenschluss mit vergleichbaren Infrastrukturen anderer Partner, ebenfalls mit Technologieweiterentwicklung. Hierzu zählt u. a. die Weiterentwicklung von Authentifizierungsmechanismen unter Verwendung der DFN-Dienste DFN-PKI oder DFN-AAI.

Entwicklungsbereich III:
Integration in die F&L-Prozesse der Anwender

Bei diesen Entwicklungsaktivitäten liegt der Bezug zum programmatischen Gesamtkontext in der Verbesserung der Nutzbarkeit der generischen Dienste und Ressourcen des DFN-Vereins, insbesondere durch eine weiter optimierte Integrierbarkeit in die F&L-Prozesse der Anwender.

Als konzeptionelle Grundlage wird eine Betrachtung aus folgender Perspektive vorgenommen: Zunächst wird in enger Abstimmung mit den Anwendern der DFN-Dienste untersucht, welchen Leistungsumfang ein betreffender DFN-Dienst für eine gute Integrierbarkeit haben sollte. Diese Betrachtung wird dabei für alle Aspekte des Lebenszyklus durchgeführt. Darüberhinaus wird bei der Gestaltung der DFN-Dienste die Sicht der Benutzer eines DFN-Dienstes eingenommen, um so insbesondere die Benutzungsschnittstelle an deren Belangen auszurichten.

Mit dieser Strategie sollen der aktuelle Leistungsumfang und die heute bereits vorhandenen Benutzungsschnittstellen der DFN-Dienste schrittweise weiter entwickelt oder auch neu konzipiert und so auf eine optimierte Integration in die F&L-Prozesse der wissenschaftlichen Einrichtungen ausgerichtet werden. Es ist zu erwarten, dass wegen der Komplexität der hier geschilderten Zielvorgabe in diesem Entwicklungsbereich auch zukünftig intensive Anstrengungen erforderlich sein werden. Die heute absehbaren Themenfelder sind:

- ☐ Ausbau der Mechanismen zur Konfigurierung der DFN-Dienste durch die Anwender. Hierzu gehört der Ausbau von zugangsgeschützten WWW-Portalen zu den DFN-Diensten z. B. zur Konfiguration von Dienstmerkmalen, Leistungsparametern, Meldungswegen und Sicherheitseinstellungen.
- ☐ Aufbau von programmierbaren Schnittstellen für weitere DFN-Dienste.
- ☐ Beratung der Anwender zur Integration der Leistungsmerkmale von DFN-Diensten, wie z. B. neuer Protokolle (IPv6).
- ☐ Konsolidierung der verschiedenen Informationsangebote in eine einheitliche Portal-Struktur des DFN-Vereins.
- ☐ Ausbau einer konfigurierbaren automatisierten Berichterstattung für die Anwender zu den von ihnen genutzten DFN-Diensten, z. B. im Sinne eines Monatsreports oder als Quelle zur weiteren Verwendung in deren jeweiligen hausinternen Berichtsprozessen. Berichtspunkte wären z. B. die Verfügbarkeit, Kennzahlen zur QoS oder Nutzung der DFN-Dienste.
- ☐ Aufbau einer strukturierten Wissensbasis zu den technischen und konzeptionellen Begriffen und Aspekten des Wissenschaftsnetzes und der DFN-Dienste im Sinne einer "Online-Hilfe".

Entwicklungsbereich IV: Erprobung technologischer Weiterentwicklungen

Bei diesen Entwicklungsaktivitäten liegt der Bezug zum programmatischen Gesamtkontext in der Absicht, die für die innovative Weiterentwicklung des Wissenschaftsnetzes und der DFN-Dienste relevanten technischen Fortschritte zu integrieren und einer Nutzbarkeit durch die Anwender zuzuführen. Im Rahmen dieser Strategie wurde mit Einführung des Wissenschaftsnetzes „X-WiN" bereits das Ziel erreicht, eine hybride Plattform sowohl für verbindungsorientierte als auch für paketorientierte Datenübertragung zu implementieren. Einige Themenfelder konnten mit dem Aufbau der neuen optischen Plattform im Jahre 2012 weitgehend abgeschlossen werden. Dies sind:

- ☐ Evaluierung von Verbindungen mit 100 Gbit/s im Wissenschaftsnetz. Ausbau der Optischen Plattform und IP-Plattform, um Verbindungen mit 100 Gbit/s für die Anwender nutzbar zu machen. Integration von Verbindungen mit 100 Gbit/s in VPNs z. B. für wissenschaftliche Großprojekte.
- ☐ Einführung von Verfahren zur automatisierten Anpassung der technischen Parameter der optischen Plattform u. a. zur Steigerung der Robustheit gegenüber Störungen und Änderungen im Fasernetz. Vereinfachung der Planbarkeit und Handhabung bei der Zuweisung von optischen Kanälen ("Wellenlängen").

Weitere auch zukünftig relevante Themenfelder sind:

- ☐ Evaluierung von Verbindungen mit 400 Gbit/s und 1 Tbit/s im Wissenschaftsnetz. Ausbau der Optischen Plattform und IP-Plattform, um solche Verbindungen für die Anwender nutzbar zu machen.
- ☐ Bewertung und im Bedarfsfall Erprobung von netztechnischen Weiterentwicklungen wie z. B. von Software Defined Neworks (z. B. OpenFlow), Netzintelligenz, neue Technologien zum optischen oder elektronischen Switching.
- ☐ Entwicklung von Betriebsmodellen zur Realisierung von verschlüsselten Verbindungen für VPN mit besonderen Schutzbedarfen.
- ☐ Aufbau und Betrieb von technologie-agnostischen Netzplattformen als Grundlage für die informationstechnischen Vorhaben der Anwender.
- ☐ Projektartige Implementierung von weitergehenden Virtualisierungen von Netzen.

Anhang V

Dienstbeschreibung DFNInternet

August 2021

Auch abrufbar unter:
https://www2.dfn.de/fileadmin/1Dienstleistungen/XWIN/Dienstbeschreibung_DFNInternet_2108.pdf
(zuletzt abgerufen am 10.10.2023)

Dienstbeschreibung DFNInternet

1 Zweck dieser Dienstbeschreibung

Diese Dienstbeschreibung gibt einen grundlegenden Überblick über den Leistungsumfang des Dienstes DFNInternet ab dem 1.1.2022 und stellt Voraussetzungen und Rahmenbedingungen für die Teilnahme an diesem dar.

Diese Dienstbeschreibung ergänzt inhaltlich die den Dienst DFNInternet betreffenden Dokumente Entgeltordnung (DFNInternet, Dienst-Paket), Rahmenvertrag und Dienstvereinbarung DFNInternet um technische Spezifikationen zur Realisierung und betrieblichen Ausführung.

Zur Sicherstellung dieser Anforderungen wird sie nach den Erfordernissen des DFN-Vereins und im Hinblick einer zeit,- bedarfs- und kostengerechten Weiterentwicklung des Dienstes DFNInternet im Interesse der Gemeinschaft der Mitglieder und Nutzer erweitert und aktualisiert.

2 DFNInternet auf einen Blick

Mit dem Dienst DFNInternet stellt der DFN-Verein seinen Teilnehmern einen Kommunikationsdienst auf Basis des Internet Protokolls (IP) bereit. Über DFNInternet können das Wissenschaftsnetz X-WiN sowie alle weltweit kooperierenden nationalen Forschungsnetze und alle anderen Teilnetze des Internets (IP-Transit) erreicht werden.

DFNInternet orientiert sich an den Bedarfen der herausfordernsten Vorhaben der Wissenschaft und wurde konsequent für hohe Datenübertragungsraten sowie niedrige Latenzen und Laufzeitschwankungen konzipiert. Auch Echtzeitanwendungen wie VoIP und Videoconferencing können so optimal unterstützt werden. Als eines der weltweit leistungsfähigsten Kommunikationsnetze ermöglicht das X-WiN damit disziplin- und länderübergreifende Kooperationen großer Forschungskonsortien.

2.1 Leistungsumfang

- ✓ Vermittlung von IPv4- und IPv6-Datenverkehr. Unterstützung von Unicast- und Multicast-Routing.
- ✓ Vergabe von IPv4- und IPv6-Adressbereichen in bedarfsgerechtem Umfang nach Vorgaben und Richtlinien des RIPE NCC.
- ✓ Registrierung und Pflege einer .de-Domain und von zehn "Tippfehler"-Domains. Für jede weitere Domain sind zusätzliche Entgelte zu entrichten.

2.2 Dienstgüte und Verfügbarkeit

Der DFN-Verein verfolgt das Ziel, Überlastungen des X-WiN zu jedem Zeitpunkt zu vermeiden. Paketverluste treten somit in der Regel nicht auf. Die Entwicklung der Auslastung des X-WiN wird kontinuierlich beobachtet, notwendige Erweiterungen werden bedarfsgerecht durchgeführt.

Der DFN-Verein stellt für das X-WiN eine hohe Verfügbarkeit aller betriebswichtigen Infrastrukturen und Funktionalitäten sicher. Dies erfolgt, wenn möglich durch einen georedundanten Aufbau der benötigten Systeme. Für Teilnehmer am Dienst DFNInternet besteht zudem die Option, die Verfügbarkeit ihrer Dienste durch eine doppelte Teilnehmeranbindung zu maximieren.

Die typische Jahresverfügbarkeit eines DFNInternet-Dienstes mit Doppelanbindung (vgl. Abschnitt 3.2) beläuft sich auf etwa 99,99 Prozent, einschließlich aller geplanten und vorab angekündigten Wartungsmaßnahmen des DFN-Vereins. Dies entspricht einer summierten Unterbrechungsdauer von etwa einer Stunde pro Jahr.

Die Infrastruktur des X-WiN und die Teilnehmeranbindungen werden laufend überwacht, auftretende Störungen und Unterbrechungen werden proaktiv behoben und retrospektiv bewertet. Aus den ermittelten Kennzahlen werden Verfügbarkeitsdaten der einzelnen DFNInternet-Dienste erstellt, die den Teilnehmern bei Bedarf zur Verfügung gestellt werden.

2.3 Dienstkategorien

Die Anschlüsse stehen in jeweils 13 Dienstkategorien zur Verfügung, die sich in der bereitgestellten Bandbreite – von 100 Mbit/s in der niedrigsten und bis 200.000 Mbit/s in der höchsten Kategorie – sowie in dem jeweils jährlich zu entrichtendem Entgelt unterscheiden.

Teilnehmer können ihre gewählte Kategorie wechseln, wenn sie eine höhere bzw. geringere Bandbreite wünschen. Weitere Informationen zu den einzelnen Dienstkategorien sind in der Entgeltordnung des DFN-Vereins zu finden.

3 Teilnehmeranbindung

Grundsätzlich hat ein Teilnehmer die Wahl, ob sein Anschluss mit einer einfachen oder mit einer doppelten Teilnehmeranbindung (TNA) realisiert werden soll. Eine Ausnahme stellt die Kategorie „01“ des Regelanschlusses („R01“, vgl. Abschnitt 4.1) dar. Diese kann nur mit einer einfachen Teilnehmeranbindung beauftragt werden.

3.1 Einfachanbindung

Bei einer einfachen Teilnehmeranbindung (vgl. Abbildung 1) wird eine Zugangsverbindung zwischen einem Kernnetzknoten des X-WiN und dem benannten Installationsort hergestellt. Die

Übertragungskapazität der Zugangsverbindung entspricht dabei der Summe der Bandbreite aller auf dieser Verbindung bereitgestellten DFNInternet-Dienste.

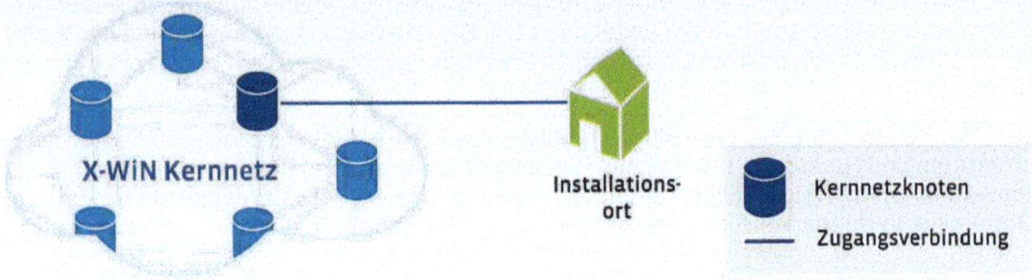

Abbildung 1: Einfache Teilnehmeranbindung für Anschlüsse an das X-WiN

3.2 Doppelanbindung

Für eine doppelte Teilnehmeranbindung (vgl. Abbildung 2) werden zwei grundsätzlich zueinander georedundante Zugangsverbindungen zu unterschiedlichen Kernnetzknoten des X-WiN hergestellt. Die Übertragungskapazität einer einzelnen Zugangsverbindung entspricht dabei der Hälfte der Summe der Bandbreite aller auf dieser Zugangsverbindung bereitgestellten DFNInternet-Dienste. Beide Zugangsverbindungen einer doppelten Teilnehmeranbindung können zeitgleich, d. h. in einer aktiv/aktiv-Konfiguration genutzt werden. Die Verkehrsverteilung auf den beiden Zugangsverbindungen kann dabei vom Teilnehmer festgelegt werden.

Der DFN-Verein stellt die beiden Zugangsverbindungen einer Teilnehmeranbindung auf Wunsch an unterschiedlichen Installationsorten innerhalb einer zusammenhängenden Liegenschaft bereit. Ausgenommen hiervon sind DFNInternet-Dienste, deren Installationsorte direkt an einem Kernnetzknoten lokalisiert sind, da Kernnetzknoten in Bezug auf ihre Glasfaseranbindung, Spannungsversorgung und Übertragungstechnik redundant aufgebaut sind.

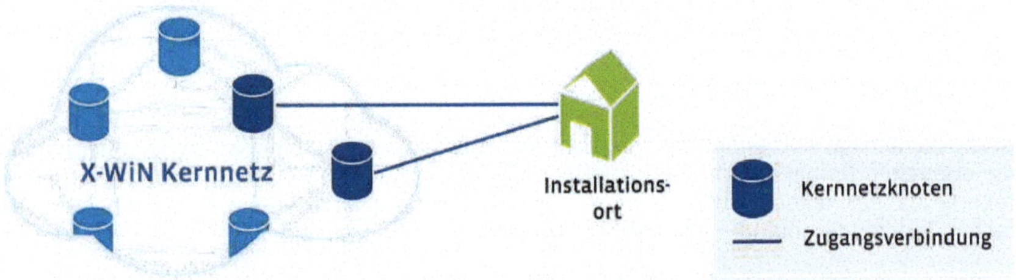

Abbildung 2: Doppelte Teilnehmeranbindung für Anschlüsse an das X-WiN

4 Anschlussarten

Der DFNInternet-Dienst kann als Regelanschluss, Clusteranschluss oder Versorgeranschluss beauftragt werden.

4.1 Regelanschluss

Ein Regelanschluss dient zur Versorgung eines Teilnehmers, der ohne die Notwendigkeit von Absprachen mit anderen Teilnehmern einen Anschluss an einem von ihm bestimmten Ort installiert haben will (Installationsort). Der DFN-Verein organisiert die Anbindung der Installationsorte des Teilnehmers an das X-WiN mittels einer Teilnehmeranbindung.

4.2 Clusteranschluss

Ein Clusteranschluss dient zur Versorgung eines Teilnehmers, der bereit ist, mit einer Gruppe anderer Teilnehmer (dem „Cluster“) Absprachen zu treffen, insbesondere über die Vereinbarung eines gemeinsamen Installationsortes für alle Clusteranschlüsse des Clusters. Ein Cluster besteht aus mindestens zwei Teilnehmern. Bei dieser Anschlussart erhält jeder Teilnehmer eine individuell vereinbarte Bandbreite, die nicht überschritten werden kann und durch die Nutzungscharakteristik der übrigen Teilnehmer nicht beeinflusst wird.

Bei einem Clusteranschluss gibt es zwei Rollen für Teilnehmer: Grundsätzlich fungiert eine Einrichtung als Betreiber des Clusters (Cluster-Betreiber), während die übrigen Einrichtungen Cluster-Teilnehmer sind.

Der Cluster-Betreiber stellt die Installationsorte und die Teilnehmerabschlussgeräte für den gesamten Cluster bereit. Der Cluster-Betreiber und alle Cluster-Teilnehmer organisieren und betreiben die Anbindungen ihrer Teilnehmerrouter an die Teilnehmerabschlussgeräte in Eigenverantwortung. Der DFN-Verein sorgt für die Anbindung der Teilnehmerabschlussgeräte an das X-WiN.

4.3 Versorgeranschluss

Ein Versorgeranschluss dient zur Versorgung einer Gruppe von Teilnehmern, die gemeinsam einen Anschluss an das Wissenschaftsnetz nutzen wollen. Die Teilnehmer am Versorgeranschluss müssen einen Teilnehmer (Versorger) mit dem Mandat ausstatten, die gesamte Gruppe gegenüber dem DFN-Verein verantwortlich zu vertreten. Der Versorger muss benennen, welche Einrichtungen am Versorgeranschluss teilnehmen.

Die übrigen Teilnehmer am Versorgeranschluss (Versorgte) müssen in Kauf nehmen, dass die für sie nutzbare Bandbreite durch die Nutzung der anderen Teilnehmer am Versorgeranschluss beschränkt werden kann. Die Verteilung der Bandbreite auf die einzelnen Teilnehmer obliegt dem Versorger.

Der Versorger stellt für die Versorgergemeinschaft die Installationsorte, die Teilnehmerabschlussgeräte und die Teilnehmerrouter bereit. Weiterhin nennt er dem DFN-Verein Ansprechpartner für den technischen Betrieb. Die Versorgten organisieren und betreiben ihre Anbindungen an die Teilnehmerrouter in Eigenverantwortung. Der DFN-Verein sorgt für die Anbindung der Teilnehmerabschlussgeräte an das X-WiN.

5 Übergabeschnittstellen

An den Installationsorten werden die Zugangsverbindungen der Teilnehmeranbindungen grundsätzlich auf Ethernet-Schnittstellen übergeben. Zum Einsatz kommen abhängig von der benötigten Bandbreite drei verschiedene Schnittstellen:

- Gigabit-Ethernet (1000Base-T oder 1000Base-SX/LX/ZX)
- 10Gigabit-Ethernet (10GBase-SR/LR/ZR) oder
- 100Gigabit-Ethernet (100GBase-LR4).

Nach der Beauftragung der Teilnehmeranbindung wird dem Teilnehmer mitgeteilt, welche Schnittstellen bereitzustellen sind. Die Übergabe des Dienstes DFNInternet erfolgt dann in der Regel auf einem eigenen Virtual Local Area Network (VLAN) der Ethernet-Schnittstelle(n).

6 IP-Routing

Zur Annoncierung von IP-Adressbereichen für das IP-Routing zwischen dem X-WiN und dem Teilnehmer wird grundsätzlich das Border Gateway Protocol (BGP-4, RFC4271) eingesetzt. Für Teilnehmer mit einer doppelten Teilnehmeranbindung ist die Unterstützung dieses Protokolls verpflichtend, für Teilnehmer mit einer einfachen Teilnehmeranbindung wird es empfohlen.

Grundsätzlich wird für jeden DFNInternet-Dienst sowohl für das IPv4- als auch für das IPv6-Unicast-Routing je eine BGP-Session pro Zugangsverbindung bereitgestellt. Diese können auf Wunsch des Teilnehmers um Multicast-Routing erweitert werden.

Der DFN-Verein strebt kurze Konvergenzzeiten für die über das BGP-Protokoll ausgetauschten Routinginformationen an, falls Zugangsverbindungen unterbrochen werden und verwendet in Absprache mit den Teilnehmern geeignete Mechanismen zur Erreichung dieses Zieles.

7 Inbetriebnahme

Die Teilnehmer am Dienst DFNInternet werden unmittelbar nach der Herstellung der Betriebsbereitschaft jeder Zugangsverbindung einer Teilnehmeranbindung informiert. Nachfolgend erhält der Teilnehmer vom DFN-NOC Informationen zur Inbetriebnahme der Zugangsverbindung. Mit der Inbetriebnahme der ersten Zugangsverbindung einer Teilnehmeranbindung wird der zugehörige DFNInternet-Dienst aktiv und damit in die tagesgenaue Abrechnung des Jahresentgeltes der vereinbarten Dienstkategorie überführt.

8 Wartungsmaßnahmen

Um das X-WiN auf dem aktuellen Stand der Technik zu halten, müssen regelmäßig Wartungsarbeiten durchgeführt werden. Diese finden grundsätzlich im Zeitraum zwischen 21:00 Uhr und 7:30 Uhr statt und werden vorab mit mindestens drei Werktagen Vorlauf an die vom Teilnehmer benannten Kontaktadressen angekündigt.

Gleichzeitige Wartungsmaßnahmen an beiden Zugangsverbindungen einer Teilnehmeranbindung werden grundsätzlich vermieden, sodass der Dienst DFNInternet in der Regel nicht unterbrochen wird.

Die Zeiten, in denen Wartungsmaßnahmen stattfinden, werden bei der Berechnung der Verfügbarkeitsstatistiken berücksichtigt, sodass die ermittelten Verfügbarkeiten die reale Nutzbarkeit des Dienstes widerspiegeln.

9 Entstörung

Der Dienst DFNInternet wird rund um die Uhr an sieben Tagen der Woche überwacht. Störungen des Dienstes werden von einer zentralen Überwachungsstelle (Netzüberwacher) erkannt, können aber auch von den Teilnehmern des Dienstes jederzeit gemeldet werden. Dazu steht eine Störungs-Hotline zur Verfügung, die telefonisch oder per E-Mail erreichbar ist.

10 Anhang Glossar

Cluster	Zusammenschluss einer Gruppe von → Teilnehmern am DFNInternet-Dienst in der Anschlussart Clusteranschluss.
Cluster-Betreiber	Technischer Betreiber der → Installationsorte sowie der → Teilnehmerabschlussgeräte eines → Clusters
Cluster-Teilnehmer	Teilnehmer an einem → Cluster
Installationsort	Physischer Ort, an dem der Dienst DFNInternet terminiert wird.
Kernnetzknoten	Ort, an dem eine Vermittlungsfunktion des X-WiN realisiert worden ist.
Netzüberwacher	Organisation, die das korrekte Funktionieren des → X-WiN im Auftrag des DFN-Vereins überwacht.
Teilnehmer	Einrichtung, die am Dienst DFNInternet teilnimmt.
Teilnehmeranbindung (TNA)	Konstrukt zur Herstellung von Konnektivität zwischen → Installationsorten und → Kernnetzknoten des → X-WiN; besteht aus einer oder zwei → Zugangsverbindungen
Teilnehmerabschlussgerät	Endgerät (bspw. ein Ethernet-Switch oder IP-Router), das die physische → Übergabeschnittstelle der → Teilnehmeranbindung auf Teilnehmerseite bereitstellt.
Teilnehmerrouter	Endgerät, das die Routing-Funktionalität der Teilnehmer realisiert. Dieses Endgerät kann eine Funktionseinheit mit dem → Teilnehmerabschlussgerät bilden.
Übergabeschnittstelle	Technische Einrichtung, auf der eine → Zugangsverbindung terminiert wird
Versorger	Teilnehmer an einem Versorgeranschluss, der von der → Versorgergemeinschaft mit einem Mandat ausgestattet

	wurde, die gesamte Gruppe gegenüber dem DFN-Verein verantwortlich zu vertreten. Technischer Betreiber eines Versorgeranschlusses
Versorgte	Teilnehmer an einem Versorgeranschluss
X-WiN	Name der aktuellen Netzgeneration des Wissenschaftsnetzes des DFN-Vereins
Zugangsverbindung	Datenverbindung zwischen einem Kernnetzknoten und einem → Installationsort des Teilnehmers; Teil einer → Teilnehmeranbindung

The manufacturer's authorised representative in the EU is Springer Nature Customer Service Centre GmbH, Europaplatz 3, 69115 Heidelberg, Germany. If you have any concerns regarding our products, please contact ProductSafety@springernature.com

Printed and bound by CPI Group (UK) Ltd, Croydon, CR0 4YY
07/10/2026
02229358-0002